高等院校经济与管理核心课经典系列教材·金融学专业

（第五版）

证券投资学

ZHENGQUAN TOUZIXUE

韩复龄 主编

首都经济贸易大学出版社
Capital University of Economics and Business Press
·北京·

图书在版编目(CIP)数据

证券投资学/韩复龄主编. --5 版. --北京:首都经济贸易大学出版社,2021.5

ISBN 978-7-5638-3179-1

Ⅰ.①证… Ⅱ.①韩… Ⅲ.①证券投资—高等学校—教材 Ⅳ.①F830.91

中国版本图书馆 CIP 数据核字(2021)第 023097 号

证券投资学(第五版)
韩复龄　主编

责任编辑	田玉春
封面设计	风得信·阿东 FondesyDesign
出版发行	首都经济贸易大学出版社
地　　址	北京市朝阳区红庙(邮编 100026)
电　　话	(010)65976483　65065761　65071505(传真)
网　　址	http://www.sjmcb.cueb.edu.cn
经　　销	全国新华书店
照　　排	北京砚祥志远激光照排技术有限公司
印　　刷	北京建宏印刷有限公司
成品尺寸	185 毫米×260 毫米　1/16
字　　数	578 千字
印　　张	24.5
版　　次	2007 年 6 月第 1 版　**2021 年 5 月第 5 版**
印　　次	2024 年 12 月总第 11 次印刷
书　　号	ISBN 978-7-5638-3179-1
定　　价	49.00 元

图书印装若有质量问题,本社负责调换

版权所有　侵权必究

第五版前言

《证券投资学》教材第四版修订至今已有两年多时间,受到各财经院校金融院系师生的广泛认可,并得到读者们提供的大量难能可贵的反馈意见。2020年,修订后的《中华人民共和国证券法》正式施行,新证券法做出全面推行证券发行注册制、完善投资者保护制度、强化信息披露义务、压实中介机构责任等制度改革,对建立健全多层次资本市场体系具有重大意义。我国资本市场注册制正式开始推行,资本市场迈入新的发展阶段。证券投资学科的发展必须与时俱进,资本市场改革与变迁的最新成果也适时吸收到本教材中,因此本次修订在理论创新、数据案例等方面,均做出了全面的修订、补充和完善。

与第四版相比,首先,第五版根据新证券法的内容和我国资本市场的发展,对证券市场的运行机制进行了全新修订;其次,对各章节的数据和案例均做出了全面的更新;最后,对部分章节的一些内容进行重新梳理与完善。相信通过此次修订,新版《证券投资学》能够为广大读者提供更加精确并更具有时效性的相关知识,满足广大读者对该领域知识的相关需求。

本书第五版修订仍由韩复龄教授担任主编,参与此次修订工作的有温健老师、单畅老师、李磊宁老师,还有刘姝君、吕慧诗、王绍仙、景观、柳一君、李沁傲等研究人员。

本教材第五版的修订与出版,得到了首都经济贸易大学出版社田玉春编辑的大力帮助和热情支持,也得到了中央财经大学金融学院诸多同事的大力协助,更要感谢广大读者一如既往的支持和帮助,对第五版可能出现的错漏与不足,依然恳请读者指正。正是基于大家的一贯支持,我们才有信心与动力不断前行。

编著者
2020年12月于中央财经大学弘学轩

前言

随着我国社会主义市场经济体制的建立和发展,证券市场在社会经济运行中的重要作用日益显现,在经济和金融体系中的地位愈加突出,证券市场的发展规模和完善程度已经成为衡量经济发展水平的重要指标之一。

证券投资学作为金融学专业的核心专业课,融理论性、技术性和实践性为一体,也是各经济类、管理类专业的专业基础课。写作本书的目的是使学生能够掌握证券投资的基本理论、证券市场的基本知识和证券投资的基本技能,并运用所学知识分析和解决证券市场的相关问题,为进一步深入研究证券投资理论和从事证券投资实务奠定坚实的基础。

本书内容体系分为三大部分:第一部分是证券投资工具,主要介绍股票、债券及衍生投资工具;第二部分是证券市场运行机制,主要介绍证券发行市场、证券流通市场与证券市场监管;第三部分是证券投资分析,包括证券投资基本面分析(主要介绍宏观经济分析、行业分析与公司分析)和证券投资技术分析(主要介绍技术分析理论、技术形态分析与技术指标分析)。

我们在写作过程中力求结合近年来证券投资学研究的最新成果,以反映证券投资学科的新进展和新趋势,从新的视角和理论高度对证券投资学的基本原理和基本概念进行更为科学的阐述和系统的介绍,从而更加完善证券投资学新体系。在教材建设过程中,我们努力做到两个结合:一是理论与实际应用相结合,证券投资学既有较强的业务操作性,又要求能对某些深层次的问题给以理论说明,本教材力求将这两个方面有机结合起来,既不空谈,又能把握全局并能分析解决深层次的问题;二是定量分析与定性分析相结合,深入浅出地讲解了基本概念和重点、难点,并配合有大量计算和案例。为便于学习,全书教学内容模块化,具有可组合、可选择性。每章开头给出了学习重点、概念和学习内容,每章后面附有习题。

本书既可作为大学本科生和研究生的教材,也可作为研究人员的参考资料。对于广大的证券投资者,本书也不失为一部有益的参考读物。

本教材由著名证券专家、中央财经大学证券期货研究所所长贺强教授与韩复龄教授共同主持编写。参与编写的专家有李磊宁、李德峰、李国重、李俊峰、王汀汀、单畅、胡蓓蓓、杨雪、包丹红、邓燕宁、王颖、张芳、孙敬宜等老师,全书由韩复龄教授通稿总纂。贺强教授所主持的证券投资学课程,于2004年获得北京市精品课程立项,这本教材就是精品课程建设和深化过程中的一项重要成果。

感谢中央财经大学王广谦校长、史建平校长助理、金融学院张礼卿院长、李健教授、贺培教授长期以来对我们教学工作和研究活动所给予的亲切关怀和热情指导，感谢首都经济贸易大学出版社的田玉春编辑，是他一丝不苟的编辑工作使本书增色不少。

我们在写作过程中倾注了大量心血，也为之付出了力所能及的努力，对本教材仍存在的不足，诚恳地希望同行专家、业界人士及使用本教材的广大老师、同学提出批评和建议（E-mail：flhan@cufe.edu.cn）。

编　者

2007年5月于中央财经大学弘学轩

目　　录

导论 ·· 1

第一篇　证券投资工具

第一章　股票 ·· 11
第一节　股份制和股份公司 ··· 11
第二节　股票的内涵 ·· 15
第三节　股票的种类 ·· 17
第四节　股票的价值 ·· 22
第五节　股票价格指数 ·· 28

第二章　债券 ·· 38
第一节　债券概述 ·· 38
第二节　债券价格波动性的测度 ··· 45
第三节　债券组合管理 ·· 51

第三章　证券投资基金 ·· 62
第一节　证券投资基金概述 ··· 62
第二节　证券投资基金的种类 ··· 69
第三节　证券投资基金的设立、发行与交易 ·· 74
第四节　证券投资基金的运营 ··· 75
第五节　我国证券投资基金的发展 ··· 78

第四章　金融衍生工具 ·· 87
第一节　金融期货 ·· 87
第二节　期权 ··· 94
第三节　股指期货 ·· 107

第二篇　证券市场运行机制

第五章　证券发行市场 …… 123
第一节　证券发行市场概述 …… 124
第二节　股票发行 …… 132
第三节　债券发行 …… 148
第四节　其他证券的发行 …… 157

第六章　证券流通市场 …… 163
第一节　证券交易所市场 …… 163
第二节　场外交易市场 …… 171
第三节　创业板市场 …… 174
第四节　证券交易流程 …… 182
第五节　证券交易方式 …… 187

第七章　证券市场监管 …… 197
第一节　证券市场监管理论和原则 …… 197
第二节　证券市场监管模式 …… 202
第三节　证券市场监管内容 …… 207
第四节　我国证券市场监管 …… 210

第三篇　证券投资分析

第八章　证券投资价值分析 …… 221
第一节　债券价值分析 …… 221
第二节　普通股价值分析 …… 227
第三节　金融衍生工具价值分析 …… 245

第九章　证券投资基本分析 …… 265
第一节　证券投资的宏观经济分析 …… 265
第二节　证券投资的行业分析 …… 272
第三节　证券投资的公司分析 …… 277

第十章　证券投资技术分析 …… 287
第一节　技术分析概述 …… 287
第二节　技术图形分析理论与方法 …… 291

第三节　技术分析的其他理论与方法 ·················· 315
　　第四节　技术分析指标 ························· 321

第十一章　证券投资者行为分析 ······················ 329
　　第一节　行为金融学概述 ························ 329
　　第二节　机构投资者行为分析 ····················· 332
　　第三节　中小投资者的行为及心理分析 ················ 339

第十二章　证券投资收益和风险 ····················· 347
　　第一节　收益和风险概述 ························ 347
　　第二节　投资组合的风险和收益 ···················· 353
　　第三节　投资者对证券投资组合的选择 ················ 357
　　第四节　证券市场上收益与风险的关系 ················ 365

附录：证券投资专业名词中英文汇编 ··················· 374

参考文献 ································· 378

导 论

随着我国市场经济的规范和发展,证券市场在社会经济运行中的重要作用逐渐显现,证券投资活动在社会经济活动中的地位也日显重要。证券投资是一个比较复杂的过程,从证券的发行到流通,其间要经过一系列的中间环节。为便于全面了解和学习证券投资学原理,我们首先对证券投资的一些基本概念做概括介绍,具体包括投资及其分类、证券与证券投资、证券投资要素、证券投资关系、证券投资过程、证券投资学的研究对象等。

一、投资及其分类

(一)投资的定义

人们之所以要从事大量的投资活动,是由于投资可以改变一段时期个人可得收入用于消费的数量和模式。投资者牺牲今天的消费,是期望未来能够得到更多的消费。这里强调了投资的时间要素和不确定性。西方投资学家威廉·夏普在其所著《投资学》一书中,将投资概念表述为:投资就是为获得可能的不确定的未来值而做出的确定的现值牺牲。

本书将投资定义为:投资是指经济主体为了获得未来的预期收益,预先垫付一定量的货币或实物以经营某项事业的经济行为。

对投资的定义可以从几个方面进行理解:投资是现在投入一定价值量的经济活动;投资具有时间性;投资的目的在于得到报酬(收益);投资具有风险性,即不确定性。

总之,投资是个人或机构对自己现有资金的一种运用,其来源或是延期消费,或为暂时闲置,用以购买实际资产或金融资产或取得这些资产的权利,目的是在一定时期内预期获得与风险成正比例的适当收入和本金的升值,或是为了保持现有财富的价值。

根据投资范围不同,投资有狭义和广义之分。广义投资是指为了获得未来报酬或收益而垫支一定资本的任何经济行为;狭义投资仅仅是指投资于各种各样的有价证券,进行有价证券的买卖,也称证券投资。本书主要研究狭义的投资,即证券投资。

(二)投资的要素

投资的构成要素主要有以下几个方面。

1.投资主体。投资主体即投资者。投资者可以分为个人投资者和机构投资者两种。

2.投资客体。投资客体即投资投放的事业。

3.投资目的。投资目的即投资期望达到的结果和回报。由于投资的种类不同,投资的方式不同,因此投资的目的也有差别。

4.投资方式。投资方式即投资的运用形式。投资方式可以分为直接投资和间接投资两种。所谓直接投资,即是用来购买固定资产和流动资产以形成实物资产的投资;所谓间接投资,即是用来购买股票、债券等有价证券以形成金融资产的投资。

（三）投资的分类

投资主要可以分为以下两种类型。

1.实物投资。实物投资即购置或建造固定资产、购买或储备流动资产的经济活动,主要包括购置机器设备、运输工具,建造厂房,对原有设备和设施进行更新和技术改造,以及投资储备资金、产成品资金和货币资金等。实物投资一般均意味着社会生产能力的提高。

2.金融投资。金融投资即投资者为了获取未来收益而在金融市场上进行金融工具、金融契约、金融资产的金融交易行为。

与实物投资不同,金融投资表面上只是资产所有权在所有者之间的转移,并不意味着社会生产能力的增加,但重要之处在于其实现了社会资金的广泛聚集与社会资源的合理配置,从而可以满足社会化、现代化大生产对资金的使用需要并实现提高资源使用效率的目的。因此,金融投资是现代社会生产能力增加的基本条件之一。

二、证券概述

（一）证券的含义

证券是指各类记载并代表了一定权利的法律凭证,它用以证明持有人有权按其所持凭证记载内容而取得应有权益。从一般意义上来说,证券是指用以证明或设定权利而形成的书面凭证,它表明证券持有人或第三者有权取得该证券拥有的特定权益,或证明其曾经发生过的行为。

证券有广义和狭义之分。广义的证券一般指财务证券(如货运单、提单等)、货币证券(如支票、本票、汇票等)和资本证券(如股票、公司债券、基金凭证等)。狭义的证券仅指资本证券。我国证券法规定的证券为股票、公司债券和国务院依法认定的其他证券,其他证券主要包括:基金凭证、非公司企业债券、国家政府债券等。

（二）证券的分类

根据不同的标准,我们可以将证券分为不同的种类,本书主要介绍以下四种。

1.根据证券持有人的收益性不同,可以将证券分为无价证券和有价证券。无价证券是指证券本身不能使持有人或第三人取得一定收入的证券,如收据、借据、提单、保险单、供应证和购物券等。有价证券是指标有票面金额,代表一定财产所有权或债权的书面凭证,本身能为持有人带来一定的收入。

本书所指的证券均指有价证券。

2.根据构成的内容不同,可以将证券分为财务证券、货币证券和资本证券。财务证券是对一定量的商品具有索取权的证券,如货物提单、货运单等。货币证券是对一定量的货币拥有索取权的证券,如支票、本票、汇票等。资本证券是有价证券的主要形式,它是对一定量的资本拥有所有权和对一定量的收益分配拥有索取权的证券,如债权、股票等。狭义的有价证券通常是指资本证券。

3.根据发行主体不同,可以将证券分为政府证券、金融证券和公司证券。政府证券是政府财政部门或其他代理机构为筹措资金,以政府名义发行的证券,包括国债和地方政府发行的债券。金融证券是指银行、保险公司、信用社、投资公司等金融机构为筹集经营资金而发行的证券,包括金融债券和大额可转让存单等。公司证券是指公司、企业等经济法人为筹措投资资金或进行与筹集投资资金直接相关的行为而发行的证券,主要有股票、公司债券等。

4.根据是否上市发行,可以将证券分为上市证券和非上市证券。上市证券又称为挂牌证券,是指经证券主管部门批准,并向证券交易所登记,获得在交易所内公开买卖权利的证券。非上市证券也称为非挂牌证券、场外证券,是指未申请上市或不符合在交易所挂牌交易条件的证券。

(三)证券的特征

证券具有以下几个方面的特征。

1.产权性。证券的产权性是指证券记载着权利人的财产内容,代表一定的财产所有权,拥有证券就意味着享有财产的占有、使用、收益和处置的权利。

2.收益性。证券的收益性是指持有证券本身可以获得一定的收益,这是投资者转让资本使用权的回报。证券代表的是对一定数额的特定资产的所有权,而资产是一种特殊的价值,它要在社会经济运行中不断运动、不断增值,最终形成高于原始投资的价值。由于这种资产的所有权属于证券投资者,投资者持有证券的同时也就取得这部分资产增值收益的权利,因此,证券本身具有收益性。

3.流通性。证券的流通性也称为变现性,是指证券持有人可按自己的意愿灵活地转让证券以取得现金。流通性是证券的生命力所在。流通性不但可以使证券持有人随时把证券转变为现金,而且还可以使持有人根据自己的偏好选择持有证券的种类。证券的流通是通过承兑、贴现、交易实现的。

4.风险性。证券的风险性是指证券持有者面临着预期收入不能实现、甚至本金也遭受损失的可能。这是由未来经济状况的不确定性造成的。在现有的社会生产条件下,未来经济的发展变化有些是投资者可以预见的,有些则无法预测,因此,投资者无法确定他所持有的证券未来能否取得收益和取得多少收益,从而使持有证券具有风险。

三、证券投资概述

(一)证券投资的定义

所谓证券投资,是指个人或法人对有价证券的买卖行为,这种行为会使投资者在证券持有期内获得与其所承担的风险相称的收益。

在现代社会中,证券投资在投资活动中占有突出的地位。它是目前发达国家重要和基本的投资方式,是动员和再分配资金的重要渠道。证券投资可以让社会上的闲散货币转化为投资资金,可使储蓄转化为投资,对促进社会资金合理流动、促进经济增长有重要作用。

（二）证券投资的类型

1.根据投资主体的不同,证券投资可分为机构投资、个人投资、企业投资和政府投资。

（1）机构投资,就是各种金融机构参与证券买卖以取得投资收益。机构投资者主要包括各种银行性的和非银行性的金融机构,如商业银行、信用合作机构、保险公司、养老基金、投资银行等。这些金融机构主要从事将从顾客手中聚集来的资金投资于各种有价证券的活动。

（2）个人投资,也称为居民个人投资。个人投资者,就是用自有资金在境内或境外从事证券买卖的居民,其资金来源主要是个人或家庭储蓄。

（3）企业投资,就是指以营利为目的的公司企业进行证券投资。其投资于证券的资金来源主要是自己收入的一部分或在生产过程中暂时闲置的资金。

（4）政府投资,就是政府以投资者的身份买卖证券。政府参与证券买卖一般不是为了营利,而是为了其他目的,例如为了防止证券市场波动过于剧烈。

2.根据投资种类的不同,证券投资可分为债券投资、股票投资等。

（1）债券投资,是指投资者通过买卖债券来获取预期收益的经济活动。债券投资的风险一般较小,其投资收益也较低。

（2）股票投资,是指投资者将资金投资于公司股票以获取预期收益或股权的经济活动,由于股票价格波动幅度较大,因此投资于股票的风险也较大。

另外,根据交易方式的不同,证券投资可分为现货交易投资、期货交易投资、期权交易投资和信用交易投资;根据投资动机的不同,可分为证券投资与证券投机;根据投资地域的不同可分为国内证券投资和国际证券投资;根据投资时间的长短不同,可分为长线投资和短线投资等。

（三）证券投资的要素

证券投资要素应从证券投资活动的过程中分析并引出。证券投资活动是指个人投资者和法人投资者通过对证券和证券市场的分析、研究、判断,进而做出投资决策以及购买、持有、管理和出售证券的整个经济活动过程。证券投资活动由证券投资主体、证券投资客体和证券中介机构组成,它们构成证券投资要素。

1.证券投资主体。证券投资主体是指进入证券市场进行证券买卖的各类投资者,包括个人投资者和机构投资者。

（1）个人投资者。个人投资者是指以个人的名义,将自己的合法财产投资于证券的投资者。其投资资金的主要来源是储蓄,即当年收入减去为维持生活所必需的消费以及其他必要的费用后的剩余部分。

证券投资的目的是使证券投资的净效应最大化,即在风险相同的情况下,追求最大可能的收益,或在收益既定下,追寻最低的风险。对于个人投资者来说,投资的目的是多种多样的,主要包括八种:①本金安全;②收入的稳定;③资本的增值;④通货膨胀的抵补;⑤维持流动性;⑥实现投资多样化;⑦参与决策管理;⑧取得有利的避税地位。

（2）机构投资者。机构投资者主要有政府部门、金融机构、企事业单位等。机构投资者的资金来源、投资方向、投资目的各不相同,但他们共同的特点是投资资金数量大,需要建立较大规模的资产组合,并需要由专门的人员进行管理。

作为机构投资者,其特征主要表现在五个方面:①投资的资金量大。机构投资者从社会吸收闲散资金,能够聚集起庞大的资金力量。②收集和分析信息的能力强。一般机构投资者都设有专门机构、部门负责收集、分析信息,并拥有一批证券投资分析的专家和管理人员,使其证券投资有条件建立在对经济形势和市场状况进行科学分析的基础上。③可进行有效的资产组合,分散投资风险。机构投资者拥有更多信息进行分析预测,将庞大的资金分散到众多的证券种类上,建立合理的资产组合,从而降低风险。④证券投资注重资产的安全性。除了证券经营机构的自营业务外,机构投资者在市场上属于稳健型的投资者,其资金大部分来源于社会闲散资金,与个人投资者相比属于负债。它一般购买收益稳定、风险小的投资性证券。⑤其投资活动对市场影响较大。机构投资者财力雄厚,且又从事大宗交易,因此其交易动向对证券市场的走势有重大影响。

政府作为机构投资者,参与证券投资的目的主要是:调剂资金余缺、进行公开市场业务操作。政府以此充当宏观调控者的角色,而不是为了获取利息和股息收入。

企业作为机构投资者,可以将自己闲置的资金或暂时不用的积累进行短、中、长期投资,还可以通过股票投资实现参股、控股的目的。企业投资有两个主要特点:一是长期投资比较稳定;二是短期投资交易量较大。

金融机构作为机构投资者,包括三大类:一是商业银行和其他各种银行、保险公司、信用合作社;二是证券中介机构,主要有证券公司、经纪人公司等;三是各类基金性质的金融机构,如投资公司、信托投资公司、退休养老基金、福利基金等。

2.证券投资客体。证券投资的客体,即证券投资的对象,主要是指股票、债券等有价证券。有价证券是具有一定票面金额、代表财产所有权或债权,并借以取得一定收入的一种证书。根据其所体现的经济性质,可分为财务证券、货币证券和资本证券。

3.证券中介机构。证券中介机构是指为证券市场参与者如发行者、投资者等提供相关服务的专职机构。按提供服务的内容不同,证券中介机构可分为证券经营机构和证券服务机构两大类型。证券经营机构是在证券市场上经营证券业务的金融机构,按它们从事证券业务的功能不同,可以分为主要从事证券发行业务的证券承销商、代客买卖证券的证券经纪商和为自己买卖证券并创造市场的证券自营商。实际上,证券经营机构往往同时从事多项业务,一个综合类的证券公司一般都设有若干业务部门,并从事证券发行业务、经纪业务和自营业务,而且现在的业务范围已经扩展到兼并收购、基金管理、项目融资、风险投资、资产管理、投资咨询等。证券服务机构是在证券市场上提供专业性服务的机构,包括会计师事务所、律师事务所、资产评估机构、证券结算登记机构、证券评级机构、证券投资咨询机构、证券金融公司等。各类中介机构在证券市场上各司其职、协调行动,沟通了证券市场的供应和需求,是证券市场正常运行必不可少的组成部分。

四、证券投资过程

投资过程描述的是投资者如何决定投资哪些金融证券、怎样投资以及何时投资的问题。一般的投资决策过程可以分为五个部分：①确定投资目标；②进行投资分析；③构建投资组合；④修整投资组合；⑤评价投资绩效。以上五个步骤是一个动态循环的过程，绩效评价的结果可能导致投资目标以及投资组合的修正。

对于证券投资来说，其投资过程可以分为以下五个步骤。

第一步，筹措投资资金。投资的先决条件是筹措一笔投资资金，其数额的多少与如何进行投资、如何选择投资对象有很大关系。就个人投资者而言，应根据收入情况，以闲置结余资金进行证券投资，避免借贷。

第二步，确定投资策略。证券投资的目标是获取收益，但是收益和风险是形影相随的，收益以风险为代价，风险以收益为补偿。投资者应根据自己的年龄、健康状况、性格、心理素质、家庭情况、财力情况等条件确定自己具体的投资目标和对风险的态度。投资者对风险的态度，可分为风险喜爱型和风险厌恶型，投资者应先衡量自己能承受多大的风险，然后再决定投入多少资金，最后确定在最终的投资组合中可能选择的金融资产的种类。

第三步，全面了解金融资产的特征和金融市场结构。投资者要广泛了解各种投资对象的收益、风险情况。投资对象的种类很多，其性质、期限、有无担保、收益高低、支付情况、风险大小及包含内容各不相同，投资者应在全面了解后，才能正确选择。

另外，证券交易大都通过证券经纪商进行，所以要进一步了解证券市场的组织和机制、经纪商的职能和作用、买卖证券的程序和手续、管理证券交易的法律条例、证券的交易方式和费用等，否则将无法进行交易或蒙受不应有的损失。

第四步，分析投资对象。投资者在对证券本身及市场情况有了全面了解后，还要对可能选择的各类金融资产中一些具体证券的真实价值、上市价格以及价格涨跌趋势进行深入分析，才能确定购买何种证券以及买卖的时机。证券的质量取决于其真实价值，价值表现为市场价格，但市场价格受多种因素影响，经常变动，并不完全反映其真实价值，因此需要做深入细致的分析，才能做出正确选择。

第五步，构建和管理投资组合。投资者要按自己所拟定的投资目标，针对本身对风险和收益的态度，并考虑今后对现金的需要和用途及未来的经济环境和本身财务状况的变化等，做出判断和决策。投资组合的构建时机、投资对象以及投资比例的确定，关键在于选股、选时和多元化。

投资组合构成后，还要定期进行业绩评估并加以严密管理。因证券市场变幻莫测，要针对市场变动情况，随时调整组合的种类和比例结构，以保持组合应有的功效，使投资目标不致落空。投资组合的构筑和管理，对投资额巨大的机构投资者尤为重要。

五、证券投资学的研究对象

证券投资学是专门研究建立在虚拟资产基础上的运动规律以及与之相联系的各种经济关系发展规律的科学。它包含三个层次的内容。

第一，各种有价证券的特殊运动形式、运动规律及所体现的特殊经济关系。

第二，由各种有价证券运动组成的证券市场的运动规律。各种有价证券运动的有机联系构成了统一的证券市场，证券市场是各种经济关系的总和。作为各种经济关系总和的证券市场有其统一的发展规律，绝不是各种有价证券运动规律的机械排列和简单相加。证券市场的整体运动规律决定并支配着各种有价证券的特殊运动规律。

第三，投资主体的投资活动规律。证券业广泛发展所推动的资本高度社会化和证券投资日益大众化，特别是有价证券的虚拟资本性质和证券市场的博弈性质等因素，决定了主观因素在证券市场运动过程中具有特殊重要的地位和作用。在其他投资领域中，各种客观因素直接影响和支持着投资者的决策活动，或者说，投资者是直接根据各种客观情况做出决策并付诸行动的。而证券投资不同，投资者不仅仅根据客观情况进行决策，更重要的是必须将其他投资者的各种客观判定作为自己决策的主要依据。证券市场这种突出的博弈性质决定了证券投资领域中主客体运动之间具有高度的相融性和互换性。这正是证券投资学与其他经济类学科相比较而存在的一个重要不同之处。

证券投资学是一门综合性的学科。证券投资学的综合科学性质主要体现在它以众多学科为基础，并且涉及的范围十分广泛。证券投资学与经济学、货币银行学、财政学、会计学、数量经济学等学科有着十分密切的联系。此外，证券投资学还是一门应用性的学科。证券投资学虽然也研究一些经济理论问题，但是从其学科内容的主要组成部分来看，它属于应用性较强的经济学科。

第一篇 证券投资工具

第二論

五蘊如箋玉具

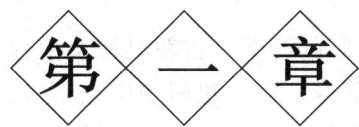

股 票

【学习要点】

股票是证券市场中最活跃、最积极、最重要的证券。随着我国证券市场的快速发展和人们投资理念的不断更新,股票已被越来越多的个人和机构作为重要的投资工具。为了使人们对股票有一个全面深入的了解,本章从介绍股份有限公司的特征及内部组织结构入手,介绍股票的内涵、类型及特征;探讨股票价值的不同含义和影响股价的因素;介绍股价指数的特征、计算方法以及我国主要的股价指数。

Key points: Stock is the most active and important security in the security market. With the rapid development of China's security market and the continuous update of people's investment ideas, an increasing number of people and institutions invest on stock. To provide people with a comprehensive and in-depth understanding of the stock, this chapter starts with the characteristics and organizational structure of limited company, and introduces the definitions, types and features of the stock, then explores the different meanings of stock value and influencing factors of the stock price, and also gives an account of the features, calculating methods of the stock price index as well as the main stock price index in China.

第一节 股份制和股份公司

一、股份制

(一)股份制的含义

股份制是指通过发行股票,建立股份公司筹集资本,进行生产和经营,投资人按其投入资本的份额参与公司的管理和分配的一种经营制度。股份公司、股票、股票市场是股份制的三要素。

（二）股份制的发展

股份制的历史非常悠久,早在古罗马社会就存在股份制的萌芽。古罗马社会由包税人组织的股份委托公司被经济史专家认为是股份制的前身。在封建制的中世纪,也曾出现过利用股份形式为国家筹集资金的例子。在15、16世纪地中海沿岸的城市,商业有了很大的发展,在意大利的一些城市,出现了用入股集资的办法来兴办经营跨地区性企业的形式。后来,英格兰逐渐成为重要的贸易中心,英国的重商主义者以入股的形式组织了许多贸易公司。例如,1553年英国成立莫斯科尔公司,该公司向社会公众发行股票240股,每股价格25英镑,总金额为6 000英镑,该公司是世界上最早的股份公司之一。后来莫斯科尔公司发行的股票可以互相转让,转让的价格随时间而不断变化,这样就形成了最初的股票市场。1600年在伊丽莎白一世特许下,以桑德兰伯爵为首的一批冒险商人合股集资57 473英镑,成立了东印度公司。当时在法国、荷兰、普鲁士等国也先后出现过一大批类似的公司。这些公司的特点是发放股息和红利时,连股本一起发还,原入股者再重新投资,每次投资的成员和投资额均有所变化。这些公司虽然与现代公司存在着差异,但是已经具备了现代公司的主要特征,即通过入股集资,实行按股分红。在17世纪上半叶,英国詹姆士一世统治时期,第一次确认了公司作为一个独立法人的观点,将公司与自然人的合伙企业加以区别。1657年,英国出现了较为稳定的公司组织,股本趋于长期投资,股息定期发放,股权可以转让但是不可以退股。1802年,在英国伦敦成立了第一个股票交易所;1855年,英国认可了公司的有限责任;1862年,英国公布了股份公司法,使现代公司的组织形式日益完善。第二次世界大战以后,股份公司得到了飞速发展。目前,在西方国家,股份公司已经成为具有统治地位的企业组织形式,随着资本国际化的发展,股份公司也已经成为跨国公司的基本组织形式。

股份制企业是指两个或两个以上的利益主体,以集股经营的方式自愿结合的一种企业组织形式。它是适应社会化大生产和市场经济发展需要、实现所有权与经营权相对分离、利于强化企业经营管理职能的一种企业组织形式。股份制企业的特征主要是:①发行股票,作为股东入股的凭证,使股东一方面借以取得股息,另一方面参与企业的经营管理;②建立企业内部组织结构,股东代表大会是股份制企业的最高权力机构,董事会是最高权力机构的常设机构,总经理主持日常的生产经营活动;③具有风险分担责任,股份制企业的所有权收益分散化,经营风险也随之由众多的股东共同分担;④具有较强的动力机制,众多的股东都从利益上去关心企业资产的运行状况,从而使企业的重大决策趋于优化,使企业发展能够建立在利益机制的基础上。股份制度实行"大股控权,一股一票,商业经营",适合于市场经济发达、商业化程度高的地区,是一种资本的联合。

二、股份公司

（一）股份公司的概念与特点

股份公司即股份有限公司,是指注册资本由等额股份构成,并通过发行股票筹集资本的法人企业。公司的资本总额要划分为若干金额相等的股份,经过批准,可以向社会公开发行股票,股东对其认购的股份承担有限责任,公司以全部资产对公司债务承担责任,股东按持有的股份多少享受权利和承担义务。公司要按规定的时间公开经济账目和财务报告,以供股东查阅和监督。一般来讲,股份有限公司的规模较大,资金雄厚,机制合理,竞争力很强,因此它是经济生活中地位最重要、作用最大的一种公司形式。它是将有限责任的股份等分化处理后的公司。表面看它只是对股本做了股份化的小小改造,但这样一来会使它的流动性大大增加,并且有利于其股份证券化,因而其增值性也大大增加,它甚至使公司制度发生了质的变化。股份公司不仅是筹集资金的有效手段,是广大投资者投资之地,而且它是促进社会生产力发展、改善经营管理等的重要方式。

股份有限公司已经成为最重要的一种现代公司形式,其主要特点包括以下几点。

1.公司具有独立的法人地位。公司是民事主体,而不像自然人企业那样,出资人是民事主体。公司作为法人,像自然人一样独立承担民事责任,享有民事权利,是具有人格的实体。

2.公司的股东与管理者相分离。公司股东拥有原始所有权,公司的管理者拥有法人所有权,这有利于公司的独立经营。

3.股东个人财产与公司财产相分离,股东对公司债务承担有限责任,其责任只限于自己的投资,而与自己个人的财产无关。公司是以公司自身的财产对其债务负责。

4.股东与董事之间是一种信托关系。由于股份有限公司的股东人数很多,不能亲自经营,就需要寻找代理人进行经营,股东的代理人就是董事。由于股东对董事的委托是建立在股东对董事信任的基础上的,因此,股东与董事之间不是授权关系而是信托关系。股东是委托人,董事是受托人。

5.股份有限公司的股份可以自由转让,股票可以在社会上公开出售,可吸收的资金较多,公司规模较大。

(二)股份公司的设立

1.设立原则。在公司设立的原则上,2018年10月26日修订实施的《公司法》第六条规定,设立公司,应当依法向公司登记机关申请设立登记。符合本法规定的设立条件的,由公司登记机关分别登记为有限责任公司或者股份有限公司;不符合本法规定的设立条件的,不得登记为有限责任公司或者股份有限公司。我国《公司法》第九十二条规定,以募集方式设立股份有限公司公开发行股票的,还应当向公司登记机关报送国务院证券监督管理机构的核准文件。由此可见,股份有限公司的发起设立和向特定对象募集设立,实行准则设立原则。但某些特殊行业在申请登记前,须经行业监管部门批准,如证券公司的设立须经中国证监会批准,即核准设立为例外;股份有限公司的公开募集设立,实行核准设立制度。

2.设立方式。根据《公司法》第七十七条的规定,股份有限公司的设立,可以采取发起设立与募集设立的方式。发起设立是指由发起人认购公司发行的全部股份而设立公司。在发起设立股份有限公司的方式中,发起人必须认足公司发行的全部股份,社会公众不参加股份认购。募集设立是指由发起人认购公司应发行股份的一部分,其余股份向社会公开募集或者向特定对象募集而设立公司。

3.设立条件。我国《公司法》规定,设立股份有限公司应具备下列条件。

(1)发起人符合法定人数,即有2人以上200人以下为发起人,其中须有半数以上的发起人在中国境内有住所。

(2)发起人认购和募集的资本额达到法定的最低资本额。采取发起方式设立的,公司全体发起人的首次出资额不得低于注册资本的20%,其余部分由发起人自公司成立之日起两年内缴足;其中投资公司可以在5年内缴足。股份公司以募集方式设立的,注册资本为在公司登记机关登记的实收资本总额。股份有限公司的注册资本最低限额为500万元人民币。

(3)股份发行、公司筹备事项符合法律规定。即公司的筹备、股份的发行以及设立公司的程序、手续等都符合国家以《公司法》为主的一系列法规的要求。

(4)由发起人制定公司章程。采用募集方式设立的公司的章程需经创立大会通过。公司章程是公司最重要的法律文件,发起人应当根据《公司法》《上市公司章程指引》《到境外上市公司章程必备条款》及相关规定的要求,起草、制定章程草案。采用募集方式设立的股份公司,章程草案须提交创立大会表决通过。发起人向社会公开募集股份的,须向中国证监会报送公司章程草案。

(5)有公司名称,建立符合股份有限公司要求的组织机构。股份有限公司的名称要求同有限责任公司。

(6)有固定的生产场所和必要的生产经营条件。

(三)股份公司的组织机构

西方国家常以"三权分立"制来管理股份公司,即公司内设股东大会、董事会、监事会,分别掌管公司的所有权、经营权、监察权,它们之间的关系是既相互独立又相互制约。

1.股东大会。股东大会是公司的最高权力机构,是股东表达意愿的场所,但它不能执行具体业务,其决定需由董事会执行,其民主管理是所有权和经营权分离的象征。股东大会主要有年会和临时会议两种。年会是每年定期开一次,召开年会前董事会应根据公司法及公司章程和内部细则的规定,将开会时间、地点、议案通知股东并公告。临时股东大会由董事会或监事会认为必要时或大多数股东要求时召开,一般讨论特别事项。

2.董事会。董事会是股东大会的常设机构,董事会在公司股东大会闭幕期间,代替股东大会行使权力。董事会是一个法人机构,董事会以法人的身份对内代表全体股东占有企业全部资产,对外代表公司,独立从事民事活动。董事会对公司的重大问题具有决策权,但是不负责公司具体的生产经营活动。公司具体的生产经营活动由董事会聘任的经理负责,经理拥有公司的生产经营权,经理必须秉承董事会的意志,对公司的生产经营全面负责,统一指挥。经理工作出色,董事会对其提出表扬,增加工资,继续聘用;经理工作失职,董事会可对经理扣罚工资,甚至解聘,这对经理形成了一种动力和压力,迫使他只能努力工作,搞好公司的生产经营活动。我国《公司法》规定董事会成员为5~19人,董事会设董事长一人,可以设副董事长,由全体董事过半数选举产生。董事会每年至少召开两次会议,每次会议应该在召开前10天通知全体董事和监事,董事会会议应有过半数的董事出席方可举行,做出的决议应由全体董事过半数通过才可执行。

3.监事会。一般的股份公司,在股东大会下面还设独立的监事会,对董事和经理的行为进行监督,并对公司的财务进行检查。监事会应当包括股东代表和适当比例的职工代表。监事会设主席1人,可以设副主席。监事会主席和副主席由全体监事过半数选举产生。监事会每6个月召开一次会议。监事可以提议召开临时监事会会议,监事会的议事方式和表决程序,除法律规定外,由公司章程规定。

(四)股份公司的合并、分立、解散和清算

1.股份公司的合并。股份公司的合并是指两个或两个以上的公司,依照法律程序合并为一个公司的行为。合并可以有两种情况:一是吸收合并;二是新设合并。吸收合并是指两个或两个以上的公司进行合并时,其中一个公司存续,另外一个或一个以上的公司被解散,其资产与债务同时转给存续的公司。新设合并是指两个或两个以上的公司进行合并时,原有的公司没有一个存续,均不复存在,而是另外再创立一个新公司。

2.股份公司的分立。股份公司分立指一个公司依法分为两个或两个以上的公司的经济行为。公司的分立通常有派生分立和新设分立两种。派生分立是指公司以其部分资产分设一个新的公司,原公司存续。新设分立是指将公司全部资产分别用于两个或两个以上的新设公司,原公司解散。

3.公司的解散和清算。股份有限公司的解散是指股份有限公司法人资格的消失。公司解散时,应当进行必要的清算活动。公司解散后,也就丧失了进行业务活动的能力。公司有以下原因之一的可以解散:公司章程规定的营业期限届满或者公司章程规定的其他解散事由出现;股东大会决议解散;因公司合并或者分立需要解散;依法被吊销营业执照、责令关闭或者被撤销;人民法院依照《公司法》第一百八十二条的规定予以解散。当公司经营管理发生严重困难,继续存续会使股东利益受到重大损失,并通过其他途径不能解决的,持有公司全部股东表决权10%以上的股东,可以请求人民法院解散公司。

公司解散时,应当依法进行财产清算。公司清算的程序一般如下:①成立清算组负责公司的清算。公司如自愿解散,清算组成员由董事会确定,如是破产清算或是强迫解散,那么清算组应依法成立,由人民法院、有关主管机关组织成立清算组进行清算。②进行通知或公告。清算组应通知债权人,并在报纸上公告。债权人接到通知书后应向清算组申报其债权。③清理公司财产,制订清算方案。清算组清理公司财产、编制资产负债表和财产清单后发现公司财产不足以清偿公司债务的,应依法向人民法院申告破产。④清偿债务。⑤公告公司终止。

第二节 股票的内涵

一、股票的定义及用途

(一)股票的定义

股票是一种有价证券,它是股份有限公司发行的、用以证明投资者身份和权益、并据以获取股息和红利的凭证。

股票一经发行,购买股票的投资者即成为公司的股东。股票实质上代表了股东对股份公司的所有权,这种所有权是一种综合的权力,如参加股东大会、投票表决权、参与公司的重大决策、收取股息和分享红利等等。同一类别的每一份股票所代表的公司所有权是相等的。每个股东所拥有的公司所有权的大小,取决于其持有的股票数量占公司总股本的比重。股东与公司之间不是债权债务关系。股东是公司的所有者,以其出资额为限对发行公司负有责任,承担风险,分享收益。

股票作为一种所有权凭证,有一定的格式。从股票的发展历史看,最初的股票票面格式既不统一,也不规范,由各发行公司自行决定。随着股份制度的发展和完善,许多国家对股票票面格式做了规定,提出票面应载明的事项和具体要求。我国《公司法》规定,股票采用纸面形式或国务院证券管理部门规定的其他形式。股票应载明的事项主要有:公司名称、公司登记成立的日期、股票种类、票面金额及代表的股份数、股票的编号。股票由董事长签名,公司盖章。发起人的股票,应当标明"发起人股票"字样。

(二)股票的用途

股票的用途有三点:其一是作为一种出资证明,当一个自然人或法人向股份有限公司参股投资时,便可获得股票作为出资的凭据;其二是股票的持有者可凭借股票来证明自己的股东身份,参加股份公司的股东大会,对股份公司的经营发表意见;其三是股票持有人凭借着股票可获得一定的经济利益,参加股份公司的利润分配,也就是通常所说的分红。

二、股票的特征

(一)收益性

收益性是指持有股票可以为持有人带来收益的特性。持有股票的目的在于获取收益。股票的收益包括两部分:一是股息或红利收益;二是资本利得。前者是指投资者认购股票后,对发行公司享有收益权,也即可以从公司领取股息和分享公司红利,股息和红利的多少取决于股份公司的经营和盈利水平。后者来源于股票流通转让,即投资者可以获得价差收入或实现资产的保值增值。通过低价买入高价卖出,投资者可以赚取价差利润。在通货膨胀时,股票价格会随着公司原有资产重置价格的上升而上涨,从而避免了资产贬值,因而,股票被视为在高通货膨胀时期优先选择的投资工具。

(二)风险性

风险性是指购买、持有股票可能产生经济损失或额外收益的特性。任何一种投资都是有风险的,股票投资也不例外。股票投资者能否获得预期的回报,首先取决于企业的盈利情况,利大多分,利小少分,公司破产时则可能血本无归。其次,股票作为交易对象,就如同商品一样,有着自己的价格。而股票的价格除了受制于企业的经营状况之外,还受经济的、政治的、社会的甚至人为的等诸多因素的影响,处于不断变化的状态中,大起大落的现象也时有发生。股票市场上股票价格的波动虽然不会影响上市公司的经营业绩,从而影响股息与红利,但股票的贬值还是会使投资者蒙受部分损失。因此,欲入股市投资者,一定要谨慎从事。

(三)流通性

流通性是指股票可以依法自由地进行交易的特性。股票持有人虽然不能直接从股份公司退股,但可以在股票市场上随时转让,进行买卖,也可以继承、赠予、抵押,所以,股票亦是一种具有颇强流通性的流动资产。无记名股票的转让只要把股票交付给受让人,即可达到转让的法律效果;记名股票转让则要在卖出人处签章背书后才可转让。正是由于股票具有较强的流通性,才使股票成为一种重要的融资工具而不断发展。

(四)不可偿还性

股票是一种无偿还期限的有价证券,投资者购买了股票以后就不能要求再退股,只能拿到二级市场上去出售。股票的转让只意味着公司股东的改变,并不会减少公司资本。股票的有效期与公司存续期是一样的。

除以上几个特征以外,股票还有以下区别于其他有价证券的特征。

其一是参与性。参与性是指股票持有人有权参与公司重大决策。股票持有人作为股份公司的股东,有权出席股东大会,通过选举公司董事会来实现其参与权。不过,股东参与公司重大决策的权利大小,取决于其持有股票数额的多少。如果某股东持有的股票数额能达到左右决策结果所需的实际多数时,就能掌握公司的决策控制权。

其二是股份的伸缩性。这是指股票代表的股份既可以拆细,又可以合并。

其三是股票价格的波动性。股票市场价格除了取决于股票发行企业经营和盈利分配状况外,还受经济、政治、社会、大众心理等因素的影响,从而处于波动之中,甚至会出现由于投机现象而导致股票市价与票面价值悬殊的现象。

第三节 股票的种类

股票作为社会化大生产的产物,已有400多年的历史,股票形形色色,按不同的标准或从不同的角度,可以分为不同的种类。

一、普通股和优先股

(一)普通股

所谓普通股股票,是指持有这种股票的股东都享有同等的权利,他们都能参加公司的经营决策,其所分取的股息红利随着股份公司经营利润的多寡而变化。而其他类型的股票,其股东的权益或多或少都要受到一定条件的限制。

普通股股票有以下主要特点。

1.普通股股票是股票中最普通、最重要的股票种类。股份公司最初发行的股票一般都是普通股股票,由于它在权利及义务方面没有特别的限制,发行范围最广且发行量最大,股份公司的绝大部分资金一般都是通过发行普通股股票筹集而来。

2.普通股股票是股份有限公司发行的标准股票,其有效期限与股份有限公司的存续期相同,此类股票的持有者是股份有限公司的基本股东。

3.普通股股票是风险最大的股票。持有此类股票的股东获取的经济利益是最不稳定的,它不但要随公司的经营水平而波动,且其收益顺序比较靠后,这就是说股份有限公司必须在偿付完公司的债务和所发行的债券利息以及优先股股东的股息以后才能给普通股股东分红,所以普通股股票的收益最不稳定,投资风险最大。

对股份公司而言,持普通股股票的股东所处的地位是绝对平等的,在股份有限公司存续期间,它们都毫无例外地具有下述权利和责任,法律和公司章程对此没有任何特别的限制:①有投票选举、参与公司经营决策权;②有参与公司盈余分配权,除取得股息外,还可参与红利分配,只是其派息要在普通股之后进行;③资产分配权,即公司解散时普通股股东可参与分配公司剩余财产,但其分配权在优先股股东之后,更在债权人之后;④在公司扩股时,有优先认购权。

(二)优先股

优先股是相对于普通股而言的,它是在公司资产、利润分配上都优先于普通股的股票,也是一种无期所有权证书。优先股股票的股息率是固定的,其权利小但稳定,无选举权或经营决策权,其持有者的股东权利受到一定限制。

优先股股票是一种特殊股票,虽然它不是股票的主要品种,但是它的存在对股份公司和投资者来说仍有一定的意义。

对股份公司而言,发行优先股股票可以筹集长期稳定的公司股本,而且因其股息率固定,在公司盈利较多时可以减轻利润的分派负担。另外,优先股股东无表决权,这样可以避免公司经营决策权的改变和分散。

对投资者而言,由于优先股股票的股息收益稳定可靠,而且在财产清偿时也先于普通股股东,故其风险相对较小,不失为一种较安全的投资对象。优先股股票因收入稳定,在二级市场价格波动小,风险较低,适宜做中长线投资。在国外,大部分优先股股票为保险公司、养老基金等稳健型机构投资者持有。当然,持有优先股票并不总是有利的,比如在公司经营有方而获高额利润的情况下,优先股股票的股息收益就可能会大大低于普通股票。

一般来说,优先股股票的优先权有以下四点。

1.在分配公司利润时可先于普通股且以约定的比率进行分配。

2.当股份有限公司因解散、破产等原因进行清算时,优先股股东可先于普通股股东分取公司的剩余资产。

3.优先股股东一般不享有公司的经营参与权,即优先股股票不包含表决权,优先股股东无权过问公司的经营管理,但在涉及优先股股票所保障的股东权益时,优先股股东可发表意见并享有相应的表决权。

4.优先股股票可由公司赎回。由于股份有限公司需向优先股股东支付固定的股息,优先股股票实际上是股份有限公司的一种举债集资的形式,但优先股股票又不同于公司债券和银行贷款,这是因为优先股股东分取收益和公司资产的权利只能在公司满足了债权人的要求之后才能行使。优先股股东不能要求退股,却可以依照优先股股票上所附的赎回条款,由股份有限公司予以赎回。大多数优先股股票都附有赎回条款。

二、记名股票和不记名股票

按是否记载股东姓名,股票可以分为记名股票和不记名股票。

(一)记名股票

所谓记名股票,是指将股东姓名记载于股票票面和股东名册的股票。一般来说,如果股票是归某人单独所有,则应记载持有人的姓名;如果股票是由国家授权投资的机构或者法人所持有,则应记载国家授权投资的机构或者法人的名称;持有者变更姓名或名称的,应办理变更手续。我国《公司法》规定:公司向发起人、法人发行的股票,应当为记名股票,并应当记载该发起人、法人的名称或者姓名,不得另立户名或者以代表人姓名记名。对社会公众发行的股票,可以为记名股票,也可以为不记名股票。发行记名股票的,应当置备股东名册,记载以下事项:股东的姓名或者名称及住所、各股东所持股份数、各股东所持股票的编号、各股东取得股份的日期。

记名股票有如下特点。

1.股东权利的专有性。只有记名股东或其正式委托授权的代理人才能行使股东权利,其他持有者(非经记名股东转让和经股份公司过户的)不具有股东资格。

2.认购股款可以分期缴纳。一般来说,股东应在认购时一次缴足股款,但是,基于记名股票所确定的股份公司与记名股东之间的特定关系,有些国家规定记名股东在认购股票时可以只缴纳一部分股款,其余款项在一定时期内缴清。

3.不易转让。一般来说,记名股票的转让都必须由股份公司将受让人的姓名或名称、住所记载于公司的股东名册中,办理股票过户登记手续,这样受让人才能取得股东的资格和权利。而且,为了维护股份公司和其他股东的利益,法律对于记名股票的转让有时会规定一定的限制条件,如有的国家规定记名股票只能转让给特定的人。

4.相对安全。记名股票与记名股东的关系是特定的,因此,如果股票遗失,记名股东的资格和权利并不消失,可依据法定程序向股份公司挂失,要求公司补发新的股票。我国《公司法》对此的具体规定是:记名股票被盗、遗失或者灭失,股东可以依照民事诉讼法规定的公示催告程序,请求人民法院宣告该股票失效。依照公示催告程序,人民法院宣告该股票失效后,股东可以向公司申请补发股票。

(二)不记名股票

所谓不记名股票,是指在股票票面和股份公司股东名册上不记载股东姓名的股票,又称无记名股票。不记名股票发行时一般留有存根联,其内容由两部分组成:一部分是股票的主体,记载了有关公司的事项,如公司名称、股票所代表的股数等;另一部分是股息,用于进行股息结算和行使增资权利。我国《公司法》在这方面的规定是:股份有限公司对社会公众发行的股票,可以为记名股票,也可以为不记名股票。发行不记名股票的,公司应当记载其股票数量、编号及发行日期。

不记名股票有如下特点。

1.认购股票应一次性缴足股款。不记名股票上不记载股东姓名,即没有特定的持有人,因此如果允许分期交付股款就无法保证能够缴足其余款项。

2.转让相对简便。与记名股票相比,不记名股票的转让较为简单与方便,原持有者只要向受让人交付股票便发生转让的法律效力,受让人取得股东资格不需要办理过户手续。

3.安全性较差。不记名股票一旦遗失,原股票持有者便丧失股东权利,且无法挂失。

三、有面额股票和无面额股票

按是否在股票票面上标明金额,股票可以分为有面额股票和无面额股票。

(一)有面额股票

所谓有面额股票,是指票面上记载一定股票金额的股票。这一金额又称做票面金额、票面价值或股票面值。股票票面金额的计算方法是用资本总额除以股份数,而实际上很多国家是通过法规予以直接规定的,且一般限定这类股票的最低票面金额。另外,同次发行的股票的每股票面金额是相等的。票面金额一般是以国家的主币为单位。大多数国家的股票都是有票面金额的。

有面额股票具有如下特点。

1.票面金额能表明每股的股权比例。若某股份公司发行股票总面额为10 000元,每股面额为10元,那么每股就享有公司净资产千分之一的所有权。

2.票面金额是公司发行价格的依据。我国《公司法》规定,股票发行价格可以和票面金额相等,也可以超过票面金额,但不得低于票面金额。这样,有面额股票的票面金额就成为发行价格的最低界限。

(二)无面额股票

所谓无面额股票,是指在股票票面上不记载股票面额,只注明它在公司总股本中所占比例的股票,也称为比例股票或份额股票。其价值是不确定的,随着公司资产的变化而相应变化:公司资产增加,每股价值上升;反之,价值下降。目前世界上很多国家(包括中国)的公司法都规定不允许发行这种股票。

无面额股票有如下特点。

1.发行或转让价格较灵活。由于没有票面金额,发行新股时不存在最低限额的制约;在转让时,投资者更注重每股所代表的实际价值。

2.股票便于分割。有面额股票分割时需要办理面额变更手续,由于无面额股票不受票面金额的约束,分割时就无须办理面额变更等复杂的手续,就能比较容易地进行股票分割,便于转让和流通。

四、A股、B股、H股、N股和S股

按照上市的地点和面对的投资者,我国股票还可以分为A股、B股、H股、N股和S股。

第一,A股。A股是用人民币标明面值,由境内公司在境内发行上市,并由境内居民、机构以及经批准的境外机构投资者用人民币买卖的股票。

第二,B股。其正式名称是人民币特种股票,它是以人民币标明面值,以外币认购和买卖,在沪、深两地证券交易所上市交易的股票。

第三,H股。H股是用人民币标明面值,由境内公司发行,在香港上市,用港币交易的股票。

第四,N股。N股类似于H股,只是上市交易地在美国纽约。

第五,S股。S股也类似于H股,只是上市交易地在新加坡。

五、国家股、法人股、社会公众股和外资股

按照投资主体,我国股票还可以分为国家股、法人股、社会公众股和外资股。

(一) 国家股

国家股为有权代表国家投资的部门或机构以国有资产向公司投资形成的股份(含现有资产折成的国有股份),是指直接由国家拥有和控制的股份。目前,国家股是我国国有企业和国有控股企业的主要权益资金来源。

国家股是国有股权的一个组成部分(国有股权的另一组成部分是国有法人股)。国家股权可以转让,但应该按照国家的有关规定进行。国有资产管理部门应考核、监督国有股持股单位权利是否正确行使和义务是否履行,以维护国家股的权益。

(二) 法人股

法人股是指企业法人或具有法人资格的事业单位和社会团体以其依法可支配的资产向股份公司投资形成的股票。法人股股票,应记载法人名称,不得以代表人姓名记名;法人不得将其所持有的公有股份、认股权证和优先认股权转让给本法人单位的职工。法人股是法人相互持股形成的一种所有制关系,法人相互持股是法人经营自身财产的一种投资方式。

法人股主要有两种形式:一是具有法人资格的国有企业、事业及其他单位以其依法占用的法人资产向独立于自己的股份公司出资形成或依法定程序取得的股份,其又称为国有法人股。国有法人股也属于国有股。也就是说,国有股与法人股的外延有交叉。二是指除了上述"有权代表国家投资的部门或机构"和"具有法人资格的国有企业、事业单位及其他单位"以外的社会一般法人向股份公司出资所形成的股份。

(三) 社会公众股

社会公众股是指我国境内个人和机构,以其合法财产向公司可上市流通股权部分投资所形成的股份。原来我国国有股和法人股不能上市流通,从2005年股权分置改革后就可以在市场上流通了。通俗来讲,股权分置改革就是政府将以前不可以上市流通的国有股(还包括其他各种形式不能流通的股票)拿到市场上流通。股权分置问题是由于我国证券市场建立初期,改革不配套和制度设计上的局限所形成的制度性缺陷。

社会公众股原来是指可上市流通的股票,现在我国正在进行股权分置改革,改革完成之后将不存在可流通股与非流通股之分,社会公众股的分类也就失去意义。

(四) 外资股

根据上市的地域不同,外资股又分为境内上市外资股和境外上市外资股。

1.境内上市外资股。境内上市外资股,又称B股,是指在我国境内注册的股份有限公司向境内外投资者发行并在我国境内证券交易所上市,是以人民币标明票面价值的以外币认购的供境内外投资者买卖的股票。境内外资股在境内进行交易。上海证券交

易所的 B 股是以美元交易;深圳证券交易所的 B 股是以港币交易。

2.境外上市外资股。境外上市外资股指在中国境内注册的股份有限公司在境外发行、由境外投资者以外币认购并在境外证券交易所上市的股份。境外上市外资股采取记名股票形式,以人民币标明其面值,以外币认购、交易和结算。境外上市外资股主要由 H 股、N 股、S 股等构成。

第四节 股票的价值

一、股票价值的类型

有关股票的价值有多种提法,它们在不同场合有不同含义,需要加以区分。

(一)股票的面值

股票的面值,是股份公司在所发行的股票上标明的票面金额,它以元为单位,其作用是表明每一张股票所包含的资本数额。股票的面值一般都印在股票的正面且基本都是整数,如百元、拾元、壹元等。在我国上海和深圳证券交易所流通的股票,其面值都统一定为壹元,即每股一元。股票票面价值的最初目的,是为保证股票持有者在退股之时能够收回票面所标明的资产。随着股票的发展,购买股票后将不能再退股,所以股票面值现在的作用有两个:一是表明股票的认购者在股份公司总投资中所占的比例,作为确认股东权利的根据。如,某上市公司的总股本为1 000万元,持有一股股票就表示在该股份公司所占的股份为千万分之一。二是在首次发行股票时,将股票的面值作为发行定价的一个依据,如我国规定股票发行价应大于或等于其面值,不得低于面值发行。

(二)股票的净值

股票的净值,又称为账面价值,也称为每股净资产,指的是用会计方法计算出来的每股股票所包含的资产净值。其计算方法是将公司的注册资本加上各种公积金、累积盈余,也就是通常所说的股东权益,将净资产再除以总股本就是每股的净值。股票的账面价值是股份公司剔除了一切债务后的净资产。股份公司的账面价值高,股东实际所拥有的财产就多;反之,股票的账面价值低,股东拥有的财产就少。

股票的账面价值虽然只是一个会计概念,但它对于投资者进行投资分析具有较大的参考作用,也是产生股票价格的直接根据,因为股票价格越贴近每股净资产,股票的价格就越接近于股票的账面价值。在股票市场中,股民除了要关注股份公司的经营状况和盈利水平外,还需特别注意股票的净资产含量。净资产含量越高,公司自己所拥有的本钱就越大,抗拒各种风险的能力也就越强,在盈利水平相同的前提下,股票的收益就越高,股票就越有投资价值。因此,账面价值是股票投资价值分析的重要指标,在计算公司的净资产收益率时也有重要的作用。

(三)股票的清算价值

股票的清算价值,是指股份公司破产或倒闭后进行清算之时每股股票所代表的实际价值。从理论上讲，股票的每股清算价值应当与股票的账面价值相一致，但企业在破产清算时，其财产价值是以实际的销售价格来计算的，而在进行财产处置时，其售价都低于实际价值，所以股票的清算值与股票的净值不一致，一般都要小于净值。股票的清算价值只是在股份公司因破产或因其他原因丧失法人资格而进行清算时才被作为确定股票价格的根据，在股票发行和流通过程中没有什么意义。

（四）股票的市场价值

股票的市场价值，又称为股票的市值，是指股票在交易过程中交易双方达成的成交价。股票的市值直接反映着股票市场行情，是股民买卖股票的依据。由于受众多因素的影响，股票的市场价值处于经常性的变化之中。股票的市场价值是与股票价格紧密相连的，股票价格是股票市场价值的集中表现，前者随后者的变化发生相应的波动。在股票市场中，股民根据股票市场价值（股票行市）的高低变化来分析判断和确定股票价格，所以通常所说的股票价格也就是股票的市场价值。

（五）股票的内在价值

股票的内在价值，是在某一时刻股票的真正价值，它也是股票的投资价值。计算股票的内在价值需用折现法，由于上市公司的寿命期、每股税后利润及社会平均投资收益率等都是未知数，所以股票的内在价值较难计算，各种价值模型计算出来的"内在价值"只是股票真实的内在价值的估计值，在实际应用中，一般都是取预测值。经济形势的变化、宏观经济政策的调整、供求关系的变化等都会影响股票未来的收益，引起内在价值的变化。股票的市场价格总是围绕着其内在价值波动，研究和发现股票的内在价值，并将内在价值与市场价格相比较，进而决定投资策略是证券分析家的主要任务。

二、股票价格

股票价格，又叫股票行市，是指股票在证券市场上买卖的价格。股票作为一种所有权凭证其本身并没有价值，它之所以有价格，在于能给持有者带来股息红利，股票交易的实质是对未来收益权的交易，股票价格反映了人们对股票未来收益的预期。股票价格取决于股票的内在价值。

（一）股票的理论价格

股票理论价格是根据现值理论计算而来的。现值理论认为，人们之所以愿意购买股票，是因为它能够为其持有人带来预期收益，股票的未来股息收入、资本利得收入是股票的未来收益，亦可称之为期值。将股票的期值按市场利率和有效期限折算成今天的价值，即为股票的现值。可见，股票理论价格就是以一定利率计算出来的未来收入的现值，用公式表示：股票价格＝预期股息÷市场利率。

（二）股票的市场价格

股票的市场价格一般是指股票在二级市场上买卖的价格。股票的市场价格由股票的价值决定，但同时受许多其他因素的影响，其中，供求关系是最直接的影响因素，其他因素都是通过作用于供求关系而影响股票价格的。由于影响股票价格的因素复杂多变，所以股票的市场价格呈现出高低起伏的波动性特征。

三、影响股票价格的因素

引起股票价格变动的直接原因是供求关系的变化,在供求关系的背后还有一系列更深层次的原因。

(一)基本面因素

基本面因素主要指宏观经济因素和公司自身因素两个方面。

1.宏观经济因素。宏观经济发展水平和状况是影响股票价格的重要因素。宏观经济影响股票价格的特点是波及范围广、干扰程度深、作用机制复杂和股价波动幅度较大。宏观经济因素具体包括以下几方面。

(1)经济增长和经济周期。一个国家或地区的社会经济是否能持续稳定地保持一定的发展速度,是影响股票价格能否稳定上升的重要因素。当一国或地区经济运行态势良好时,一般来说,大多数企业的经营状况也较好,它们的股票价格会上升;反之股票价格会下降。

一国在经济繁荣时期,企业盈利多,股息高,股票猛涨;在经济危机时期,企业生产萎缩,股息下降,股价则猛跌;在经济萧条时期,股价渐有转机;在进入复苏时期后,股价又开始上涨。所以,股票价格的变动,一般是与经济周期相适应的。经济周期循环对股票市场的影响非常显著,可以这么说,是景气变动从根本上决定了股票价格的长期变动趋势。值得重视的是,股票价格的变动通常比实际经济的繁荣或衰退领先一步,即在经济高涨后期股价已率先下跌,在经济尚未全面复苏之际,股价已先行上涨。国外学者认为,股价变动要比经济景气循环早4~6个月。这是因为股票价格是对未来收入的预期,所以会先于经济周期的变动而变动。正因为如此,股票价格水平已成为经济周期变动的灵敏信号或称先导性指标。

(2)货币政策和财政政策。中央银行的货币政策对股票价格有直接的影响。货币政策是政府重要的宏观经济政策,中央银行通常采用存款准备金制度、再贴现政策、公开市场业务等货币政策手段调控货币供应量,从而实现发展经济、稳定货币等经济目标。无论是中央银行采取的政策手段还是最终的货币供应量变化,都会影响股票价格,这种影响主要通过以下途径实现。

中央银行提高法定存款准备金率,商业银行可贷资金减少,市场资金供给趋紧,股票市场价格下降;中央银行降低法定存款准备金率,商业银行可贷资金增加,市场资金供给宽松,股票市场价格上升。

中央银行通过再贴现政策手段,收紧银根,提高再贴现率,使商业银行得到的中央银行贷款减少,市场资金供给趋紧,再贴现率又是基准利率,它的提高必定使市场利率随之提高,从而使股票市场价格下降。反之,中央银行放松银根,降低再贴现率,一方面,使商业银行得到的再贴现贷款增加,资金供应相对宽松;另一方面,再贴现率的下降必定使市场利率随之下降,从而使股票价格相应提高。

中央银行通过在公开市场上大量出售证券收紧银根,在收回中央银行供应的基础货币的同时又增加证券的供应,使证券价格下降;中央银行放松银根时,在公开市场上大量买入证券,在投放中央银行的基础货币的同时又增加证券需求,使证券价格上升。

总之,中央银行放松银根、增加货币供应,资金面较为宽松,大量游资需要新的投资机会时,股票就会成为最好的投资对象。一旦资金进入股市,引起对股票需求的增加,立即促使股价上升;反之,中央银行收紧银根,减少货币供应,资金普遍吃紧,流入股市的资金减少,加上企业抛出持有的股票以获取现金,使股票市场的需求减少,交易萎缩,股价下跌。

财政政策也是政府重要的宏观经济政策。财政政策对股票价格影响有两个方面:一是通过扩大财政赤字、发行国债筹集资金增加财政支出以刺激经济发展,或是通过增加财政积余或降低赤字减少财政支出抑制经济增长,调节社会经济发展速度,改变企业生产的外部环境,进而影响企业利润水平和股息派发。二是通过调节税率影响企业利润和股息,提高税率,企业税负增加,税后利润下降,股息减少;反之,企业税后利润和股息增加。

(3)贴现率和利率。贴现是银行贷款的一种重要方式,贴现率与存款利率有密切的联系。存款利率越高,贴现率也越高。由于股票的价格与企业未来预期盈利成正比,与贴现率(利息率)成反比,所以贴现率(或利息率)的提高,会导致股票价格的下降。在西方国家也经常有这种情况,银行利率上升时,股票市场依然活跃,原因是投资者常常在两者之间选择:银行存款风险小,利率高,收入稳定,但不灵活,资金被固定在一段时间内不能挪作他用,并且不足以抵消通货膨胀造成的损失。而股票可以买卖,较为灵活,风险虽大,但碰上好运,可获大利。所以,在银行利率提高的情况下,仍然有一些具有冒险精神的投资者热心于股票交易。

市场利率变化通过以下途径影响股票价格:首先,绝大部分企业都负有债务,利率提高,利息负担加重,公司净利润和股息相应减少,股票价格下降;利率下降,利息负担减轻,公司净盈利和股息增加,股票价格上升。其次,利率提高,其他投资工具收益相应增加,一部分游资会流向储蓄、债券等其他收益固定的金融工具,对股票需求减少,股价下降;若利率下降,资金则会流向股票市场,对股票的需求增加,股票价格上升。最后,利率提高,一部分投资者要负担较高的利息才能借到所需资金进行证券投资,如果允许进行信用交易,则买空者的融资成本也相应提高,投资者会减少融资和对股票的需求,股票价格下降;若利率下降,投资者能以较低利率借到所需资金,会增加融资和对股票的需求,股票价格上涨。

(4)通货膨胀。通货膨胀对股票价格的影响较复杂,它既有刺激股票市场的作用,又有抑制股票市场的作用。通常,货币供应量增加,社会一部分闲置资金就会投向证券交易,从而抬高股价;相反,货币供应量减少,社会购买力降低,股价也必然下跌。由货币供应量不断增大而导致的通货膨胀,在一定限度内对生产有刺激作用,因为它能促进企业销售收入和股票投资名义收益的增加,所以在银行利率不随物价同比例上升的条件下,人们为了保值,将不再热心于存款,而转向投资股票,使股票价格再得以提高。但是,如果通货膨胀上升过猛,超过两位数,那么将造成人们实际收入下降和市场需求不足,加剧生产过剩,导致经济危机,使股票价格下跌。

(5)汇率变化。汇率变化首先影响到一国的整体经济状况,然后通过经济的变化影响到一国的股价。汇率的调整对整个社会经济影响很大,有利有弊。若汇率变化趋势对本国经济发展影响较为有利,股价会上升;反之,股价会下降。具体地说,汇率的变化对那些在原材料和销售两方面严重依赖国际市场的企业的股票价格影响较大。

2.公司自身因素。它包括以下几个方面。

(1)公司的净资产。资产净值或称净资产是全体股东所拥有的权益,它是决定股票价格的重要基准。股票作为投资的凭证,每一股代表一定数量的净值。从理论上讲,每股净值应与股价保持一定比例,即净值增加,股价上涨;净值减少,股价下跌。

(2)公司利润水平。利润代表了一个公司过去的经营业绩,人们往往就此判断一个公司未来的经营状况。这种预期会反映到该公司的股票价格上。一般认为,公司盈利增加,股息也会相应增加,股票的市场价格会上涨;公司盈利减少,股息相应减少,股票市场价格会下降。但现实生活中的情况往往是:股票价格的涨跌和公司盈利的变化并不是同时发生的,通常股价的变化要先于盈利的变化,股价的变动幅度也要大于盈利的变化幅度。

(3)公司的股息。投资者之所以购买股票,是因为它能带来不低于存款利息的股息。股份公司发行股票的数量,不取决于它的实际资本拥有量,而取决于股息的派发量。股息越高,购买者越踊跃,股票的价格也越高。但是,股息的增加又取决于企业收益的增长,如果企业发行的股票数量增加了,而增资后的利润却未同步增长,股息将无法维持原有水平,必然要减少,股票价格也会随之下降。欧美国家的一些企业,为了不断发展业务,使企业收益日益增长,把公司净利润的大部分或全部都留下,以扩大资本积累,用于生产和经营,只发放少量股息或不发放股息,并且,国家在税收制度上也积极引导这样做。即使一批企业的股票不发或少发股息,这种股票对投资者也仍有很大的吸引力。

(4)股票分割。股票分割是将一股股票均等地拆成若干股。股票分割一般在年度决算月份进行,通常会刺激股价上升。股票分割给投资者带来的不是现实的利益,但是投资者持有的股票数增加了,投资者预期今后会获得更多的股息和更高收益,因此股票分割往往比增加股息派发更能对股价上涨起到作用。

(5)公司资本额的变化。公司因业务发展需要增加资本额而发行新股,在没有产生相应效益前减少每股净资产,会促成股价下跌,但增资对不同公司的股票价格具有不同的影响作用。对那些业绩优良、具有发展潜力的公司而言,增资将使公司经营实力增加,会给股东带来更大收益,股价不仅不会下跌,反而会上涨。当公司宣布减资时,多半是因为经营不善、亏损严重、需要重新整顿,所以股价会大幅下降;但如果公司为收缩规模、调整主业而减资,则有提高业绩、刺激股价上涨的效果。

(6)公司经营策略的变更。公司主要经营方针的变更会改变一个公司的财务状况和盈利水平。一种锐意进取、管理有方的经营策略可能使一个公司扭亏为盈,一种因循守旧、故步自封的经营策略则会使有过辉煌业绩的公司江河日下。

(7)公司的合并。公司合并有多种情况,有的是为了扩大规模、增强竞争能力而相互合并,有的是为了消灭竞争对手,有的是为了控股,也有的是为操纵市场而进行恶意兼并。公司合并总会引起股价剧烈波动,但要分析公司合并对公司是否有利、合并后是否能改善公司的经营状况,这是决定股价变动方向的决定因素。

(二) 政治因素

政治因素对股票价格的影响很大，往往很难预料。它主要有以下几方面。

1. 战争。战争是影响最严重的政治因素。战争会破坏一国生产发展，使经济停滞、人们收入减少、企业利润下降。战争期间除了军火工业以外，大部分企业都会受到严重打击。战争使投资者风险明显增大，经济和社会的动荡、生命的威胁使人们无暇顾及个人经济收益，人们的投资愿望降到最低点。特别是全面的、长期的战争，会使股票市场受到致命打击，股票价格会长期低迷。

2. 一国政权的更迭等政治事件。这些事件的爆发都会影响社会安定，进而影响投资者的心理状态和投资行为，引起股票市场的涨跌变化。

3. 政府的政策、措施、法令等重大事件。政府的社会经济发展计划、经济政策的变化、新颁布法令和管理条例等均会影响到股价的变动。重要法规的颁布等因素会影响投资者对发展前景的预期，从而引起股票价格变动。

4. 国际社会政治经济的变化。在世界经济全球化的进程中，国家之间、地区之间的政治经济关系日益紧密，国际关系的细微变化都可能引起各国股市发生敏感的联动，从而对股价产生影响。

(三) 市场技术和社会心理因素

1. 市场技术因素。所谓市场技术因素，指的是股票市场的各种投机操作、市场规律以及证券主管机构的某些干预行为等因素。其中，股票市场上的各种投机操作尤其应当引起投资者的注意。

2. 社会心理因素。社会心理因素指的是投资者的心理变化对股票市价有很大影响。

3. 市场效率因素。市场效率因素主要包括以下几个方面：信息披露的全面性、准确性；通信条件的先进性；投资专业化程度；投资大众分析、处理和理解信息的能力、速度及准确性。

(四) 人们的心理预期

众所周知，投资者的心理变化对股价有很大的影响。投资者对股市抱乐观态度时，会夸大市场有利因素的影响，忽视一些潜在的不利因素，大量买进股票，促使股价上涨；反之，在投资者对股市前景过于悲观时，会忽视潜在的有利因素，而夸大不利因素，甚至不顾发行公司的优良业绩大量抛售股票，致使股价下跌；当投资者对股市持观望态度时，市场交易就会减少，股价往往呈现盘整格局。股票市场中的中小投资者由于信息不灵，缺乏必要的专业知识和投资技巧，往往有严重的盲从心理，会产生羊群效应，而有的人会利用这一盲从心理故意制造虚假信息，甚至利用自己在资金或知识方面的优势操纵市场，因大多数投资者不明真相，操纵者就会乘机浑水摸鱼，非法牟利。人为操纵会影响股票市场的健康发展，违背公开、公平、公正的原则。

(五) 证券监管部门的监管

有的证券交易所对每日股票价格的涨跌幅度有一定限制，即涨跌停板规定，使股价的涨跌会大体平缓。另外，当股票市场投机过度或出现严重违法行为时，证券监管部门也会采取一定的措施以平抑股价波动。

第五节 股票价格指数

一、股价平均数和股价指数

股票价格平均数(简称为"股价平均数")和股票价格指数(简称为"股价指数")是衡量股票市场总体价格水平及其变动趋势的尺度,也是反映一个国家或地区政治、经济发展状态的灵敏信号。

(一)股票价格平均数

股价平均数采用股价平均法,用来度量所有样本股经调整后的价格水平的平均值,可分为简单算术股价平均数、加权股价平均数和修正股价平均数。

1.简单算术股价平均数。简单算术股价平均数是以样本股每日收盘价之和除以样本数所得。其公式为:

$$\overline{P} = \frac{\sum P_i}{N}$$

式中,$\overline{P}$ 为平均股价;P_i 为各样本股收盘价;N 为样本股票种数。

简单算术股价平均数的优点是计算简便,但也存在两个缺点:①发生样本股送配股、拆股和更换时会使股价平均数失去真实性、连续性和时间数列上的可比性;②在计算时没有考虑权数,即忽略了发行量或成交量不同的股票对股票市场有不同影响这一重要因素。简单算术股价平均数的这两点不足,可以通过加权股价平均数和修正股价平均数来弥补。

2.加权股价平均数。加权股价平均数或称加权平均股价,是将各样本股票的发行量或成交量作为权数计算出来的股价平均数。其计算公式为:

$$\overline{P} = \frac{\sum_{i=1}^{N} P_i W_i}{\sum_{i=1}^{N} W_i}$$

式中,W_i 为样本股的发行量或成交量。

以样本股成交量为权数的加权平均股价可表示为:

$$加权平均股价 = \frac{样本股成交总额}{同样样本股成交总量}$$

计算结果为平均成交价。

以样本股发行量为权数的加权平均股价可表示为:

$$加权平均股价 = \frac{样本股市价总额}{同期样本股发行总量}$$

计算结果为平均市场价格。

3.修正股价平均数。修正股价平均数是在简单算术平均数法的基础上,当发生拆

股、增资配股时,通过变动除数,使股价平均数不受影响。修正除数的计算公式如下:

$$新除数 = \frac{股份变动后的总价格}{股价变动前的平均数}$$

$$修正股价平均数 = \frac{股份变动后的总价格}{新除数}$$

(二)股票价格指数

股票价格指数是将计算期的股价与某一基期的股价相比较的相对变化指数,用以反映市场股票价格的相对水平。

1.股票价格指数的编制步骤。股票价格指数的编制分为以下四步。

(1)选择样本股。选择一定数量的有代表性的上市公司股票作为编制股票价格指数的样本股。样本股可以是全部上市股票,也可以是其中有代表性的一部分。样本股的选择主要考虑两条标准:一是样本股的市价总值占有在交易所上市的全部股票市价总值的相当部分;二是样本股票价格变动趋势必须能反映股票市场价格变动的总趋势。

(2)选定某基期,并以一定方法计算基期平均股价或市值。通常选择某一有代表性或股价相对稳定的日期为基期,并按选定的某一种方法计算这一天的样本股平均价格或总市值。

(3)计算计算期平均股价或市值,并做必要的修正。收集样本股在计算期的价格并按选定的方法计算平均价格。有代表性的价格是样本股收盘平均价。

(4)指数化。将基期平均股价定为某一常数(通常为100、1000或10),并据此计算计算期股价的指数值。

2.股票价格指数的编制方法。股价指数的编制方法有简单算术股价指数和加权股价指数两类。

(1)简单算术股价指数有相对法和综合法之分。相对法是先计算各样本股的个别指数,再加总求算术平均数。若设股价指数为 P',基期第 i 种股票价格为 P_{0i},计算期第 i 种股票价格为 P_{1i},样本数为 N,计算公式为:

$$P' = \frac{1}{N} \sum_{i=1}^{N} \frac{P_{1i}}{P_{0i}} \times 固定乘数$$

综合法是将样本股票基期价格和计算期价格分别加总,然后再求出股价指数,其计算公式为:

$$P' = \frac{\sum_{i=1}^{N} P_{1i}}{\sum_{i=1}^{N} P_{0i}} \times 固定乘数$$

(2)加权股价指数是以样本股票发行量或成交量为权数加以计算的,有基期加权、计算期加权和几何加权之分。

基期加权股价指数又称拉斯贝尔加权指数(Laspeyre Index),系采用基期发行量或成交量作为权数,计算公式为:

$$P' = \frac{\sum_{i=1}^{N} P_{1i} Q_{0i}}{\sum_{i=1}^{N} P_{0i} Q_{0i}} \times 固定乘数$$

式中，Q_{0i} 为第 i 种股票基期发行量或成交量。

计算期加权股价指数又称派许加权指数（Pasche Index），采用计算期发行量或成交量作为权数。其适用性较强，使用较广泛，很多著名股价指数，如标准普尔指数等，都使用这一方法，计算公式为：

$$P' = \frac{\sum_{i=1}^{N} P_{1i} Q_{1i}}{\sum_{i=1}^{N} P_{0i} Q_{1i}} \times 固定乘数$$

式中，Q_{1i} 为计算期第 i 种股票的发行量或成交量。

几何加权股价指数又称费雪加权指数（Fisher's Index Formula），是对两种指数做几何平均，由于计算复杂，很少在实际中应用。其计算公式为：

$$P' = \sqrt{\frac{\sum_{i=1}^{N} P_1 Q_0}{\sum_{i=1}^{N} P_0 Q_0} \times \frac{\sum_{i=1}^{N} P_1 Q_1}{\sum_{i=1}^{N} P_0 Q_1}} \times 固定乘数$$

二、我国主要股票价格指数

（一）上证综合指数

上海证券交易所从 1991 年 7 月 15 日起编制并公布上海证券交易所股价指数，它以 1990 年 12 月 19 日为基期，以全部上市股票为样本，以股票发行量为权数，按加权平均法计算。其计算公式为：

$$本日股价指数 = \frac{本日股票市价总值}{基期股票市价总值} \times 100\%$$

式中，

$$本日股票市价总值 = \sum_{i=1}^{N} 本日收盘价 \times 发行股数$$

$$基期股票市价总值 = \sum_{i=1}^{N} 基期收盘价 \times 发行股数$$

遇新股上市、退市或上市公司增资扩股时，须做相应修正。修正时计算公式为：

$$新基期市价总值 = 修正前基期市价总值 \times \frac{修正前市价总值 + 市价总值变动额}{修正前市价总值}$$

$$修正后本日股价指数 = \frac{本日股票市价总值}{新基期股票市价总值} \times 100\%$$

随着上市股票品种逐渐增加，上海证券交易所在这一综合指数的基础上，从 1992 年 2 月起分别公布 A 股指数和 B 股指数；从 1993 年 5 月 3 日起正式公布工业、商业、地产业、公用事业和综合五大类分类股价指数。其中上证 A 股指数以 1990 年 12 月 19 日为基期，上证 B 股指数以 1992 年 2 月 21 日为基期，以全部上市的 A 股和 B 股为样本，以发行量为权数进行加权计算。上证分类指数以 1993 年 5 月 1 日为基期，按同样方法计算。

（二）深证综合指数

深圳证券交易所综合指数包括：深证综合指数、深证 A 股指数和深证 B 股指数。

它们分别以在深圳证券交易所上市的全部股票、全部A股、全部B股为样本股,以1991年4月3日为综合指数和A股指数的基期,以1992年2月28日为B股指数的基期,基期指数定为100,以指数股计算日股份数为权数进行加权平均计算。当有新股票上市时,在其上市后当天纳入指数计算。当某一股票暂停买卖时,将其暂时剔除于指数的计算之外。若有某一股票在交易中突然停牌,将取其最后成交价计算即时指数,直至收市。深证综合指数的基本公式为:

$$即日指数 = \frac{即日指数股总市值}{基日指数股总市值} \times 基日指数$$

每日连续计算的环比公式如下:

$$今日即时指数 = 上日收市指数 \times \frac{今日即时指数股总市值}{经调整上日指数股收市总市值}$$

式中,

$$今日即时总市值 = 各样本股市价 \times 已发行股数$$

上日指数收市总市值是指根据上日样本股的股本或样本股变动而做调整后的总值。

当指数股的股本结构或股份名单发生改变时,改用变动前一营业日为基准日,并用"连锁"方法对指数计算进行调整,以维护指数的连续性。

(三)创业板指数

创业板指数由深圳证券交易所于2010年6月1日正式编制和发布,定位为创业板市场标尺指数,向市场提供表示中国创新创业企业的业绩基准与投资标的,指数代码为399006,基日为2010年5月31日,基点为1 000点。创业板指数、深证成指、中小板指数共同构成反映深圳证券交易所上市股票运行情况的核心指数。

创业板指数的编制参照深证成分股指数和深证100指数的编制方法和国际惯例,从创业板股票中选取100只组成样本股。初始成分股为发布日已纳入深证综合指数计算的全部创业板股票;后续选样指标为一段时期(一般为6个月)平均流通市值的比重和平均成交金额的比重,再将上述指标按2:1的权重加权平均,计算结果从高到低排序,再参考公司治理结构、经营状况等因素后,按照缓冲区技术选取创业板指数成分股。

创业板指数采用派许加权法,依据下列公式逐日连锁实时计算:

$$实时指数 = 上一交易日收市指数 \times \frac{\sum(样本股实时成交价 \times 样本股权数)}{\sum(样本股上一交易日收市价 \times 样本股权数)}$$

创业板指数样本股行业包括医药卫生、信息技术、工业等,截至2020年5月20日,创业板指数的100只样本股占创业板上市公司数量的12.3%,总市值规模达到3.7万亿元,与发布之初相比实现十年十倍增长,对创业板市场市值覆盖率达到52%。

(四)科创50指数

上证科创板50成分指数由上海证券交易所和中证指数有限公司于2020年7月22日发布,指数代码为000688。科创50指数以2019年12月31日为基日,以1 000点为基点,由上海证券交易所科创板中市值大、流动性好的50只证券组成,反映最具市场代表性的一批科创企业的整体表现。

科创50指数成分股选取方法如下:

1.选择样本空间。满足以下条件之一可以进入样本空间:①上市时间超过6个月,待科创板上市满12个月的证券数量达100只至150只后,上市时间调整为超过12个月;②上市以来日均总市值排名在科创板市场前5位,定期调整数据考察截止日后第10个交易日时,上市时间超过3个月;③上市以来日均总市值排名在科创板市场前三位,不满足条件②,但上市时间超过1个月并获专家委员会讨论通过。如果存在以下情形,不能进入指数样本空间:被实施退市风险警示;存在重大违法违规事件、重大经营问题、市场表现严重异常等。

2.选择成分股。从流动性和市值两方面进行筛选:①对样本空间内的证券按照过去一年的日均成交金额由高到低排名,剔除排名后10%的证券作为待选样本;②对待选样本按照过去一年的日均总市值由高到低排名,选取排名前50的证券作为指数样本。

科创50指数采用自由流通股本加权计算,并通过权重因子对个股设置权重限制,计算公式为:

$$报告期指数 = \frac{报告期样本的调整市值}{除数} \times 1\,000$$

其中,

$$调整市值 = \sum (证券价格 \times 调整股本数 \times 权重因子)$$

指数样本每季度定期调整一次,每次样本调整数量的比例原则上不超过10%。权重因子随样本定期调整而调整,权重因子介于0~1,以使单个样本权重不超过10%,前五大样本权重合计不超过40%。

未来随着科创板上市公司数量与规模增加,科创50指数会纳入更多代表性佳、市场影响力强的科创板上市公司,进一步提升指数的投资价值。

(五)上证成分股指数(上证30指数、上证180指数)

上证30指数是上证指数系列之一,是在所有已上市A股股票中抽取最具市场代表性的30种作为样本股编制发布的股份指数。上证30指数以1996年1~3月的平均流通市值为基期,基期指数定为1 000点,自1996年7月1日起正式发布。上证30指数的样本股将根据市场情况,由专家委员会按照样本稳定与动态跟踪相结合的原则适时调整。

上证180指数,是对原上证30指数进行调整和更名而产生的指数。上证成分股指数的编制方案是在结合中国证券市场的发展现状并借鉴国际经验,在原上证30指数编制方案的基础上做进一步完善后形成的。上证180指数是1996年7月1日起正式发布的上证30指数的延续,从2002年7月1日起正式发布,基点为2002年6月28日上证30指数的收盘点数3 299.05点。

上证成分股指数的样本股共有180只股票,选择样本股的标准是遵循规模(总市值、流通市值)、流动性(成交金额、换手率)、行业代表性三项指标,即选取规模较大、流动性较好且具有行业代表性的股票作为样本。上证成分指数的样本空间,是在剔除上市时间不足一个季度、暂停上市、经营状况异常或最近财务报告严重亏损、股价波动较大、市场表现明显受到操纵等股票的范围内选择的。样本股的选择方法是:首先根据总市值、流动市值、成交金额和换手率对股票进行综合排名;其次,按照各行业的流通市值比例分配样本只数;再次,按照行业的样本分配只数在行业内选取排名靠前的股票;最后,对各行业选取的样本做进一步调整,使成分股总数为 180 家。上证成分股指数依据样本稳定性和动态跟踪的原则,每年调整一次成分股,每次调整比例一般不超过 10%,特殊情况下也可能对样本股进行临时调整。上证成分股指数采用派许加权综合价格指数公式计算,以样本股的调整股本数为权数,并采用流通股本占总股本比例分档靠级加权计算方法。当样本股名单发生变化或样本股的股本结构发生变化或股价出现非交易因素的变动时,采用"除数修正法"修正原固定除数,以维护指数的连续性。

(六) 上证 50 指数

2004 年 1 月 2 日,上海证券交易所发布了上证 50 指数,该指数简称上证 50,指数代码为 000016。上证 50 指数是根据科学、客观的方法,从上证 180 指数样本中挑选出规模大、流动性好的 50 只股票组成样本股,综合反映上海证券市场最具市场影响力的一批优质大盘股的整体状况。上证 50 指数以 2003 年 12 月 31 日为基日,以该日 50 只成分股的调整市值为基期,基期指数定为 1 000 点。上证 50 指数采用派许加权方法,按照样本股的调整股本数为权数进行加权计算。计算公式为:

报告期指数 = 报告期成分股的调整市值/基期成分股的调整市值×1 000

式中,

调整市值 = ∑(市价×调整股数)

上证 50 指数的推出,使上证综指(全市场指数)、上证 180 指数(投资标尺指数)和上证 50 指数(优质大盘指数)形成了一个三层金字塔形的指数结构。上证 50 指数是从上证 180 指数成分股中选取规模和成交金额排名靠前的 50 家股票,因其成分股数量适中、成交活跃、流动性好、规模较大,所以更适合作为金融衍生工具基础的投资指数和指数基金及交易所交易基金的标的物。

(七) 深证成分股指数

深证成分股指数由深圳证券交易所编制,通过对所有在深圳证券交易所上市的公司进行考察,按一定标准选出 40 家有代表性的上市公司的股票作为成分股,以成分股的可流通股数为权数,采用加权平均法编制而成。深证成分股指数包括深证成分指数、成分 A 股指数、成分 B 股指数等。深证分类指数包括农林指数、制造指数、食品指数、造纸指数、石化指数、电子指数、金属指数、机械指数、医药指数、水电指数、建筑指数、运输指数、IT 指数、批零指数、金融指数、地产指数、综企指数等 22 项。深圳成分股指数以 1994 年 7 月 20 日为基日,基日指数为 1 000 点。

深圳证券交易所选取成分股的一般原则是:有一定的上市交易时间;有一定的上市规模,以每家公司一段时期内的平均可流通股市值和平均总市值作为衡量标准;交易活跃,以每家公司一段时期内的总成交金额和换手率作为衡量标准。根据以上标准,再结合下列各项因素评选出成分股:公司股票在一段时间内的平均市盈率;公司的行业代表性及所属行业的发展前景;公司近年来的财务状况、盈利记录、发展前景及管理素质等;公司的地区、板块代表性等。

(八) 深证 100 指数

深证 100 指数以 2002 年 12 月 31 日为基准日,基准指数定为 1 000 点,从 2003 年第一个交易日开始编制和发布,是深圳证券市场继深证综合指数、深证成分指数之后由深圳证券信息有限公司推出的一个新的指数产品。深证综合指数、深证成分指数属于"行情指数",主要功能是反映二级市场走势;深证100指数属于"产品指数",主要功能是用于开发指数化投资产品,为机构投资者提供跟踪投资的对象和组合投资的依据。从更深层面讲,深证100指数对于促进基金业的发展,推动我国股票指数的市场化运作具有积极意义。深证100指数选取在深交所上市的100只A股作为成分股,以可流通的A股数为权数,吸取了深证成分指数的编制经验。成分股选取主要考察A股上市公司流通市值和成交金额份额两项重要指标,并根据市场动态跟踪和成分股稳定性的原则,每半年调整一次。

深证100指数采用派许加权法编制,采用下列公式逐日连续实时计算:

$$实时指数 = 上一交易日收市指数 \times \frac{\sum(成分股实时成交价 \times 成分股权数)}{\sum(成分股上一交易日收市价 \times 成分股权数)}$$

在上述公式中,分子项和分母项中同一成分股的权数相同,为该成分股的最新A股流通股数(以深圳证券交易所公布数据为准)。分子项中的乘积是成分股的实时流通市值,分母项中的乘积是成分股的上一交易日收市流通市值。

(九) 恒生指数

恒生指数是由香港恒生银行于1969年11月24日起编制公布的,是系统反映香港股票市场行情变动最有代表性和影响最大的指数。它挑选了33种有代表性的上市股票为成分股,用加权平均法计算。成分股主要根据以下四个标准选定:①股票在市场上的重要程度;②股票成交额对投资者的影响;③股票发行在外的数量能应付市场旺盛时的需要;④公司的业务应以香港为基地。这33种成分股中包括金融业4种、公用事业6种、地产业9种、其他工商业14种。这些股票分布在香港主要行业,都是最具代表性和实力雄厚的大公司的股票。它们的市价总值要占香港所有上市股票市价总值的70%左右。恒生指数的成分股并不固定,自1969年以来,已做了十多次调整,从而使成分股更具有代表性,使恒生指数更能准确反映市场变动状况。恒生指数最初以股市交易较正常的1964年7月31日为基期,基点为100;后来因为恒生指数按行业增设了4个分类指数,则将基期改为1984年1月13日,并将该日收市指数的975.47点定为新基期指数。由于恒生指数具有基期选择恰当、成分股代表性强、计算频率高、指数连续性好等特点,因此一直是反映和衡量香港股市变动趋势的主要指标。

(十) 上证红利指数

上证红利指数挑选在上证所上市的现金股息率高、分红比较稳定、具有一定规模及流动性的50只股票作为样本,以反映上海证券市场高红利股票的整体状况和走势。该指数以2004年12月31日为基日,2005年1月4日发布,基点1 000点,指数代码000015,简称红利指数。上证红利指数是上证所成功推出上证180、上证50等指数后的又一次指数创新,是满足市场需求、服务投资者的重要举措。上证红利指数是一个重要的特色指数,它不仅进一步完善了上证指数体系和指数结构,丰富了指数品种,也为指数产品开发和金融工具创新创造了条件。上证红利指数以股票的现金股息率为选择样本股的首要标准,兼顾流通规模和市场流动性,囊括了上海证券市场现金股息率最高而且分红稳定的50只股票,反映了上海证券市场高红利股票的整体状况和走势。

1.上证红利指数样本股选择方法如下。

(1)挑选备选股票。满足以下三个条件的上海A股股票作为上证红利指数样本股的备选股票:①过去两年内连续现金分红而且每年的现金股息率(税后)均大于0;②过去一年内日均流通市值排名在上海A股的前50%;③过去一年内日均成交金额排名在上海A股的前50%。

(2)样本股数量为50只股票。

(3)选择样本股。对所有备选股票按过去两年的平均现金股息率(税后)进行排名,挑选排名最前的50只股票组成样本股(市场表现异常并经专家委员会认定不宜作为样本的股票除外)。

(4)上证红利指数计算。上证红利指数采用派许加权方法,按照样本股的调整股本数为权数进行加权计算。计算公式为:

报告期指数=报告期成分股的调整市值/基期成分股的调整市值×1 000

式中,

$$调整市值 = \sum (市价 \times 调整股数)$$

2.样本股调整可按以下步骤进行。

(1)调整周期。上证红利指数每年末调整样本一次,特殊情况下也进行临时调整。

(2)原样本股的剔除。将不满足以下条件的原样本依次剔除:①过去一年的现金股息率(税后)大于0.5%;②过去一年内日均流通市值排名落在上海A股的前60%;③过去一年内日均成交金额排名落在上海A股的前60%。

(3)新样本股的选择。未被剔除的原样本股和非原样本股中满足备选股票标准的所有股票按照过去两年平均现金股息率(税后)进行排名,挑选排名最前的50只股票组成新样本股。

(4)样本调整比例。每次样本调整比例一般不超过20%,除非因不满足过去一年的现金股息率(税后)大于0.5%被首先剔除的原样本股票超过了20%。

(十一)新上证综指

新上证综指发布以2005年12月30日为基日,以该日所有样本股票的市价总值为基期,基点为1 000点。新上证综指于2006年1月4日发布。新上证综指简称"新综指",指数代码为000017。新上证综指是继"中小板指(399101)"后的又一个全流通指数,深交所在中小企业板所有上市公司全面完成股改后率先推出了"中小板指"。

实施股权分置改革的股票在方案实施后的第二个交易日纳入该指数。该指数以总股本加权计算。新上证综指是我国证券市场由权威机构发布的反映股权分置改革实施后公司概况的指数。

(十二)沪深300指数

沪深300指数是从上海和深圳证券市场中共选取300只A股作为样本的股指,其中沪市有179只,深市121只。样本选择标准为规模大、流动性好的股票。沪深300指数简称沪深300,指数代码为沪市000300、深市399300。沪深300指数以2004年12月31日为基日,基点为1 000点,于2005年4月8日正式发布。

沪深300指数的样本覆盖了沪深市场六成左右的市值,具有良好的市场代表性。沪深300指数是沪深证券交易所第一次联合发布的反映A股市场整体走势的指数。它的推出,丰富了市场现有的指数体系,增加了一项用于观察市场走势的指标,有利于投资者全面把握市场运行状况,也进一步为指数投资产品的创新和发展提供了基础条件。

沪深300指数在选样时,剔除了ST、*ST股票,以及股价波动异常或被市场操纵、有重大违法违规行为的股票,较高程度地保证了样本公司的质量。2013年半年报显示,沪深300指数样本股净利润为7586亿元,占沪深上市公司净利润总额的86.55%,市盈率和市净率分别为9.09倍和1.3倍。样本股加权平均每股收益分别为0.34元,比沪深上市公司平均水平高出29.91%。2013年年中,沪深300指数股息率为3.14%,比全部A股的股息率高0.74%,可见,沪深300成分股给予投资者的分红水平比较高。

在2010年4月,以沪深300指数为标的的股指期货推出后,沪深300指数在A股市场的标杆地位得到进一步增强。随着近年来指数化投资的快速发展,跟踪沪深300指数的资金规模也日益增加。截至2020年4月,跟踪沪深300指数的基金,包括ETF及其联接基金和场外指数基金,按照代码看超220只,总规模超千亿元。

(十三)中证100指数

中证指数有限公司于2006年5月29日正式发布中证100指数,该指数简称中证100。指数代码为000903(沪市)、399903(深市),基日为2005年12月30日,基点为1 000点。

中证100指数是从沪深300指数样本股中挑选规模最大的100只股票组成样本股,以综合反映沪深证券市场中最具市场影响力的一批大市值公司的整体状况。作为跨沪深两个市场、以大盘蓝筹股为样本股的成分股指数,中证100指数具有先天的优越性,指数样本股覆盖了银行业、钢铁业、电力业、信息技术行业、交通运输行业等行业的大型上市公司。截至2020年12月1日,中证100指数样本股总市值为327 893.1亿元,占全市场A股总市值的38.25%,中证100指数样本自由流通股总市值价值为117 863.3亿元,占全市场A股自由流通股总市值的35.31%,充分反映其大盘股的特征。中证100指数市盈率为13.8倍,市净率1.52倍,而全市场A股的市盈率为23.4倍,市净率为2.01倍;每股收益0.67元,净资产收益率8.19%,同期沪深两市所有A股每股收益为0.43元,净资产收益率为7.21%。可以看到,与沪深所有A股相比,中证100指数的PE(市盈率)和PB(市净率)更优,而且持续向好。

中证100指数具有良好的代表性、流动性和盈利能力,其投资价值非常高,它不仅适合作为开发指数型基金的标的指数,而且适合作为开发指数期货的标的指数,它的推出对于基金业的发展具有重要意义。

(十四)中证流通指数

中证流通指数简称中证流通,指数代码为000902(沪市)、399902(深市)。该指数以2005年12月30日为基日,以该日所有样本股票的调整市值为基期,基点为1 000点。据介绍,该指数的样本由已经实施股权分置改革、股改前已经全流通以及新上市全流通的沪深两市A股股票组成,以综合反映我国沪深A股市场中全流通股票的股价变动整体情况,为投资者提供投资分析工具和业绩评价基准、为推进和深化股权分置改革提供服务。该指数是继上证新综指、深证新指数、中小板指数之后,国内首个综合反映沪深两市全流通 A 股的跨市场指数。

截至 2020 年 12 月 1 日,中证流通指数共有样本 3 569 只,总市值 802 582.8 亿元,自由流通市值 321 033.1 亿元,分别占沪深全部 A 股的 93.76% 与 96.17%。

思考与练习题

1. 什么是股份有限公司?并简述其内部组织结构。
2. 试述股票的内涵及其特征。
3. 股票的种类有哪些?
4. 试述普通股的权利有哪些?优先股的优先权表现在哪几个方面?
5. 不同情况下股票的价值含义各是什么?
6. 什么是股票价格指数?试述我国和世界上有哪些股票价格指数。

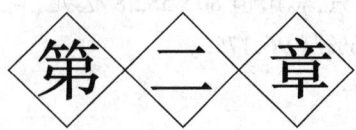

债 券

【学习要点】

本章阐述债券的概念、属性、定价以及债券的投资管理。通过学习,将了解债券的要素、主要分类、定价原理以及债券价格波动的性质与规律,初步掌握债券投资中的一些基本分析方法与投资策略。

Key points: In this chapter we will expound the basic idea of the bonds, its properties, pricing and bond investment management. Students will understand bond's factors, its categories, its pricing models and the rules of bond price movement. In addition, Students are exposed to master the basic analytic techniques and strategy for bond investment.

第一节 债券概述

一、债券的概念

债券是投资者向政府、公司或金融机构(统称债券发行者)提供资金的债权债务合同,该合同载明债券发行者在指定日期支付利息并在到期日偿还本金。

在所有的金融工具中,债券属于债务类工具,其性质、交易、定价与其他的金融工具(如股票等)有很大不同。同时,债券市场是资本市场中极为重要的组成部分,债券交易在资本市场交易活动中占有很大的比重。根据麦肯锡全球资本市场报告,世界各国债券发行和交易的规模极不平衡。美国债券市场是世界上最大的债券市场。截至2018年第四季度末,美国债券市场存量规模达到41.7万亿美元,是美国GDP的2.03倍。据中国人民银行网站,截至2018年第四季度末,中国债券市场存量规模达到86.39万亿元,交易量达到870万亿元。虽然发行量、交易量和存量近年来快速增长,但我国债券市场与发达国家比较依然处于成长阶段,未来有广阔的发展空间。

二、债券的种类

债券因发行主体、期限、利率以及筹资用途不同,可以划分为不同的种类。目前债券的种类划分有以下几种。

(一)政府债券、企业债券和金融债券

按照发行人不同,债券可分为政府债券、企业债券和金融债券。

1.政府债券。政府债券是政府发行并负责还本付息的债券。按照政府级别不同,政府债券还可以分为中央政府债券(又称国债)、地方政府债券(又称市政债券)和政府有关机构发行的证券(如美国政府国民抵押协会发行的债券)。我国目前没有后两类债券。由于政府信用高于一般的企业信用,加上政府债券在市场上流通比例较大,所以政府债券被认为是安全性和流动性比较高的债券种类。

2.企业债券。企业债券是指由公司发行并负责还本付息的债券。由于存在违约或破产的可能性,企业债券的持有人有一定的风险。一般的企业债券有债券契约,有的企业债券还有抵押。在国外,企业债券一般还要经过信用评级。这些措施都是为了尽量降低持有人的风险。企业债券通常可分为以下几类:①按抵押担保状况分为信用债券、抵押债券、担保信托债券和设备信托证;②按利率可分为固定利率债券、浮动利率债券、指数债券和零息债券;③按内含选择权可分为可赎回债券、偿还基金债券、可转换债券和带认股权证的债券。

3.金融债券。金融债券是由银行或非银行金融机构发行的债券。发行金融债券的金融机构一般资金实力雄厚,资信比较高,发行债券所筹集的资金有特定的用途。我国人民银行、国家开发银行和进出口银行等都曾发行过金融债券。在西方国家,由于金融机构大多属于股份公司组织,故金融债券可纳入公司债券的范围。它的信用风险要比公司债券低。

(二)短期债券、中期债券和长期债券

按生命周期长短,债券分为短期债券、中期债券与长期债券。

1.短期债券。短期债券是政府或企业为获得短期融资而发行的还本期限在一年以下的债券。如,美国的国库券(Treasury Bills)期限一般为13周、26周或52周。我国规定还本付息在一年以内的为短期债券。

2.中期债券。中期债券是指发行人为获得较长时期的融资需要而发行的债券。中期时间的划分标准各国并不相同。我国规定期限在1年以上5年以下为中期;美国则习惯把1年以上10年以下的债券叫做中期债券,如美国的中期国债(Treasury Notes)。

3.长期债券。长期债券指发行人为获得长期的融资需要而发行的债券。这些债券期限的划分标准在我国一般为5年以上,在美国习惯把10年以上30年以下的债券叫做长期债券,如美国的长期国债(Treasury Bonds)。

(三)信用债券和抵押债券

按是否有抵押,债券分为信用债券与抵押债券。

1.信用债券。信用债券是全凭发行者的信用而发行的债券,它不需要特定的财产作为发债抵押。政府债券一般是信用债券。信用好的大企业发行的企业债券很多也是

信用债券。

2.抵押债券。抵押债券是指以特定财产为抵押而发行的债券。在发债人不能按期还本付息的情况下,债券持有人对抵押财产有留置权,即拥有出售抵押财产来获得其未偿债务的权利。一部分公司债券属于抵押债券。

(四)记名债券和无记名债券

按是否记名,债券分为记名债券与无记名债券。

1.记名债券。记名债券是指债券上记有债权人姓名的债券。这种债券在领取本息时除了要持有债券外,还需要持有债权人的身份证和印鉴。在转让时,一般要进行重新登记。记名债券安全性好,但流动性差。

2.无记名债券。无记名债券是指不记载债权人姓名,债券持有人仅凭债券本身就可取得债券的权利的债券。这类债券的流动性好,安全性差一些。

(五)附息债券和零息债券

按照利息支付方式,债券分为附息债券与零息债券。

1.附息债券。附息债券是指按照发债时规定的利率标准每年支付利息的债券。

2.零息债券。零息债券是指按照低于面值的价格发行,到期后按照面值偿还本息的债券。

(六)到期还本债券和分期偿还债券

按照本金偿还方式,债券划分为到期还本债券与分期偿还债券。

1.到期还本债券。它是由发行人在债券到期时一次性偿还本金的债券。

2.分期偿还债券。它是发行人在债券到期前分期向债权人偿还本金的债券。

(七)含权债券和非含权债券

按照是否含有各类选择权,债券分为含权债券和非含权债券。

1.含权债券。含权债券是债券契约中含有期权条款的债券。它可以进一步分为赋予债券发行者选择权的债券和赋予债券持有者选择权的债券。比如,可转换债券赋予债券持有者一定时期按照一定的条件把债券转换为普通股的选择权,因而是一种含权债券。

2.非含权债券。非含权债券是债券契约中没有附加以上各类选择权的债券,也叫普通债券。债券市场上流通的债券大部分是这类债券。

(八)平价债券、溢价债券和折价债券

按照发行价格与面值的关系,债券分为平价债券、溢价债券和折价债券。

1.平价债券。平价债券即发行价格等于面值的债券。

2.溢价债券。溢价债券即发行价格高于面值的债券。

3.折价债券。折价债券即发行价格低于面值的债券。

三、债券的信用评级

债券因发行主体信用地位不同,可以划分为不同的级别。除了国债以外,债券经过评级后被赋予某一个信用地位。信用级别高的债券因为安全性高,所以收益率低。国际上著名的三大评级机构是穆迪、标准普尔和芬奇公司。表2-1是这三家公司债券评

级机构对各个信用级别的说明。

表 2-1　　　　　　　　　　　　　信用评级表

Credit Risk	Moody's	Standard&Poor's	Fitch Ratings
INVESTMENT GRADE			
Highest quality	Aaa	AAA	AAA
High quality(very strong)	Aa	AA	AA
Upper medium grade(strong)	A	A	A
Medium grade	Baa	BBB	BBB
NOT INVESTMENT GRADE			
Lower medium grade (somewhat speculative)	Ba	BB	BB
Low grade(speculative)	B	B	B
Poor quality (may default)	Caa	CCC	CCC
Most speculative	Ca	CC	CC
No interest being paid or bankruptcy petition filed	C	C	C
In default	C	D	D

四、债券价格与收益率

债券价格与收益率有非常密切的关系,了解两者的关系对于投资债券市场具有非常重要的意义。

（一）债券价格公式

从理论上说,任何债券的价值都等于息票利息的现值加上面值的现值。我们先介绍两种最常见的普通债券的价格公式。

1.零息债券的价格公式。令 V 是债券价格,M 是面值,T 是到期日,y 是市场利率,则

$$V=\frac{M}{(1+y)^T} \tag{2.1}$$

【例题】计算15年期零息债券的价格,该债券面值1 000元,票面收益率9.4%,半年付息一次。

考虑到 $M=1\,000$,$r=0.094/2=0.047$,$n=15\times2=30$,于是:

$$V=1\,000/(1+0.047)^{30}=252.12(元)$$

英美国家的大部分国债都是半年付息,所以本例中贴现的期间数不是债券到期的年限数,而是年限数的两倍,贴现率也是票面利率的一半。

2.附息债券的价格公式。附息债券又称定息债券,或固定利息债券,按照票面金额计算利息,票面上可附有作为定期支付利息凭证的息票,也可不附息票。投资者不仅可以在债券期满时收回本金(面值),而且还可定期获得固定的利息收入,其价格公式如下:

$$V = \frac{c}{(1+y)} + \frac{c}{(1+y)^2} + \cdots + \frac{c}{(1+y)^T} + \frac{M}{(1+y)^T} \quad (2.2)$$

式中,c 表示债券的每期的息票利息,其余符号与(2.1)式相同。注意该式中最后一项是面值的现值,前面各项之和是一个年金的现值。年金现值的计算公式是:

$$c \times [1-(1+r)^{-n}]/r$$

式中,n 在这里相当于(2.2)式中的 T。

【例题】考虑期限为20年、票面利率10%、面值为1 000元的债券在市场利率为11%的环境中流通,则其现金流包括40次支付的半年期利息(每次50元)和20年后支付的1 000元本金。同上例一样,半年利率是年利率11%的一半(5.5%),即 $M=1\,000$,$C=50$,$r=y/2=0.11/2=0.055$,$n=20\times 2=40$,于是:$V=50\times\{[1-(1+0.055)^{-40}]/0.055\}+1\,000/(1+0.055)^{40}=802.31+117.46=919.77$。

(二)收益率

人们在测量债券投资收益时常常使用各种收益率的概念,它们的含义并不完全相同。下面是几种常见的收益率。

1.当期收益率(Current Yield)。当期收益率是债券年利息与其市场价格之比,计算公式是:

当期收益率=息票利息/市场价格

例如,期限为15年、票面利率是7%、面值为1 000元、售价为769.4元的债券的当期收益率是70/769.4=0.0910或9.10%。

2.到期收益率(Yield to Maturity)。到期收益率是使债券产生的现金流量等于其价格(初始投资)的收益率。这一收益率同时被看做是债券自购买日保持至到期日为止投资者所获得的平均报酬率。设 P 是购买债券的价格,M 是债券面值,c 是每期的票面利息,y 是到期收益率,则附息债券的到期收益率由下式确定:

$$P = \frac{c}{(1+y)} + \frac{c}{(1+y)^2} + \frac{c}{(1+y)^3} + \cdots + \frac{c}{(1+y)^n} + \frac{M}{(1+y)^n} \quad (2.3)$$

上述公式是一年付息一次债券价格的标准公式。如果半年付息一次,对上式要做修改:①年利率被支付的次数除(被2除);②时期数要乘以每年利息支付的次数(乘以2)。

【例题】接上例,假定息票利率为8%,债券期限30年,半年付息,债券售价为1 276.76元。投资者在这个价位购买债券并持有到期,平均的回报率是多少?为了回答这个问题,需要找出债券本息的现值与当前投资者支付的价格相等时的利率(到期收益率)。利用上面的公式,价格1276.76元必须与下式相等:

$$1\,276.76 = \frac{40}{(1+y)} + \frac{40}{(1+y)^2} + \frac{40}{(1+y)^3} + \cdots + \frac{40}{(1+y)^{60}} + \frac{1\,000}{(1+y)^{60}}$$

解得 $k=3\%$。这意味着在债券的整个生命期内平均市场回报率是每半年3%。考虑到一般是用年收益率的形式来表示到期收益率,所以用简单的办法将该收益率加倍,即得到年收益率为6%。用这样的办法算出的到期收益率称为"债券等值收益率"。

到期收益率不仅考虑到了当前的利息收入,而且考虑到了将债券一直持有至到期后投资者实现的任何资本利得或损失。除此之外,到期收益率还将现金流量的时间性考虑在内。但是,到期收益率的计算有一个重要的前提,那就是在整个债券的生命期间市场利率保持不变,这样债券的利息能够以这个"到期收益率"进行再投资。否则,债券的利息的投资收益率不一定与原来的到期收益率相等,这样一来,就不能保证投资者投资的实际收益率与到期收益率相等。

3.持有期收益率。持有期收益率是债券在一定时期内的收益(包括资本损益)与债券购买价格的比例。

【例题】一种30年期,年息票收入为80元的债券以1 000元购入,它的到期收益率是8%;如果一年后债券的价格上升到1 050元,它的到期收益率就下降到8%以下(因为现在债券的售价高于面值,所以到期收益率一定低于8%的息票利率),但本年持有收益率将高于8%。因此,

$$持有期收益率=[80+(1\,050-1\,000)]/1\,000=13\%$$

4.税后收益率。部分债券的利息收入要交纳所得税。税后收益率就是在扣除了利息所得税后的收益率,即:

$$税后收益率=税前收益率×(1-税率)$$

【例题】假设需要课税的债券收益率是9%,投资者面临的税率是31%,则税后收益率$=9\%\times(1-31\%)=6.21\%$。另外,我们还可以据此确定免税债券的"课税等值收益率"(Equivalent Taxable Yield)。即:

$$课税等值收益率=免税收益率/(1-税率)$$

【例题】一位投资者购买了收益率为6.21%的免税债券,其所适用的税率是31%,则,课税等值收益率$=0.0621/(1-0.31)=0.09=9\%$。

5.总收益率。总收益率是使债券投资额达到投资期末可得未来收入的收益率。其计算公式为:

$$总收益率=\sqrt[n-1]{未来总收入/债券的购买价格}$$

式中,n是投资期数。

$$未来总收入=债券的购买价格+总收益$$
$$总收益=债券利息+债券期满或被赎回或被出售时的资本利得(或资本损失)+$$
$$定期获得的利息的再投资利息收入(利息的利息)$$

在总收益的公式中,后两项受到利率变动的影响。因此,计算总收益率的前提是先要找到一个使投资者满意的再投资利率。

五、债券价格波动的原因

债券价格会因下面三个原因中的一个或多个而变动:发行人信用级别变化;可类比的债券收益率变动(即市场利率发生变化);因为临近到期日迫使债券价格向面值收敛。

(一)发行人信用级别变化

发行人信用级别是决定债券安全性的重要因素,因而其变化通过应计收益率的变

动对债券价值产生着一定影响。一般地说,债券对投资者承诺一笔固定收益,但这笔收益并非没有风险。比如,当发债企业破产倒闭时,债券持有者就不能将事先得到承诺的所有款项收回,这就是债券的所谓"违约风险"。违约风险大的债券交易价格应该低于可比的违约风险较小的债券的交易价格。比如,一般来讲,国债没有违约风险,所以市场上交易的公司债券要比相应的国债具有更高的收益率。另外,当发行人信用级别改变时,风险随之发生变化,应计收益率随之改变,导致债券价格波动。

(二)市场利率的变动

在债券发行人信用级别稳定的情况下,市场利率的变化导致应计收益率的变化,必然会改变债券的价格。从前面债券定价的公式可以看出,随着市场利率上升(或下降),预期现金流量的现值将下降(或上升),因而债券的价格也随之下降(或上升)。从另一个角度看,当市场利率变化时,针对新的市场应计收益率,债券价格的变化是对投资者进行补偿的唯一可变的变量:当票面利率等于应计收益率时,债券价格等于其面值(这类债券被称为平价债券);当票面利率低于市场应计收益率时,债券价格向下调整以便使购买此债券的投资者获得补偿性的资本利得收益,否则,投资者就不会购买此类债券,导致这类债券需求下降,价格随之下降(这类债券叫做折价债券);反之,当票面利率高于市场应计收益率时,购买这类债券的投资者将得到多于市场应计的收益率,这类债券将变得供不应求,其价格将一直上升到债券产生的收益率等于市场应计收益率为止(这类债券叫做溢价债券)。

图2-1概括了债券价格与市场利率的关系。

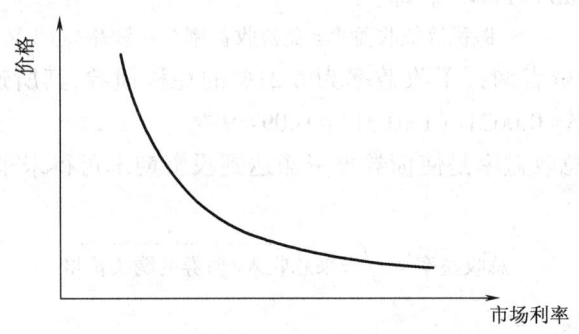

图2-1 债券价格与市场利率的关系曲线

图2-1显示,债券价格与市场利率呈反比关系(但这一关系并不是线性的)。

根据图2-1、表2-1,我们把债券的定价原理和债券价格的波动特征总结如下。

1.债券的价格与收益率成反比。如果债券的市场价格上升,其收益率必然下降;反之,如果债券的市场价格下降,其收益率必然上升。

2.对于收益率的微小变动,不管是上升还是下降的变动,债券价格将做出大致相同幅度的百分比变动。

3.当收益率变动幅度较大时,收益率下降导致的债券价格上涨幅度大于收益率同等程度的上升导致的债券价格下降幅度。

4.给定到期期限和初始收益率,票面利率越低,债券价格的波动性越大。

5.给定票面利率和初始收益率,到期期限越长,债券价格的波动性越大。

（三）临近到期日

仅仅由于临近到期日引起的债券价格变动称为债券价格的到期收敛效应。有时,债券价格发生变化仅仅是由于债券即将到期,其价格必须向其面值"回归"所引起。这是固定收益类证券价格波动特有的现象。

第二节 债券价格波动性的测度

为定量评估由于收益率变化而引起的债券价格变化幅度,我们引入久期与凸性的概念。

一、久期(Duration)

（一）久期的概念以及两个含义

久期（也称持续期、平均期限）这一概念最早由经济学家麦考雷于1938年提出,用来代替当时用期满日计算回收现金流的平均时间的传统做法。从一个既定的时点上看,附息债券的所谓"期满日"实际上只是其最后一笔现金流的回收期,而这之前的现金流可以在较早的时间内收回。既然各笔现金流收回的时间不同,仅仅用最后一笔现金流的回收时间来测量所有现金流的回收时间显然不合理。久期则克服了这一缺陷。依据债券价格是未来各期现金流按照到期收益率折现的总和的原理,将未来每一笔现金流的现值乘以产生该笔现金流的时间,然后相加,再除以债券的价格,就得到债券久期的概念。因此,久期是考虑到未来各期现金流的现值的大小和回收期长短后的平均的现金流期限,可以理解为"加权平均本息回收期"。

【例题】某债券当前价格是950.25元,到期收益率是10%,息票率是8%,面值1 000元,3年到期,一年付息一次,本金3年到期一次偿还。该债券的久期（用 MD 表示）是:

$$MD=\frac{72.73\times1+66.12\times2+811.40\times3}{950.25}=2.78(年)$$

其中 72.73 = 80/(1+10%); 66.12 = 80/(1+10%)^2; 811.40 = (80+1 000)/(1+10%)^3,分别是第一期、第二期和第三期现金流的折现值。

需要说明的是,久期并不仅仅是个"时间"的概念,下面久期的公式推导表明,久期实际上又是衡量债券价格对收益率变动敏感程度的指标。

（二）久期的计算

在第一节我们曾经给出收益率的公式(2.3),该式也是债券价格的计算公式:

$$P=\frac{c}{(1+y)}+\frac{c}{(1+y)^2}+\frac{c}{(1+y)^3}+\cdots+\frac{c}{(1+y)^n}+\frac{M}{(1+y)^n} \qquad (2.4)$$

为确定收益率的变动对价格的影响,公式两边对 y 求导:

$$\frac{dP}{dy}=\frac{(-1)c}{(1+y)^2}+\frac{(-2)c}{(1+y)^3}+\cdots+\frac{(-n)c}{(1+y)^{n+1}}+\frac{(-n)M}{(1+y)^{n+1}} \qquad (2.5)$$

整理(2.5)式,得到:

$$\frac{dP}{dy} = \frac{1}{1+y}\left[\frac{1c}{1+y} + \frac{2c}{(1+y)^2} + K + \frac{nc}{(1+y)^n} + \frac{nM}{(1+y)^n}\right] \quad (2.6)$$

该式表示收益率的微小变动所引起的价格的变化值,其中括号内的部分是截至期满时的债券现金流量的加权平均期限值。等式两边除以 P,则给出价格变化的百分比近似值:

$$\frac{dP}{dy}\frac{1}{P} = \frac{1}{1+y}\left[\frac{1c}{1+y} + \frac{2c}{(1+y)^2} + K + \frac{nc}{(1+y)^n} + \frac{nM}{(1+y)^n}\right]\frac{1}{P} \quad (2.7)$$

公式中括号内的部分除以 P,被称为麦考雷久期(用 MD 表示),即

$$MD = \left[\frac{1c}{1+y} + \frac{2c}{(1+y)^2} + K + \frac{nc}{(1+y)^n} + \frac{nM}{(1+y)^n}\right]\frac{1}{P}$$

或

$$MD = \left[\sum_{t=1}^{n}\frac{tc}{(1+y)^t} + \frac{nM}{(1+y)^n}\right]\frac{1}{P} \quad (2.8)$$

将(2.8)式代入(2.7)式,得出:

$$\frac{dP}{dy}\frac{1}{P} = \frac{1}{1+y}MD \quad (2.9)$$

习惯上人们把麦考雷久期与 $1+y$ 的比率称做修正久期(用 MD^* 表示),即

$$MD^* = \frac{MD}{1+y} \quad (2.10)$$

将(2.10)式代入(2.9)式得:

$$\frac{dP}{dy}\frac{1}{P} = MD^* \quad (2.11)$$

(2.11)式表明了修正久期的意义,它是关于收益率的变动所引起的债券价格变动百分比的近似值。前面的负号只是表明在给定收益率变动的情况下,修正久期同价格变动近似值之间呈相反变化关系而已,在具体计算中可以不予考虑。

【例题】假设有一个债券面值 100 元,期限 7 年,息票率 10%,价格 95 元,到期收益率 11.063%。试计算该债券的久期与修正久期。

由(2.8)式得:

$$MD = \frac{9.00\times1+8.11\times2+7.30\times3+6.57\times4+5.92\times5+5.33\times6+52.77\times7}{9.00+8.11+7.30+6.57+5.92+5.33+52.77}$$

$$= \frac{504.37}{95.00} = 5.31(年)$$

由(2.10)式得:

$$MD^* = \frac{MD}{1+y} = \frac{5.31}{1+0.11063} = 4.78(年)$$

考虑到英美国家大部分国债半年付息一次的惯例,计算这些国家的国债久期时需要在期限和收益率方面做些调整。假设一只英美国家的国债面值 100 元,息票率和到期收益率都是 9%,半年付息一次(半年利率为 4.5%),期限为 5 年,该债券现金流量的特点以及久期和修正久期的计算如表 2-2 所示。

表 2-2

期限	现金流量	1 美元按照 4.5%	现金流量的现值	期限×现金流量
1	4.5	0.956 937	4.306 220	4.306 22
2	4.5	0.915 729	4.120 785	8.241 56
3	4.5	0.876 296	3.943 335	11.830 00
4	4.5	0.838 561	3.773 526	15.094 10
5	4.5	0.802 451	3.611 030	18.055 14
6	4.5	0.767 895	3.455 531	20.733 18
7	4.5	0.734 828	3.306 728	23.143 09
8	4.5	0.703 185	3.164 333	25.314 66
9	4.5	0.672 904	3.028 070	27.252 62
10	104.5	0.643 927	67.290 443	672.904 42
总计			100.000 000	826.878 99

$MD = 826.878\,99/100 = 8.27$（半年）；$MD = 8.27/2 = 4.13$（年）
$MD^* = 8.27/1.045\,0 = 7.91$（半年）；$MD^* = 7.91/2 = 3.96$（年）

注：5 年期债券有 10 个半年的现金流量，每半年折现率为 4.5%，前 9 期现金流量每年 4.5 美元，最后一期现金流量 104.5 美元。按照现金流量的期数算出的是半年的久期，除以 2 转化为年久期，修正久期也是如此。
资料来源：弗兰克·法博兹（袁东译）：《债券市场分析与策略》（4 版），百家出版社，第 82 页。

我们把（2.11）式两边乘以到期收益率的变动值 dy，得到：

$$\frac{dP}{P} = -MD^* \times dy \tag{2.12}$$

（2.12）式常常用来计算给定收益率变动条件下价格变化百分比的近似值。

【例题】假设息票率 6%的 25 年期债券的交易价格是 70.357 0（表 2-2），按照有关公式计算出其修正久期是 10.62。如果收益率上升 10 个基点（由 9%上升到 9.10%，一个基点是 0.000 1 或 0.01%），根据（2-12）式，价格变动近似百分比是：$-10.62 \times 0.001 = -0.010\,6 = -1.06\%$。

查看前面的表 2-2，发现价格的实际变动比例是 -1.05%；同理，如果收益率下降 10 个基点（由 9%下降到 8.90%），按照公式（2.12）算出的价格变动近似百分比是 $+1.06\%$，而表 2-2 列明的价格百分比的实际值是 1.07%。该例说明，在收益率发生微小变动时，用修正久期可以较好地算出债券价格变动百分比的近似值（存在误差的原因在后面谈到凸性时解释）。

（2.12）式还可用来给出对修正久期的直观解释。假设债券收益率变动为 1%，代入公式（2.12）得：

$$\frac{dP}{P} = MD^* \times 0.01 = -MD^*\%$$

根据该式，修正久期的通俗解释是：修正久期是当收益率变动 1%时债券价格变动的百分比。比如，一只债券的修正久期是 10.62，就意味着当收益率变动 1%时，债券价格将变动 10.62%，当然，这个变动和收益率变动的方向是相反的。

正是由于修正久期的概念非常直观，实际部门中的人们常常用修正久期代替久期测算价格对收益率的敏感性。这种情况下的"久期"已经不是指原先的麦考雷久期,而是指修正久期。

(三)投资组合的久期

以上我们探讨了单只债券久期的计算和含义。在现实中投资者往往构造一个或若干由多种债券组成的投资组合,以便分散风险。所以,有必要了解一个投资组合的久期的情况。投资组合的久期是组合中每个债券久期的加权平均数,权数是每个债券的市值占组合市值的比重。比如,一个1亿美元的投资组合由如表2-3中所列债券组成。

表2-3　　　　　　　　　　4只债券构成的投资组合

债券	市值(百万美元)	组合权重	久期
A	10	0.1	4
B	40	0.4	7
C	30	0.3	6
D	20	0.2	2

该投资组合的久期是:0.1×4+0.4×7+0.3×6+0.2×2=5.4。这意味着当组合中4只债券的收益率变动1%时,组合的价值大约变动5.4%。

(四)久期的近似计算

理解了久期是价格变动的百分数以后,我们给出久期的简便计算公式:

$$MD(近似) = \frac{P_- - P_+}{2(P_0)(\Delta y)} \quad (2.13)$$

式中,P_+为债券收益率上升后的新价格;P_-为债券收益率下降后的新价格;P_0为债券初始价格;Δy为收益率变动额(用小数表示)。

【例题】参考表2-2的数据,我们计算息票率为6%、收益率为9%的25年期债券的近似久期(这里可以考虑收益率的微小变动是10个基点)。债券的初始价格是70.357 0。

参照表2-2,这里$P_+ = 69.616\ 4$,$P_- = 71.110\ 5$,$P_0 = 70.357\ 0$,$\Delta y = 0.001\ 0$。代入(2.13)式得:近似久期=(71.110 5-69.616 4)/2×70.357 0×0.001 0=10.62。

最后需要说明的是,零息债券的久期等于其到期时间;无限期限债券的久期为$(1+y)/y$。例如,当收益率为每年10%时,无限期限债券的久期=(1+10%)/10%=11(年),当收益率为8%时,久期=(1+8%)/8%=13.5(年),等等。

二、凸性(Convexity)

(一)含义

久期用来计算收益率微小变动时债券价格的变动幅度,而当收益率有较大变动时,久期在计算价格波动幅度时误差就会变大。前面用久期计算息票率6%的25年期债券价格波动的例子中,当收益率有较大变动时,比如收益率由9%上升到11%时(上升200个基点),按照久期公式计算的价格波动是-10.62×0.02=-0.02124=-21.24%,而由表2-2可知,实际的价格变动仅为-18.03%。同理,如果收益率降低200个基点,从9%下降到7%,由久期计算的价格百分比变动是+21.24%,而实际价格变动百分比是

+25.46%。可见,收益率变动幅度越大,根据久期计算的价格波动幅度的误差越大,如图2-2所示。

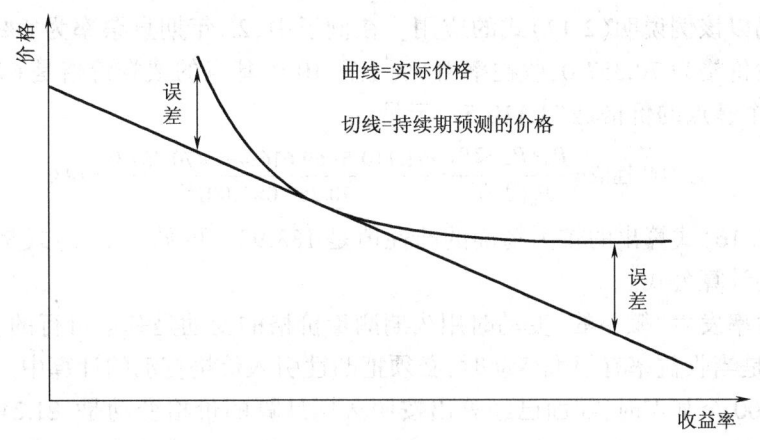

图2-2 关于久期与凸性的几何解释

图2-2的价格—收益率曲线图中曲线与一条直线相切于一点,这条切线表明了:相对于某一初始收益率变动的价格变动率,切线越陡峭,久期越长;反之,切线越平缓,久期越短。需要注意的是,随着收益率的变化,久期(切线的斜率)所发生的变化:当收益率升高(降低)时,久期降低(升高)。这一特征起源于图中曲线的性质。凸性就是指价格—收益率曲线的弯曲程度,曲线越弯曲,凸性越大。我们已经知道切线与久期预测的价格变化相对应,但其预测的价格与实际价格及到期收益率有偏差。现在我们已经知道偏差的来源就是由于凸性造成的。曲线越弯曲,价格差别就越大;类似地,收益率变化越大,凸性就越明显。所以,考虑凸性将提高收益率变动时对价格变化的预测精确度。

(二)凸性的测量

运用微积分中的泰勒展开式估算价格变动,公式如下所示:

$$dP = \frac{dP}{dy}dy + \frac{1}{2}\frac{d^2P}{dy^2}(dy)^2 + 误差 \tag{2.14}$$

两边同除以 P,得:

$$\frac{dP}{P} = \frac{dP}{dy}\frac{1}{P}dy + \frac{1}{2}\frac{d^2P}{dy^2}\frac{1}{P}(dy)^2 + \frac{误差}{P} \tag{2.15}$$

(2.15)式中第一项就是按照修正久期得出的价格变动百分比,第二项是由凸性得出的价格变动百分比。所以,由收益率变化引起的价格变动是久期、凸性和误差的函数。(2.15)式第二项中 $(d^2P/dy^2)\times(1/P)$ 被称为凸性值。(d^2P/dy^2) 被称为美元凸性值。

在(2.4)式中对 y 两次求导,得:

$$\frac{dP^2}{dy^2} = \sum_{t=1}^{n}\frac{t(t+1)c}{(1+y)^{t+2}} + \frac{n(n+1)M}{(1+y)^{n+2}} \tag{2.16}$$

同久期的近似计算相类似,我们在此给出凸性的近似计算公式:

$$近似凸性值 = \frac{P_- - P_+ - 2P_0}{P_0(\Delta y)^2} \tag{2.17}$$

(2.17)式中符号的含义与(2.13)式完全相同。回忆一下前面计算久期近似值时的例子。现仍以该例说明(2.17)式的应用。在例子中,25年期息票率为6%、收益率9%的债券初始价格为70.357 0,收益率由9%上升10个基点的债券价格是69.616 4,收益率下降10个基点的价格是71.110 5。于是:

$$近似凸性值 = \frac{P_- + P_+ - 2P_0}{P_0(\Delta y)^2} = \frac{71.110\ 5 - 69.616\ 4 - 2 \times 70.357\ 0}{70.357\ 0 \times 0.001^2} = 183.3$$

根据(2.16)式算出的较为精确的凸性值是183.92。可见,(2.17)式是一个非常有应用价值的计算公式。

当收益率发生"微小的"变动时用久期测量价格的变动是基本可行的,因为误差不是很大;但是当收益率有很大变动时,必须把凸性引入价格变动的计算中。上例中当收益率上升200个基点时,前面已经算出按照久期计算的价格变动是-21.24%,由凸性引起的变动值是(1/2)×182.92×0.022=0.0366=3.66%,所以,由久期和凸性算出的价格变化是-21.24%+3.66%=-17.58%,同价格的实际变动-18.03%相比,已经相当接近;同理,当收益率下降200个基点时,久期算出的价格变动是21.24%,加上凸性算出的价格百分比变动为3.66%,两者合计算出的价格百分比变动是21.24%+3.66%=24.90%,而实际的价格变动是25.46%。可见,凸性的测量提高了久期对价格变化的预测精确度。

(三) 凸性的价值

凸性的价值不仅仅在于提高预测价格变化的精确度,而且还在于具有重要的投资含义,简单地说,投资者在其他方面相同的情况下要选择凸性大的债券。在图2-3中我们通过比较两个债券A和B可以说明这一点。

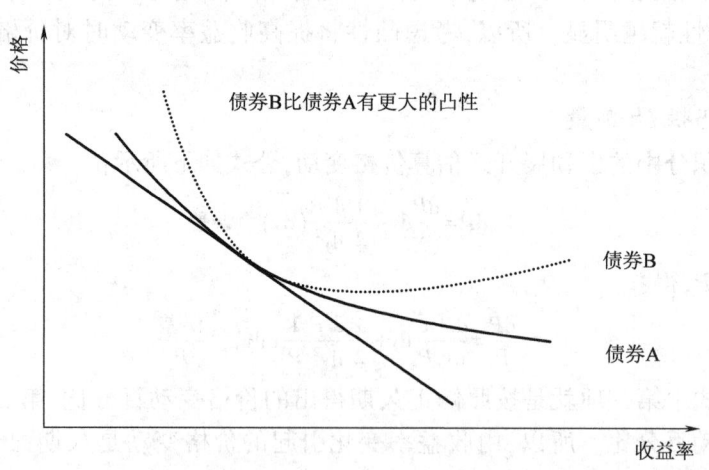

图 2-3 两只债券凸性的比较

图2-3中显示两只债券有相同的久期和收益率,但凸性不同,债券B比债券A有更大的凸性。这意味着不论市场收益率升高还是降低,债券B将有更高的价格。也就是说,如果市场收益率上升,债券B的资本损失小于债券A;如果市场收益率下降,债券

B产生比债券A更大的价格增幅。由于凸性的存在,当利率下降时,债券价格以加速度上升;当利率上升时,债券价格以减速度下降。

第三节 债券组合管理

本节说明两种主要的投资策略——消极策略和积极策略。消极策略把证券市场的价格当成公平价格,倾向于在既定市场条件下保持适度的风险收益平衡;积极策略试图运用优越的信息或洞察力预测价格走势,力求寻找更大的利润。

一、债券组合管理的消极策略

在债券投资中,常常用到的两种消极策略是指数投资策略和免疫策略。前者的目的是让所管理的资产组合重复一个已有的债券指数的业绩;后者旨在设法保护债券投资组合免受利率波动的风险。根据指数投资策略建立的投资组合(指数投资组合)只要能够与有关指数的风险—收益相当,该策略就算取得成功;而根据免疫策略建立的投资组合不管将来利率如何改变,都不会影响组合的价值时,该策略也将达到其目的。

(一)指数投资策略

指数投资的最终目的是使投资组合的总收益率与某个指数的总收益率看齐,举例说,如果指数上涨了3%,投资组合的收益率理论上也应该上涨同样的幅度。国际上投资者常常使用的三种综合类市场指数是莱曼兄弟综合指数(Lehman Brothers Aggregate Index)、所罗门兄弟投资级债券综合指数(Salomon Brothers Broad Investment Grade Bond Index)和美林国内市场指数(Merrill Lynch Domestic Market Index)。以上每一种指数均包括5 000种以上的债券。由于指数包含的债券较多,在投资组合中完全按照指数的券种比例购买债券就非常麻烦,所以,需要用一定的方法才能近似地"复制"它们。最常见的方法是层次性抽样法或单元式方法。该方法首先将指数分成一些单元,每一个单元代表着指数的不同特点。这些特点包括到期日、息票利率、期满日、发行者、信用级别等。

【例题】某投资者选择了下列债券指数的特点。

特点1,剩余期限:①小于或等于5年;②大于5年。
特点2,期满日范围:①小于5年;②5~15年;③大于或等于15年。
特点3,发行者:①美国财政部;②其他政府机构;③公司。
特点4,信用级别:①AAA;②AA;③A;④BBB。
根据这些特征算出的单元数=2×3×3×4=72。
然后从这些构成指数的单元中选取一只或几只能够代表该单元特征的债券作为购买的对象。应注意的是购买每一个单元债券的金额应根据该单元在整个指数中的权数确定。比如,假定一个指数成分债券的市值30%由国债组成,就要求投资组合的国债市值达到30%。单元量的选择取决于指数化组合的金额有多大。如果金额比较小而选择的单元量大,则由于需要购买大量的单元必然费时费力,提高购买成本;但如果单元数量过少,又会增加指数化组合与指数本身的差异,导致误差加大。

指数投资的好处是投资业绩紧跟指数变化,容易测量和评价,管理费用比较低;缺点是指数的业绩不一定是最佳的投资业绩,有时会忽略一些投资机会。

(二)免疫策略

免疫策略的特征是如何使得投资组合的价值不受利率变动的影响。

假设我们成立一个投资基金,承诺给基金购买人的回报率是每半年6.25%,基金的期限是5.5年,我们已经收到的基金投资额为8 820 262元。这意味着5.5年后我们必须支付 $8\,820\,262\times(1+0.062\,5)^{11}=17\,183\,033$ 元。

半年收益率是6.25%,意味着债券等值年收益率是12.5%。如果我们在市场上寻找到5.5年后到期、票面利率为12.5%的债券,按平价购买了8 820 262元面值这样的债券(表示购买时的到期收益率也是12.5%)并持有到期,那么,5.5年后我们能够得到目标值17 183 033元吗?

投资附息债券后的现金流入来源于三个方面:债券面值、中途出售后的资本损益、利息的利息。债券到期后一定会按照面值偿付,所以这一笔偿付金额同利率变化无关;中途出售时由于涉及利率变化带来的出售价格变动,必然造成资本损益的发生。然而,本例中我们购买债券后打算一直持有到期,所以不涉及这个问题。剩下来的问题就是利息以什么水平的利率进行再投资。如果我们购买债券所得到的利息能以半年收益率为6.25%的水平进行再投资,我们就能够在5.5年后有17 183 033元的收入,否则,该收入就不会实现。这要求5.5年内利率固定在12.5%的水平上保持不变。在市场经济条件下这几乎是办不到的。利率变动是必然的,肯定会影响本例中利息的再投资收益率,进而影响我们最终的总收入。

假如我们刚刚投资了上述债券,市场利率就发生了变化,为简单起见,假设新的利率一直保持到5.5年后。表2-4列示了利率变动的不同幅度对5.5年年底发生的现金状况的影响(利率上下波动200个基点,以期限为5.5年、到期收益率12.5%的平价债券为投资对象)。

表2-4　　　　　利率变动情况下5.5年年底投资组合的价值变化

新收益率	票面利息	利息的利息	债券价格	累计值	总收益率
0.145	6 063 930	2 753 177	8 820 262	17 637 369	0.130 0
0.140	6 063 930	2 647 037	8 820 262	17 521 230	0.128 8
0.135	6 063 930	2 522 618	8 820 262	17 406 810	0.127 5
0.130	6 063 930	2 409 984	8 820 262	17 294 086	0.126 2
0.125	6 063 930	2 298 840	8 820 262	17 183 033	0.125 0
0.120	6 063 930	2 189 433	8 820 262	17 073 625	0.123 8
0.115	6 063 930	2 081 648	8 820 262	16 965 840	0.122 5

续表

新收益率	票面利息	利息的利息	债券价格	累计值	总收益率
0.110	6 063 930	1 975 462	8 820 262	16 859 654	0.121 3
0.105	6 063 930	1 870 852	8 820 262	16 755 044	0.120 1

资料来源：自弗兰克·法博兹(袁东译)：《债券市场分析与策略》(4版)，百家出版社，第555页。

表2-4中第一栏显示的是新收益率；第二栏显示总的票面利率偿付额；第三栏给出了如果票面利息以第一栏表明的新利率投资的情况下，整个5.5年间利息的利息；第四栏列示的是5.5年底的债券价格(等于其票面值)；第五栏是票面利息、利息的利息和债券价格三项累计之和；最后一栏是债券等值收益率基础上的总收益。把第一节总收益率的计算公式稍微调整一下，得到本例中计算总收益率的公式：$2\times\sqrt[10]{累计价值/8\,820\,262}$。最后一栏就是按照这个公式计算出的各个不同新利率水平下的总收益率水平。

观察表2-4，我们发现，如果市场利率上升，实现的累计值大于目标累计值(17 183 033元)，原因是：当利率上升时，票面利息将以比初始收益率12.5%更高的利率进行再投资；相反，当利率下降时，实际累计值小于目标累计值，因为票面利息只能以比12.5%更低的利率进行再投资。看来，仅仅投资与目标收益率相同、与投资期限相同的附息债券不能确保目标累计值的实现，"免疫"的目的没有达到。

假设换一种债券，即按照票面价值购买期限15年，票面利率12.5%，并且以12.5%的到期收益率出售的债券，市场利率的变化如前面的例子一样，表2-5表明了5.5年后投资组合现金流的变化(利率上下波动200个基点，以期限为15年、到期收益率为12.5%的平价债券为投资对象)。

表2-5　　　　　利率变动情况下5.5年年底投资组合的价值变化

新收益率	票面利息	利息的利息	债券价格	累计值	总收益率
0.145	6 063 930	2 753 177	7 925 481	16 742 587	0.120 0
0.140	6 063 930	2 647 037	8 136 542	16 837 510	0.121 1
0.135	6 063 930	2 522 618	8 355 777	16 942 325	0.122 3
0.130	6 063 930	2 409 984	8 583 555	17 057 379	0.123 6
0.125	6 063 930	2 298 840	8 820 262	17 183 033	0.125 0
0.120	6 063 930	2 189 433	9 066 306	17 319 699	0.126 5
0.115	6 063 930	2 081 648	9 322 113	17 467 691	0.128 2
0.110	6 063 930	1 975 462	9 588 131	17 627 523	0.129 9
0.105	6 063 930	1 870 852	9 864 831	17 799 613	0.131 8

注：数字资料来源同表2-4。

注意到表2-5与表2-4中前面三栏的数字完全相同。第四栏中的债券价格是5.5年后票面利率为12.5%、期限为9.5年的债券（因为已经过去了5.5年）的价格。最后两栏的意义同表2-4一样。该表显示，如果市场收益率上升，该组合就不能实现预期的收益率；反之，当市场收益率下降时则出现相反的情况，实际累计值会超过目标累计值。与前例不同的是，本例中利率变动对组合的净值产生了两个相反方向的效应：一是由于债券价格的变化产生了资本损益；二是再投资收益率的变动。本例中前一个效应大于后一个效应。比如，当利率上升200个基点时，利息的利息增加 2 753 177-2 298 840=454 377（元），然而，这时债券的价格下降了 7 925 481-8 820 262=-894 781（元），两者相抵后组合的净值下降440 444元。如果市场收益率下降，结果就相反。同前例一样，我们投资该债券没有能够避免利率波动给投资组合净值带来的影响。

前面两个例子告诉我们，投资的债券应该有这样的特征：不管利率怎么变动，它的价格波动效应与它的利息的利息变动相抵消。让我们再来分析这样一只债券，该债券票面利率10.125%、期限8年、以12.5%的到期收益率出售，我们的投资额与前面的例子一样，为 8 820 262 元，与前面的表格类似，我们制作了表2-6（利率上下波动200个基点，以期限为8年、到期收益率为12.5%、票面利率10.125%的债券为投资对象）。

表2-6　利率变动情况下5.5年年底投资组合的价值变化

新收益率	票面利息	利息的利息	债券价格	累计值	总收益率
0.145	5 568 750	2 528 352	9 109 054	17 206 156	0.125 3
0.140	5 568 750	2 421 697	9 205 587	17 196 034	0.125 1
0.135	5 568 750	2 316 621	9 303 435	17 188 807	0.125 1
0.130	5 568 750	2 213 102	9 402 621	17 184 473	0.125 0
0.125	5 568 750	2 111 117	9 503 166	17 183 033	0.125 0
0.120	5 568 750	2 010 644	9 605 091	17 184 485	0.125 0
0.115	5 568 750	1 911 661	9 708 420	17 188 830	0.125 1
0.110	5 568 750	1 814 146	9 813 175	17 196 071	0.125 1
0.105	5 568 750	1 718 078	9 919 380	17 206 208	0.125 3

注：表中数字来源同表2-4。

看一下表2-6中的后两栏，我们注意到累计值和总收益率从未低于目标累计值和目标收益率，因此，不管利率上升还是下降，都能够确保我们实现当初的投资目标。因为当市场收益率上升时，利息的利息增加的量足以抵消债券价格下跌的资本损失而仍有盈余；反之，当市场收益率下降时，价格的上涨幅度又超过了利息的利息的下降幅度。所以，投资这样的债券，我们就可以保证投资组合不受利率变动的影响，因而实现了计划的"免疫"目标。

表2-7是前面3只债券的修正持续期。

表 2-7　　　　　　　　　　3 只债券的修正持续期比较

债　券	修正持续期
5.5 年期、票面利率 12.5%、以面值出售	3.90
15 年期、票面利率 12.5%、以面值出售	6.70
8 年期、票面利率 10.125%、以 12.5% 的到期收益率折价出售	5.18

把这 3 只债券的持续期与我们负债的修正持续期相比较。可以把负债看做一种零息债券，而零息债券的持续期就是它的期满日 5.5 年，由于 5.5 年要求的半年收益率是 6.25%，所以它的修正持续期是 $[11/(1+0.0625)]/2 = 5.18$。这一持续期与我们的第三只债券的修正持续期相等。由前面的分析可知，投资这只债券能够使我们的投资组合避免利率风险。

结论是：为使投资组合的现金流量等于将来负债的现值，投资组合的持续期必须等于负债的持续期。

以上单个证券资产组合对应一笔负债的情况只是一种简单的抽象，并没有考虑持续期在投资期间内的变动问题。根据债券凸性的性质，即便当初资产持续期与负债持续期相等，当市场收益率有较大变动，或者仅仅由于时间变动时，资产持续期也在发生变动，这意味着资产与负债的持续期开始出现不匹配的情况。因此，需要人们对当初已经实现了免疫的投资组合进行"再平衡"，即调整组合的头寸。

二、债券组合管理的积极策略

（一）利率预期策略

利率预期策略是指通过预测未来利率变动，及时采取措施改变买卖策略，调整投资组合，以实现收益最大化（或损失最小化）。利率预期的一个重要意义在于及时调整资产组合以保持对利率变动的敏感性，其关键是对于未来利率走向的预测能力。如果预期利率上升，则应该缩短组合持续期；如果预期利率下降，则应该延长组合的持续期。在采取利率预期的策略下，一种组合的持续期可通过债券互换而得到更改，调换的是达到组合持续期的新债券，这种就是"利率预期掉期"（掉期就是两个债券之间的互换）。有三种具体掉期方式。

1. 替代掉期。替代掉期指一种债券与另一种相近替代债券的交换。相互替代的债券应该有基本相等的息票利率、期限、质量等特征。如果投资者认为市场中这两种债券的价格出现失衡，由此能够带来获利机会，这样的掉期就会出现。

2. 利率掉期。如果投资者相信利率会下降，就把持续期较短的债券调换成持续期较长的债券；相反，预测利率将要上升，就把持续期较长的债券调换成持续期较短的债券。

3. 净收益增长掉期。净收益增长掉期指购买更高收益率债券以赚取预期的时间溢价的方法。比如，1 年期国债收益率是 5.6%，30 年期国债收益率是 6.1%。只要收益率曲线没有变化，投资者可把短期债券调换成长期债券获得较高收益。

（二）收益率曲线策略

收益率曲线策略是以对国债收益率曲线形状变动的预期为依据建立投资组合头寸

的策略。

1.收益率曲线的概念。在一个时点上,将具有相同信用级别而期限不同的债券收益率的关系用坐标图曲线来表达便形成收益率曲线。由于国债是无风险资产,信用差别并不影响收益率,再加上流动性好,所以一般投资者通过观察国债市场上的价格和收益率构建国债收益率曲线,将它作为债券定价的基准并为其他债券市场(如企业债券市场)提供基准收益率。图2-4刻画出美国某个时间点的收益率结构。

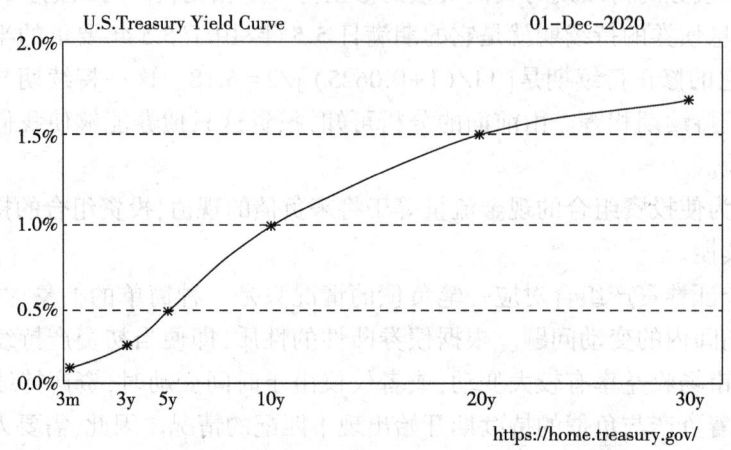

图2-4 美国国债收益率曲线(2020年12月1日)

2.收益率曲线的类型以及变动。收益率曲线的形状有三种,分别是正常型、反常型、驼峰型。见图2-5。

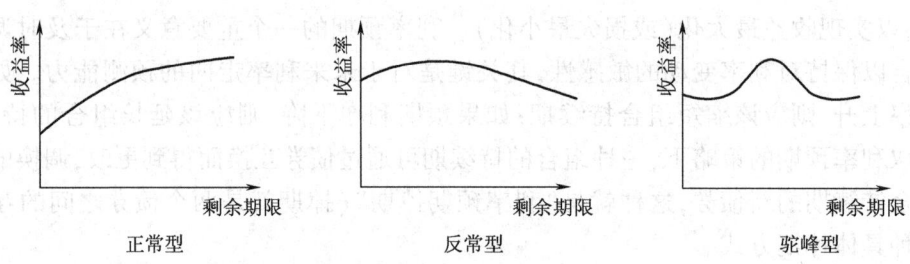

图2-5 收益率曲线的三种形状

正常型表示长期利率高于中期利率,中期利率高于短期利率;反常型表示短期利率高于中期利率,中期利率高于长期利率;驼峰型表示中期利率高于短期利率和长期利率。

收益率曲线会随着时间和外界环境的变化而发生形状的变化,可以分为两种类型的变动:一是平行移动,即收益率曲线本身的形状保持不变,只是其位置上下移动,表示整体利率水平上升或者下降;二是收益率曲线形状本身发生了变化,表示各个期限的利率变动程度不一致,是利率期限结构发生了变化。

3.收益率曲线策略。收益率曲线策略需要对收益率曲线的变动方向与类型进行预测。三种收益率曲线策略是:子弹策略(Bullet Strategies)、杠铃策略(Barbell Strategies)和梯子策略(Ladder Strategies)。

子弹策略的组合集中在一种债券上,即集中于收益率曲线的某一个点上;在杠铃策略中,包含在组合中的债券期限集中于两个极端期限上;在梯子策略中,组合内每种期限债券的数量基本相等。

当收益率曲线变动时,这三种策略会产生不同的业绩,实际的业绩取决于收益率曲线变动的方式(平行移动和变形),下面用例子加以说明。见表2-8。

表 2-8　　　　　　　　　　　三种假定国债

债券	息票率%	期限	面值	到期收益率%	持续期	凸性
A	8.5	5	100	8.5	4.005	19.816 4
B	9.5	20	100	9.5	8.882	124.170 2
C	9.25	10	100	9.25	6.434	55.450 6

针对表2-8中的三种国债,我们考虑两种收益率策略:"子弹组合"和"杠铃组合"。子弹组合:完全由债券C组成。杠铃组合:债券A占50.2%;债券B占49.8%。

在分析收益率曲线变动对两种组合价值的影响之前,我们先比较两种组合的持续期、凸性以及组合的收益率,见表2-9。

表 2-9　　　　　　　　两种组合的持续期、凸性及收益率

	持续期	凸性	组合的收益率
子弹组合	6.434	55.450 6	9.25%
杠铃组合	6.434	71.784 6	8.998%

表2-9中子弹组合栏中的数字直接取自表2-8;杠铃组合栏中的数字按照上一节讲的组合持续期的平均方法计算得出,具体计算过程是:

$$杠铃组合的持续期 = 0.502 \times 4.005 + 0.498 \times 8.002 = 6.434$$
$$杠铃组合的凸性 = 0.502 \times 19.816\ 4 + 0.498 \times 124.170\ 2 = 71.784\ 6$$
$$杠铃组合的收益率 = 0.502 \times 8.5\% + 0.498 \times 9.5\% = 8.998\%$$

我们得出的比较结果是:两个组合的持续期相同;杠铃组合的凸性大于子弹组合;但子弹组合的收益率大于杠铃组合。根据我们前面讨论的有关持续期、凸性的性质,当持续期相同时,凸性大的债券是优先投资的对象。但问题是,子弹组合有较高的收益率。于是,这里较高的凸性与较高的收益率两者之间达成一种平衡,仅仅凭这一点,我们还判断不出应该投资于哪一种组合。在金融市场上,上述情况普遍存在,也就是说,那些凸性大的债券(或组合)价格已经上升(即收益率下降),这种凸性已经被市场所认可,换句话说,市场已经为"凸性"付出代价。下面讨论收益率变动时两种组合的价值变动情况。为简单起见,假设投资期是6个月,定义两个组合的收益率的差额为:

$$收益率差额 = 子弹组合收益率 - 杠铃组合收益率$$

上述式子为正说明子弹组合收益率好于杠铃组合;如为负说明杠铃组合收益率好于子弹组合。表2-10列明了收益率曲线变动时两种组合6个月的收益率差额情况。

表 2-10　　　　　　　收益率曲线变动时两种组合 6 个月的收益率情况

收益率变动	平行移动	非平行移动 a	非平行移动 b
-3.750	-3.38	-6.13	-0.78
-3.500	-2.82	-5.44	-0.35
-3.250	-2.32	-4.82	0.03
-2.000	-0.59	-2.55	1.25
-1.750	-0.38	-2.24	1.37
-1.500	-0.20	-1.97	1.47
-1.250	-0.05	-1.74	1.53
-1.000	0.06	-1.54	1.57
-0.750	-0.15	-1.38	1.58
-0.500	0.21	-1.24	1.57
-0.250	0.24	-1.14	1.53
0.000	0.25	-1.06	1.48
0.250	0.24	-1.01	1.41
0.500	0.21	-0.98	1.32
0.750	0.16	-0.97	1.21
1.000	0.09	-0.98	1.09
1.250	0.01	-1.00	0.96
1.500	-0.08	-1.05	0.81
1.750	-0.19	-1.10	0.66
2.000	-0.31	-1.18	0.49
2.500	-0.58	-1.36	0.14
2.750	-0.73	-1.46	-0.05
3.000	-0.88	-1.58	-0.24

注：表中数字来源同表 2-4。

我们以下分两种情况加以说明。

（1）收益率曲线平行移动的情况。收益率曲线平行移动意味着短期、中期和长期债券的收益率一起变动相同的幅度。表 2-10 中第一栏表示的是收益率曲线变动的幅度,第二栏表示组合收益率的变动情况。从中可以看出,当收益率变动少于 100 个基点时,子弹组合的业绩好于杠铃组合;反之,当收益率变动大于 100 个基点时,杠铃组合的业绩好于子弹组合。

这一现象给我们的启示是:①收益率曲线平行移动的幅度是决定组合收益率变化的重要因素之一。②由于凸性的不同,即便是其他各个方面均相同的投资组合,投资的业绩也有所不同。③当收益率曲线平行移动的幅度较小时(本例中低于 100 个基点),

由于凸性大的组合的凸性"优势"没有发挥出来,但之前市场已经为其凸性付出了"成本"(表现为较高的价格或较低的收益率),其组合的收益率必然小于凸性小的组合;反之,当收益率曲线平行移动幅度比较大时,凸性大的组合收益率要大于凸性小的组合收益率。

(2)收益率曲线非平行移动的情况。表2-10中后面的两栏是当收益率曲线非平行移动时两个组合的收益率比较。非平行移动a列示的是假定债券C的收益率变动幅度为第一栏所列的数量时,债券A的收益率变动为债券C的变动加上25个基点,同时债券B的收益率变动为第一栏数字减去25个基点的情况。显然,这样的非平行移动导致收益率曲线变得平缓。在这样的移动下,杠铃组合的业绩好于子弹组合。第二种非平行移动假定随着债券C的变动,债券A的收益率变动是C的变动减去25个基点,债券B的收益率变动为C的变动加上25个基点,显然,这是收益率曲线更加陡峭的变动。本例中只要C的上涨幅度在250个基点以内,下跌幅度在325个基点以内,子弹组合的业绩好于杠铃组合;相反,如果C的变动大于该范围,则杠铃组合业绩好于子弹组合。

由此得出的初步结论是:①当收益率曲线向平缓方向变动时,杠铃组合业绩一般好于子弹组合。②当收益率曲线向陡峭方向变动时,两种组合的业绩比较取决于收益率曲线变动的幅度。在一定幅度内,子弹组合业绩好于杠铃组合,但超过一定变动幅度,后者会超过前者。

4.杠杆策略。杠杆策略是投资者通过借贷建立一个相比自由资金投入时更大的头寸,以便增加投资组合收益的策略。比如,一个投资者自有资金5 000万元,一年获得收益率是5%,如果借入资金的成本是4.5%,则该投资者可获得高于资金成本50个基点的年收入。如果他借入5 000万元,其管理的头寸就是1亿元。借入的资金量越大,扩大的收入越多,这就是杠杆的好处。反之,如果借入的资金成本大于年收益率,借入资金产生的是负收益。借入资金量越大,亏损也越大。所以,杠杆在放大头寸提高收益的同时,也加大了风险。债券投资的杠杆策略一般通过买入债券,在回购市场借入资金,然后再次购买债券,如此循环下去,达到放大头寸的目的。

杠杆策略的风险来自四个方面:市场风险、技术风险、回购交易到期风险和交易费用风险。首先是市场风险。任何不利的价格波动都会按照资金放大的倍数放大。比如,资金放大5倍,市场价格下降1%,则初始资金的账面亏损达5%。其次是技术风险。由于杠杆策略交易次数多、环节多,不仅要求投资者自身具备比较高的资金和头寸管理水平,而且需要对行情和利率的判断非常准确。再次是回购到期风险。当回购交易到期时,投资者应归还回购资金,重新获得抵押出去的债券。这时投资者面临着两个选择:一是卖掉债券,归还全部的回购借款。但这时由于需要马上卖掉巨额的债券(头寸已经放大若干倍),因此当市场流动性差时容易蒙受价格损失。另一个选择是继续持有原来的头寸,重新进行回购交易,取得新资金归还回购借款。但这时的回购交易带有"强迫"的性质,投资者失去了是否交易、何时交易的选择,必须接受新的价格风险、流动性风险、技术风险的考验。最后是交易成本风险。随着交易次数的增加,交易费用也相应增加。当持有国债的收益率与回购利率之差小于交易费用时,杠杆策略会发生亏损。

案例分析

国内某金融机构根据形势判断国债市场即将出现多头行情,决定运用杠杆策略在上海证券交易所投资国债。交易过程是:

第一步,通过现券买卖购买国债。投入资金1 000万元,按照上交所交易单位的限制规定,以市场价格购买债券支付了9 999 563元(其中9 979 604元是购买债券金额,19 959元是手续费),剩余资金437元。

第二步,通过回购交易取得资金(假设债券价格和回购利率保持稳定)。

假定选择14天为回购期限,回购利率是2%。再假定9 979 604元债券通过回购能够得到资金9 700 000元。扣除手续费4 850元,再加上上次资金余额437元,本次回购现金净流入为9 695 587元。注意本次回购产生了回购利息9 700 000×2%×(14/365)=7 441元。但该利息只需到回购期满时交纳,回购时不交纳,不构成本次的现金流出。

第三步,再次买入债券。9 695 587元可以买入相应债券,共支付9 694 648元(其中9 675 298元是买入债券的金额,19 351元是手续费),剩余资金938元。

到目前为止,该机构持有债券的头寸是9 675 298+9 979 604=19 654 902元,相对于初始资金,大约放大了1.97倍。

思考与练习题

1. 到期收益率这一指标的优点和缺陷是什么?
2. "市场利率下降、债券价格上升;市场利率上升,债券价格下降"这一说法在任何情况下都成立吗?为什么?
3. 收益率曲线的三种形状分别代表着什么样的利率结构?其形状变化分为哪几种类型?
4. 一种20年期债券,面值1 000元,半年付息一次,息票率8%,假定债券的价格是950元,试计算等值到期收益率和有效到期收益率。
5. 一种新发行的债券,面值1 000元,每年付息一次,息票率是5%,到期期限是20年,到期收益率是8%。假定一年后债券按照7%的到期收益率出售,则这一年的持有期收益率是多少?
6. 一种债券的息票率是6%,每年付息,修正的持续期是10年,面值1 000元,以800元出售,按8%的到期收益率定价。如果到期收益率变成9%,利用持续期的概念,估计价格下降的程度。
7. 一种债券息票率是6%,半年付息一次,在几年内的凸性是120,以票面值的80%出售,到期收益率是8%。如果收益率增加到9.5%,估计因凸性导致的价格变化百分比是多少?
8. 假如你管理着100万元的资产组合,目标持续期是10年。可以从两种债券中选择:5年期零息债券和永久债券,到期收益率都是5%。问持有两种债券的份额应该是多少？如果现在的目标持续期是 9 年,则明年的持有比例会如何变化？

9.管理债券投资组合的经理被要求 100 万元的投资经过 5 年后的年收益率不低于 3%。3 年后,利率为 8%,届时投资的临界点是多少(经理不得不采取免疫策略以确保获得最低可能的收益之前,组合的价值最低会跌至多少)？

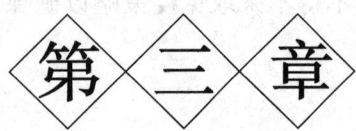

证券投资基金

【学习要点】

　　投资基金是证券市场上重要的投资品种,相对于股票和债券,其具有集合投资、分散风险、专家理财等优点,因此受到机构和个人投资者的欢迎。本章介绍了证券投资基金的概念、分类、发展历史和现状,以及投资基金的设立、发行、交易和运营。最后介绍了投资基金在我国的发展情况。

　　Key points: Investment fund is one important investment tool in financial market. It has many advantages over stock and bond which include risk diversification, experts' investment and pool investment. In this chapter, we introduce the conception, history and development of investment fund, and the operation of it. We also give readers a brief review about the development of investment funds in China.

第一节　证券投资基金概述

　　证券投资基金是随着证券市场的发展而产生的。它起源于英国,盛行于美国,经过一百多年的发展,已成为国际资本市场和货币市场最重要的投资工具之一。自 20 世纪 80 年代中期特别是 90 年代以来,证券投资基金在我国得到迅速发展。作为资本市场上重要的机构投资者,证券投资基金不仅有利于克服个人分散投资的种种不足,而且成为个人投资者分散投资风险的最佳选择,从而极大地推动了资本市场的发展。尤其是对于中国这样的新兴资本市场,机构投资者的规范与壮大有利于证券市场向着理性、成熟的方向发展。

一、证券投资基金的概念和特点

(一)证券投资基金的概念

　　证券投资基金是一种利益共享、风险共担的集合投资方式,即通过发行基金券(基金股份或受益凭证),集中投资者的资金,交由专家管理,以资产的保值增值等为根本目的,根据投资组合的原理,从事股票、债券等金融工具投资,投资者按投资比例分享其收益并承担风险的一种制度。证券投资基金的投资对象可以是资本市场上的上市股票和债券,货币市场上的短期票据和银行同业拆借,以及金融期货、黄金、期权交易、不动产等,有时还包括虽未上市但具有发展潜力的公司债券和股权。

世界各国对证券投资基金的称谓各不相同,美国称之为"共同基金"或"互惠基金",也称为"投资公司";英国及我国香港地区称之为"单位信托基金";日本、韩国及我国台湾地区则称之为"证券投资信托基金"。

(二)证券投资基金的性质

1.证券投资基金是一种重要的金融市场媒介。它存在于投资者与投资对象之间,起到把投资者的资金转换成金融资产,通过专门机构在金融市场上再投资,从而使货币资产得到增值的作用。证券投资基金的管理者对投资者所投入的资金负有经营、管理的职责,而且必须按照合同要求确定资金的投向,保证投资者的资金安全和收益最大化。

2.证券投资基金是一种金融信托形式。它与一般金融信托关系一样,主要有委托人、受托人、受益人三个当事人。其中受托人与委托人之间订有信托契约。但证券投资基金作为金融信托业务的一种形式,又有自己的特点:它主要从事有价证券投资;主要当事人中还包括不可缺少的托管机构,托管机构不能与受托人(基金管理公司)由同一机构担任,而且基金托管人一般是法人;基金管理人并不对每个投资者的资金都分别加以运用,而是将其集中起来,形成一笔巨额资金再加以运用。

3.证券投资基金本身属于有价证券的范畴。基金券(基金股份或受益凭证)与股票、债券一起构成有价证券的三大品种。但证券投资基金与股票、债券所反映的关系是不同的,由此带来的收益和风险也是不同的。

(三)证券投资基金的特点

虽然各国对证券投资基金的称谓有所不同,但特点却无本质区别,这些特点可以概括为如下五个方面。

1.小额投资,费用低廉。证券投资基金最低投资额一般较低,在我国,每份基金单位面值为人民币1元。投资者可以根据自己的财力,多买或少买基金单位,从而解决了中小投资者"钱不多、入市难"的问题。此外,投资基金市场上的激烈竞争亦使投资基金所收取的各项费用非常低廉。根据国际市场上的一般惯例,基金管理公司就提供基金管理服务而针对基金收取的管理费一般为基金资产净值的1%~2.5%,而投资者购买基金需缴纳的费用通常为认购总额的0.25%,低于购买股票的费用。此外,由于基金集中了大量的资金进行证券交易,通常也能在手续费方面得到证券商的优惠;同时,很多国家和地区还对基金的税收给予优惠,以支持基金业的发展,这使得投资者通过基金投资证券所承担的税负不高于直接投资于证券需承担的税负。

2.组合投资,分散风险。根据投资组合的基本原理,分散化投资可以起到分散投资风险的作用,但是要做到起码的风险分散,需要持有多种相关性较弱的证券,这对于中小投资者来说较为困难。而证券投资基金一般实力较雄厚,可以把投资者的资金分散投资于各种不同的有价证券,建立合理的证券组合,从而把风险降到最低限度。我国2012年修订的《证券投资基金运作管理办法》规定,"基金名称显示投资方向的,应当有百分之八十以上的非现金基金资产属于投资方向确定的内容",而基金投资规定"一只基金持有的一家上市公司的股票市值不得超过这只基金资产净值的百分之十"。换言之,如果某基金将其80%的资产净值投资于股票的话,它至少应购买8家公司的股票。

3.专业管理,专家操作。证券投资基金由专家进行专业化管理。基金资产由专业的基金管理公司负责管理。基金管理公司配备了大量的投资专家,他们不仅掌握了广博的投资分析和投资组合理论知识,而且在投资领域也积累了相当丰富的经验,从而克服了业余人士信息、时间、精力及专业知识等方面的不足,提高了资产的运作效率。此外,证券投资基金从发行、收益分配、交易到赎回的整个过程都有专门的机构负责,能为投资者提供专业化的服务,大大简化了投资环节。

4.规模经营,降低成本。证券投资基金将小额资金汇集起来,其经营具有规模优势,可以享受佣金折扣的优惠,从而降低了经营成本;从筹资的角度来说,也可以有效降低发行费用。

5.流动性强,变现性高。证券投资基金流动性强,其买卖程序非常简便。对开放式基金而言,投资者既可以向基金管理公司直接购买或赎回基金,也可以通过证券公司等代理销售机构购买或赎回,或委托投资顾问机构代为购买或赎回。国外的基金大多是开放式基金,每天都会进行公开报价,投资者可随时据以购买或赎回。对于封闭型基金,投资者可以通过证券交易市场买卖基金单位,交易过程与股票类似,一般只需四五天时间,便可以完成整个转让或交易过程。

二、证券投资基金的起源和发展

(一)证券投资基金在英国的发展

投资基金最早起源于19世纪的英国。产业革命期间,英国国内生产力水平得到了巨大的解放和发展,社会和个人财富迅速增长,国内资金出现大量剩余,国内利率下降。于是,许多投资者将目光投向海外市场,以谋求资本更大的增值。但是,海外投资过程中的欺诈使大量中小投资者受骗上当,大大增加了投资风险。针对这种情况,英国政府于1868年11月在伦敦设立了"国外及殖民地政府信托基金",委托具有专门知识的代理人代办投资并分散风险,让中小投资者一样享受投资的收益,这是世界上第一家较为正式的证券投资基金。

在证券投资基金运作初期,英国的投资信托并非公司组织,而是"契约型"投资基金。他们采取合作经营的方式,即在投资者与代理投资者之间通过信托契约的合作形态,规定各个当事人应享有的权利和义务,代理人接受委托,非专职地管理和运用这些基金的资产。直到1873年,被称为"投资之父"的罗伯特·佛莱明在丹地市创办了"苏格兰美洲信托"组织,专门办理美洲新大陆的铁路投资业务,聘请专门的管理人对基金进行专门的管理,投资基金才开始成为由专业管理人操作的营利性业务。

1879年,英国颁布了《股份有限公司法》,该法令的颁布是基金历史上一个重大转折点。以前的契约型投资信托相继依法转换成为股份有限公司组织,早期的这些投资股份公司,其发行在外的受益凭证数目规定不变,也不向投资者买回或再卖出。投资者欲出售或买进,只能在市场上进行,其价格是依市场供求关系来决定的。这也就是所谓的封闭型基金。

证券投资基金始于封闭型基金,以后才有开放型基金。1931年在英国出现了世界上第一只以净资产值向投资者买回基金单位的基金,成为现代投资信托基金的里程碑。而于1934年组建的"海外政府债券信托(The Foreign Government Bond Trust)"则标志着现代投资基金发展的开始。该基金不仅规定基金公司应以净资产值赎回基金单位,还在信托契约中明确了基金灵活的投资组合方式。

(二)证券投资基金在美国的发展

投资基金起源于19世纪的英国,盛行于美国。美国在经历了19世纪末的快速发展和第一次世界大战期间爆炸式的增长后,国内经济空前繁荣,国民收入大幅增长,从而大大刺激了美国的国内外投资活动。不仅资本家热衷于从事证券投资,普通大众也开始热衷于证券投资活动。在此背景下,英国的投资信托制度被引入到美国。1921年4月,美国组建了第一家基金组织——"美国国际证券投资信托基金",其经营运作方式依照英国的投资基金进行。

1924年3月21日,波士顿成立了"马萨诸塞投资信托基金",它由哈佛大学200名教授出资5万美元组成。其管理机构是"马萨诸塞金融服务公司",宗旨是为投资者提供专业化的投资管理。与以往基金不同的是,基金公司必须按基金的净资产值持续地出售股份给投资者,或者随时准备赎回它发行在外的股份。该基金被认为是开放型基金的始祖,是真正具有现代意义的第一家美国证券投资基金。该基金一经推出,就受到投资者的欢迎,其发展也比较快。在运行的第一年,其资产值增至39.4万美元。在以后的几年中,证券投资基金在美国得到了迅速发展。在1926—1928年的3年间,美国的投资基金已经多达480家。到了1929年底,投资基金资产高达70亿美元,为1926年的7倍。

在1929年经济危机中,股市崩溃,投资者和投资基金也厄运难逃,许多投资基金纷纷倒闭。特别是封闭型基金受害更深,只剩下十多家勉强维持经营。投资者开始对投资机构产生不信任情绪,证券投资基金相对处于一个低谷时期。

为了复苏经济,保护投资者利益,刺激投资,美国联邦政府和证券管理委员会制定了一系列法律和规章制度,以规范证券投资行为,并加强对经济、金融、股市的宏观管理。1933年颁布了《联邦证券法》,1934年颁布了《证券交易法》等。为了规范投资基金的运作,1940年美国还成立了投资公司委员会(即现在的投资公司学会),制定了一部《联邦投资公司法》。该法案详细地规定了证券基金的结构及管理要点,其中包括有关财务公开及董事和监事的任命,基金管理公司的选择以及销售和宣传方式等方面的规定;并通过定期对基金活动的检查来保护投资者利益,为投资者提供了比较完整、严格的法律保护,美国的证券投资基金也因此有了较大的变化。它们大多采用股份公司的组织形式,由原来的封闭型基金为主演变为开放型基金为主,投资行为逐步开始规范化。此后,证券投资基金都被置于严格的管制和监督之下。

第二次世界大战以后,美国经济出现了强劲的发展势头,头号经济强国的地位开始形成并得以巩固。证券投资者的信心开始恢复,逐步由储蓄保值型投资转向增长型投资,投资公司尤其是开放型投资公司再度开始活跃。到了 20 世纪 70 年代,由于连续的通货膨胀,投资者倾向于高收益、高流动性而且安全的金融资产。这样,美国的证券投资基金更是以爆炸性的速度成长,其增长率一度超过 70%。据统计,1940 年美国仅有 68 家投资基金,总资产为 4.48 亿美元,而到 1987 年,投资基金增至 2 300 多家,资产总额达 7 690 亿美元,年均发展速度为 25%。进入 20 世纪 90 年代,美国的证券投资基金拥有 3 000 多万个人投资者和 300 多万机构投资者。到 2005 年底,美国的证券投资基金数量达到 9 289 家,而且基金资产总额已达 9.48 万亿美元,已远远超过了银行的资产总额。证券投资基金在美国金融业中已处于绝对优势,对整个经济运行具有举足轻重的影响。

进入 21 世纪以来,尽管外部经济环境和股票市场不甚理想,特别是 2008 年的金融危机对整个资本市场造成了极大的影响,包括证券投资基金在内的大部分金融资产都有不同程度缩减;但总体上看,美国证券投资基金的资产规模仍然呈现增长态势。其中,共同基金的规模增长得最多,2007 年美国共同基金的资产规模达到了 12 万亿美元,但是由于 2008 年 10 月的金融危机,使得共同基金的规模迅速下降到 2008 年年底的 9.6 万亿美元。到 2010 年底,美国共同基金总资产达到了 11.8 万亿美元,占证券投资基金总资产的 90%,占美国 GDP 的比重也上升到了 80.7%。其中所有证券投资基金中增长最快的是交易所交易基金,其资产规模从 2000 年的 10 亿美元增长到 2010 年的 9 920 亿美元,上涨倍数达 990 倍,占证券投资基金总资产的比重也上升到 7.6%。虽然由于共同基金资产规模的扩大,封闭基金占证券投资基金总资产的比重一直在下降,到 2010 年时封闭基金的比重只剩下 1.8%,但封闭基金的资产规模却从 2000 年的 1 430 亿美元增长到了 2010 年的 2 410 亿美元。而单位投资信托则出现了萎缩,从 2000 年的 740 亿美元下降到了 540 亿美元,其占总资产的比重一直在 0.5% 左右。截至 2019 年第四季度末,美国证券投资基金的资产规模达到 25.69 万亿美元,接近全球证券投资基金总规模的 50%。

可见,美国是当今世界上证券投资基金最发达的国家,无论是基金品种、数量、资产总额、投资者数量,还是美国基金公司的治理结构,美国的证券投资基金均居世界领先地位。美国证券投资基金业的市场及制度安排对整个世界证券投资基金业的发展起着示范作用。因此,从美国证券投资基金业的发展历程中总结出相应的规律和经验教训,对促进中国证券投资基金的发展具有重要的借鉴意义。

(三)证券投资基金在全球的兴盛

证券投资基金凭借其专业化管理、分散投资等优点,不仅得到了广大投资者的欢迎,而且也被许多国家和地区所采纳。二战以来,由于各国及地区政府都十分重视证券投资基金的法制规定,既从政策上给予支持,也从法律上加以保障,因而证券投资基金无论是在发达的西方国家还是在新兴的工业化国家和地区都得到了迅速的发展,出现了证券投资基金大众化和国际化的潮流。

欧洲证券投资基金是全球证券投资基金的重要组成部分,其证券投资基金市场的规模约占世界基金总资产的 35%,仅次于美国位居世界第二位。其中法国为欧洲的基金大户,大约占整个欧洲基金市场规模的1/3,其次是卢森堡、德国和英国。卢森堡由于在税收方面的政策优惠,使世界各大著名跨国基金集团纷纷落户卢森堡,成为欧洲基金市场的后起之秀,目前它已是著名的国际基金管理中心之一。欧洲地区国家众多,投资基金发展潜力巨大。伴随着欧洲货币一体化的完成,欧洲的证券投资基金市场必将有一个更大的发展。

加拿大的证券投资基金发展也很迅速。据加拿大投资基金研究所(IFIC)统计,1951年加拿大的投资基金资产总额只有5 700万美元。而到了2006年9月,加拿大的投资者持有的投资基金价值达到6 080亿加元。

亚洲国家中,日本的证券投资基金建立最早,发展速度也最快。印度、韩国、新加坡、中国香港和中国台湾等国家和地区取得的成绩也是有目共睹的。日本在1948年7月颁布了《证券投资公司法》,1950年6月颁布了《证券投资信托法》,从而奠定了现行日本投资信托的法律基础,为投资基金业的发展铺平了道路,创立了具有日本特色的投资信托基金。日本的投资基金以契约型开放式为主,绝大部分不上市交易。政府的监管指导力较强,投资信托协会的自律管理较为有效。随着20世纪90年代日本经济泡沫的破灭和随后的长期不景气,日本基金业也处于长期整合的过程中。截至2000年,基金数目降到2 884只,基金资产总值为4 918.5亿美元。香港地区20世纪60年代后期才开始有证券投资基金,但当时由于法规尚不健全,存在投机欺诈行为,令投资者望而却步。从20世纪80年代初开始,香港投资基金有了较大发展,截至2006年3月,香港已有各种投资基金1 998只,基金总市值达6 675.85亿美元。中国台湾地区于1983年10月成立了第一家证券投资信托基金——台湾基金。经过十几年的发展,截至2002年5月,中国台湾共有证券投资信托公司41家,基金280只,基金规模达到20 676.7亿元(新台币),占整个股市资产的近20%。泰国的证券投资基金建立也比较晚。1977年4月21日,泰国历史上第一个投资基金——永盛基金成立。该基金属于封闭型基金,发行的基金券面值20铢,总额1亿铢。10年后,该基金券的资产净值上升为38.2亿铢。1985年,泰国第一个国家基金——曼谷基金成立。到1989年,泰国已有18个投资基金,到1990年底,仅国家基金就有20多个,泰国成了亚洲国家中基金业发展最快的典型之一。

近年来,全球开放式基金发展迅速。根据国际投资基金协会(IIFA)统计,截至2019年四季度末,全球开放式基金规模为54.88万亿美元,同比增长17.52%,净增8.18万亿美元。按照基金类型,全球开放式基金总资产的45%为股票型基金,12%为混合型基金,21%为债券型基金,13%为货币市场基金。按照基金分布地区,全球开放式基金总资产的52%在美洲,34%在欧洲,14%在非洲和亚太地区。

目前,投资基金在世界各地都取得了广泛发展。从投资者的数量来看,美国有25%的人口参与基金投资;英国有7%;韩国有10%。而投资基金的种类也不断推陈出新,各种专业性、国家级的基金应运而生。一些国家和地区纷纷组建"海外基金"和"国际基金",以吸收外国投资者的资金投资于国内,或吸收本国资金投资到国外。近年来,出现一种以新兴工业化国家和地区为特定投资对象的"国家基金",并取得了很大成功。总之,现代的投资基金已不单单是一种个人理财工具,它已成为大众化证券投资的

三、证券投资基金与股票、债券的区别

证券投资基金和债券、股票同为金融投资工具,但它们之间却有很大差异。它们不仅反映了不同的经济关系,在运行机制、风险收益状况、存续时间和投资回收方式上也存在明显的不同。

第一,发行的主体不同,体现的权利关系不同。股票是股份公司发行的,持有人是股份公司的股东,有权参与公司管理,股票体现的是一种股权关系。债券可以由政府、银行或企业发行,体现的是债权债务关系。证券投资基金是一种金融信托,它可以通过契约或公司的形式发行。其中,按契约形式发行的基金,投资者是信托契约中规定的受益人,其所持有的基金份额是一种信托受益凭证;按公司形式发起的基金,通常组成基金公司,并由发起人(大股东)组成董事会,决定基金的发起、设立、终止以及择定管理人和托管人等事项,基金持有人成为公司股东的一员而享有股东的各项权利,但不参与基金的运作。

第二,运行机制不同,投资人的经营管理权不同。通过股票筹集的资金,完全由股份公司运用,股票持有人有权参与公司管理。通过债券筹集的资金,完全由债务人自主支配。而投资基金的运行机制则有所不同。不论是哪种类型的投资基金,投资人和发起人都不直接从事基金的运作,而是委托管理人进行运营。同时,投资基金信托又不同于个人信托。个人信托是单个投资者委托证券公司从事买卖业务,这种委托业务完全体现投资者个人的意志,即按投资者的指示买进或卖出。投资基金信托是一种集中信托,受托的管理人本着"受人之托,代人理财,忠实服务,科学运用"的精神,按基金章程规定的投资限制,对该基金自主地运用,并保证投资人有丰厚的收益,投资人只分享基金的盈利和分红,而不干预基金的管理和操作。

第三,风险程度和收益情况不同。一般情况下,投资股票的风险大于基金。对于中小投资者而言,由于受可支配资产总量的限制,只能直接投资于少数几只股票,无法充分地分散风险。而基金的基本原则是组合投资、分散风险,把资金按不同比例分别投资于不同期限、不同种类的有价证券,把风险降至最低程度。债券在一般情况下,本金能得到保证,收益相对固定,风险比基金要小得多。在收益方面,基金和股票的收益是不确定的,而债券的收益是确定的。一般情况下,基金的收益高于债券,而低于股票。

第四,投资回收方式不同。债券投资是有一定期限的,期满后收回本金。股票投资是无限期的,除非公司破产,进入清算,投资者不得从公司收回投资,如要收回,只能在证券交易市场上按市场价格变现。投资基金则要视所持有的基金形态不同而有所区别:封闭式基金有一定的期限,期满后,投资者可按持有的份额分得相应的剩余资产,在封闭期内还可以在交易市场上变现;开放式基金一般没有期限,但投资者可随时向基金管理人要求赎回。

第五,存续的时间不同。每一种投资基金都规定有一定的存续期间,期满即终止,这一点类似于债券投资。但是与债券投资不同,投资基金经持有人大会或基金公司董事会决议可以提前终止,也可以期满延续。另一方面,封闭式基金在存续期内不得随意

增减基金份额,持有人只能通过证券交易所买卖证券,这类似于股票投资。但是,开放式基金可以随时增减,持有人可以按基金的资产净值要求申购或赎回基金份额。

第二节　证券投资基金的种类

证券投资基金具有多方面的属性,因此可以按照不同标准进行分类。从不同的角度将投资基金划分为不同的类型,对投资基金的设立和投资者的选择都具有重要意义。

一、按法律地位分类

投资基金依据其法律地位的不同,可分为公司型基金和契约型基金。

(一)公司型投资基金

公司型投资基金是指依据公司法,以基金股份公司的形式组建的以盈利为目的的股份有限公司。对公司型基金而言,基金本身即为股份公司型的投资公司,投资者购买了该公司的股票,就成为该公司的股东,公司章程明确规定了公司与股东的权利与义务。美国的共同基金多数都是这种公司型的基金。公司型基金具有如下主要特点。

1.投资基金的资金即为公司的资本。

2.公司型基金的结构和一般股份公司类似,也设有董事会和股东大会。公司是基金财产的法定持有人;投资者则是该公司的股东,也是基金财产的最终持有人。

3.公司型基金在具体运作上和普通股份公司不太相同,体现在四个方面:①其业务主要为证券投资;②经营和管理相互分离并且专业化,同时相互牵制;③股东(受益人)对公司的经营与监督受到一定限制;④投资公司的董事会对基金的资产负有安全增值的责任。一般投资公司常设定基金管理人和托管人。基金管理人负责基金财产的投资管理,托管人负责监督管理人的投资活动。

(二)契约型投资基金

契约型投资基金是指由基金管理公司(管理人)、基金托管机构(托管人)和基金投资者(受益人)三方订立"信托契约",基金管理公司设立基金,负责基金的管理操作;基金托管公司负责基金资产的保管和处置,投资成果由投资人分享的一种基金形式。英国、日本、中国香港等地的单位信托基金即为这种契约型。契约型基金有以下特点。

1.契约型基金的核心是"信托契约",契约型基金的成立与运作均需按"信托条约"进行。

2.契约型基金在组织上,不设董事会,基金管理公司设立基金,自行或再聘请经理人代为管理基金的经营和操作,并指定一家证券公司或承销公司代为办理受益凭证的发行、买卖、转让、交易、利润分配、收益及本金偿还等。

3.托管机构接受基金投资者的委托,并且以信托人的名义为基金注册和开立户头。该基金户头完全独立于基金托管机构的账户,即使基金托管机构倒闭,其债权人也不能动用基金的财产。托管人的职责是负责管理、保管和处置信托财产(但对基金资产的具体操作无发言权),监督基金管理公司的投资工作,确保基金管理人遵守公开说明书所列明的投资规定。

(三) 公司型投资基金与契约型投资基金的区别

1. 法律依据不同。契约型基金是依据基金契约组建的,《信托法》是契约型基金设立的依据;公司型基金是依据《公司法》组建的。

2. 法人资格不同。契约型基金不具有法人资格,而公司型基金本身就是具有法人资格的股份有限公司。

3. 投资者的地位不同。契约型基金的投资者作为信托契约中规定的受益人,对基金如何运作等重要投资决策通常不具有发言权;公司型基金的投资者作为公司的股东有权对公司的重大决策进行审批,并发表意见。

4. 融资渠道不同。公司型基金由于具有法人资格,在基金运营状况良好、业务开展顺利、需要扩大公司规模、增加资产时,可以向银行贷款;而契约型基金因不具有法人资格,一般不能向银行贷款。

5. 经营财产的依据不同。契约型基金凭借其基金契约经营基金财产;公司型基金则依据公司章程来经营。

6. 基金运营方式不同。公司型基金和一般的股份公司一样,除非依据《公司法》到了破产、清算阶段,否则公司一般都具有永久性;契约型基金则依据基金契约建立、运作,契约期满,基金运营随即终止。

从投资者的角度看,这两种投资方式没有太大的区别,至于一个国家采用哪一种方式,要根据具体情况进行分析。目前,许多国家和地区都采用两种形态并存的办法,力求将两者的优势都利用起来。我国现在证券投资基金均以契约型基金设立。

二、按受益凭证是否可赎回分类

按受益凭证可否赎回,证券投资基金可分为开放型基金和封闭型基金。

(一) 开放型基金

开放型基金在设立时,基金发行总量不固定,投资者可随时认购或赎回基金单位,购买可赎回基金的价格按照基金的净资产值计算。其特点有以下三方面。

1. 开放型基金一般不通过证券交易所进行买卖,而是委托商业银行等金融机构开设内部交易柜台,投资者可随时到此缴款认购,或将手中的基金单位卖给基金(即赎回)。

2. 开放型基金的单位卖出价一般为单位资产净值加3%~5%的首次购买费;基金单位的赎回价不受市场供求的影响,只能是基金单位所代表的资产净值,不会产生溢价或折价。

3. 开放型基金为了应付投资者随时可能提出的赎回要求,一般投资于开放程度高、规模大的市场,而不能将全部资金用于长线投资。

(二) 封闭型基金

封闭型基金是指基金发行总额是固定的,具有一定的封闭期,在封闭期内总份额不再增减的一种基金形式。其基金受益凭证的流通采取在证券市场交易的办法。

投资者在封闭型基金发行后,如要买卖受益凭证(股份),均须经过证券经纪商在二级市场进行竞价交易,与普通股票的交易类似。

封闭型基金的特点有以下几方面。

1.封闭型基金一般均有明确的封闭期限,在此期间投资者不能将受益凭证卖给基金,只能在二级市场竞价买卖。当规定期限届满时,投资者可直接向基金赎回现金。

2.封闭型基金首次发行价同开放型基金一样,也是按单位资产净值加3%~5%的首次购买费。此后在证券二级市场交易时,其买卖价都由市场供求关系决定。

3.封闭型基金的基金总额是固定的,不会时而增加时而减少,所以可将全部资金用于长线投资,即投资于封闭型市场或开放程度较低的市场。

封闭型基金在公开上市3年后也可改为开放型基金。封闭型基金转为开放型基金有两种情况:一是经由一定数量的投资者建议,经理人和信托人决议,三方同意终止基金上市,改为开放型基金;二是当基金市价持续2个月低于资产净值的20%以上,由基金经理公司主持召开持有人大会,以资产净值为买卖依据,改为开放型基金。目前从基金的发展趋势来看,开放型基金的发展较快,如美国90%以上的投资基金均属开放型。

开放型基金和封闭型基金的区别通过表3-1可以看出。

表3-1　　　　　　　　　　开放型基金和封闭型基金的对比

	封闭型基金	开放型基金
交易场所	有组织的交易所	基金管理公司或代销机构网点(主要指银行等网点)
基金存续期限	有固定的期限	没有固定期限
基金规模	固定额度,一般不能再增加发行	没有规模限制(但有最低的规模限制)
赎回限制	在期限内不能直接赎回基金,需通过上市交易套现	可以随时提出购买或赎回申请
交易方式	上市交易	基金管理公司或代销机构网点(主要指银行等网点)
价格决定因素	交易价格主要由市场供求关系决定	价格则依据基金的资产净值而定
分红方式	现金分红	现金分红、再投资分红
费用	交易手续费	申购费和赎回费
投资策略	封闭式基金不可赎回,无须提取准备金,能够充分运用资金,进行长期投资,取得长期经营绩效	必须保留一部分现金或流动性强的资产,以便满足投资者随时赎回的需要,进行长期投资会受到一定限制。随时面临赎回压力,更注重流动性等风险管理,要求基金管理人具有更高的投资管理水平
信息披露	基金单位资产净值每周至少公告一次	单位资产净值每个开放日进行公告

三、按投资目标分类

依据投资目标的不同,投资基金可划分为成长型基金、收入型基金和平衡型基金。

（一）成长型基金

成长型基金以追求长期资本利得为主，重视基金的长期成长。此类基金重点投资有较大升值潜力的公司和成长型新兴行业。为达成最高的增值目标，成长型基金很少分红，经常将投资所得的股息、红利和盈利进行再投资。成长型基金特点如下。

1. 重视基金的长期成长，强调为投资者带来经济收益。
2. 基金资产中，现金持有量较小，大部分用于长期投资，有些成长型基金甚至在牛市时进行借贷投资。
3. 投资对象常常是风险较大的金融工具，如股票市场中有升值潜力的二三线股，甚至可能是未上市的股票。
4. 一般不会直接将股息分配给投资者，而是将股息进行再投资，以追求更高的回报率。

（二）收入型基金

收入型基金以追求当期收入为目标，重点投资有稳定现金流、收入稳定的绩优股、债券、可转让大额定期存单等有价证券，同时倡导现金分红。收入型基金的主要目的是获取最大的当期收入，其投资更看重能否获得固定的股息收入。其特点如下。

1. 基金的投资品种多元化，形成了不同种类的投资组合，以分散投资风险。
2. 投资对象一般为风险较小、资本增值有限的市场品种，如有息证券、优先股、可兑换债券、公司及政府债券以及存款凭证等资本市场工具。
3. 一般基金均按时派息给投资者，使投资者有一笔固定的收入来源。

（三）平衡型基金

平衡型基金介于成长型基金和收入型基金之间，其投资目标是既要获得当期收入，又要追求长期增值。平衡型基金通常是把资金分散投资于股票和债券，以保证资金的安全性和营利性。通常，平衡型基金由于风险和收益比较中性，受到很多投资者的青睐，在美国就有近1/4的开放式基金采用平衡型基金的形式。

从证券市场的实际情况来看，成长型和收入型这两种投资方式并没有好坏优劣之分，只是在不同的市场环境下和市场阶段中会有不同的表现。一般而言，在牛市中成长型基金表现更好。

四、按投资地区分类

根据投资地区的不同，投资基金可分为国内基金、混合型基金和国外基金。

国内基金即投资仅限于国内证券市场的基金。

混合型基金指既投资于国内证券市场，也投资于国外证券市场的基金。

国外基金的情况比较复杂，它可分为三类：①以特定国家为投资对象的国家基金，如1990年11月法国东方汇理银行设立的上海基金，即是以我国证券市场为投资对象的中国基金；②以特定区域为投资对象的基金，如基金市场上常见的欧洲基金、太平洋基金、远东基金等；③以不限定国家和地区为投资对象的环球基金（Globe Funds），也称国际基金（International Funds）。

和国外基金相近的一种基金是海外基金，也称离岸基金，它是指向国外投资者销售并投资于国外市场的基金,它一般不接受母国人投资,国外基金则是向各国或地区(包括母国)销售而以国外市场为投资对象。区分两者的标准是看基金的注册地,若在母国注册,则为海外基金,若在国外注册则为国外基金。

五、按投资标的分类

投资基金根据其投资标的的不同,可划分为以下几类。

（一）股票基金

股票基金可以说是基金中最原始、最基本的品种之一,它是基金市场上规模最大的品种,其大部分资金均投放于普通股票上,但也将小部分投放到短期政府债券或商业票据上,以方便资金周转。一般说来,股票基金的风险较大。

（二）债券基金

债券基金是规模仅次于股票基金的品种,由于其风险较低,回报率稳定,所以深受稳健保守型投资者的欢迎。债券基金的投资对象可以是政府债券、高信用等级的公司债券以及免交所得税的地方政府债券等。

（三）货币市场基金

最早的货币市场基金在1972年创设于美国,它是一种专门投资于货币市场上短期有价证券的基金。该基金资产主要投资于短期货币工具,如国库券、商业票据、银行定期存单、政府短期债券、企业债券等短期有价证券,从而使小额投资者也可进入利率不受管制的短期资金市场,获取较高收益。货币市场基金一般为开放式的,所要求的最低投资额也较低,很适合中小投资者。

货币市场基金通常被视为无风险或低风险投资工具,适合资本短期投资,特别是在利率高、通货膨胀率高、证券流动性下降时,可避免本金的损失。

（四）杠杆基金

杠杆基金指投资于期货、期权、认股权证等具有杠杆作用的金融工具的基金。它获得的收益可能很高,但风险也极大。

（五）创业基金

创业基金的投资目标主要是那些不具备上市资格的小型企业及新兴企业,目的是追求高风险下的高回报。被创业基金选中的往往是具有增长潜力,但暂时缺乏发展资金的创业公司,创业基金将会对该公司进行资金援助,取得部分股权,促进受资公司的发展。一旦受资公司发展起来,股票可以上市后,基金会在股票市场上出售自己持有的股票,在取得现金后再寻找新的投资对象。

我国现有证券投资基金主要是前三种,《证券投资基金运作管理办法》第二十九条规定:"百分之六十以上的基金资产投资于股票的,为股票基金;百分之八十以上的基金资产投资于债券的,为债券基金;仅投资于货币市场工具的,为货币市场基金;投资于股票、债券和货币市场工具,并且股票投资和债券投资的比例不符合前述规定的,为混合基金"。

第三节 证券投资基金的设立、发行与交易

一、投资基金的设立

设立一项投资基金必须具备两个条件：首先要有发起人，即设立或拟设立基金的法人，发起人可以是一个也可以是多个；其次，必须制定相关的章程，对各个当事人的地位、角色、职责权限和基金的性质、功能、投资目标、策略等做出相应的文字性说明。相关的文件包括：基金章程、信托契约和公开说明书。

投资基金的设立，大致包括以下环节。

一是发起人必须根据当时国家经济政策、投资市场的状况及大众的投资心理选择未来基金的投资方向，以及投资基金采取何种形式。

二是发起人应根据基金的性质和形式，选择确定投资基金的管理人、托管人及注册会计师、律师及投资顾问等，并与之签订各项委托协议。

三是签订各项委托协议后，基金发起人必须制定或委托管理人、托管人等制定基金文件。

四是在制定好设立基金所需各项文件后，发起人必须向主管部门提出设立投资基金的申请，由主管部门审批。在申请报批时一般需提供：申请报告；基金的设计方案和可行性研究报告；信托契约、基金章程、公开说明书；主管部门规定的其他所需要的文件。

五是主管部门审核批准后，发起人可在规定的时间内，公开发行基金受益凭证。

二、投资基金的发行

（一）投资基金的发行方式

基金的发行方式可以分为两种：私募发行和公开发行。私募发行是指基金受益凭证只能由特定的投资者认购，而不向全社会公众公开发售。公开发行则是指基金受益凭证向全社会公众公开发售，由投资者自由认购。一般投资基金的发行多采取公开发行的方式。

基金发行方式也可按发行渠道不同划分为四种。

1. 直接销售。这是最简单的发行方式，基金的股份按净资产值出售，一般不收取销售费用。

2. 包销。基金大部分通过经纪人包销发行。经纪人相当于批发商，他们先按基金单位净资产值购买基金的股份，再以公开销售价格卖给投资者。

3. 销售集团方式。在基金总规模很大时，可由包销人牵头组成一个或数个销售集团，而每个销售集团又由一定数量的经纪人组成，各个经纪人分别代理包销人销售基金的一部分。

4. 由银行参与基金的分销业务。利用银行较高的信誉和广泛的客户基础来推销

基金。

(二) 投资基金的发行定价

基金发行价格是指基金受益凭证在发行市场上出售的价格。基金受益凭证的发行与债券发行相似,一般按面值发行。股票发行可以按公司的盈利状况及每股税后利润来确定发行价格,一般为溢价发行。而基金受益凭证不能溢价发行,其发行价格通常是按基金单位金额和发行手续费来确定。具体公式如下:

$$发行价格 = 基金单位金额 + 发行手续费$$
$$发行手续费 = 基金单位金额 \times 发行手续费率$$

其中手续费是在采取非直接销售的发行方式时,支付给承销机构的费用,其高低依据发行总金额、发行者的信誉、基金种类的不同而变化。

三、投资基金的交易

(一) 基金交易的方式

1. 封闭型基金的公开交易。封闭型基金在首次发行结束后就封闭起来,投资者在基金存续期内不能将持有的基金受益凭证卖回给基金,而只能在上市后竞价买卖。其交易方式与债券、股票有着相通之处,但也具有自己的特点。

2. 开放型基金的交易。开放型基金的交易实际上是在投资者和基金之间进行的。投资者转让开放型基金的受益凭证,只需在基金首次发行结束的一段时间后,在开设的专门柜台,随时申购或赎回该基金。

(二) 基金交易的场所

封闭型基金的交易场所可能是全国性的证券交易所,也可能是区域性证券交易中心。开放型基金不能像封闭型基金那样上市交易,所以其交易不是在证券交易所和证券交易中心指定的场所进行,而是在各基金专门开设的柜台进行。

(三) 基金交易价格

1. 封闭型基金的单位买卖价格以基金的净资产为基础,但主要由市场供求来确定。由于封闭型基金发行的单位数是固定的,而市场需求却不断变化,因此封闭型基金单位在交易过程中经常出现相对于基金净资产的溢价或折价现象,但更多时候表现为折价。

2. 开放型基金的单位价格并非随行就市,它一般是每天报价,并且每天只有一个买入价和卖出价。基金单位的买入价(赎回价)不受市场供求关系的影响,不会出现溢价或折价现象。一般认购价即为基金单位净资产值加上首次认购费用,赎回价则为基金单位净资产值减去赎回费用。

第四节　证券投资基金的运营

一、投资基金的投资

投资基金通过发行筹集资金后,就要运用资金进行投资,以取得投资利润和收益。

而这种投资要受到一定的限制并且应遵循一定的投资政策。

（一）基金的投资限制

为了保障投资者的利益，各国一般均制定有相应的法律、法规，对基金投资的对象、数量及基金的运用方法做出各种限制。

1. 投资对象的限制。一般来说，基金的主要投资对象为证券市场内外的各种有价证券，包括上市公司和未上市公司的股票、股权凭证、新股认购权证、国家公债、地方公债、政府担保债券、公司债券、可转换公司债券、金融债券等。但是各国法律对基金可投资的具体有价证券是不尽相同的。

关于投资基金对证券市场以外的其他市场投资，各国一般都加以限制。此外，设立基金时制订的信托契约也对投资对象有限制作用。

2. 投资数量的限制。为了分散基金的投资风险，各国一般对基金投资数量进行一定的限制。

为了防止机构投资者对市场的过度影响，通常会规定投资于任一公司股票的股份总额不得超过该公司已发行的股份总数的一定比例，其目的在于防止基金投资目标单一，风险不能分散。这一比例，美国为5%，我国目前规定为10%。

此外，我国《证券投资基金运作管理办法》还规定："基金财产参与股票发行申购，单只基金所申报的金额不得超过该基金的总资产，单只基金所申报的股票数量也不得超过拟发行股票公司本次发行股票的总量。"

3. 运用方法的限制。各国对基金组织运用基金财产从事的一些行为也制定了相应的限制，以保障投资者利益。

（1）禁止与自身有关系的交易。例如，禁止利用基金财产买入该基金或其董事、主要股东、主要承销商所有的证券，或者将基金财产出售或借给上述关系人。

（2）限制基金财产相互间的交易。一个基金管理公司常经营几个基金，限制这些基金相互间的有价证券交易，就是为了避免受益人利益受到损害。

（3）禁止用基金财产进行信用交易。信用交易即融资、融券，基金若进行这种交易，往往会使风险加大，有违基金设立初衷，所以各国一般都加以限制。

（二）基金的投资政策

各种基金根据其投资目标、投资对象就可相应决定其投资政策。不同基金的投资政策也是不同的，每一基金均选择其认为最能实现基金投资目标的证券组合及经营方式，所以投资政策可以说是基金性质及其特征最明显的反应。一般来说，投资政策包括以下几个方面的内容。

1. 投资组合的选择。一个基金投资的证券可以只包括普通股票，或只包括优先股票、债券，也可以平衡地组合这些证券。对于以获取资本增值为主要目标的基金来说，它往往将基金资产投入在风险较高的金融商品上。而对于为获取稳定收益的收入型基金来说，基金经理人则往往将基金财产投资在国库券、大额存单、银行承兑汇票和国际付息债券等利息固定、风险较低的投资工具上。不过大多数基金采用均衡的投资政策，对不同投资类型进行适当的调配，注重收益与资本利得并重。《证券投资基金运作管理办法》规定："基金名称显示投资方向的，应当有百分之八十以上的非现金基金资产属于投资方向确定的内容。"

2.资产分散的程度。基金资产的分散化程度由该基金所持证券数量以及基金所持证券总值中不同的分配百分比来衡量。不同基金的分散化政策是不同的,若基金的目标是经常收入的稳定性,投资政策会采取较大程度的多样化,而那些只单纯投资在一个部门的普通股票上或具有特殊要求的基金,分散化程度是有限度的。

3.各项投资的比重。基金的投资政策还包括其投资的比重,若基金注重取得经常性收入或追求较高的资本利得,往往将绝大部分资金投资于各种金融商品上;有的基金则可能根据对经济、金融形势的判断在不同市场间转移。

4.基金派息政策。在取得一定投资收益后,基金可选择派发股息或再投资。不同类型的基金可能选择不同的分红派息政策。对于成长型基金而言,为了获得长期的资本增值,通常不会直接派息给投资者,取而代之的是将股息滚入本金重新投资,以获取更高的投资回报率;而对于收入型基金来说,基金则会定期将股息分派给投资者,作为投资者的固定收入来源。由于投资基金涉及大众投资者的利益,所以各国也对投资基金的分配制定了相关规定。我国《证券投资基金运作管理办法》规定,封闭式基金的收益分配,每年不得少于一次,封闭式基金年度收益分配比例不得低于基金年度已实现收益的90%;而开放式基金的收益分配则必须满足基金合同中约定的每年基金收益分配次数和分配比例的要求。

二、基金的估值和净资产值

所谓基金的估值即对基金的资产净值按照一定的价格进行估算。基金的净资产值是衡量一个基金经营好坏的主要指标,也是确定基金单位买卖价格的主要依据,基金经营机构必须及时计算并公布基金净资产值。各国一般都规定基金经营机构必须在每一营业日或每周一次或至少每月一次计算并公布基金的净资产值。我国《证券投资基金法》规定,基金管理人负有计算并公告基金资产净值的职责。基金净资产值的估值方法根据投资对象的不同而变化,主要有以下几种情况。

（一）基金投资对象为上市证券

以上市股票、认股权证、上市债券、期货合约和期权证券为投资对象的基金,其资产按估值日当天证券市场的收盘价来计算,以这种方法计算出来的基金单位净值称为未知价或事前价。与之相对的是"历史价法",是指投资者买卖时用来计算的基金单位净值已经计算并且公布,因此投资者在买卖时就可以计算能买到的份数或卖出的金额。我国目前采用的是"未知价法"。

（二）基金投资对象为未上市证券

这种基金的资产价值以其面值加上自认购日至计算日已产生的投资收益为主,或由指定的会计师事务所或资产评估机构估算。

（三）基金投资对象为其他项目

以房地产和其他领域的项目为投资对象的基金,其资产价值的估算一般由指定的会计师事务所或资产评估机构测算。

上述三种情况的估值都必须包括任何累计至有关估值日的利息,以及任何已宣布但仍未收取的股息。

根据这些估值方法,就可以对基金资产估值。这包括基金资产净值总额和基金单位净资产值,计算公式为:

$$基金资产净值总额 = 基金的总资产价值 - 基金的总负债$$

$$基金单位净资产值 = \frac{基金资产净值总额}{估值的基金单位的总发行数}$$

其中:基金的总资产价值即基金投资组合的所有现金、存款、各种债券、其他证券、房地产、实业及其他投资项目的实际价值(按上述估值方法测算)的总和;基金的总负债包括首期发行费、应摊年费、交易费、会计师和律师费用、宣传费用、税费和借款等一切开支。

基金净资产值集中反映了基金目前的资产增值情况和投资收益情况,它会随基金的投资表现而变化,每日都可能不同,投资者应密切注意这一指标。

三、基金收益的分配

基金收益的分配主要涉及分配的比例、时间和方式等,一般在信托契约等基金要件中都做出规定。

第一,收益分配比例。收益分配比例即可分配收益中有多少用于分配给投资者。对此比例,不同国家、不同基金规定的原则不同。

第二,分配时间。一般基金收益的分配是一年一次,于每个会计年度结束后1~3个月内公布收益分配方案。但债券基金和货币市场基金则每月或每季度分配一次。

第三,分配方式。一般基金分配方式有四种:①以现金形式发放,这是最常见的;②派送基金单位,类似于股票的送红股,将应分配的利润折算成等额的新的基金单位送给投资者;③既不派现金,也不送基金单位,而是把投资收益按基金单位净资产值折成相应的基金单位份额滚入本金再投资;④将以上几种方式结合使用。

一般来说,对于投资基金的分配,基金都会在公开的报刊上发布分配公告,说明可分配收益的额度、分配时间、分配方式及支付办法。

第五节 我国证券投资基金的发展

我国的证券市场经过短短几十年的时间,已经取得了巨大的发展。我国的基金业也伴随着证券市场的发展而不断壮大。到目前为止,我国基金业的发展大致经历了四个阶段:一是基金产生及初期发展阶段;二是基金公开上市交易阶段;三是封闭证券投资基金发展阶段;四是开放式基金发展阶段。

一、我国基金的产生及初期发展阶段(1987—1993年)

(一)我国基金的产生

我国的基金最早是于1987年前后,在境外(香港等地)发起设立的,当时中国银行和中国国际信托投资公司等熟悉海外业务的金融机构开始涉足基金业务。到了20世纪90年代,从1990年法国东方汇理银行设立"上海基金"起,由外资金融机构或中外合资金融机构联合设立的,以中国市场为投资对象的各类海外中国基金不断涌现,到1995年底,中国基金已达30多个,其中较著名的有中国新技术创业投资公司与汇丰集团和渣打集团在香港成立的"中国置业基金";中国国际信托投资公司与英国K.B.银行联合发起的"中国投资发展基金";香港中银集团成立的"中银"中国基金;天利(国际)投资公司管理的"招商局中国基金"和"中国航空基金";中国光大集团与美国万国宝通银行、文莱投资公司联合发起成立的在爱尔兰上市的"花旗—光大中国基金"等等。这些中国基金都是严格按国际惯例设立的,运作也较为规范。

1992年以后,中国建立了证券B股市场,海外和香港地区成立了许多主要以B股为投资对象的基金,如"景泰深圳及中国基金""获多利中国基金""摩根建富中国基金""帕克莱中国基金"等。

国内基金的出现是在1992年。当时国内建立的基金主要集中在沈阳市、大连市、武汉市、北京市和深圳市。1992年10月8日,国内首家被正式批准成立的专业性基金管理公司——深圳投资基金管理公司成立。到1993年,各地大大小小的基金大约有70家左右。

(二)基金初期发展阶段存在的问题

这一时期的基金绝大部分都是由地方政府批准发行的,而且有关的基金法规非常不完善,只有一些地方政府制定的基金规章。这时的基金均在场外交易,对基金发行与交易的监管很不完善,甚至出现基金管理人与基金托管人同为一个机构的现象。基金内部的运作机制很不合理,缺乏有效的监督,存在随意投资的现象。大量的资金被浪费或套牢在房地产上。基金普遍出现严重亏损,投资效益极为低下。

二、基金公开上市交易阶段(1993—1998年)

(一)本阶段基金发展的情况

1993年8月,淄博基金在上海证券交易所公开上市,以此为标志,我国的基金进入了公开上市交易的发展阶段。

到1998年初,据统计全国共有各种基金近百家,总资产达100亿元左右。其中有51家在深圳证券交易所和上海证券交易所以及全国各地的证券交易中心交易。在深市交易的基金共有10家,分别为天骥、蓝天、君安受益、广发(二期)、南方、广证、华信、富岛、广证受益、海南银通。深市基金平均规模为20 579.37万份。而在沪市交易的有12家基金,分别是富民、久盛、兴沈、农信、海鸥、通发、公众、广发(一期)、万利、淄博、银海、广信等。沪市基金平均规模为6 547.95万份。

(二)本阶段基金发展的主要特点

1.以契约型为主。在基金中,绝大多数为契约型,公司型基金只占一小部分。

2.以封闭型基金为主。由于封闭型基金比较稳定,管理上也较为容易,因此符合我国当时基金发展水平的客观现实。

3.以全能型基金为主。多数基金的投资领域相当广泛,除了可以投资于股票、债券、实业外,也可投资于房地产、高新技术项目甚至从事贸易。

(三)本阶段基金存在的主要问题

在基金公开上市交易阶段,由于基金法规不完善,监管缺乏经验,因此存在许多问题。

1.基金发起人不规范。按国际惯例,发起设立基金必须有两个以上的独立法人,而当时只由一个发起人设立的基金有40多家,占基金总量的80%左右。

2.基金的资本构成不规范。规范的基金发起人必须认购一定比例的基金份额并规定在基金存续期内的任一时间,保持不低于某一比例的基金份额。而许多基金的发起人都未能认购基金份额,特别是独家金融机构发起设立基金,可称是"白手起家"。

3.基金信托关系不规范。投资基金作为一种"受人之托,替人理财"的信托方式,强调分权与制衡,为了保证基金券持有人的利益,管理人与发起人、托管人在财务、人事上应完全独立。但当时有一种明显的倾向,即视管理人与托管人为关联人,有的金融机构发起设立"基金",自己管理、自己托管、保底分红、期满还本,如同发行债券一般。

4.基金的性质不明确。首先,大部分基金的组织类型模糊不清,在其招募书上或上市公告上没有明确标出该基金属于何种类型;其次,许多名为封闭式基金的,没有明确规定存续期。

5.内部监控不利,盲目投资的现象比较严重。当时已有的基金几乎全部都是综合型的,投资限制比较少。除了可以投资于股票、债券、实业外,也可投资于房地产、高新技术项目,甚至可以从事贸易活动。因此,在投机趋利心理驱使下,基金往往忙于投向某些高盈利、高风险的产业,忽视了分散投资的原则。

6.信息披露不规范。绝大多数基金除了根据规定,每半年发布一次中期报告或年度报告以外,基金运作情况几乎处于"黑匣子"之中。

7.人才不足,机构运作能力不强,自律意识差。在本阶段,我国熟悉基金业务的专业人才不多,投资专家也不能充分适应需求,基金保管人才尚不熟悉业务,基金律师、审计师、会计师形同虚设,投资咨询业不发达,机构在信息收集、分析和处理方面能力不强。基金发起人、基金管理人、基金托管人自律意识差,这些问题严重阻碍着我国基金业的发展。

三、封闭式证券投资基金发展阶段(1998—2001年)

(一)我国封闭式证券投资基金发展情况

为了解决我国基金存在的问题,规范投资基金的运作,1997年底,我国出台了《证券投资基金管理暂行办法》。这一法规的推出,对于促进基金的发展具有非常重要的意义。1998年3月23日,按新法律要求设立的开元、金泰两家证券投资基金公开发行上市,这次证券投资基金的发行标志着我国的基金发展已进入一个新的阶段。

证券投资基金的发展,不仅增加了证券市场的机构投资者,也为中小股民增加了投资渠道。几年来,证券投资基金的效益表现突出,年底收益分配水平远远高于同期银行存款收益和购买国债的债息收益,有些基金的年收益率达到40%以上。在这一阶段,证券投资基金经过3年多的实践,取得了较大的成功,但是由于证券市场的不完善,使证券投资基金的运作有较大的局限性。

（二）封闭式证券投资基金与老基金的区别

封闭式证券投资基金与已经在沪、深两市进行交易的老基金相比，虽然同属封闭式基金，但是二者存在很大的区别。

1.规范化程度不同。封闭式证券投资基金是在《证券投资基金管理暂行办法》出台后，按新的法规要求由中国证监会正式批准设立的，比较规范。而原有基金一般是由各地政府根据地方法规条例批准设立的，因各地标准不同，基金的设立很不规范。

2.基金规模程度不同。封闭式证券投资基金的规模达到20亿元或30亿元，设立后实力强大，产生了较好的规模效益。而原有老基金规模，一般在几千万元左右，有的基金规模只有一千多万元，其本身在证券市场中很难生存，难以起到基金应有的作用。

3.专业化程度不同。封闭式证券投资基金是专门在证券市场中运作的证券投资基金。在投资结构中，所持有债券和股票的比例都有严格规定。而原有基金除了炒股票，还炒房地产，甚至炒期货，投资运作的范围比较宽，专业化程度不高。

4.发行方式不同。封闭式证券投资基金是在全国范围上网发行，发行效率高，操作比较规范。而原有基金绝大部分是在地方发行，然后通过地方交易中心与沪、深两家证券交易所联网而在交易所挂牌交易的。

（三）封闭式证券投资基金发行上市的重大意义

显而易见，封闭式证券投资基金比原有基金更具优势和实力，封闭式证券投资基金的发行上市意义重大。从根本上讲，发展证券投资基金，对于增加股市资金构成主体，扩大股市资金来源渠道，无疑是一件十分有意义的事情。目前，我国股市暴涨暴跌的一个重要原因就在于场内缺乏规范的机构投资者，而通过发展证券投资基金，是培育场内机构投资者的一个重要途径。这对股市的稳定发展，将起到十分重要的作用。

（四）发展封闭式证券投资基金面临的问题

1.如何保证基金投资者的安全和收益？从总体上看，以证券市场为主要投资对象的基金，基本上是靠天吃饭，在牛市中赚钱，在熊市中亏钱，基金投资者的收益没有保障。

2.证券投资基金的收益主要应从哪里获得？在证券市场中，上市公司是唯一的财富创造者和提供者，大量基金入市最主要的是与上市公司一起分享其经营发展的成果。但是我国股市中的上市公司效益低下，也无法为股市提供源源不断的利润。基金也好，其他的证券机构也好，无法赚上市公司的钱，只好采取各种手段赚取股民的钱。这种情况下可能使证券投资基金在发展中误入歧途。

3.如何保证证券投资基金本身不过度投机？我国的证券市场是一个高风险的投机市场。在如此投机的氛围中，证券机构在投机，股民在投机，股市的环境只会迫使基金选择投机而不是投资。

4.如何完善基金管理公司的法人治理结构？从理论上讲，与基金有关的三种当事人，即投资人、管理人及托管人应当相互独立、相互制约，只有如此，才能保证基金的合规运作。但是在现实中，封闭式证券投资基金的投资人只能在市场中买卖基金单位，难以形成对基金管理人的直接制约关系，特别是在信用制度不健全的情况下，基金投资人很难约束基金管理人的行为。而基金管理公司的发起人与大股东一般是证券公司等在股市中有利益关系的机构。因此，对于基金管理公司来说，在缺乏必要监督的条件下，完全有可能出现大股东操纵、内幕交易的问题。

在我国证券市场的实践中，正是由于以上问题未能很好地解决，封闭式证券投资基金在操作中也出现了过度投机的现象，暴露出来的"基金黑幕"问题就是一个典型的例证。

四、开放式证券投资基金发展阶段(2001年以后)

（一）开放式证券投资基金的优势

鉴于封闭式证券投资基金的问题，为了加强对基金管理公司的监管，管理层决定，由华安基金管理公司成立我国第一只开放式证券投资基金。开放式证券投资基金最主要的意义就在于，可以建立起投资人对管理人的有效制约机制，通过投资人用脚投票和基金单位自由赎回的方式，迫使基金管理人只能一心一意地搞好本职工作。任何损害投资人利益的行为出现，都将导致投资人抛售基金单位的现象，造成基金管理人的被动局面。在开放式基金的运作过程中，基金管理人只能以维护投资人的利益为天职。基于信托的基本原理，基金管理公司不应当是股东导向型，不能主要向股东负责，应当向投资人负责。开放式基金正是提供了这种向投资人负责的运作机制。

但是，在我国高风险的投机市场中，开放式基金也将面临类似封闭式基金的问题。

（二）投资基金法制建设

在基金的立法和法规制定方面，2003年10月28日，《证券投资基金法》正式通过全国人大的审议，成为法律。2004年6月1日，这部法律正式实施。这是一部与时代同步的金融法规，鲜明地体现了这个时代中国证券投资基金行业的发展脉搏，带有一定的前瞻性及较高的可操作性。投资基金法体现了四个方面的特征。

1.契约精神贯穿始终。本法的一大特色，是赋予契约基础性的地位，充分体现证券投资基金当事人意志的原则。本法中，基金合同是最重要的文件，成为证券投资基金设立、核准、确立当事人的权利义务、认定法律责任等活动的法律依据。

2.体现民事赔偿优先原则。保护投资者合法利益和民事赔偿优先原则，这在新通过的证券投资基金法中得到了充分体现。法律规定，违反规定应当承担民事赔偿责任和缴纳罚款、罚金，其财产不足以同时支付时，先承担民事赔偿责任。

3.信息披露要求透明、规范。《证券投资基金法》明确规定，基金管理人、基金托管人和其他基金信息披露义务人应当依法披露基金信息，并保证所披露信息的真实性、准确性和完整性。

4.基金财产特立独行。《证券投资基金法》通过法律机制，在投资人与托管人、管理人的资产之间建立一道防火墙，能阻止基金管理人为谋求私利而处分基金财产，从根本上提高基金财产的安全系数。

《证券投资基金法》的出台，有利于保护基金持有人的合法权益；有利于培育信托责任，改善投资者结构；有利于引导市场理性投资，促进市场的健康稳定发展；有利于激发基金行业的创新动力。总之，证券投资基金法将大大提高基金的行业地位，规范基金的经营行为,保护基金投资者的利益,促进市场的健康发展。我们有理由相信,在有法可依的政策环境下,基金业的市场影响力将进一步提升,一个公开、公平、诚实信用的证券市场秩序必将形成。

在《证券投资基金法》之后,《证券投资基金信息披露管理办法》《证券投资基金运作管理办法》《证券投资基金销售管理办法》《证券投资基金管理公司管理办法》等一系列的具体实施细则颁布。一个统一、完善、具有前瞻性的基金法律法规体系逐渐成形,它将直接推进我国证券投资基金业的发展。

(三)基金市场的创新

随着基金市场的发展,在传统的基金类型基础上,基金产品种类不断创新、日渐丰富,已经形成种类较为齐全和颇具特色的基金产品线。除股票型、债券型、混合型、货币市场型等主流基金品种外,还相继推出了指数型基金、保本基金、伞形基金、ETF以及LOF等在投资目标、投资策略、投资对象以及交易方式等方面具有一定特色的基金产品。这些产品与发达国家基金市场产品相差无几。

(四)基金市场的对外开放

在基金的对外开放方面,根据中国加入世界贸易组织的承诺,基金业成为我国最先向外资开放的金融证券领域。2002年12月27日,国内首家中外合资基金管理公司——招商基金管理公司成立;2003年4月28日,招商安泰系列基金成立;2017年11月10日,财政部宣布国内基金公司控股权外资持股比例放宽至51%,3年之后投资比例不受限制。这一切标志着中国基金业的发展进入了一个全新的对外开放阶段。

截至2013年底,国内已有57家中外合资基金管理公司先后成立,占已成立基金公司数量的62.64%;已成立的合资基金管理公司中,有55家合资基金管理公司已经发行设立了1 438只基金产品,公司数量占市场已发行基金产品公司总数的61.8%,产品数量占市场所有已成立开放式基金产品总数的58.98%;合资基金管理公司所管理的基金资产合计为18 601.24亿元,占国内开放式基金总资产的52.18%。中外合资基金管理公司已经在中国基金市场上占有了举足轻重的地位。

(五)进一步完善我国证券投资基金的发展

创立良好的市场环境对发展我国证券投资基金来讲非常重要,我们必须做好以下几方面的工作。

1.在实践中检验和补充《证券投资基金法》,逐步完善配套的实施细则和标准,尽快将私募基金纳入监管范围,还应制定相关配套的法律,如《投资顾问法》《投资人保障条例》等。此外,关于基金的会计、审计、税收和报告等制度也应详加规定,并制定标准格式,以确保投资基金的健康发展。

2.建立规范化基金监管体系。建立规范化的基金监管体系包括两个方面的内容:首先是确定基金主管机构。证券投资基金应由证监会负责统一管理,并应下设专门的组织机构——投资基金管理委员会,具体负责监管国内的投资基金市场。其次,要建立基金行业自律组织,发挥行业的自律性监管作用。通过建立行业协会,在行业内形成一个自我调解、平衡、制约的机制,作为基金主管机构管理的补充。

3.制定正确的投资基金发展步骤。首先,我国基金的方向应该是开放型基金,因为它不仅具有封闭型基金所没有的优势,而且也符合国际惯例。其次,随着我国金融市场的成熟,还应发展国债基金、期货基金、创业基金等多种形式的专项基金,以推动我国基金业的发展。最后,还应当大力发展中外合资基金,促进我国证券市场的国际化。

4.加强理论研究,培训基金人才。我国目前对基金的理论研究还比较滞后,有关基金的报纸、杂志也很少,不能很好地指导基金实务的运作。目前应加强对基金运作的研究,并创办相关的报纸或杂志以指导国内基金的健康发展。此外应注重对基金人才的培养,在短期内,可采取由基金行业协会集中培训和有关专家讲授的方式,以满足各地基金急需的人才。而从长期来看,应该调整相关的教育程序,设立有关基金的专业课程,出版基金教材,努力培养出一批高层次的人才,并提高现有基金从业人员的知识水平和遵纪守法的自觉性。

5.完善证券市场,创造基金发展的良好环境。一是上市公司普通股应当全额流通,这就涉及国有股退出的重大问题;二是要逐步转变投资理念,在市场中创造条件鼓励投资,加强监管,抑制投机;三是适时推出股票指数期货交易,增加股市的避险工具;四是完善股市交易方式,变单向交易为双向交易。在双向交易条件下,如果股市连续下跌,投资主体可以利用做空机制——先卖后买来规避风险,赚取收益。这一点对开放式基金更加有意义。

总之,证券投资基金在今后的规范化发展方面所要走的道路还比较漫长。我国的证券市场由于是一个新兴的市场,监管缺乏经验,发展难以规范,存在较严重的过度投机现象。在这一市场环境中,新型的证券投资基金如何发挥自己的优势,进行规范化管理、规范化运作,为证券市场中的投资者和证券机构树立起规范化的典范,这是非常值得基金管理者认真思考的。

案例分析

中国公募基金发展史

基金业19世纪60年代起源于英国,20世纪20年代进入美国,现已发展成为与银行、证券、保险并驾齐驱的现代金融体系四大支柱之一。我国基金最早可以追溯到1987年,中国人民银行和中国国际信托投资公司与国外机构合作推出了面向海外投资人的国家基金,而我国真正意义上的第一只证券投资基金是1991年成立的"武汉证券投资基金"。1992年春天,邓小平"南方谈话"鼓励对股份制和股票市场"大胆干、大胆试",基金业随即迎来一次爆发式增长,在一年"野蛮生长"后,1993年中国人民银行紧急通知制止发行投资基金的不规范行为,严格监管下行业发展几近停滞。1997年11月《证券投资基金管理暂行办法》颁布,标志着我国基金业进入规范化发展时期。1998年3月,国泰基金、南方基金成为第一批公募基金管理人,两家公司各自发行的基金金泰和基金开元成为首批公募传统封闭式基金。2000年10月8日,证监会发布《开放式证券投资基金试点办法》,随即2001年9月华安基金发行的华安创新成长混合基金成为首支开放式基金。伴随着市场发展,开放式基金成为公募基金发行市场主流。2001

年开始,我国基金可投资范围从股票扩展到债券和货币,基金品种也从股票型基金发展到债券型基金、混合型基金、货币市场基金等。2013年第一只互联网货币基金"余额宝"上线,我国公募基金业态迎来互联网新模式。

截至2019年12月,中国公募基金管理机构共有143家,资产规模排名前5的基金公司分别为天弘、易方达、博时、南方和工银瑞信。其中天弘基金自2013年推出王牌货币基金产品"余额宝"以来,2014—2019连续5年蝉联规模首位。进入2020年,公募基金发展愈发火爆,全市场公募基金产品共有7 682只,对应资产净值合计为18.31万亿元,较2019年末的14.77万亿元增长了3万多亿元,这是公募基金资管规模首次突破18万亿元,也是我国资本市场创立30年来公募基金数量首次突破7 000只大关。

分析:

1.规模大幅增长的原因。近几年公募基金整体规模大幅增长有内外双重原因:从外部看,随着A股机构化、国际化、市场化提速,市场形势发生明显变化,定价优势向专业机构投资者转移,个人投资者更愿意借助资管产品入市分享股市红利。从内部看,在市场各参与方支持下,公募基金行业的专业形象充分传递给大众,并得到投资者的广泛认可。

2.火爆背后的隐忧。基金市场上存在显著分化现象,一边是新基金的火爆发行,另一边是次新基金的大量赎回,这既与我国货币基金的高占比、快速买入赎回的特性有关,也与我国个人投资者的短线交易习惯有关。据中国证券网的统计,近4成投资者单只基金持有期限在3个月至1年之间。很多基民在选择基金时只是跟风买入,一旦业绩不佳便马上赎回。这种短期和盲目的频繁操作引发的结果是:在市场下行和低点时,投资者不断赎回,在市场上行和高点时,投资者大量申购。这一方面提高了基金经理投资操作的难度,同时也导致了大部分基金挣钱(正收益)而许多基民赔钱的怪现象。

3.基金投资的建议。随着注册制的实施,资本市场对个人投资者的专业能力提出了更高要求,从行业配置的角度,要对经济走势、行业趋势有大致的了解和判断,并据此选择相应行业板块的基金。比如2020年上半年科技、消费、医药板块的基金普遍收益较高,银行、地产、能源等板块则不尽人意,这就需要个人投资者从中长期资产配置的角度,多了解宏观政策和市场信息,关注行业板块和风格的转换。从资产配置的角度,个人投资者应该在多元化的投资品种之间进行均衡配置,以分散风险,平滑收益曲线,获得相对稳定均衡的收入。比如在权益型基金、债券型基金、混合型基金、货币基金等不同类型基金和不同行业板块基金之间进行均衡配置,不要把鸡蛋放在一个篮子里。

思考与练习题

1.什么是证券投资基金?证券投资基金有什么特点?
2.简述世界证券投资基金发展的历史。
3.试述证券投资基金与股票、债券的区别。
4.开放型基金与封闭型基金的区别有哪些?
5.契约型基金与公司型基金的区别在哪里?

6.简述证券投资基金的设立与发行。
7.如何对证券投资基金进行估值？基金收益如何分配？
8.我国证券投资基金业面临的问题有哪些？应该如何解决？
9.在证券投资基金运作过程中,基金管理人和基金托管人各自的职责如何？如何理解两者的相互关系以及这种制度安排对基金快速发展的重大意义？
10.如何完善我国证券投资基金的发展,使证券投资基金能发挥自己的优势,进行规范化管理和运作？

金融衍生工具

【学习要点】

本章阐述金融期货和金融期权的概念、交易特点、定价以及应用。通过学习,应当了解金融衍生品的基本原理,初步掌握运用衍生品管理金融风险的基本技能。此外,本章还介绍我国资本市场上现存的两个金融衍生品种:权证和可转换债券。

Key points: In this chapter we will expound the basic idea of the futures and options, its trading feature, pricing and its application. Students will understand the basic principal of the financial derivatives, and master the technique of risk management through financial derivatives. This chapter also introduce two financial derivatives existed in the capital market of China, they are warrants and convertible bonds.

第一节 金融期货

一、期货概论

(一)期货合约

期货合约是标准化的远期合约。远期合约是未来买卖商品的协议,该协议载明在未来的一个时点买卖双方按照事先规定的价格买卖特定的商品。标准化的远期合约(期货合约)规定了除价格以外的所有的要素。这些规定一般包括商品的等级、交货(期货术语是"交割")地点和时间、买卖的数量以及价格的变动幅度限制。期货交易在期货交易所进行。目前我国期货交易所有上海期货交易所、郑州商品交易所、大连商品交易所。表4-1是我国上海期货交易所关于铝的期货合约。

表 4-1　　　　　　　　　上海期货交易所铝期货合约

交易品种	铝
交易单位	5 吨/手
报价单位	元(人民币)/吨
最小变动价位	5 元/吨
涨跌停板幅度	上一交易日结算价±3%
合约月份	1~12 月
交易时间	上午 9:00~11:30,下午 1:30~3:00 和交易所规定的其他交易时间
最后交易日	合约月份的 15 日(遇国家法定节假日顺延,春节月份等最后交易日交易所可另行调整并通知)
交割日期	最后交易日后连续三个工作日
交割品级	标准品:铝锭,符合国际 GB/T 1196—2017 AL99.70 规定,其中铝含量不低于 99.70%。 替代品:①铝锭,符合国际 GB/T 1196—2017 AL99.80,AL99.85 规定;②铝锭,符合 P1020A 标准
交割地点	交易所指定交割仓库
最低交易保证金	合约价值的 5%
交割方式	实物交割
交割单位	25 吨
交易代码	AL

期货合约要求,在确定的交割日按照确定的价格(期货价格)交割商品。合约严格规定了商品的规格、等级、交割地点与交割方式。农产品和金属的交割是经过批准的注册仓库所开出的收据实现的。对于金融期货来说,交割通过电子转账的方式完成。对于指数期货,需要通过现金结算完成(虽然从技术上讲,期货交易需要实物交割,但实际上很少发生实物交割。合约双方常常在合约到期前平仓,以实现现金结算)。

因为交易所已经对合约的条款做了规定,所以交易者关注的只剩下价格了。多头(Long Position)承诺在交割日购买合约规定的商品,空头(Short Position)承诺在交割日卖出商品。所以,多头就是合约的买方,空头则是合约的卖方。买和卖在这里只是一种说法,它只是买卖双方之间的一个协议。在合约签订时,资金并没有易手,当然,买卖双方都要交纳期货保证金。

(二)期货合约的类型

期货合约所交易的商品分为四大类:农产品、金属与矿产品(包括能源)、外汇、金融期货(包括利率期货、股票指数期货和外汇期货)。金融期货是以金融工具为标的物的期货合约,与非金融期货有所不同。但是,金融期货是在商品期货的基础上发展起来的,在交易机制上与商品期货大致相同。表 4-2 列示了世界上一部分主要的期货合约类型。

表4-2　　　　　　　　　　　　期货合约的若干种类

外汇类	农产品	金属与能源	利率期货	股票指数
英镑	玉米	铜	长期国债	道·琼斯工业指数
加元	大豆	铝	国库券	标准普尔500指数
日元	燕麦	黄金	中期国债	价值线指数
法国法郎	大麦	白金	市政债券指数	主要市场指数
德国马克	小麦	白银	LIBOR	纳斯达克100指数
澳大利亚元	咖啡	原油	联邦基金利率	日经225指数
…	…	…	…	…

资料来源：(美)茨维·博迪(朱宝宪等译)：《投资学》(4版)，机械工业出版社，第579页。

二、期货交易机制以及监管

(一) 交易机制

投资期货必须通过期货经纪公司和期货交易所进行。当投资者找到经纪公司想建立期货头寸时(投资期货时)，经纪公司将买卖指令传给期货交易所。期货交易所内有清算所(Clearing House)负责买卖双方的结算。多头与空头互相持有对方的合约。对于多头，清算所是合约的卖方；对于空头，清算所是合约的买方。清算所有义务交割商品给多头并付钱给空头。这种机制使得清算所同时成为买卖双方的交易对手。期货交易所实行每日无负债制度，即每日计算投资者的盈亏，交易所不为投资者垫款。最初建立一个交易部位时(开新仓)，每个交易者都要建立一个保证金账户，存入现金或符合规定的有价证券，其作用是保证交易者履行合约义务。由于期货合约双方都有可能遭受损失，所以双方都要交纳保证金。保证金分为初始保证金与追加保证金。初始保证金(Initial Margin)是签约成交每一份新期货合约时，买卖双方向交易所交纳的相当于合约价值一定比率的保证金。初始保证金比率根据价格波动的幅度来确定，在一般价格波动幅度下为合约价值的5%~10%。也就是说，一般认为，合约成交到下一交易日，价格波动幅度不会超过5%~10%，所交纳的保证金足以抵偿价格不利变动所带来的账面亏损。另一方面，这样低的保证金比率意味着只要有5万~10万元就可以买卖100万元的商品期货合约，也就是人们常说的"以小搏大"，取得经济杠杆效应。如果交易者出现连续亏损，其保证金账户资金余额跌至某关键值以下，这个关键值就是维持保证金(Maintenance Margin)，那么交易者就会收到保证金催付通知。例如，美国玉米期货的一个期货合约是5 000蒲式耳，某日的单价为2.737 5美元/蒲式耳，合约的价值就是5 000×2.737 5=13 687.5(美元)。如果初始保证金比率是10%，则需要交纳保证金1 368.75美元。如果维持保证金比率是5%，则只有当10%的保证金跌至一半，即每份合约的保证金剩下1 368.75/2=684.375(美元)时，交易所才向多头交易者发出保证金催付通知。这样，交易者要立即在保证金账户中补充资金，否则交易所(通过经纪公司)有权将交易者的头寸强行平仓，以保证交易所不受影响。需要补充的资金称为追加保证金。追加保证金是当合约持有者遇到价格不利变动导致亏损,而已交纳的保证金低于维持保证金水平时,交易所要求该持仓人必须限期补交的一笔资金,以便弥补其全部亏损,使保证金存款达到初始保证金数额。

当期货价格变动时,已经成交的期货合约的买方或卖方可能感到有必要将持仓合约在到期以前转让给其他交易者。为此,原持仓人必须改变他的交易部位。比如,原来他是多头,他想要转让合约时,他应该做空头,注明用以抵消原有的多头头寸;反之,如果他原来是空头,他就要做多头,以抵消原有的空头头寸。这种做法,就是合约的对冲。

期货合约在到期日时必须平仓,结束其生命周期,即要么对冲,要么交割商品实物,比如特定等级的小麦或外汇等。有的期货合约没有办法进行实物交割,只能现金交割,如股票指数期货。

(二)期货监管

期货市场是个秩序性非常强的市场,客观上要求有严格的管理。期货管理一般分为三个层次:政府机构、交易所和行业协会。以美国为例,第一个监管层次是美国的商品期货交易委员会(Commodities Futures Trading Commission,CFTC),为专门负责全美期货行业监管的联邦政府机构,管理着美国国内的整个期货行业,范围不仅限于交易所、交易所会员和期货经纪商,还包括一切期货交易,同时管理在美国市场上市的国外期货公司。该委员会通过制定交易规则、批准或否定新的期货合约品种和交易所等手段管理期货交易。第二个监管层次是美国的各个期货交易所,交易所制定并实行其交易规则,如保证金制度和会员之间发生争议时的调解制度、对经纪公司的最低资金限额要求、交易记录、客户指令管理、内部奖惩程序等。第三个监管层次是行业协会,1981年成立的期货市场协会是期货业的行业协会,主要靠自律的规则来约束期货业参与者,凡加入行业协会的会员,都必须遵守该协会的业务和财务规则。行业协会还通过对从业人员的资格审查来发挥自律作用。

我国的期货政府管理机构是中国证券监督委员会。为了加强期货市场的监管,中国证监会期货部陆续发布了一系列文件并汇编为《中国期货市场文件汇编(一)(二)(三)》,对规范期货交易起到了重要的作用。1999年国务院发布《期货交易管理暂行条例》,可以看做是我国第一部全国统一的有关期货的行政性法规。2007年3月,国务院发布实施《期货交易管理条例》,包括总则、期货交易所、期货公司、期货交易基本规则、期货业协会、监督管理、法律责任、附则8章共86条,为强化市场监管和发展金融期货奠定了法规基础。

三、外汇期货

外汇期货合约(也称货币期货合约)是指以外汇为标的物的期货合约,属于金融期货合约的一个重要类别。外汇期货合约的主要交易标的品种有:美元、英镑、德国马克、日元、瑞士法郎、加拿大元、澳大利亚元、法国法郎和荷兰盾等。

目前,全球各期货交易所中上市外汇期货合约交易的主要有七家,它们是:芝加哥商品交易所国际货币市场分部(IMM)、中美洲商品交易所(MCE)、费城期货交易所(PBOT)、伦敦国际金融期货交易所(LIFFE)、新加坡国际货币交易所(SIMEX)、东京国际金融期货交易所(TIFFE)和法国国际期货交易所(MATIF)。由于芝加哥商品交易所国际货币市场分部(IMM)外汇期货合约交易占有全球90%以上的成交量,所以这里主要介绍IMM的外汇期货合约(见表4-3)。

表4-3 芝加哥商品交易所国际货币市场主要外汇期货合约(2014)

交易品种	英镑	欧元	加元	澳元	日元
交易单位	6.25万英镑	12.5万欧元	10万加元	10万澳元	1 250万日元
报价单位	美元/英镑	美元/欧元	美元/加元	美元/澳元	美元/日元
最小变动价位(单位外币)	0.000 1美元				0.000 001美元
最小变动值(单位合约)	6.5美元	12.5美元	10美元	10美元	12.5美元
持仓责任报告水平	1万份合约	1万份合约	6千份合约	6千份合约	1万份合约
合约交割月份	3,6,9,12(从三月开始每两个月循环一次)				
大宗交易数量	100份合约	150份合约	100份合约	100份合约	150份合约
维持保证金	1 250	1 750	1 000	1 300	2 750
最后交割日	交割月份第三个星期三后的第二个交易日(一般是周一),美国中部时间早9:16				

IMM外汇期货合约主要条款说明如下。

第一,报价单位。IMM外汇期货合约以每单位外币折合若干美元来报价。例如,若欧元期货报价为1.328 6,则表明1欧元=1.328 6美元,除日元以外的主要货币报价一般为小数点后四位,日元报价为小数点后六位。

第二,最小变动价位。最小变动价位用点来表示,它由报价单位的最后一位数算起。例如,欧元期货合约的最小变动价位为1点,1点就是一个基本点的意思,即0.01%。比如,当欧元期货报价由1.328 6美元变为1.328 7美元时,就是价位变动了1点。欧元期货价位变动1点,相当于变动了0.000 1美元/欧元。与最小变动价位相对应的是最小变动值,即期货合约最小变动价位所引起和代表的期货合约价值变动数额。例如,欧元期货合约的最小变动值为12.5美元(125 000欧元×0.000 1美元/欧元),也就是说欧元期货合约价位变动1点,合约价值变动12.5美元。

第三,持仓责任报告水平,与持仓限制相对应。具体来说,客户在某些风险较大的期货合约将面临所有月份固定持仓限额的严格管制,而在大多数期货合约上则只会面临持仓责任报告水平的报告要求。一旦达到该水平之后,客户只需向交易所报告其持仓头寸、交易策略以及套期保值交易信息即可。这样做的好处在于,能够及时顺应市场的快速发展,避免持仓限额的频繁改动,增强监管弹性。

第四,交易保证金。各交易所对交易保证金数额有不同规定,同一交易所在不同的时期交易保证金数额也不一样。一般情况下,汇率波动大的货币,要求的保证金较高;汇率波动小的货币,要求的保证金较低。

第五,合约交割。同商品期货一样,到期未平仓的外汇期货合约必须进行交割,而且也采取现货外汇交割的方式。即合约买入者按照最后交易日收盘价支付美元,而合约卖出者按照合约载明的外汇交易单位向买入者交割现货外汇。

下面我们看两个外汇期货交易实例。

美国某进口商1月10日从德国购进价值125 000欧元的一批货物,一个月后支付货款。为防止欧元升值而使进口成本增加,该进口商以1.312 4的价格买入1手3月份欧元期货合约,一个月后欧元果然升值,交易过程如表4-4所示。

表4-4

日期	现货市场	期货市场
1月10日	现汇汇率为1.310 0美元/欧元,125 000欧元折合163 750美元	买入1手3个月欧元期货合约,成交价格1.312 4美元,合约总价值164 050美元
2月10日	现汇汇率为1.321 2美元/欧元,125 000欧元折合165 150美元	卖出1手3个月欧元期货合约成交价格1.323 0美元,合约总价值165 375美元
结果	损失1400美元	盈利1325美元

该进口商由于欧元升值,在现货市场为支付125 000欧元货款多支出1 400美元,但由于套期保值,在期货市场盈利1 325美元,从而可以弥补现货市场的大部分损失。

上述期货交易的目的是为了套期保值,即把期货市场作为保值的手段,来规避现货市场的风险。也有的交易者希望直接从期货交易中获利,看下面一个例子。

某交易者于某年4月份在IMM购进一手6月份欧元期货合约,成交价格为1.322 5,合约价格为165 312.5(1.322 5×125 000)美元。5月上旬,这份合约结算价格变为1.335 0,他将这手合约以此价格平仓,可得166 875(1.335×125 000)美元。不计算手续费,该投机商本次交易的盈利为1 562.5(166 875-165 312.5)美元。当然,如果期货价格下跌,该投资者将遭受损失。

四、利率期货

由于西方国家20世纪80年代利率波动频繁,使得投资者希望能够对固定收益证券的收益进行保值,避免利率波动带来的损失,于是利率期货应运而生。利率期货也叫做债券期货,是以未来对一种特定债券的交割为基础的期货品种。表4-5是芝加哥商品交易所债券期货合约的有关规定。

表4-5　　　　　　　　　芝加哥商品交易所债券期货合约(2014年)

交易单位:面值100 000美元,息票率8%的美国国债
可交割等级:到期日或最早赎回日距离交割月第一日至少15年的美国国债
交割月:3,6,9,12月
交割日:交割月任一营业日
最后交易日:交割月最后一个营业日之前第七个营业日的上午12:00
报价:以面值的百分点以及一点的1/32为单位表示
最小变动价位:一个百分点的1/32
最小变动价值:31.25美元
每日价格波动限制:96个最小变动价位

债券期货的报价以美元的 1/32 报出,所报价格是 100 美元面值债券的价格,由于合约面值是 10 万美元,因此,90-25 的报价意味着面值 10 万美元的报价是 100 000×(90+25/32)= 9 0781.25(美元)。值得注意的是,报价与购买者所支付的现金价格不同,两者的关系是:

现金价格=报价+上一个付息日以来的累计利息

例如,2013 年 11 月 5 日,2030 年 8 月 15 日到期、息票率是 12% 的长期债券的报价是 94-28(即 94.875)。由于美国国债半年付息一次,从到期日可以判断,上次付息日是 2013 年 8 月 15 日,下一付息日是 2014 年 2 月 15 日。由于 2013 年 8 月 15 日到 11 月 5 日之间的天数是 82 天,2013 年 11 月 5 日到 2014 年 2 月 15 日之间的天数是 102 天,因此累计利息等于 6 美元×82/184 = 2.674 美元,该国债的现金价格为 94.875+2.674 = 97.549(美元)。

芝加哥商品交易所规定交割的标准债券是票面利率 8%、期限为 15 年的债券,空方可以选择其他债券,但要按照一定比率折换成标准债券交割,这个折算比率叫做转换因子,它等于面值 100 美元各债券的现金流按 8% 的年利率(每半年计复利一次)贴现到交割月第一天的价值,再扣掉该债券累计利息后的余额。在计算转换因子时,债券的剩余期限只取 3 个月的整数倍,多余的月份舍掉。如果取整数后,债券的剩余期限为半年的倍数,就假定下一次付息是在 6 个月之后,否则就假定在 3 个月后付息,并从贴现值中扣掉累计利息,以免重复计算。转换因子由交易所计算并公布。

算出转换因子后,我们就可算出空方交割 100 美元面值的债券应收到的现金:

空方收到的现金=期货报价×交割债券的转换因子+交割债券的累计利息

我们看运用利率期货防范利率风险和投机的例子。

一个美国国债的投资者手中持有 200 张国库券,每张国库券的面值是 1 000 美元。为了防止利率波动造成国库券贬值的可能,他需要现在在国库券期货市场上卖出两份期货合约(每份合约面值 100 000 美元)。目前期货价格和现货价格都是 123.19 美元,假设将来的期货价格有三种情况:122.19 美元、123.19 美元、124.19 美元。这个由债券的多头加上期货空头组成的投资组合的损益情况见表4-6。

表 4-6　　　　美元债券的多头加上期货空头组成的投资组合的损益　　　　单位:美元

项目	将来的期货价格		
	122.19	123.19	124.19
持有国债的价值	244 380	246 380	248 380
期货的盈亏	2 000	0	-2 000
总计	246 380	246 380	246 380

例如,如果债券价格跌至 122.19 美元,则债券的现货损失恰好被期货的盈利所抵消。期货的盈利来源于当初期货价格 123.19 美元与到期时期货价格 122.19 美元的价差 1 美元。对空头来说,债券价格下跌使得其每 100 美元面值就能够获利 1 美元,他共有 200 000 美元债券,共获利 2 000 美元。当然,他的现货损失也是 2 000 美元。类似地,当债券价格上涨到 124.19 美元时,现货市场上的获利 2 000 美元正好抵消期货市场上的损失 2000 美元,两者抵消之后,总的组合价值不变。

类似地,如果美元债券期货交易者手中没有美国国债,也不打算购买国债,而是完全试图通过期货交易从期货价格的变化中获利,则他就是一个投机者。如果投机者认为价格要下降,他就做空头;反之,就做多头。比如,当国债价格上升到124.19美元时,多头投机者获利2 000美元,空头投机者损失2 000美元;反之,则结果相反。期货市场一般比现货市场的投机性强,原因是期货市场交易费用低和存在杠杆效应。本例中如果投资200 000美元面值的国债现货,按照当前的国债价格123.19美元,就需要动用资金246 380美元,而投资期货不需要动用这么多的资金,只要很少的保证金就够了。比如,初始保证金为20 000美元。这样,当价格由123.19上涨到124.19时,盈利为2 000美元,所对应的回报率是2 000/20 000 = 10%,而债券价格仅仅上涨了1/123.19 = 0.8%,这就是杠杆效应。当然,这时空头的损失也是10%,所以,杠杆效应是双向的。

第二节 期 权

期权是指某一标的物的买卖选择权,具有在某一限定时期内按照某一指定的价格买进或卖出某一特定商品或合约的权利,但不是义务。

1982年美国费城交易所(PHLX)推出全球第一个外汇期权的场内交易品种,即美元对英镑的外汇期权。随后,PHLX陆续推出了加元、日元、马克、法郎与瑞士法郎等对美元的外汇期权。以下以PHLX的期权合约为例,说明期权交易的规则。PHLX的外汇期权合约见表4-7。

表4-7 PHLX的部分外汇期权合约

期权品种	合约规模	执行价格最小变动幅度			每份合约期权费最小变动幅度
		Mid-month(月中)	Month-end(月末)	Long-turn(长期)	
美元/澳元	50 000澳元	1¢	1¢	—	$5(0.000 1×50 000)
美元/英镑	31 250英镑	1¢	2¢	4¢	$3.125(0.000 1×31 250)
美元/加元	50 000加元	0.5¢	0.5¢	—	$5(0.001×50 000)
美元/欧元	62 500欧元	1¢	1¢	—	$6.25(0.000 1×62 500)
美元/日元	6 250 000日元	0.005¢	0.01¢	0.02¢	$6.25(0.000 001×6 250 000)
美元/瑞士法郎	62 500瑞士法郎	0.5¢	1¢	—	$6.25(0.000 1×62 500)

注:¢表示美分;"—"表示没有该种到期方式的期权。

资料来源:美国费城交易所网站。

交易品种。在PHLX的外汇期权目前有8种,都是以美元为基础货币的。基础货币是指用来对标的货币进行报价时所使用的货币,标的货币是指合约中规定要买进或卖出的货币。

合约规模。合约规模是指每份合约规定买卖货币的数量,它们都是为满足尽可能多的交易者的需求而制定的。

到期日和最后交易日。PHLX 为货币期权提供多种多样的到期方式,包括 Mid-month,Month-end,Long-turn 等。Mid-month 期权的到期月份是 3 月、6 月、9 月、11 月和与当前月最近的两个月;Month-end 期权的到期月份是最近的 3 个月;Long-turn 期权在未来的 6 月和 12 月到期。Mid-month 和 Month-end 期权的最后交易日是到期月份的第三个星期三之前的星期五;Long-turn 期权的最后交易日是到期月份的最后一个星期五。

执行方式。Mid-month 和 Month-end 的执行方式有美式,也有欧式。对于 Long-turn 期权,只有欧式一种。

执行价格。PHLX 的执行价格均以每单位外币可以兑换多少美分的方式来表示。例如,德国马克看涨期权的执行价格是 65 美分,则代表期权买方可以按照 0.65(USD/DM)买进马克。

期权费。PHLX 的期权费都以每单位标的货币可兑换多少美分的方式报价。例如,每欧元期权费是 0.097 美元,则每份合约总的期权费是 6 062.5 美元(62 500×0.097)。另外,对于期权费报出的最小幅度,各个期权有不同的规定,见表 4-7。

保证金。处于不同状态的期权保证金要求也不一样。分为以下四种情况。

第一,对于期权多头头寸或受保护的空头头寸,没有保证金要求。

第二,对于未保护的期权空头头寸,其保证金数额在两个值之间,清算会员可以根据需要在两个值之间自主确定要求的保证金数量。

下界＝期权费×100%＋合约即期价值×0.75%

上界＝期权费×100%＋合约即期价值×4%－期权虚值时产生的负现金流

第三,对于看涨或看跌的价差期权,要区分两种情况:如果多头在空头到期之前到期,则该差价期权视为两个独立的期权,多头适用于规则(一),空头头寸适用于规则(二);如果是其他情况,则在零和[多头看涨(空头看跌)期权的执行价格－空头看涨(多头看跌)期权的执行价格]值中取较大者。

第四,对于未保护的空头跨式或宽跨式期权,保证金数量用以下公式表示:

保证金数量＝两个空头头寸中保证金较大的值＋另外一个即期价值。

头寸限制。单个交易者持有的标的货币的最大数量就是头寸限制。各个期权的头寸限制都是 200 000 单位标的货币。

一、期权的特征以及类型

(一)期权的特点

1.期权的买方(Option Buyer)要想获得权利就必须向卖方支付一定的费用(指权利金)。期权的买方是买进期权合约的一方,是支付了一定数目的权利金而持有期权者,买进期权为期权的多头。

2.期权买方获得的权利是在特定的未来才能行使的权利。

3.期权买方在未来买卖的标的物是特定的,价格也是事先规定好的。

4.期权买方取得的是买卖的权利而不是义务。买方有执行的权利,也有不执行的权利,完全可以灵活选择。

5.期权卖方是指卖出期权合约、从期权买方那里收取权利金的一方。期权卖方在期权买方行使权利时承担相应的义务。期权卖方称为期权出售者(Option Writer)。卖出期权称为期权的空头。

6.权利金是期权买方向期权卖方支付的费用,对期权卖方来说,就是他出售期权的报酬。权利金的意义在于,期权的买方可以把可能遭受的最大损失控制在权利金的范围内;期权的卖方可以在出售期权时立即得到一笔权利金收入,而不需要马上进行标的物的交割。当然,卖方也面临着如下的风险:无论市场价格出现怎样的变化,卖方都要做好履约的准备(卖方也可以选择转让期权)。

（二）期权的基本类型

按照不同的标准可以划分,期权可分为如下主要类别。

1.按照买方权利的性质划分,期权分为看涨期权和看跌期权。

（1）看涨期权(Call Option)是在到期日或到期日之前按照履约价格买进标的物(商品、股票、指数或期货合约的多头部位)的权利。期权的买方判断标的物的价格即将上涨时买进该权利。

（2）看跌期权(Put Option)是在到期日或到期日之前按照一定履约价格卖出标的物的权利。作为一种卖的权利,期权的买方对标的物的价格看跌时才买进这种权利。

2.按照履约时间的灵活性划分,期权分为欧式期权和美式期权。

（1）欧式期权(European Option)是指期权合约的买方只有在到期日才能执行期权的一种期权。

（2）美式期权(American Option)是指期权合约的买方在期权合约的有效期的任何一天都可以执行期权的一种期权。

欧式期权和美式期权与期权交易所的地理位置无关。美国境内可以进行欧式期权交易,欧洲境内也可以进行美式期权交易。

3.按照履约价格与标的物价格的关系,期权分为实值期权、平值期权与虚值期权。

（1）实值期权(Option in the Money)是指买方立即履约就可获利的期权。这有两种情况:对于看涨期权,是指标的物任一时点的市场价格比履约价格高的情况;对于看跌期权,是指标的物任一时点的价格比履约价格低的情况。

（2）平值期权(Option at the Money)是指买方立即执行期权不赢不亏的期权;或指看涨期权(看跌期权)的履约价格等于或近似于标的物市场价格的情况。

（3）虚值期权(Option out of the Money)是指买方立即执行期权会亏损的一种期权。或看涨期权(看跌期权)的履约价格高于(低于)标的物价格的情况。

二、期权的交易特点与盈亏分布

（一）交易特点

期权交易不仅有正规的交易所,还有一个规模庞大的场外交易市场。交易所交易的是标准化的期权合约,场外交易的则是非标准化的期权合约。这一点与期货交易有所不同。

对于场内交易的期权来说,其合约有效期一般不超过9个月,以3个月和6个月最为常见。跟期货交易一样,由于有效期(交割月份)不同,同一种标的资产可以有好几个期权品种。此外,同一标的资产还可以规定不同的协议价格而使期权有更多的品种,同一标的资产、相同期限、相同协议价格的期权还分为看涨期权和看跌期权两大类,因此期权品种远比期货品种多得多。

为了保证期权交易的高效、有序,交易所对期权合约的规模、期权价格的最小变动单位、期权价格的每日最高波动幅度、最后交易日、交割方式、标的资产的品质等做出明确规定。同时,期权清算公司(附属于期权交易所)也作为期权所有买者的卖者和所有卖者的买者,保证每份期权都没有违约风险。当期权持有者执行期权合同时,清算公司就会通知出售此期权并有履约义务的客户所在的会员公司,会员公司则找到客户让其履约。

由于清算公司要保证合约履行,所以要求期权卖方交纳保证金来确保他们履行合约。所需要的保证金数目主要取决于两个部分:一是跟期权的实值金额有关;二是跟期权卖方手中持有的标的物的价值有关。就前者而言,期权的实值金额代表了期权执行时卖方的潜在义务;就后者而论,期权卖方手里的标的物可作为履行义务的对象。比如,股票看涨期权的卖方持有标的股票,只要把这些股票存入经纪人账户,就可以满足保证金要求,保证看涨期权执行时用来交割。如果期权卖方没有这些标的股票,保证金的数量就要取决于刚才所说的期权的实值或虚值数额。

(二)期权到期的盈亏分布

1. 看涨期权的盈亏分布。我们举例说明期权的盈亏分布。如果你持有执行价格为40美元的股票看涨期权,而股票目前的价格比如说是60美元,那你就可以行使期权以40美元购入股票,以60美元抛售,净赚20美元(不考虑期权费)。可见看涨期权到期后的价值与标的资产(以股票为例)的价格成正比。看涨期权买者的回报和盈亏分布如图4-1(a)所示。在图中有两条线,一条是回报(Payoff),另一条是盈亏(Gain or Loss)。前者未考虑期权费,后者则扣除了期权费。由于期权合约买者的盈亏和卖者的盈亏刚好相反,据此我们可以画出看涨期权卖者的回报和盈亏分布图,如图4-1(b)所示。从图中可以看出,看涨期权买者的亏损风险是有限的,其最大亏损限度是期权价格,而其盈利可能却是无限的。相反,看涨期权卖者的亏损可能是无限的,而盈利是有限的,其最大盈利限度是期权价格。

从图4-1中可以看出,如果不考虑时间因素,期权的价值(盈亏)取决于标的资产市价与协议价格的差距。

2. 看跌期权的盈亏分布。看跌期权的盈亏分布如图4-2所示。以40美元为界限,当标的股票的市价跌至40美元以下时看跌期权买者就可获利。股票跌的越低,盈利就越多。当标的股票的价格为零时,看跌期权买方的盈利为最大。如果标的股票市价高于协议价格,看跌期权买者就会亏损,其最大亏损是期权费总额。看跌期权卖者的盈亏状况则与买者刚好相反,即看跌期权卖者的盈利是有限的期权费,亏损也是有限的,其最大限度为协议价格与期权到期后的股票价格之差。

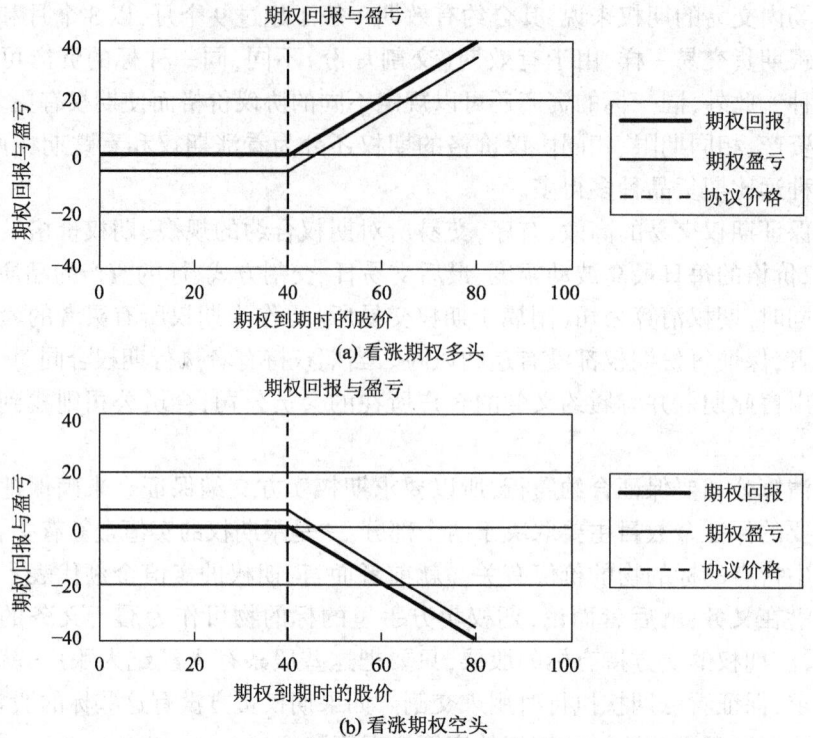

图 4-1 看涨期权盈亏分布图

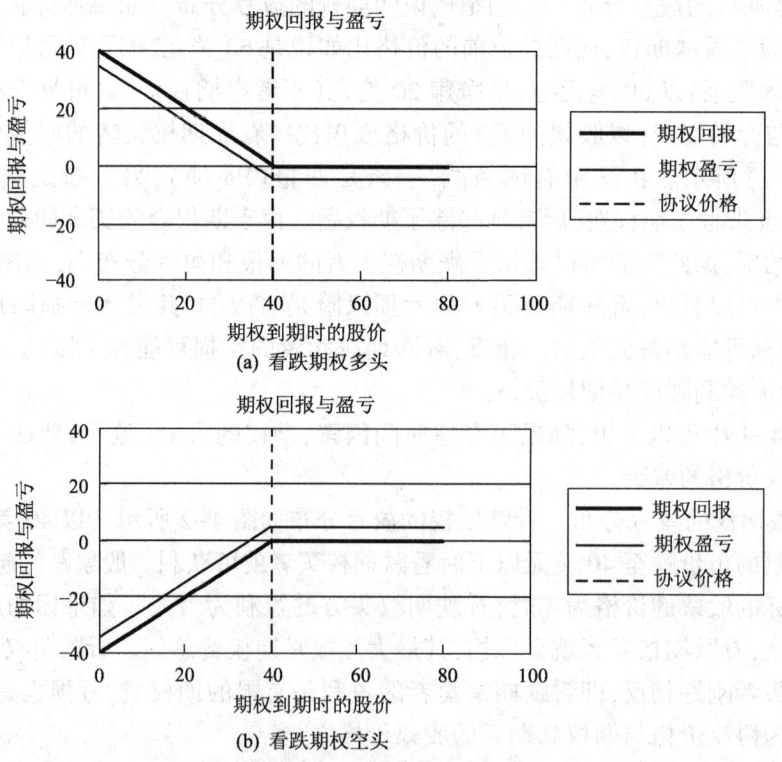

图 4-2 看跌期权盈亏分布图

三、期权的定价

(一)期权价值的构成

期权的价值由内在价值与时间价值组成。期权的内在价值(Intrinsic Value)是指买方行使期权时可以获得的收益的现值。对于欧式看涨期权来说,因多方只能在期权到期时行使,因此其内在价值为资产到期价格(S_T)与期权协议价格(X)之差(S_T-X)的现值。由于对于无收益资产而言,S_T 的现值就是当前的市价(S);而对于支付现金收益的资产来说,S_T 的现值为 $S-D$,其中 D 表示在期权有效期内标的资产现金收益的现值。因此,无收益资产欧式看涨期权的内在价值等于 $S-Xe^{-r(T-t)}$,而有收益资产欧式看涨期权的内在价值等于 $S-D-Xe^{-r(T-t)}$。无收益资产欧式看跌期权的内在价值都为 $Xe^{-r(T-t)}-S$,有收益资产欧式看跌期权的内在价值都为 $Xe^{-r(T-t)}+D-S$。其中,r 为无风险利率;t 为交易时刻;T 为到期时刻。

期权的时间价值是指,在期权有效期内标的资产价格波动为期权持有者带来收益的可能性所隐含的价值。显然,剩余的时间越长,标的资产价格的波动率就越高,期权的时间价值就越大。

(二)期权价值的影响因素

期权价值的影响因素主要有五个,它们通过影响期权的内在价值和时间价值来影响期权的价格。

1. 标的资产的市场价格与期权的协议价格之间的关系。看涨期权在执行时,其收益等于标的资产当时的市价与协议价格之差。因此,标的资产的价格越高、协议价格越低,看涨期权的价格就越高。看跌期权则相反,标的资产的价格越低、协议价格越高,看跌期权的价格就越高。

2. 期权的有效期。对于美式期权而言,由于它可以在有效期内任何时间执行,有效期越长,多头获利机会就越大,而且有效期长的期权包含了有效期短的期权的所有执行机会,因此有效期越长,期权价格越高。

对于欧式期权而言,由于它只能在期末执行,有效期长的期权就不一定包含有效期短的期权的所有执行机会。这就使欧式期权的有效期与期权价格之间的关系显得较为复杂。但在一般情况下(剔除标的资产支付大量收益这一特殊情况),由于有效期越长,标的资产的风险就越大,空头亏损的风险也越大,因此即使是欧式期权,有效期越长,其期权价格也越高。

3. 标的资产价格的波动率。标的资产价格的波动率是指标的物价格波动的幅度,是用来衡量标的资产未来价格变动不确定性程度的指标。由于期权多头的最大亏损额仅限于期权价格,而最大盈利额则取决于执行期权时标的资产市场价格与协议价格的差额,因此波动率越大,期权多头盈利的可能性就越大,期权权利金也就越高。

4. 无风险利率。无风险利率水平也会影响期权的到期价值。当利率提高时,期权的价值会减少;反之,当利率下降时,期权的价值会增加。不过,无风险利率对期权价值的影响比较模糊,也很有限。

5. 标的资产的收益。由于标的资产分红付息等将减少标的资产的价格,而协议价格并未进行相应调整,因此在期权有效期内标的资产产生收益将使看涨期权价格下降,而使看跌期权价格上升。

(三) 期权定价模型

以下介绍期权定价的两个基本模型——二叉树定价模型和布莱克—斯科尔斯期权定价模型。

1. 期权定价的二叉树模型。二叉树模型首先把期权的有效期分为很多很小的时间间隔 Δt,并假设在每一个时间间隔 Δt 内证券价格只有两种运动的可能:从开始的 S 上升到原先的 u 倍,即到达 Su;下降到原先的 d 倍,即 Sd。其中,$u>1$,$d<1$,如图 4-3 所示。价格上升的概率假设为 p,下降的概率假设为 $1-p$。

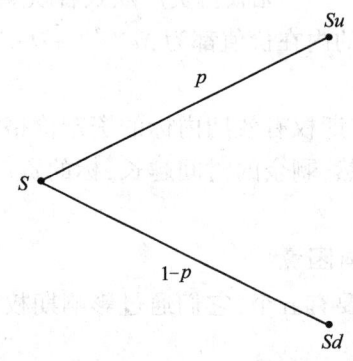

图 4-3　Δt 时间内资产价格的变动

相应地,期权价值也会有所不同,分别为 f_u 和 f_d。如图 4-4 所示。

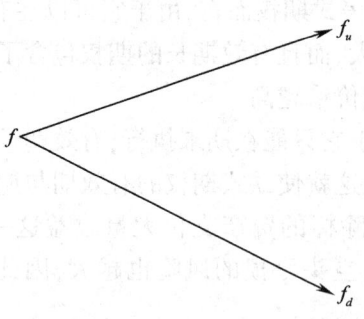

图 4-4　Δt 时间内期权价值的变动

注意,在较大的时间间隔内,这种二值运动的假设当然不符合实际,但是当时间间隔非常小的时候,比如在每个瞬间,资产价格只有这两个运动方向的假设是可以接受的。

(1) 单步二叉树模型。由于期权和标的资产的风险源是相同的,我们可以构造一个证券组合,包括 Δ 股资产多头和一个看涨期权空头。如果我们取适当的 Δ 值,使:

$$Su\Delta - f_u = Sd\Delta - f_d$$

则无论资产价格是上升还是下跌,这个组合的价值都是相等的。也就是说,

$$\Delta = \frac{f_u - f_d}{Su - Sd}$$

时,无论股票价格上升还是下跌,该组合的价值都相等。显然,该组合为无风险组合,因此我们可以用无风险利率对 $Su\Delta - f_u$ 或 $Sd\Delta - f_d$ 贴现来求该组合的现值。在无套利机会的假设下,该组合的收益现值应等于构造该组合的成本,即:

$$S\Delta - f = (Su\Delta - f_u)e^{-r\Delta t}$$

将 $\Delta = \dfrac{f_u - f_d}{Su - Sd}$ 代入上式就可得到:

$$f = e^{-r\Delta t}[pf_u + (1-p)f_d] \tag{4.1}$$

式中,

$$p = \frac{e^{r\Delta t} - d}{u - d}$$

(4.1)式是单步二叉树模型中看涨期权的价格公式。

(2)多步二叉树模型。应用多步二叉树模型来表示证券价格变化的完整树型结构如图4-5所示。

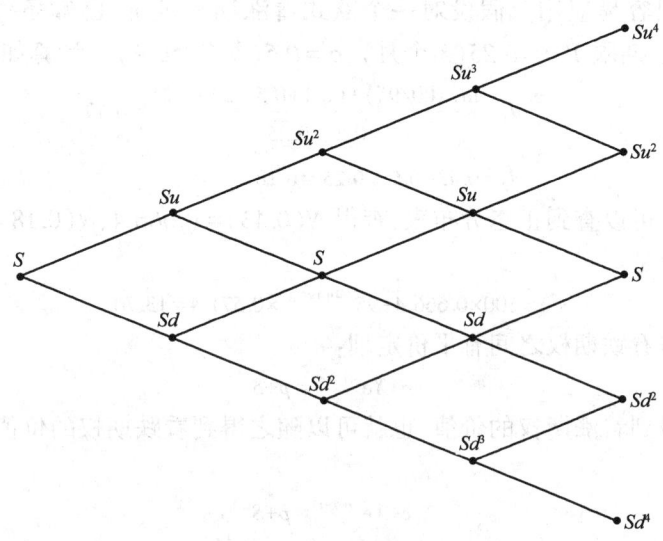

图4-5 资产价格的树型结构

当时间为0时,证券价格为 S。时间为 Δt 时,证券价格要么上涨到 Su,要么下降到 Sd;时间为 $2\Delta t$ 时,证券价格就有三种可能:Su^2、Sud(等于S)和 Sd^2,依此类推。一般而言,在 $i\Delta t$ 时刻,证券价格有 $i+1$ 种可能,它们可用符号表示为:$Su^j d^{i-j}$(其中 $j = 0, 1, L, i$)。

得到每个结点的资产价格之后,就可以在二叉树模型中采用"倒推定价法",从树型结构图的末端 T 时刻开始往回倒推,为期权定价。由于在到期 T 时刻的预期期权价值是已知的,例如,看涨期权价值为 $\max(S_T - X, 0)$,看跌期权价值为 $\max(X - S_T, 0)$,因此在求解 $T - \Delta t$ 时刻的每一结点上的期权价值时,都可通过将 T 时刻的期权价值的预

期值在 Δt 时间长度内以无风险利率 r 贴现求出。同理，要求解 $T-2\Delta t$ 时的每一结点的期权价值时，也可以将 $T-\Delta t$ 时的期权价值预期值在时间 Δt 内以无风险利率 r 贴现求出。依此类推。采用这种倒推法，最终可以求出零时刻(当前时刻)的期权价值。

2.布莱克—斯科尔斯期权定价模型。该模型的两个假设是：无风险利率和标的资产(股票)价格的标准差在期权有效期间保持不变。布莱克—斯科尔斯期权定价公式(简称 B-S 公式)是已经被金融市场参与者广泛接受的公式。该公式如下：

$$c = SN(d_1) - Xe^{-r(T-t)}N(d_2) \quad (4.2)$$

式中，

$$d_1 = \frac{\ln(S/X) + (r+\sigma^2/2)(T-t)}{\sigma\sqrt{T-t}}$$

$$d_2 = \frac{\ln(S/X) + (r-\sigma^2/2)(T-t)}{\sigma\sqrt{T-t}} = d_1 - \sigma\sqrt{T-t}$$

这就是无收益资产欧式看涨期权的定价公式。

式中，c 为看涨期权的价格；S 为当前的股票价格；N 为 (d) 标准正态分布变量小于 d 的概率；X 为执行价格；e 为自然对数的底；r 为无风险利率；$T-t$ 为期权到期的时间；σ 为股票连续复利的年收益率的标准差。

B-S 公式很容易应用。假设对一个欧式看涨期权定价，已知条件是：$S=100$，$r=10\%$，$X=95$，期权期限 $T-t=0.25$(3个月)，$\sigma=0.5$(每年50%)。计算如下：

$$d_1 = \frac{\ln(100/95) + (0.1 + 0.5^2/2) \times 0.25}{0.5\sqrt{0.25}} = 0.43$$

$$d_2 = 0.43 - 0.5\sqrt{0.25} = 0.18$$

从统计书中可以查到正态分布表，查得 $N(0.43) = 0.6664$，$N(0.18) = 0.5714$，于是看涨期权的价值是：

$$c = 100 \times 0.6664 - 95e^{-0.1 \times 0.25} \times 0.5714 = 13.70$$

看涨期权与看跌期权之间有平价定理：

$$c + Xe^{-r(T-t)} = p + S$$

只要我们得到看涨期权的价值，也就可以随之得到看跌期权的价值。

根据：

$$c + Xe^{-r(T-t)} = p + S$$

得：

$$p = c + Xe^{-r(T-t)} - S$$

应用前面看涨期权例子中的数据：$c=13.70$，$S=100$，$r=10\%$，$X=95$，期权期限 $T-t=0.25$(3个月)，$\sigma=0.5$。得到看跌期权 p 的价值：

$$p = 13.70 + 95e^{-0.1 \times 0.25} - 100 = 6.35$$

四、权证

（一）定义

权证是发行人与持有人之间的一种契约，权证持有人在约定的时间有权以约定的价格买入或卖出一定数量的标的证券。权证可以看做是股票期权的一种形式。在

20世纪90年代早期,我国股票交易所曾有过权证交易,后来由于投机过度被取消。2005年8月22日,宝钢权证上市交易,标志着我国又恢复了权证交易。以下结合宝钢权证的上市交易情况,分析权证的性质和定价。宝钢权证的有关条款见表4-8。

表4-8 宝钢权证的合约规定

证券简称	宝钢 JTB1
交易代码	580000
权证类型	欧式认购备兑
交易方式	T+0
权证发行人	宝钢集团
标的证券	G宝钢(600019.SH)
行权价格	4.50元
行权比例	1,1份权证可认购1股宝钢股份
结算方式	实物交割
发行总量	38 770万份
交易期限	2005年8月22日—2006年8月30日
到期日	2006年8月30日—存续期378天
行权简称	ES060830
行权代码	582000
调整条款	标的证券除权、除息时,行权价格和行权比例将相应调整

资料来源:上海证券交易所网站。

就宝钢权证而言,一份权证赋予持有人在且仅在2006年8月30日,有权以4.50元的价格向宝钢集团购买其持有的一股宝钢股份。

(二)权证分类

1.按权利行使方向,权证分为认购权证和认沽权证。认购权证的持有人有权买入标的证券;认沽权证的持有人有权卖出标的证券。上述宝钢权证是认购权证。

2.按行使期间,权证分为欧式权证和美式权证。欧式权证的持有人只有在约定的到期日才有权买卖标的证券;而美式权证的持有人在到期日前的任意时刻都有权买卖标的证券。宝钢权证是欧式权证。

3.按发行人划分,权证分为股本权证和备兑权证。股本权证通常由上市公司发行,其行使会增加股份公司的股本;备兑权证是由标的证券发行人以外的第三方发行,其认兑的股票是已经存在的股票,不会造成总股本的增加。

4.按行权价格与标的证券市场价格的关系,权证分为价内权证、价平权证与价外权证。若权证持有人立即行使权利能够获得收益,称为价内权证,否则称为价外权证,特别的如果行权价格等于标的证券市场价格,称为价平权证。比如,上市公司宝钢股份的股票价格高于4.50元(行权价格)时,宝钢权证就是价内权证;如果宝钢股份的价格跌至4.50元以下,那么该权证就变为价外权证;如果宝钢股份的价格正好等于4.50元,那么该权证就是价平权证。

5.按结算方式,权证分为现金结算权证和实物交割权证。现金结算权证行权时,发行人仅对标的证券的市场价与行权价格的差额部分进行现金结算,实物交割权证行权时则涉及标的证券的实际转移。

(三)性质

权证属于金融衍生工具,具有期权的一般特性。

1.高杠杆性。权证属于衍生性金融产品之一,权利金仅为正股价格的一小部分,具有高财务杠杆作用。比如,某日宝钢股份4.6元,权证价格0.74元,如果次日宝钢股份涨5%,那么此时权证价格涨幅就不止5%,可能为宝钢股份涨幅的若干倍;如果次日宝钢股份跌5%,那么此时权证价格很可能为宝钢跌幅的若干倍。

2.时效性。投资人买卖权证不像股票可以长期持有,权证具有存续期间,权证到期后即丧失其效力。权证到期时如不具行权价值,投资人将损失其当初购买权证的价金。例如,某投资者购买了宝钢权证,持有到期时,宝钢股份的价格低于行权价格,那么投资者将损失全部投资。

3.风险可控。权证到期前如不具行权价值或持有人未申请行使的,其最大损失仅为当初购买权证所支付的权利金,风险有限。而在到期前,如标的证券价格上涨,认购权证价格将随之上涨,因标的证券价格可能无限上涨,故权证的获利是无限的。

4.交易的特殊规定。

(1)投资权证之前,投资者需签订《权证业务风险揭示书》,通过具有权证业务资格的券商进行权证交易。

(2)$T+0$交易。即当日买进的权证,当日可以卖出。

(3)涨跌幅限制。权证价格的涨跌幅按以下公式计算:

权证涨幅价格=权证前一日收盘价格+(标的证券当日涨幅价格-
标的证券前一日收盘价)×125%×行权比例

权证跌幅价格=权证前一日收盘价格-(标的证券前一日收盘价-
标的证券当日跌幅价格)×125%×行权比例

当计算结果小于等于零时,权证跌幅价格为零。

例如,上一个交易日宝钢股份和宝钢权证的收盘价分别为4.6元、0.74元,那么本交易日,宝钢权证的涨停价格=0.74+(4.6×1.1-4.6)×125%×1=1.315(元),涨幅限制为77.7%,宝钢权证的跌停价格=0.74-(4.6-4.6×0.9)×125%×1=0.165(元),跌幅限制为77.7%。

(四)权证的定价

被广泛用于进行权证定价的工具是B-S期权定价模型。设c为认购权证的理论价值;$S=4.68$为正股的现价;$X=4.5$为行使价;宝钢股份股票价格年波动率为0.30,无风险收益率为6%,剩余期限为378天(1.036年),将上述参数代入(4.2)式得:

$$c = 4.68N(d_1) - 4.5e^{-0.06 \times 1.036} N(d_2) = 0.795$$

式中,

$$d_1 = \frac{\ln(4.68/4.5) + (0.06 + 0.3^2/2) \times 1.036}{0.3\sqrt{1.036}}$$

$$d_2 = \frac{\ln(4.68/4.5) + (0.06 - 0.3^2/2) \times 1.036}{0.3\sqrt{1.036}}$$

但是,现实市场中的一些不完美因素将使得权证的价格偏离 B-S 模型计算的理论值,这些因素主要包括交易不能连续、存在避险成本和交易费用等。所以,权证的价格还不能由 B-S 模型完全决定,也取决于供求关系。

五、可转换证券

可转换证券是可以按照一定条件转换为其他证券的有价证券。尽管可转换证券的种类很多,但由于可转换债券是可转换证券的主体,所以以下仅就可转换债券进行分析。

(一)可转换债券的一些指标

下面结合一个虚构的例子说明可转换债券条款的一些规定,见表4-9。

表4-9　　　　　　　某公司发行的可转换债券的重要条款　　　　　　单位:元

发行人	ABC 公司
票面利率	0.8%
到期日	2019年6月
面值	100
当前价格	103.5
发行价格	100
转换价格	8.5
当前股票价格	6.7

可转换债券若干重要的指标有:

转换比率 = 债券面值/转换价格 = 100/8.5 = 11.764

转换价值 = 股票当前价格×转换比率 = 6.7×11.764 = 78.819

转换溢价率 = (可转换债券的当前价格-转换价值)/转换价值

= (103.5-78.819)/78.819 = 31.32%

转换比率表明每一张可转换债券能够转换成股票的数量,本例中每张可转换债券能够转换 11.764 股股票;转换价值表明,现在立即转换成股票的市场价值,也叫可转换债券的理论价格,现在这个价格是 78.819 元;转换溢价率表明相对于理论价格,投资者为可转换债券多支付价款的程度,本例中该程度为 31.32%。

(二)影响可转换债券价格的因素

1.基础股票价格。基础股票价格与可转换债券价格同向变动(不一定同速度变动)。见图4-6。

从图4-6中可以看出,当股价足够高时,可转债价格随股价上升而上升。即股价

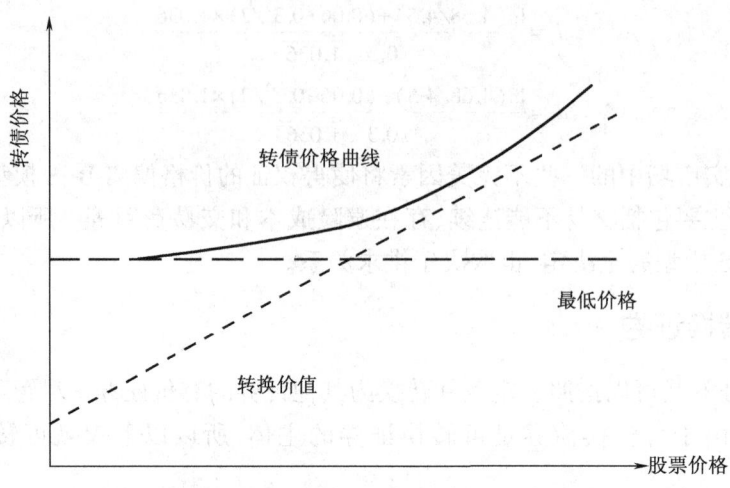

图 4-6 转债价格与股票价格的关系

越高,可转债价值就越高。因此,可转债投资者可以完全享受股票上升的好处。可转债的价格一般大于转股价值,但随股价的上升,越来越接近于转股价值。因此,转股价值是可转债的一个支撑。

2.基础股票价格的波动性。价格波动性大的股票,将来股票价格触及乃至超过转换价格的可能性也就越大,就越有可能转股成功。

3.利率。在股票价格比较低时,可转换债券更多表现了其债券的性质,即对利率波动比较敏感。加上可转换债券的票面利率比较低,所以更容易受到利率波动的影响。但是,由于到期还本的确定性,使得面值成为理论上可转换债券价格的另一个支撑。

4.稀释效应。由于转换股票会导致整个股本规模的扩大,造成每股收益率降低,该效应往往提前在股票价格上表现出来。

当然,现实中影响可转换债券的因素还有供求关系和投机等等。在我国新生的资本市场上,这类因素的影响往往非常大。

(三)作为投融资工具的可转换债券对各有关方面的利弊分析

1.从发行者的角度看,有利的方面是:当有融资需求时,发行可转换债券可以降低财务成本(低票息率)、稳定股票价格(直接增发股票将立即导致股票价格波动)、调整资本结构。不利的方面是:当公司前景看好,股票价格大幅度提高时,公司往往并不愿意转债持有人将债券转换为股票,而倾向于还本付息,而此时持有人往往选择转换股票。而当公司经营不佳,需要长期资本支持时,股票价格往往又低于转换价格,公司希望持有人转换股票,而此时持有人往往选择不转换,而是持有债券到期等待还本付息。

2.从投资者的角度看,有利的方面是:可转换债券是一种灵活的投资工具。当股票价格有上涨趋势时,投资者倾向于转换股票,或者抛售可转换债券,获取资本利得;而当股票价格表现不好时,又有保底收入,收回本金。不利的方面是:投资者必须要忍受比较低的票息率;如果是溢价购买,将来股票价格持续低迷,不能成功转换股票,就会发生资本损失。

(四)可转换债券的定价

可转换债券的定价公式可表示为:

$$可转债的价值 = 纯债券的价值 + 股票买权的价值$$

股票买权的价值一般用 B–S 模型来计算。转换价格就相当于期权执行价格,基础资产期初价格就是股票当期价格,波动率一般由交易所公布。输入参数求得每个股票的期权价值后,再乘以转换比率,就可以得出每张可转换债券含有的转换期权的价值。

第三节 股指期货

一、股指期货概述

(一)股指期货的含义

股指期货即股票指数期货(Stock Index Futures),是以某一股票指数作为标的物的期货品种,它并不是采用实物的方式来进行交割,而是采用现金交割的方式。其经济意义是买卖双方约定在将来一定日期、按照事先确定的价格交收某一股票指数的成分股票而达成的契约。实质是投资者将其对整个股票市场价格指数的预期风险转移至期货市场的过程,通过对股票价格趋势持不同判断的投资者的买卖,来冲抵股票市场的风险。股指期货是金融期货市场中产生最晚的品种,却是 20 世纪 80 年代金融创新过程中出现的最重要、最成功的金融工具之一。指数期货以指数点报价,每一份期货合约的价值金额为每一点代表的金额乘以指数点数。如香港恒生指数期货每一点代表 50 港元,则当指数为 10 000 点时,一份恒指期货的价值就为 10 000×50 = 50 万港元;标准普尔(S&P)500 指数期货每一点代表 500 美元;日经 225 指数期货每一点代表 1 000 日元。股指期货的出现,为股票投资者提供了转移风险的机制,增加了交易品种,扩大了市场容量,拓展了市场功能。股票指数期货的产生是股票市场规模扩大及投资者进行风险管理的内在要求。

(二)股指期货的特征

与股票现货交易相比,股票指数期货的特征主要表现在如下几个方面。

1.提供较方便的卖空交易。卖空交易的一个先决条件是必须首先从他人手中借到一定数量的股票。国外对于卖空交易的进行设有较严格的条件,这就使得在金融市场上,并非所有的投资者都能很方便地完成卖空交易。例如,在英国只有证券做市商才能借到英国股票;美国证券交易委员会规则 10A–1 规定,投资者借股票必须通过证券经纪人来进行,还得交纳一定数量的相关费用。可见,卖空交易并非人人可做。进行指数期货交易则不然,实际上有半数以上的指数期货交易中都包括拥有卖空的交易头寸。

2.交易成本较低。相对现货交易,指数期货交易的成本是相当低的。指数期货交易的成本包括:交易佣金、买卖价差、用于支付保证金的机会成本和可能的税项。如,在英国,期货合约是不用支付印花税的,并且购买指数期货只进行一笔交易,想购买多种

(如100种或者500种)股票则需要进行多笔的交易,交易成本很高。而美国一笔期货交易(包括建仓并平仓的完整交易)收取的费用只有30美元左右。有人认为,指数期货交易成本仅为股票交易成本的1/10。

3.较高的杠杆比率。在英国,对于一个初始保证金只有2 500英镑的期货交易账户来说,它进行的金融时报100种指数期货的交易量可达70 000英镑,杠杆比率为28∶1。由于保证金交纳的数量是根据所交易的指数期货的市场价格来确定的,交易所会根据市场的价格变化情况,决定是否追加保证金或是否可以提取超额部分。

4.市场的流动性较高。有研究表明,指数期货市场的流动性明显高于现货股票市场。

(三)股指期货的功能

1.价值发现功能。股指期货的价格是交易双方在交易所通过公开喊价或计算机自动撮合的电子交易形成的,有关期货价格的信息来自各个分散的方面,交易者不断地利用有关信息,将其考虑到价格决定中去,以对期货价格变化做出合理的估计。这样就形成了一个非常接近于完全竞争状态的市场,在这个市场中,虽然单个投资者对相关资产的价格估计会有所偏差,但从市场整体看,集体理性会形成比较合理的期货价格。另外,由于期货合约交易频繁、市场流动性很高、交易成本低,从交易制度上保证了瞬时信息的价值会较快地在期货价格上得到反映。

2.套期保值功能。投资的风险可分为两类:系统性风险和非系统性风险。分散化的投资组合能够规避非系统性风险,却对规避系统性风险无能为力,规避系统性风险只能通过在现货和期货市场上的对冲交易实现。在系统性风险显著的市场上,股指期货交易是机构投资者降低投资风险的有力工具。在成熟证券市场上,如美国、英国和法国股票市场的系统性风险占总风险比例分别只有26.8%、34%和32.7%,而中国股票市场系统性风险占总风险比例却高达65.7%。股指期货能够把套期保值者的股票指数价格风险转移至投机者,使追求低风险稳定收益的投资者不仅可以降低非系统风险,而且能够减少系统风险。

3.套利工具。一般情况下,期货市场的价格走势与现货市场价格走势保持着高度的同步性,期价与现价之间具有高度的相关性。但两个市场之间,也会不时地产生一些价格偏差,这就给在两个市场之间的套利交易提供了条件和基础。尽管这种套利每次产生的利润都不大,但由于无风险,故常常会吸引着大型套利基金的注意力。在成熟的金融市场上,大型套利基金均能够通过计算机捕捉任何微小的套利机会,以自动交易机制实现无风险套利。套利交易的种类繁多,除了在期货和现货两个市场上进行的指数套利外,在不同月份期货合约之间,甚至不同的指数合约之间,也可能产生套利机会。

4.风险管理功能。对于希望享有证券市场正常回报的投资者而言,仅仅通过建立股票组合来回避股票的非系统性风险是不够的,因为任何股票组合对于股市的系统性风险毫无抵抗能力。当大盘在政策性利空的打击下出现下跌时,散户可以尽早抛出股票以减轻损失,机构大户(如证券基金来说)却是毫无招数,他们不可能不顾一切地杀跌抛股,因为即使不考虑种种限制,也意味着必须付出高昂的成本与巨大的损失以及自己套死自己的结果。因此,机构投资者利用卖出期货合约来控制与回避持有股票的风险,利用期指与现指同步的原理,以期指上的损益来抵消持有股票组合的损益,确保低风险的稳定收益。据统计,在香港恒生指数期货市场上,以对冲风险为目的的交易约占总交易量的20%,充分反映了恒指期货对套期保值的巨大价值。对于一般投资者来说,参与股指期货交易可以间接投资股票市场,使自己专注于分析宏观经济景气状况和股票市场大市,免除从繁多的股票中选股的麻烦,以及减少投资股票市场的信息搜集、加工和处理成本。

利用股指期货来弥补股票现货市场的损失或达到锁定成本和保住利润的目的,主要是利用对冲交易。对冲的方式主要有利用对冲比例对冲、利用基点价格对冲、利用Bata加权对冲等几种方式。

5.增加流动性,提高市场有效性。股指期货交易近20年来的发展证明,它和股票现货交易具有相辅相成、相互促进的关系。股指期货的开设能够显著地增加证券市场流动性,进而提高市场有效性。股指期货交易活跃证券交易的作用主要表现在两个方面:一方面,股指期货会增加因套利、套期保值及其他投资策略对股票交易的需求,从而增强股票市场的流动性。股指期货能够增加由于套利交易和规避风险需求导致的股票需求,也可以使证券供给因预期性套期保值而相对比较稳定,这些因素都能够促进资本形成。另一方面,期指合约交易本身的流动性非常强,且股指期货合约本身代表了某一种投资组合,对股指期货合约的买卖等价于对相应的一组股票的买卖。股指期货具有的交易集中、流动性强、交易成本低廉、结算无风险的特点使它能够成为机构大户进行套期保值、资产配置、投机买卖等交易活动的有力工具,从而提高机构投资者交易的频率。由于机构投资者的交易构成了市场交易的主体,所以引入股指期货交易能够有效地增加市场流动性、提高市场有效性。

6.丰富股票市场参与者的投资工具,促进股市持续、快速、健康地发展。

(1)做空机制是股指期货有别于股票现货交易特有的交易方式。做空机制使得投资者的投资策略发生了重大变化,从原来的买进之后等待股票价格上涨的单一模式转变为双向投资模式,即投资者通过股市行情的上扬或下跌均可以获利。对传统投资者而言,做空机制的最大魅力就在于,当投资人预期未来股市的总体趋势将呈下跌走势时,投资人就可以主动出击而非被动地等待股市见底,使投资人的资金在下跌的市场行情中也能有所作为而非被动闲置。简单举例,如某投资者预期未来3个月后的股市将下跌,他可以在当前股指处于高位时,抛出若干金额的股指期货合约即持有空头部位,当3个月以后,股市果真如他所料下跌了,那么,他3个月前所抛售的空头合约的价值就会上升,他将获取的利润为:合约价值×(合约买入时的股指点数−合约到期时的股指点数)。投资者还可以利用卖出适当数量的股指期货,为其手中所持的相应数量的股票进行套期保值操作,在股价下跌时通过期货市场的盈利来弥补其现货市场的损失,达到规避股票市场价格风险的目的。

(2)便于投资者构建投资策略组合并进行风险管理,有利于确立证券市场的理性投资风格。股指期货作为新型风险管理的投资工具,有利于促进证券投资基金的快速发展,而投资基金的迅猛发展,又可以引导市场确立成熟、理性的投资理念,防止市场的过度投机行为,以平抑股市的大起大落,促进证券市场规范、稳健运行。

7. 促使投资者分享股市稳健成长的收益。如果投资者只想获得股票市场的平均收益,或者看好某一类股票(如科技股)。那么若在股票现货市场将其全部购买,无疑需要投入大量的资金。而购买股指期货,只需少量的初始保证金,就可跟踪大盘指数或相应的科技股指数,分享市场稳健成长带来的收益。当然,目前市场现有的各类指数基金也具有该功能,但它和股指期货的区别在于投资期限的长短。如果投资人准备长期投资,则可选择指数基金;否则,就可以选择股指期货。股指期货的期限较短(一般为3个月),流动性很强,有利于投资者迅速、灵活地调整和优化其资产结构,促进资源的合理有效配置,以提高资产的营运质量和运作效率。例如,某只基金有20亿元的资产,基金管理人将其中的14亿元投入股票市场,另外6亿元投入债券市场。若由于市场行情发生变化,基金管理人做出股票市场将走低而债券市场将走强的判断,想改变基金的股票/债券投资比例,转为投资8亿元于股票市场,12亿元于债券市场。不难想象,将6亿元股票套现并转为债券将涉及相当大的交易成本——包括交易佣金及隐含或执行成本(买卖差价和市场冲击成本),此外还涉及将基金的头寸及交易行为暴露的风险。如果利用股指期货交易,基金管理人就可以暂时不将6亿元股票套现,而是卖出适量的股票指数期货合约,以有效地减少基金在股票市场上的头寸及交易行为的暴露;同时,为增加基金在债券市场上的头寸,基金管理人可以购买利率期货合约。

8. 促进股指期货合约的供求均衡。由于"投机"一词在我国常常具有贬义,故在谈及期货投机时,我国的许多学者避开了"投机"这个字眼,而将其称之为"风险投资"。在任何一个市场,要想保持一定的流动性,就必须有交易行为,以达到买卖的均衡。股票指数期货市场也不例外,而投机者的参与,则是使该市场达到供求平衡的有效保证。因为在任何时候,市场交易两方的保值者都不可能完全相等,这个供求缺口必须由他人来弥补——这些人必须愿意承担套期保值者的风险,这些人就是投机者。从这个意义上来说,投机者和套期保值者一样,既是市场不可缺少的重要参与者,也是股指期货市场存在的必要前提。其实,投机者也是市场价格的发现者。股票指数期货市场之所以能够给投机者提供更好的投机工具,除了它作为期货市场所特有的杠杆作用外,还具有不易操纵的优点,因此通过操纵指数现货而在股指期货上获利的难度就增加了许多。这样就能为广大市场参与者提供一个相对公平和公正的交易平台,以有效维护他们自身的正当利益。

二、股指期货的运作规则及定价

(一) 股指期货的交易规则

以股票指数为基础交易物的期货合同称为股票指数期货。由于它的标的物的独特性质,决定了其独特的交易规则。

1. 交易单位。在股指期货交易中,合约的交易单位系以一定的货币金额与标的指数的乘积来表示,这一定的货币金额是由合约所固定的。因此,期货市场只以各合约的标的指数的点数来报出它的价格。例如,在 CBOT 上市的主要市场指数期货合约规定,交易单位为 250 美元与主要市场指数的乘积。因而若期货市场报出主要市场指数为 410 点,则表示一张合约的价值为 102 500 美元(250×410)。而若主要市场指数上涨了

20点,则表示一张合约的价值增加了5 000美元(250×20)。

2.最小变动价位。股票指数期货的最小变动价位(即一个刻度)通常也以一定的指数点来表示。如,S&P500指数期货的最小变动价位是0.05个指数点。由于每个指数点的价值为500美元,因此,就每个合约而言,其最小变动价位是25美元,它表示交易中价格每变动一次的最低金额为每合约25美元。

3.每日价格波动限制。自1987年10月股灾以后,世界绝大多数交易所均对其上市的股票指数期货合约规定了每日价格波动限制,但各交易所的规定不同。这种不同既表现在限制的幅度上,也表现在限制的方式上。同时,各交易所还经常根据具体情况对每日价格波动进行限制。

4.结算方式。以现金结算是股票指数期货交易不同于其他期货交易的一个主要特色。在现金结算方式下,每一个未平仓合约将于到期日得到自动的冲销。也就是说,交易者比较成交及结算时合约价值的大小来计算盈亏,进行现金交收。

(二)股指期货合约的定价

对股票指数期货进行理论上的定价,是投资者做出买入或卖出合约决策的重要依据。股指期货实际上可以看做是某种证券的价格,这种证券就是这一指数所涵盖的股票所构成的投资组合。

同其他金融工具的定价一样,股票指数期货合约的定价在不同的条件下也会出现较大的差异。但是有一个基本原则是不变的,即由于市场套利活动的存在,期货的真实价格应该与理论价格保持一致,至少在趋势上是这样的。

为说明股票指数期货合约的定价原理,我们假设投资者既进行股票指数期货交易,同时又进行股票现货交易,并假定:①投资者首先构造出一个与股市指数完全一致的投资组合(即二者在组合比例、股指的"价值"与股票组合的市值方面都完全一致);②投资者可以在金融市场上很方便地借款用于投资;③卖出一份股指期货合约;④持有股票组合至股指期货合约的到期日,再将收到的所有股息用于投资;⑤在股指期货合约交割日立即全部卖出股票组合;⑥对股指期货合约进行现金结算;⑦用卖出股票和平仓的期货合约收入来偿还原先的借款。

假定在2020年10月27日某种股票市场指数为2 669.8点,每个点"值"25美元,指数的面值为66 745美元,股指期货价格为2 696点,股息的平均收益率为3.5%;2021年3月到期的股票指数期货价格为2 696点,期货合约的最后交易日为2021年的3月19日,投资的持有期为143天,市场上借贷资金的利率为6%。再假设该指数在5个月期间内上升了,并且在3月19日收盘时收在2 900点,即该指数上升了8.62%。这时,按照我们的假设,股票组合的价值也会上升同样的幅度,达到72 500美元。

按照期货交易的一般原理,这位投资者在指数期货上的投资将会出现损失,因为市场指数从2 696点的期货价格上升至2 900点的市场价格,上升了204点,则损失额是5 100美元。

然而投资者还在现货股票市场上进行了投资,由于股票价格的上升得到的净收益为(72 500−66 745)=5 755美元,在这期间获得的股息收入大约为915.2美元,两项收入合计6 670.2美元。

再看一下其借款成本。在利率为6%的条件下,借得66 745美元,期限143天,所付的利息大约是1 569美元,再加上投资期货的损失5 100美元,两项合计6 669美元。

在上述的例子中,简单比较一下投资者的盈利和损失,就会发现无论是投资于股指期货市场,还是投资于股票现货市场,投资者都没有获得多少额外的收益。换句话说,在上述股指期货价格下,投资者无风险套利不会成功,因此,这个价格是合理的股指期货合约价格。

由此可见,对指数期货合约的定价(F)主要取决于三个因素:现货市场上的市场指数(I)、在金融市场上的借款利率(R)、股票市场上股息收益率(D)。即

$$F=I+I\times(R-D)=I\times(1+R-D)$$

式中:R指年利率;D指年股息收益率。在实际的计算过程中,如果持有投资的期限不足一年,则相应地进行调整。

现在我们回过头来,用刚才给出的股票指数期货价格公式计算在上例给定利率和股息率条件下的股指期货价格:

$$F=2\ 669.8+2\ 669.8\times(6\%-3.5\%)\times143/365=2\ 695.95(美元)$$

注:持有投资期限不足一年进行调整。

同样需要指出的是,上面公式给出的是在前面假设条件下的指数期货合约的理论价格。在现实生活中要全部满足上述假设存在着一定的困难。首先,在现实生活中再高明的投资者要想构造一个完全与股市指数结构一致的投资组合几乎是不可能的,当证券市场规模越大时更是如此;其次,在短期内进行股票现货交易,往往使得交易成本较大;再次,由于各国市场交易机制存在着差异,如在我国目前就不允许卖空股票,这在一定程度上会影响指数期货交易的效率;最后,股息收益率在实际市场上是很难得到的,因为不同的公司、不同的市场在股息政策上(如发放股息的时机、方式等)都会不同,并且股票指数中的每只股票发放股利的数量和时间也是不确定的,这必然影响正确判定指数期货合约的价格。

从国外股指期货市场的实践来看,实际股指期货价格往往会偏离理论价格。当实际股指期货价格大于理论股指期货价格时,投资者可以通过买进股指所涉及的股票,并卖空股指期货而牟利;反之,投资者可以通过上述操作的反向操作而牟利。这种交易策略称做指数套利(Index Arbitrage)。然而,在成熟市场中,实际股指期货价格和理论期货价格的偏离,总处于一定的幅度内。例如,美国S&P500指数期货的价格,通常位于其理论值的上下0.5%的幅度内,这就可以在一定程度上避免风险套利的情况。

三、运用股票指数期货交易进行套期保值

期货市场一个重要功能就是通过套期保值转移投资风险。股票指数期货交易正是适应这种需要而产生的。它特别适合两类人,即投资者和资金经理人,同时也为投机者提供了投机的可能性。如,套利者可利用跨期套利方法,通过买入(卖出)并同时卖出(买入)不同交割期的股票指数期货从中获益。

为保护现有投资或将要出售的股票,投资者和资金经理人通常要在期货市场上做空头,即卖出指数期货以避免或减少股票价格下跌带来的风险。如果投资者或资金经理人将要购买股票,通常在期货市场上做多头,以避免或减少股票价格上涨的风险。

要进行有效的套期保值,首先要做好两项准备工作。

一要选择合适的股票指数期货合约。即所选择的股票指数期货合约价格的变动要与手中持有的股票或将要购买的股票的价格变动具有很强的相关性。如果所持有的或将要购买的股票是一些规模小、知名度低并且不包含在主要成分股票指数中,或者即使包含在其中,但只占微弱比例,那么就不可能有效地进行套期保值。

二要选择合适的指数期货合约量。为确定这个量,首先要计算个股或一组股票价格变动与所选择的指数变动的加权平均数"β"系数。一般的做法是选择个股或一组股票在过去一段时间的价格和相应指数变量,然后进行回归分析。如果"β"值为1,表明所卖出的指数期货合约价值总额与手中持有的股票价值相等,可以完全消除风险。如果"β"值不等于1,期货合约数目就要相应进行调整。期货合约数目等于所持有股票的价值除以每份指数期货合约价值再乘以"β"值。假设"β"值等于1.2,所持有股票的价值等于 \$20 000 000,所选择的指数期货为 NYSE 期货,每份合约价值为 \$35 000,则有:\$20 000 000÷\$35 000×1.2=685.7 个合约,你可以选择 686 个合约作为合理量。现在,为了避免手中持有的价值 \$20 000 000 的股票的风险,可以卖出 686 个 NYSE 期货合约。如果股票行市变动10%,则 \$20 000 000 的股票价值变动 \$2 000 000,NYSE 期货合约价值也将变动 \$2 000 000,这样就达到了有效的套期保值目的。

但是,做到完全有效的套期保值也是极端情况。实际上,买卖指数期货的得失总与交易人手中所持有股票的得失存在一定的偏差。这主要是因为:①期货市场的变动与个股或一组股票价格变动不是完全同幅度的;②两者变动的时间顺序也存在差异,即不是完全同步运动,这两项称为基差风险;③"β"值的计算依据是历史数据,但现实和未来很少能准确地重复历史。

就上面的例子而言,人们可能会问:要转移持有股票的风险为什么非要在指数期货市场上做空头保值,而不是简单地卖掉股票?原因在于包括指数期货市场在内的期货市场具有很高的流动性。这可以从两方面加以说明:①运用一个高度灵活的指数期货合约做套期保值,并不会引起期货价格的显著波动,但在股票市场上抛出同等价值的股票则会引起股票价格大幅度下跌。除非适时抛出所有股票,否则会遭受严重的损失。②很多资金经理人认为,抛出股票也不是一种可行的选择,因为他们受持有特定种类股票的限制。售出股票以后,所获得的现金并不能立即投资于其他领域,但期货市场却给资金经理人以机会和灵活性,即在无须完全抛出全部股票的情况下,可以对手中持有的一组股票进行潜在的调整。可以从现有总投资中抽出部分资金(其数额相当于买卖指数期货的保证金)进行股票指数期货交易,从而使其成为股票市场组合全面管理的有机组成部分。

依据以上这些理论,我们举例说明运用股票指数期货交易进行套期保值的具体情形。

(一)空头套期保值

假设某人拥有 2 000 股分属 10 家公司的股票,市场价值 40 000 美元,为了避免或减少股票价格下跌所带来的风险,该投资人可以在指数期货市场上卖出两份某年 3 月后到期的期货合同,指数数字为 40,期货合约乘数为 500 美元,所以两份指数期货合约价值为:40×500 美元×2＝40 000 美元。3 个月后,手中 2 000 股股票由于经济周期循环和波动的影响,价格明显下跌,市场价值为 34 000 美元,在期货市场上股票价格指数也相应下跌,指数数字为 34 点,这样两份期货合约价值为 34×500 美元×2＝34 000 美元,买入对冲后,指数期货合约净盈利为 40 000 美元－34 000 美元＝6 000 美元,现货市场损失为 40 000 美元－34 000 美元＝6 000 美元,两者相抵,从而达到了套期保值的目的。

(二) 多头套期保值

多头套期保值常为养老基金和信托基金所使用,因为他们按季度收进份额金后,常常投资于股票,为了避免或减少股票价格上涨给将来购买造成的影响,可先买入指数期货合约做套期保值。

假设 2020 年 1 月某基金准备在 3 月末买进 4 000 股某公司的股票,市场价值为 72 000 美元,为防止价格上涨,该基金经理在指数为 141 点时买入一份 3 月 S&P500 期货合约,价值为:500 美元×141.00＝70 500 美元。

到 3 月 20 日,该基金收到 80 000 美元份额金,届时股票指数上升到 154 点,该公司 4 000 股股票的市值已经涨到 84 500 美元,这时要买入 4 000 股股票还差 4 500 美元。该基金经理在期货市场上卖出期货合约对冲,净盈利为:500 美元×154.00－500 美元×141.00＝6 500 美元。

期货合约的盈利弥补 4 500 美元的差额之后还剩余 2 000 美元。这就是多头套期保值的情形。

股票指数期货为投资者提供了防范风险的有效手段,也是投资者以小搏大的重要金融工具之一,但其自身存在相当大的风险,必须谨慎从事以避免损失。

四、股指期货在我国的发展

2010 年中国的资本市场,最值得期待的就是股指期货。中国证监会于 2010 年 2 月 22 日正式批复中国金融期货交易所沪深 300 股指期货合约(简称 FPIF)和业务规则,至此股指期货市场的主要制度已全部发布。2010 年 2 月 22 日 9 时起,正式接受投资者开户申请。沪深 300 股指期货合约自 2010 年 4 月 16 日起正式上市交易。沪深 300 股指期货由中国金融期货交易所(以下简称中金所)推出和管理。

(一) 沪深 300 股指期货的合约品种

股指期货全称应该为股指期货合约,标的物是沪深 300 指数,我国股指期货的代码为"IF"。

沪深 300 股指期货合约共有 4 个合约月份,分别为当月、下月及随后两个季月。季月是指 3 月、6 月、9 月、12 月。具体来说,如果交易当天是 2020 年 8 月 10 日,"IF2009"表示的就是 2020 年 9 月到期的股指期货,交易当天还公布 IF2010,IF2012 和 IF2103 三份股指期权的价格,这三份股指期权的到期日分别为 2020 年 10 月,2020 年 12 月和 2021 年 3 月。

每日除了公布"IF+到期日期"的股指期货的价格以外,还会公布不同连续期间的股指期货价格。如,IFDYLX,IFGJLX,IFXJLX,IFXYLX 分别表示的是当月连续、隔季连续、下季连续、下月连续四个品种。由于股指期货每个合约都有交割日,到交割日,某个品种就停止交易了。这与股票交易不同,股票交易是连续的。为了保持市场的连续性,必须有一种机制将相互分割开的股指期货的交割日连起来。就拿当月合约来讲,IF2010 到达交割月后,就停止交易了,也就是说其 K 线图终止运行了。为了保持 K 线图的连续性,同时为更接近保持当月合约行情发展的波动率,我们就将每个当月合约的 K 线图按时间顺序首尾相连,就形成了当月连续(IFDYLX)。以此类推,把下月合约 K 线相连就形成了下月连续(IFXYLX),把下季合约相连形成下季连续(IFXJLX),隔季度合约相连形成隔季连续(IFGJLX)。

(二)沪深 300 股指期权合约

股指期货合约是期货交易所统一制定的标准化协议,是股指期货交易的对象。

一份标准的 2020 年 10 月到期的股指期货合约如表 4-10 所示。

表 4-10 标准股指期货合约

合约标的	沪深 300 指数
合约乘数	每点 300 元
合约价值	股指期货指数点乘以合约乘数
报价单位	指点数
最小变动单位	0.2
合约月份	2020 年 10 月合约
交易时间	上午 9:15~11:30,下午 13:00~15:15
最后交易日	上午 9:15~11:30,下午 13:00~15:00
最大波动限制	上一个交易日结算价的±10%
交易保证金	10 月合约的 12%
交割方式	现金交割
最后交易日	2020 年 10 月 16 日
交割日期	同最后交易日
手续费	交易手续费暂定为成交金额的 0.005%,交割手续费标准为交割金额的 0.01%
交易代码	IF
上市交易所	中国金融期货交易所

我国的一份标准股指期货合约中主要包括下列要素:

1. 合约标的。即股指期货合约的基础资产,比如沪深 300 股指期货的合约标的即为沪深 300 股票价格指数。

2. 合约价值。合约价值等于股指期货合约市场价格的指数点与合约乘数的乘积。

3. 报价单位及最小变动价位。股指期货合约的报价单位为指数点,最小变动价位为该指数点的最小变化刻度。如我国的股指期货的报价指数为沪深 300 的指数点,最小变动单位为 0.2 个指数点。

4. 合约月份。合约月份指股指期货合约到期交割的月份。

5. 交易时间。交易时间指股指期货合约在交易所交易的时间。投资者应注意最后交易日的交易时间可能有特别规定。在表 4-10 中,沪深 300 股指期货合约的交易时间为交易日 9:15~11:30(第一节)和 13:00~15:15(第二节);在最后交易日,交易时间为 9:15~11:30(第一节)和 13:00~15:00(第二节)。

6. 价格限制。价格限制是指期货合约在一个交易日或者某一时段中交易价格的波动不得高于或者低于规定的涨跌幅度。我国股指期货允许的涨跌幅为 10% 以内。

7. 合约交易保证金。合约交易保证金占合约总价值的一定比例。由于股指期货是杠杆交易,投资者必须持有一定的保证金,以减少交易风险。最低交易的保证金收取标准为 12%,当前点位单手合约保证金需 15 万~20 万元。

8. 交割方式与手续费。股指期货合约最后交易日收市后,交易所以交割结算价为基准,划付持仓双方的盈亏,了结所有未平仓合约。

9. 最后交易日和交割日。股指期货合约在交割日进行现金交割结算。沪深 300 指数期货合约的最后交易日为每个月的第三个周五,遇法定假日顺延。最后交易日同时也是沪深 300 指数期货合约的交割日。

(三)沪深 300 股指期货的行情发布

交易所通过交易所系统、互联网站、会员席位等方式发布信息,并通过经交易所授权的信息服务机构、公共媒体等机构传播信息。有三种发布渠道:一是通过期货公司柜台系统发送实时行情;二是通过授权信息商转发;三是中金所网站发布延时 15 分钟行情。

股指期货的即时信息是指与集中交易所显示的行情基本同步且连续的市场行情信息,即实时行情。实时行情包括下列主要内容:合约名称、合约月份、最新价、涨跌、成交量、持仓量、申买价、申卖价、申买量、申卖量、结算价、开盘价、收盘价、最高价、最低价、前结算价。股指期货的每日信息是指每个交易日结束后发布的有关当日的交易信息。每日信息包括这样一些主要内容:①每日行情,包括合约名称、合约月份、开盘价、最高价、最低价、收盘价、前结算价、结算价、涨跌、成交量、持仓量、持仓量变化、成交额。②单边持仓达到 1 万手以上(含)和当月合约前 20 名结算会员的成交量、持仓量。

图 4-7 和表 4-11 展示的是 2020 年 12 月 3 日沪深 300 股指期货的即时信息与每日行情。

表 4-11　　　　　　　　　沪深 300 股指期货每日行情

名称	最新价	涨跌	成交量	开盘价	昨收价	最高价	最低价	持仓量
IF2012	5 063.00	-10.40	81 593.0	5 063.00	5 064.40	5 082.40	5 035.20	112 174
IF2101	5 058.00	-12.00	3 513.00	5 063.00	5 060.00	5 076.00	5 032.00	6 879
IF2103	5 049.20	-12.60	13 203.00	5 055.00	5 052.40	5 069.00	5 022.00	58 156
IF2106	5 013.20	-13.80	3 228.00	5 024.00	5 017.20	5 033.20	4 987.20	13 173

更新时间:2020-12-03 15:10:36

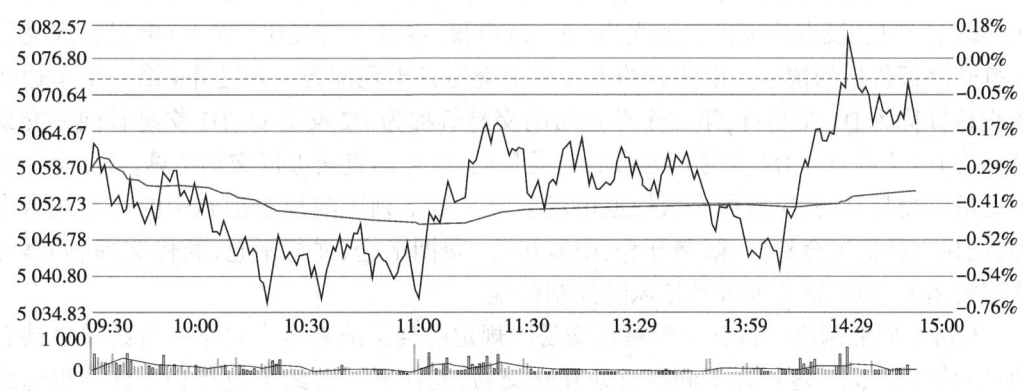

图 4-7　沪深 300 股指期货即时信息

(四) 沪深 300 股指期货的交易风险预防

由于股指期货交易具有较高的风险,因此相比一般的股票交易,股指期货具有一些特殊的交易制度,以防范交易风险。

1.竞价方式。股指期货竞价交易采用集合竞价和连续竞价两种方式。集合竞价在交易日 9:10~9:15 进行,其中 9:10~9:14 为指令申报时间,9:14~9:15 为指令撮合时间。集合竞价指令申报时间不接受市价指令申报,集合竞价指令撮合时间不接受指令申报。

期货连续竞价交易按照价格优先、时间优先的原则撮合成交。具体交易规则与股票竞价交易相似。

投资者可以利用股指期货交易时间的差管理股票资产的风险。

2.结算制度。中金所实行会员分级结算制度。交易所对结算会员结算,结算会员对其客户、受托交易会员结算,交易会员对其客户结算。通过分级结算制度,股指期货市场的风险管理得以实行分级负责。交易所对结算会员进行风险管理,结算会员对其客户、受托交易会员进行风险管理,交易会员对其客户进行风险管理。结算会员对其客户及受托交易会员在交易所成交的合约负有履约责任。

中金所实行当日无负债结算制度。当日收市后,交易所按照当日结算价对结算会员所有合约的盈亏、交易保证金及手续费、税金等费用进行清算,对应收应付的款项实行净额一次划转,相应增加或者减少结算准备金。结算会员在交易所结算完成后,按照前款原则对客户、交易会员进行结算。交易会员按照前款原则对客户进行结算。

3.涨跌停板制度。涨跌停板幅度由交易所设定,交易所可以根据市场风险状况调整涨跌停板幅度。沪深 300 股指期货合约的涨跌停板幅度为上一交易日结算价的 ±10%。季月合约上市首日涨跌停板幅度为挂盘基准价的 ±20%。上市首日有成交的,于下一交易日恢复到合约规定的涨跌停板幅度;上市首日无成交的,下一交易日继续执行前一交易日的涨跌停板幅度。沪深 300 股指期货合约最后交易日涨跌停板幅度为上一交易日结算价的 ±20%。

股指期货涨跌停板幅度取消了熔断,与股票市场保持一致。

4.单边市预防措施。单边市是指某一合约收市前5分钟内出现只有停板价格的买入(卖出)申报、没有停板价格的卖出(买入)申报,或者一有卖出(买入)申报就成交但未打开停板价格的情形。期货合约连续两个交易日出现同方向单边市(第一个单边市的交易日称为D1交易日,第二个单边市的交易日称为D2交易日,D1交易日前一交易日称为D0交易日)、D2交易日为最后交易日的,该合约直接进行交割结算。D2交易日不是最后交易日的,交易所有权根据市场情况采取下列风险控制措施中的一种或者多种:提高交易保证金标准、限制开仓、限制出金、限期平仓、强行平仓、暂停交易、调整涨跌停板幅度、强制减仓或者其他风险控制措施。

5.持仓限额制度。持仓限额是指交易所规定的会员或者客户对某一合约单边持仓的最大数量。同一客户在不同会员处开仓交易,其在某一合约单边持仓合计不得超出该客户的持仓限额。会员和客户的股指期货合约持仓限额具体规定如下:

(1)进行投机交易的客户号的某一合约单边持仓限额为100手。

(2)某一合约结算后单边总持仓量超过10万手的,结算会员下一交易日该合约单边持仓量不得超过该合约单边总持仓量的25%;进行套期保值交易和套利交易的客户号的持仓按照交易所有关规定执行,不受前款第一项限制。会员、客户持仓达到或者超过持仓限额的,不得同方向开仓交易。

6.大户报告制度。交易所可以根据市场风险状况,公布持仓报告标准。从事自营业务的交易会员或者客户,进行套期保值交易、套利交易、投机交易的不同客户号下的持仓应当合并计算;同一客户在不同会员处的持仓合并计算。会员或者客户持仓达到交易所规定的报告标准或者交易所要求报告的,应当于下一交易日收市前向交易所报告。客户未报告的,开户会员应当向交易所报告。客户在多个会员处开户的,由交易所指定有关会员向交易所报送该客户应当报告的有关资料。交易所有权要求会员、客户再次报告或者补充报告。

(五)我国发展股指期货的风险管理措施

1.选择合适的标的指数。股指期货合约设计必须选择适当的指数。股票指数要成为股指期货的标的,必须要有一定的市值覆盖率,而且个别成分股所占比重不能过大。

2.防范信息操纵。信息操纵是操纵者操纵市场的一种重要手段。如何杜绝虚假的市场信息干扰投资者,也是监管部门面临的一项重要任务。另外,完善证券民事赔偿制度也是一个重要方面。

3.交易所加强对风险的防范和控制。交易所应采取各类风险控制措施以实现股指期货的风险管理,包括:分级结算制度、涨跌停板制度、限仓制度、大户报告制度等。

4.联合监管。对于股指期货而言,加强与现货市场的协调监管也很有必要,因为如要操纵指数必须通过现货市场来进行。

5.完善机构内控机制。从英国巴林银行的倒闭、我国中航油石油期权的亏损,到法国兴业银行的欺诈案,这些教训告诉我们,参与股指期货交易的机构应加强内部风险管理制度的建设。

(六)股指期货对我国资本市场的影响

1.我国推出股指期货对资本市场的积极影响。对资本市场的积极影响表现在:

(1)有助于优化投资者结构。股指期货作为一种新的金融衍生品,虽然并不阻隔散户的投资和参与,然而无论从投机买卖还是套期保值的角度来说,机构投资者都具备小散户无可比拟的优势。因此,股指期货推出后,也将提高证券市场的发展程度和层次。

(2)满足投资者规避市场风险的需要。由于我国股市还不够成熟,股价和大盘走势上下震荡剧烈,信息披露仍不够规范,各类信息对市场的冲击与影响颇大,因此股指期货有利于投资者避险。

(3)有利于创造性地培育机构投资者,促进股市规范发展。我国目前正积极推进机构投资者的发展和创新,投资基金、保险基金、三类企业相继进入股票市场,开设股指期货将为其提供低成本的避险渠道和资产组合调整手段,便于其进行多元化的长期投资,从而真正起到稳定市场的作用。

(4)将会促使股指期货和股票现货两个市场活跃度的同时提高。开展股指期货交易后,利用股指和股票两个市场进行套利是一种低风险的操作,因此将会吸引大量套利资金进入;同时,由于有了股指对股票的避险作用,使众多的大机构更加大胆地建立股票头寸。

(5)股指期货的推出给投资者提供了在牛市、熊市两种状况下均能赢利的机会。

2.股指期货对我国资本市场的消极影响。股指期货的消极影响有:

(1)导致资金的挤出效应。股指期货作为一种新型金融品种,其推出必然会引起市场资金分流。

(2)机构投资者规模小,股指期货可能引发过度的投机行为。由于股指期货存在着杠杆效应,交易者只需支付期货合约价值一定比例的保证金(通常为5%~10%)即可进行交易,极容易引发众多投机者利用股指期货作为工具进行投资操作。

(3)对股指期货的风险监督缺乏经验。由于股指期货在我国是一个新的品种,同时它又具有一系列的特点,在运作中由于管理法规和机制不健全等原因,可能产生流动性风险、结算风险、交割风险等。在股指期货市场发展初期,这种不健全的机制会产生相应风险,导致股指期货功能难以正常发挥。

案例分析

2020年6月,某股份有限公司发行了5年期可转债,债券面额为100元,票息率g为1.5%,转股价格为12.10元,则每份债券可转8.264股(100/12.10)。某金融机构有意投资该债券,于是运用B-S模型分析其理论价值。

B-S模型中的参数$S_0=11.57$元(2020年6月6日收盘价),$X=12.10$元,$r=2.65\%$,$T-t=5$年,$\delta=21.89\%$。以5年期债券(到期)收益率2.65%作为无风险的收益率。

代入上面计算买权的公式,得到每股期权价值为2.66元,则每份债券的期权价值为21.98元(2.66×8.264)。纯粹债券价值是:

$$P = \sum_{t=1}^{n} 100 \times 0.015/(1+0.0265)^t + 100/(1+0.0265)^5 = 94.68$$

因此,可转换债券的价值为 116.66 元(94.68+21.98)。

思考与练习题

1. 金融期货中的套期保值和投机的区别在哪里?
2. 期权的价值由什么构成?
3. 在 B-S 期权定价模型中,哪一个因素是最难把握的?
4. 权证的高杠杆性表现在哪些方面?
5. 可转换债券作为投资工具和融资工具的优点和缺点有哪些?
6. 简述股指期货的功能。

第二篇 证券市场运行机制

第二章

西洋音楽との出味

证券发行市场

【学习要点】

证券发行市场是指新发行的证券从发行者手中出售到投资者手中的市场,由于证券是在发行市场上首次作为商品进入流通领域的,所以通常将证券发行市场称为"初级市场"或"一级市场"。证券发行市场是整个证券市场的起点,没有证券发行也就没有证券交易和证券投资,所以证券发行市场是基础环节。本章主要研究证券发行市场的特征、功能、结构以及证券发行业务的一般操作。同时,还将详细介绍股票发行和债券发行的条件、原则等。

Key points: The negotiable securities distributing market refers to the market where the publisher sell current released negotiable securities to the investor, because the negotiable securities are in distributes in the market for the first time to enter the current distribution realm as the commodity, therefore usually it to be called "the basic-level market" or "the level market". The negotiable securities distributing market are the entire stock market beginning, does not have the negotiable securities release also not to have the negotiable securities transaction and the negotiable securities investment, therefore the negotiable securities distributing market are the foundation link. This chapter main researches the characteristic, the function, the structure of negotiable securities distributing market as well as the negotiable securities release service general operation. At the same time, we will detailedly introduces the condition, the principle and so on of the stock release and the bond release.

第一节　证券发行市场概述

一、证券发行市场的特征及功能

证券发行市场是指新发行的证券从发行者手中出售到投资者手中的市场,是符合条件的政府组织、企业和金融机构出于财政与经营的需要,以筹集资金为直接目的,依照法律规定的程序向社会投资人出售代表一定权利的资本证券的市场,它包括证券发行从规划、推销到承购等阶段的全部活动过程。由于证券是在发行市场上首次作为商品进入流通领域的,所以通常将证券发行市场称为"初级市场"或"一级市场"。

（一）证券发行市场的特征

相对于证券流通市场而言,证券发行市场具有以下一些主要特征。

1.没有固定场所。新发行证券的认购和销售一般不在有组织的交易所内进行（中国目前的情况除外）,有的由发行者自行向投资者销售,有的由证券承销商承购后再向投资者分销,也可能有一部分由证券承销商进入证券交易所推销。

2.没有统一的发行时间。证券发行者根据自己的需要和市场行情走势来决定何时发行,没有例行的发行时间。但每次具体的发行都有发行期限的限制,时间比较集中。

3.证券发行价格与证券票面价格较为接近,尤其是债券,常以票面价格发行。

（二）证券发行市场的功能

由于证券发行市场主要为符合发行条件的政府和企业发行股票、债券筹集长期资金提供场所和条件,所以证券发行市场对经济发展起着重要作用。其功能主要表现在以下几方面。

1.证券发行市场是企业和国家筹措长期资金的重要渠道。创办企业或扩大企业规模都离不开资金,企业外部资金的来源有两个渠道:一是向银行借款;二是发行证券。银行借款一般只能短期使用,而且借款企业要承担利息费用,并受银行种种条件的限制。而通过发行证券所筹集到的资金具有稳定性和长期性,特别是股份有限公司通过发行股票可以在不承担债务成本的条件下获得长期可用资金。除了企业外,国家和地方政府在出现财政赤字和需要扩大公共开支的情况下,也可通过发行债务来解决资金不足的问题。

2.证券发行市场为投资者提供了实现资本增值的条件和机会,从而在引导和促进资本形成方面发挥着重要的作用。随着国民经济的发展和人们收入水平的提高,个人手中积蓄的货币越来越多。在资金运用上,人们不仅重视投资的安全性,更重视收益性。有价证券作为一种新型的投资工具,由于有着多种的收益风险组合,可以满足人们各种不同的投资需要,从而越来越受到人们的偏好。同时,在企业内部积累不断扩张、企业资金出现过剩时,企业也将证券投资作为重要的经营内容,使越来越多的企业加入证券市场投资者队伍。可见,证券发行市场对于引导和促进资本形成发挥着重要作用。

3.为证券市场提供交易对象,并为流通市场的交易打下基础。发行市场发行证券的种类决定了流通市场证券交易的品种,发行市场发行证券的数量决定了流通市场证券供应的数量。一般来说,发行规模直接影响流通市场的供求关系,并进而影响流通市场的价格总体水平。

此外,证券发行市场在调节社会资金、促进社会资源的有效配置、提供经济信息、为国家制定和实施经济政策提供依据等方面都起着一定的积极作用。

二、证券发行市场的构成

证券发行市场由发行市场主体、发行中介及管理者和发行对象构成。

(一)发行市场主体

1.证券发行人。证券发行人是证券的供应者和资金的需求者。发行人的多少和发行证券数量的多少决定了发行市场的规模和发达程度。证券发行人主要包括政府、企业和金融机构,自然人不能成为证券发行人。

由于证券发行人是证券权利义务关系的主要当事人,是证券发行后果与责任的主要承担者,所以,为了保障社会投资者的利益,维护证券发行市场的秩序,防止各种欺诈舞弊行为,多数国家的证券法都对证券发行人的主体资格、净资产额、经营业绩和发起人责任设有条件限制。证券法对于发行人设定主体条件要求的目的在于保障证券发行行为的安全与公平。

2.证券投资人。证券投资人即资金的供应者,投资人数量的多少和资金实力的大小同样制约着证券发行市场的规模。投资人包括个人投资者和机构投资者,后者主要是证券公司、信托投资公司、共同基金、人寿保险公司等金融机构和企业、事业机构、社会团体等。相对于证券发行人来说,对投资人的资格限定要少得多,一般所见的限定主要是对投资人主体资格的限定,如投资人是否具有民事行为能力,个人的职业、职务、机构的经营范围是否不准涉足证券投资,等等。

(二)发行中介及管理者

1.证券发行中介人。证券发行中介人主要是指证券发行的承销商,它代理证券发行,向投资人推销证券,一般是指投资银行、证券公司和其他金融机构的证券部门。

在现代社会的证券发行中,发行人通常不是把证券直接销售给投资人,而是由证券承销商首先承诺全部或部分包销,即使是在发行人直接销售证券的情况下,往往也需要获得中介人的协助。因为在证券发行过程中,承销商的参与,一方面可以使发行人减轻或消除证券发不出去的风险,另一方面可以使发行人借助承销商的专业知识和经验顺利完成发行工作。同时,证券承销商虽然不是证券商权利义务的当事人,但它对发行人的经营状况负有尽职审查的义务,并对其承销的证券的招募说明书之真实性和完整性负有连带责任。所以,证券承销商作为经营证券的中介机构,在证券发行市场上起着沟通买卖、连接供求的重要桥梁作用。我国现行法规明确规定,股票和企业债券的公开发行应当由证券经营机构承销。

除了证券承销商外,证券发行市场上的其他中介人包括:律师事务所、会计事务所和资产评估机构。这类中介机构的主要职责是:以专业人员应有的注意,完成尽职审查的义务,客观公正地出具结论性意见,并对经其确认的法律文件和由其出具的结论性意见的真实性、合法性和完整性负有持续的法律责任。它们的中介作用对于保障证券发行的合法顺利进行,对于有效确定证券交易条件,对于减少证券承销风险及避免可能发生的纠纷,都是非常重要的。比如,律师事务所要确认发行人的主体资格、经营运作、发行准备活动以及上报的文件资料等符合法律规定,并签署法律意见书;会计师事务所要对发行人以往的经营业绩、财务状况和未来的盈利预测进行审计,并发表承担法律责任的审计意见,以保证发行人披露的财务资料的可信性;资产评估机构要对发行人现有资产的现实价值进行评估,根据市场情况客观公正地调整发行人现有资产的账面价值等。

2.证券发行管理者。任何国家发行证券都要受到证券管理机关的相应管理。目前我国证券发行的管理机关是中国证券监督管理委员会及所属的发行审核委员会。

(三) 证券市场发行对象

证券市场发行对象即市场发行的客体,包括股票、债券(国债、金融债券、企业债券、可转换债券等)、投资基金等。

三、我国证券发行与承销的基本原则

目前我国证券发行与承销的基本原则可以概括为以下三项。

(一) 核准制与注册制并行

我国目前科创板和创业板证券发行已采取注册制度,对于在主板(中小板)发行的证券仍采用严格的审查核准(即核准制度)。

注册制即证券发行注册制度,实质上是一种发行证券公司的财务公开制度,它要求发行证券的公司提供关于证券发行本身以及同证券发行有关的一切信息,并要求它们对所提供信息的真实性、可靠性承担法律责任,在满足了上述条件的情况下,证券就可以公开发行。

核准制,是指任何发行人发行任何证券,以及任何证券进入各种类型的交易市场都必须经过主管机关和证券监管部门的实质性审查和批准。

(二) 公开性原则

自从美国在1934年《证券交易法》中确定了公开性原则以来,这一规则被各国证券法所强调,即任何类型的证券发行必须遵循公开性原则,以使投资者对于其所购买的证券具有充分、真实、准确、完整并不受误导的了解。我国证券法规中关于公开性原则主要体现在:招募文件必须按必要条款和必要内容编制的规则;各类证券招募文件预先披露的规则;证券发行人持续性信息披露责任的规则;发行人和承销人对于信息披露真实性和完整性保证的规则;证券发行方式的规则;等等。

(三) 公平诚信原则

依照这一原则,证券发行中的欺诈行为、舞弊行为、内幕交易行为、大户操纵行为和其他一切不公平交易行为,均不具有合法效力,并应当承担违法行为责任。

四、证券发行的基本程序

为了保证证券市场的稳定和投资者的正当利益,证券发行都必须按一定的程序进行。

从目前我国证券发行的过程来看,股票与企业债券的发行一般要经过以下基本程序。

（一）证券发行前的准备工作

发行前的准备工作对于证券能否取得发行资格、能否顺利发行有着重要意义,主要内容包括以下三点。

1.聘请中介人。主要是证券承销商,其次还包括具有从事证券相关业务资格的律师事务所、会计审计机构、资产评估机构等其他中介人。选择中介机构应当综合考虑中介机构的实力、业绩、人员素质等情况。

2.进行财产重估和资信评审。新建股份有限公司必须经国家有关部门批准,并由发起单位认购全部股份总额的35%以上,方能对外发行股票。现有企业改制成股份有限公司必须经国家有关部门批准,并进行财产重估,合理核定企业资产的价值。我国采用资产评估的方法主要有收益现值法、重置成本法、现行市价法和清算价格法。

如果发行企业债券,则必须进行资信审查和评估,对于向社会公开发行债券的企业,还必须先向有关信誉评估机构申请评估,评估机构根据有关标准评定企业的资信等级。

3.围绕证券发行审批的要求,准备好各项文件资料。

（二）证券发行人向有关部门提交申请文件

发行人完成了各项文件资料的准备工作后,便可向有关政府部门递交发行证券申请报告及其他所要求的文件资料。

注册制下,在创业板、科创板上市需要分别提交材料给深圳证券交易所、上海证券交易所进行材料真实性、可靠性的审核;核准制下,上市情况需要向有关政府部门递交发行证券申请报告及其他所要求的文件资料。

（三）证券发行的审批

有关证券管理部门接到发行人的申报后,即进入审查批复阶段,经过对申报资料的审核,有关部门会出具书面反馈意见,发行人和中介机构须按照反馈意见修改和补充资料。

（四）实施发行阶段

发行人在获得证券发行审批部门同意其公开发行证券的批复后,即可按批准的发行方案发行证券,大致可分为以下几个步骤：①刊登发行公告。②披露招募说明书并备案:招募说明书是发行人向特定的或不特定的投资人发出销售某种证券的书面要约,发行人向社会公开发行证券,必须公告招募说明书,并承担相应的法律责任。③发行证券:发行人通过证券承销机构按照一定的发行方式向公众发行证券。④验资:发行的证券价款缴足后,须经法定的验资机构验资并出具证明。⑤证券托管。⑥发行结束。

五、证券发行的主要方式

证券发行方式的选择对于能否顺利地发售证券、筹足资金是非常关键的。依照不同的分类标准,可以划分出以下几类主要的证券发行方式。

（一）公募发行和私募发行

按照发行对象的不同,可以将证券发行方式划分为公募发行和私募发行两大类。

1.公募发行,又称公开发行,是指以非特定的广大投资者为证券发行的对象,按统一的条件公开发行证券的方式。公募发行一般数额较大,发行人通常委托证券承销商代理发行,因而发行成本较高;公募发行须经过严格的审查,发行过程比较复杂,但信用度较高且流通性较好。如果公募发行的证券是债券,其发行利率一般低于私募发行的利率。

2.私募发行,又称不公开发行,是指以特定的投资者为对象发行证券的发行方式。私募发行的数额一般较小,发行程序也比较简单,所以发行人不必委托中介机构办理推销,可以节省手续费开支,降低成本。但由于私募发行不经过严格的审查和批准,所以一般不能公开上市,流动性较差。

(二)直接发行和间接发行

按照是否有发行中介的参与,可以将证券发行方式划分为直接发行和间接发行。

1.直接发行,又称自营发行,是指发行人不委托其他机构,而是自己直接面向投资人发售证券的方式。这种发行方式的特点是:发行量小,社会影响面不大;内部发行不需向社会公众提供发行人的有关资料;发行成本较低;投资人大多是与发行人有业务往来的机构。直接发行方式由于没有证券承销商的参与,一旦发行失败,风险全部由发行人承担。

2.间接发行,又称委托代理发行,是指发行人委托证券承销商代其向投资人发售证券的方式。发行人为此需支付代理费用给承销商,承销商则需承担相应的发行责任和风险。间接发行根据受托券商对证券发行责任的不同,又可以分为包销、代销和联合发行方式。

联合发行又称承销团发行方式,是指由证券主承销商牵头联合其他承销商组成承销团,共同承担责任,全额或余额包销代理发行证券的方式。参与联合发行方式的承销商至少在两个以上,一般由主承销商与发行人签订发行协议,再由主承销商与其他副主承销商、分销商签订分销协议。证券发行的风险由参加联合发行的承销商共同分担,形式有等额分担和按比例分担,一般情况下主承销商分担的风险和责任最大,相应获得的手续费收入也最多。联合发行方式特别适合于发行数额巨大的证券。由于参与发行的机构较多,可以发挥各自的优势,缩短发行期限,及时取得资金,但内部协调工作也相应较重。

我国《证券法》规定,向社会公众公开发行的证券票面总值超过人民币5 000万元的,应当由承销团承销。

(三)担保发行和无担保发行

按照是否有担保,可以将证券发行方式划分为担保发行和无担保发行。

1.担保发行,是指发行人为了提高证券信誉和吸引力,增加投资者的安全感,采用某种方式承诺,保证到期支付证券收益(股票是股息和红利,债券是利息和本金)的一种证券发行方式。在证券担保发行中,主要是债券发行采用此方式。具体的担保形式又可分为两种。

(1)信用担保发行,是指证券发行人凭借担保人的信用来保证发行人履行责任的发行方式。担保人必须是除发行人以外的、具备担保资格、信誉良好的第三人,担保人同意担保必须出具正式的书面担保文件,一旦出现被担保的证券发行人无法履行责任,担保人必须及时提供全部资金予以代偿。担保人代偿后对被担保的证券发行人具有追索权。

(2)实物担保发行,是指证券发行人以符合担保条件的实物为抵押品来保证发行人履行发行责任的发行方式。担保物的价值要经中介机构的评估。发行人一旦到期无法履约,则应用担保物进行清偿。担保物变价金额不足偿付的按比例偿付,原债权人保留差额追索权。

2.无担保发行,是不提供担保条件的发行,国家债券和部分金融债券因信誉良好一般为无担保发行。

(四)定价发行和竞价发行

按照证券发行价格确定方式的不同可以将发行方式划分为定价发行和竞价发行。

1.定价发行,这是由发行人事先确定一个发行价格来发售证券的方式。根据发行价格同证券面值之间关系的不同,可以分为平价发行、溢价发行和折价发行,我国法律规定股票不得折价发行,债券则可根据发行时票面利率与市场利率之间的关系选择平价发行、溢价发行和折价发行,一般多为平价发行。

2.竞价发行,又称招标发行,是由发行人通过公开招标的方式,经过投标人的竞争,选择对发行人最有利的价格作为中标价格即发行价格的发行方式。一般政府债券的发行多选择此种发行方式。

六、证券承销制度

(一)证券承销的概念、方式、资格和协议

1.证券承销的概念。证券承销(Underwriting of Securities)是指证券公司等证券经营机构依照承销协议包销或者代销发行人所发行的股票和债券,并依照法律和合同收取一定比例承销费(佣金)的行为。证券承销是证券间接发行时所采用的发行方式。

2.证券承销的方式。证券承销方式分为证券包销和证券代销。

(1)包销。包销是指证券承销商将发行人的证券按照协议全部购入或者在承销期结束时将售后剩余证券全部自行购入的承销方式。包销一般可分为全额包销和余额包销两种。

全额包销发行方式,是由证券承销商将所发行的证券全部买下,然后再转售给社会公众投资者的证券发行方式。使用这种发行方式,发行风险全部由受托证券承销商承担,无论承销商能否将证券全部发行出去,发行人都可以及时、全额取得所筹资金。同时,使用该种发行方式发行人付出的代理费也是最高的,因为证券承销商在向社会公众发行前,已将全部金额支付给发行人,构成资金垫付行为,所以代理费用必然提高。

余额包销发行方式,又称助销,是指证券承销商按照规定的发行额和发行条件,在约定的期限内向投资者发售证券,到销售截止日,如投资者实际认购总额低于预定发行总额,未售出的证券由承销商负责认购,并按约定时间向发行人支付全部证券款项。这种发行方式同全额包销方式一样,发行风险全部由证券承销商承担,发行人的筹资金额有保障,不会因为发行额不足而产生筹款金额不足的情况。所不同的是发行人获得资

金的时间不同,在余额包销方式下,发行人在发行期结束时才能获得资金,而在全额包销方式下,发行人在发行协议签订以后,发行期开始之前即可获得承销商垫付的资金。由于没有资金垫付行为,所以余额包销方式的代理费比全额包销发行方式要低。目前这种发行方式在我国运用得比较多。

(2)代销。代销是指证券承销商代理发行人发售证券,发行期结束时将收入的资金连同未售出的证券全部退回给发行人的证券发行方式。使用这种发行方式,证券发行中的全部风险由发行人承担,代销者对证券能否售出不承担任何责任,因而代理费用在以上三种方式中是最低的,通常与实际发售数额挂钩。

我国证券法规定,证券的代销、包销期最长不得超过90日。

3.证券承销资格。证券公司、资产管理公司等证券经营机构从事证券承销业务,需按规定取得承销业务资格。承销业务资格分为承销商资格和主承销商资格。证券经营机构履行保荐职责的,应当依照有关规定注册登记为保荐机构。保荐机构负责证券发行的主承销工作,依法对公开发行(包括首次公开发行股票和上市公司发行新股、可转换公司债券)募集文件进行核查,向有关机构出具保荐意见。从事B股承销业务的,必须另外取得中国证监会核准的B股承销业务资格。海外证券经营机构欲担任B股主承销商、副主承销商和国际事务协调人的,也必须向中国证监会申请业务资格。核准制下,经审查符合条件的,中国证监会将颁发资格证书;经审查不符合条件的,中国证监会不予颁发资格证书,并且半年内不再受理其申请。注册制下,交易所先对资料进行审核,再提交证监会,由证监会进一步批准注册与否。从事企业债券承销业务、直接面向广大投资者发行企业债券的金融机构有证券公司、信托投资公司和政策性银行。在全国银行间债券市场上从事企业债券承销业务的机构有证券公司、信托投资公司、政策性银行和保险公司。

4.证券承销协议。发行人应与作为主承销商的证券公司签订代销或包销协议。

(二)证券主承销协议

1.证券主承销协议的内容。证券主承销协议是指证券公司等证券经营机构担任主承销商或联合主承销商承销证券时,与发行人签订的包销或者代销协议。主承销协议的条款分为必备性条款和任意性条款。根据我国证券法的规定,主承销协议的必备条款包括:①当事人的名称、住所及法定代表人的姓名。②包销、代销证券的种类、数量、金额及发行价格。其中的股票发行价格采用溢价发行的,其发行价格由发行人与承销的证券公司协商确定,报中国证监会核准。③包销、代销的期限及起止日期,其中承销期不得超过90日。④包销、代销的付款方式及日期。⑤包销、代销的费用和结算办法。⑥违约责任。⑦中国证监会规定的其他事项。

2.证券主承销协议的特征。从上述主承销协议的必备条款可知,我国的证券主承销协议有如下特征。

(1)主体的特定性。主体的特定性是指证券承销协议主体的一方为经过核准或审批的证券发行人,另一方为具有证券承销业务资格的综合性证券公司、资产管理公司[①]

[①] 2000年11月10日,国务院发布的《金融资产管理公司条例》规定,金融资产管理公司可以从事"资产管理范围内公司的上市推荐及债券、股票承销"。

等证券经营机构。

（2）客体的特定性。客体的特定性是指承销协议的客体是依法核准或审批的公开发行的股票和债券。

（3）证券承销协议须采用书面形式。证券承销协议须采用书面形式而不能采用口头形式。在实务上，承销协议是证券发行送审文件的组成部分。

（4）承销协议主要内容的法定性。承销协议的一些条款如发行价格、承销期限以及包销、代销的费用等内容必须遵循《证券法》《公司法》和中国证监会的规定。

（5）承销协议的生效以证券获准发行为条件。就一般协议而言，协议双方签订即为生效。但是，由于承销协议约定的承销事项受制于证监会或发改委的决定，因此，主承销协议的生效是以证券获准发行为生效条件的。

此外，主承销商依据主承销协议可与其他一家或一家以上的承销机构签订承销证券的承销团协议。根据我国《证券法》第32条规定，向不特定对象发行的证券票面总值超过人民币5 000万元的，应由承销团承销，即由两个以上的证券经营机构组成承销团。承销团应当由主承销商参与的证券公司等证券经营机构组成。参与承销团的承销机构应当与主承销商签订承销团协议，明确各自的权利、义务和责任。

（三）证券承销的法定要求

为规范证券公司等证券经营机构的证券承销行为，我国证券法及中国证监会规定了一系列证券承销机构必须遵守的义务性要求，主要有以下几方面。

1.禁止采用不正当竞争手段招揽承销业务。证券发行人有权自主选择承销的证券公司。证券公司不得以不正当手段承揽业务。例如，未取得资格证书或在资格证书失效后从事或变相从事承销业务；以欺骗或其他不正当手段获得承销业务资格；不按规定标准收取佣金；不当许诺；诋毁同行；借助行政干预；向发行人允诺在其证券上市后维持其证券价格；给有关当事人回扣等。

2.不得事先预留所承销的证券。证券公司在代销、包销期内，对所代销、包销的证券应当保证先行出售给认购人，证券公司不得为本公司事先预留代销的证券和预先购入并留存证券。例如，以包销方式承销证券时，证券公司不得用如下方式为取得证券故意使证券在承销期结束时有剩余：①故意囤积或截留；②缩短承销期；③减少销售网点。

3.保证公开发行证券募集文件的真实性、准确性和完整性。作为承销商的证券公司等证券经营机构，应当对公开发行证券募集文件的真实性、准确性、完整性进行调查；发现含有虚假记载、误导性陈述或者重大遗漏的，不得进行销售活动；已经销售的，必须立即停止销售活动，并采取纠正措施。

4.及时承销备案制度。证券公司包销证券的，应当在包销期满后的15日内，将包销情况报国务院证券监督管理机构备案。证券公司代销证券的，应当在代销期满后15日内，与发行人共同将证券代销情况报国务院证券监管机构备案。

（四）证券承销费用

证券发行人按照有关规定向承销机构支付承销费用。承销费用一般根据证券发行规模确定，发行的规模越大，承销费用总额越高。目前，收取股票、可转换公司债券承销费的标准是:在包销方式里,收取包销费用(佣金)为包销股票(可转换债券)总金额的1.5%~3%;在代销方式里,收取代销费用(佣金)为实际售出股票(可转换债券)总金额的0.5%~1.5%。公司债券(企业债券)承销费的收费标准是:在包销方式里,包销机构收取的包销佣金为包销债券总金额的0.8%~2.5%;在代销方式里,代销机构收取的佣金为实际售出债券总金额的0.5%~2%。

七、证券发行的信息披露

(一)信息披露的内容

依照法律、行政法规等的规定,股份有限公司公开发行股票、债券等,必须进行信息公开披露,公开披露的文件主要包括:招股说明书、配股说明书、公司债券募集说明书等。信息披露的内容概括起来有三大部分,即信息披露主体的组织状况、财务状况和经营管理信息。

(二)信息披露的方式

信息披露的方式在理论上有三种:一是经验证后正式签署;二是依规定程序公开刊登或送达;三是向有关部门履行注册备案手续。

(三)信息披露的原则

信息披露的原则主要有以下四方面内容。

1.真实性原则,是指股份有限公司所公开的情况不得有任何虚假成分,必须与自身客观实际相符。

2.完整性原则,是指股份有限公司必须把能够提供投资者判定证券投资价值的情况全部公开。

3.准确性原则,是指股份有限公司公开的信息必须尽可能详尽、具体和准确。

4.及时性原则,是指股份有限公司必须在法定期限内公开有关的报表文件,发生的重大事件也必须迅速公开。

第二节 股票发行

一、股票发行的目的和条件

股票发行是指符合条件的发行人依照法定程序向投资者募集股份或增配股份的行为。

(一)股票发行的目的

股票发行的目的比较复杂,除了筹集资金、满足企业发展需要这一主要目的以外,其他一些目的,如调整公司的财务结构、进行资产重组、维护股东利益等都可引起股票发行。概括起来主要有以下几个目的。

1.新建股份有限公司筹集资金,满足企业经营需要。股份有限公司的成立有两种形式:一种是发起设立,即由公司发起人认购全部股票。发起设立程序简单,发起人出资后公司设立即告完成,但这类公司规模较小;另一种是募集设立,即除发起人本身出资外,还需向社会公开发行股票募集资金,按照我国公司法的规定,以募集设立方式设立股份有限公司的发起人,认购的股份不得少于股份总额的35%。这类公司的规模一般较大。

2.现有股份有限公司改善经营。现有股份有限公司为扩大经营规模或范围,提高公司的竞争能力而投资新的项目时,需增加发行股票筹集资金,人们通常称之为增资发行。

3.改善公司财务结构,保持适当的资产负债比例。当公司负债率过高时,通过发行股票增加公司资本,可以有效地降低负债比例,改善公司财务结构。

4.满足证券上市标准。股票在证券交易所上市需要满足的条件很多,其中一个重要的方面就是股本总额。我国《公司法》规定,股份有限公司的股票要在证券交易所主板(中小板)上市,其发行前股本总额不得少于人民币3 000万元。因而有些公司为了争取股票在证券交易所挂牌上市,就要通过发行新股票的方式来增加股本总额,满足上市标准。

5.公积金转增股本及股票派息。当股份有限公司的公积金累积到一定的水平时,在留足了法律规定的比例以后,可以将其余的公积金转为资本金,向公司现有股东按比例无偿增发新股。另外,当公司需要资金用于扩大投资时,会选择用股票而不是现金来分红派息。

6.其他目的。

(1)转换证券,指当公司需要将发行在外的可转换债券或其他类型的证券转换成公司股票时,要向债权人发行股票。

(2)股份的分割与合并。股份的分割又称为拆股,股份的合并又称为缩股。拆股或缩股时须向原股票持有人换发新股票。

(3)公司兼并。公司可以向目标企业发行本公司的股票,目标企业以其资产作为出资缴纳股款,由此完成对目标企业的兼并。

(二)股票公开发行的条件

1.初次发行的条件。初次发行包括以募集方式新建股份有限公司公开发行股票和原有企业改组为股份有限公司首次公开发行股票两种情况。初次发行应当向中国证监会递交募股申请,经批准后方可发行。

第一,以募集方式新建股份有限公司,发行人申请公开发行股票时,应当符合下列条件。

(1)其生产经营符合国家产业政策。

(2)其发行的普通股限于一种,同股同权。

(3)发起人认购的股本数额不少于公司拟发行股本总额的35%,其认购部分不少于人民币3 000万元(国家另有规定的除外)。

(4)公司股本总额不少于人民币5 000万元。

(5)向社会公众发行的部分不少于公司拟发行股本总额的25%,拟发行股本超过

4亿元的,可酌情降低向社会公众发行部分的比例,但最低不得少于公司拟发行股本总额的15%。

(6)发起人在近3年内没有重大违法行为。

第二,原有企业改组设立的股份有限公司初次发行股票,除应符合上述条件外,还应具备下列条件。

(1)发行前一年末,净资产在总资产中所占比例不低于30%,无形资产在净资产中所占比例不高于20%,但国家另有规定的除外。

(2)近3年连续盈利等。

2.增发新股的条件。增发新股是上市公司在获得有关部门的批准后,以证券市场的全体投资者为发售对象再次发行股票筹资。根据中国证监会的规定,增发新股的上市公司原则上限于以下范围:一是符合上市公司重大资产重组有关规定的公司。二是具有自主开发核心技术能力、在行业中具有竞争优势、未来发展有潜力的公司。三是向社会公开发行股份的比例小于总股本的25%或15%(总股本为4亿元以上时)的公司。四是既发行境内上市内资股,又发行境内或境外上市外资股的公司。

增发新股必须具备下列条件。

(1)前一次公开发行的股份已募足,且募集资金的使用与其招股说明书所述用途相符,资金使用效益良好。

(2)上市公司必须与控股股东在人员、资产、财务上分开,公司不存在资金、资产被控股股东占用,或有明显损害公司利益的重大关联交易。

(3)公司在最近3年内连续盈利,本次发行完成当年的净资产收益率不低于同期银行存款利率水平;且预测本次发行完成当年加权计算的净资产收益率不低于配股规定的净资产收益率平均水平,或与增发前基本相当。

(4)公司在最近3年内财务会计文件无虚假记载。

3.配股的条件。配股发行是指上市公司在获得有关部门的批准后,向其现有股东提出配股建议,使现有股东可按其所持股份的比例认购配售股份的行为。它是上市公司发行新股的一种方式。在集资的意义上,配股集资具有实施时间短、操作较简单、成本较低等优点,同时配股还是上市公司改善资本结构的一种手段。

根据中国证监会目前的有关规定,上市公司向股东配股必须符合的基本条件有以下几点。

(1)上市公司必须与控股股东在人员、资产、财务上分开。

(2)前一次发行的股份已经募足,募集资金使用效果良好,本次配股距前次发行间隔一个完整的会计年度。

(3)公司在最近3个完整会计年度的净资产收益率平均在10%以上;属于农业、能源、原材料、基础设施、高科技类的公司可以略低,但不低于9%;上述指标计算期内任何一年的净资产收益率不得低于6%。

(4)公司一次配股发行股份总数,不得超过该公司前一次发行并募足股份后的普通股股份总数的30%。公司将本次配股募集资金用于国家重点建设项目和技改项目的,可不受30%比例的限制。

(5)其他条件。上市公司如有下列情况,如近3年有重大违法、违规行为,擅自改变《招股说明书》或《配股说明书》中所列资金用途而未做纠正或者未经股东大会认可,申报材料存在虚假陈述等,而使得配股申请在中国证监会的审查中未能通过的,公司一年以内不得再次提出配股申请。中国证监会《关于做好1997年股票发行工作的通知》(证监〔1997〕13号)同时做出规定,企业在其招股说明书中的盈利预测应切合实际,凡年度报告的利润实现数低于盈利预测数20%以上的,发行公司除要向投资者公开解释和致歉外,将停止发行公司两年内的配股资格。

发行境内上市外资股的股份有限公司配股时,同样应遵守上述规定。

二、股票发行与上市辅导

股票发行与上市辅导指有关机构对拟发行股票并上市的股份有限公司进行的规范化培训、辅导与监督。辅导工作开始于1995年。2000年3月16日,中国证监会发布《股票发行上市辅导工作暂行办法》,规定了辅导工作的主要内容。

(一)辅导的目的

对公开发行股票的公司进行辅导,目的是为了保证公开发行股票的公司按照《公司法》和《证券法》的规定,建立规范的组织制度和运行机制,促进上市公司转换经营机制,提高上市公司质量。

(二)辅导的时间

拟公开发行股票(A股、B股)的股份有限公司(以下称拟发行公司)应符合公司法的各项规定,在向中国证监会提出股票发行申请前,均须经具有主承销资格的证券公司(以下称辅导机构)辅导,辅导期限为一年。

(三)辅导内容

1.股份有限公司设立及其历次演变的合法性、有效性,建立健全股东大会、董事会、监事会等组织机构,并实现规范运行。

2.股份有限公司人事、财务、资产及供、产、销系统独立完整性,规范股份公司和控股股东及其他关联方的关系。

3.对公司董事、监事、高级管理人员及持有5%以上(含5%)股份的股东(或其法人代表)进行公司法、证券法等有关法律法规的培训。

4.依照股份公司会计制度建立健全公司财务会计制度,建立健全公司决策制度、内部控制制度以及信息披露制度等。

(四)辅导机构的主要职责

1.辅导机构对拟发行公司进行辅导时应配置三名以上辅导人员,授权其代表辅导机构从事辅导工作。辅导人员必须是有主承销资格的证券公司正式从业人员,并从事证券承销业务两年以上。辅导人员中,至少有两人具有辅导两家以上企业股票发行上市经验。辅导报告由辅导人员完成,并签字负责。辅导机构、辅导人员及其所聘请的注册会计师、律师等视为内幕人员,应当遵守有关内幕人员的法律规定。

2.辅导工作开始前10个工作日内,辅导机构应当向中国证监会派出机构提交相关材料,包括辅导机构及辅导人员的资格证明文件(复印件)、辅导协议、辅导计划、拟发行公司基本情况资料表、最近两年经审计的财务报告(资产负债表、损益表、现金流量表等)。

3.从辅导之日起,辅导机构每两个月向中国证监会派出机构报送一次《股票发行上市辅导报告》。在此基础上,针对公司存在的问题会同拟发行公司董事、监事或有关管理人员认真研究整改方案,跟踪辅导,督促整改,并在下一次报告时说明整改情况。

4.辅导期满后15个工作日内,辅导机构向中国证监会派出机构报送《发行上市辅导汇总报告》,该报告同时作为拟发行公司股票发行申请文件的必备材料。

(五)中国证监会派出机构的主要职责

中国证监会派出机构主要包括以下职责。

1.中国证监会派出机构负责辖区内拟发行公司辅导工作的监督管理。

2.派出机构应对辅导机构按上述规定报送的资料进行审查,如有异议应于15个工作日内用书面反馈给辅导机构。过期不予反馈的,视为无异议。辅导期间,派出机构可以根据辅导报告所发现的问题对辅导情况进行抽查。

3.经辅导机构申请,派出机构对拟发行公司的改制、运行情况及辅导内容、辅导效果进行评估和调查,并出具调查报告。

(六)辅导有效期为三年

本次辅导期满后三年内,拟发行公司可以由主承销机构提出股票发行上市申请;超过三年,则须按本办法规定的程序和要求重新聘请辅导机构进行辅导。

(七)辅导不合格

有以下情况之一的,中国证监会将认定该辅导不合格:①拟发行公司存在重大法律障碍,不能实现规范运作。②辅导报告或汇总报告内容存在重大虚假。③中国证监会认定的其他情况。

三、募股文件的准备

股票发行准备阶段的实质性工作是由发行参与人准备招股说明书,以及作为其根据和附件的专业人员的结论性审查意见。这些文件统称为募股文件。募股文件主要包括以下八种。

(一)招股(配股)说明书

招股(配股)说明书是股份有限公司发行股票时就发行中的有关事项向公众做出披露,并向特定或非特定投资人提出购买或销售其股票的要约或要约邀请的法律文件。公司发售新股必须制作招股说明书。如果是初次发行,一般称为招股说明书;如果是采用配股的方式发行新股,则称为配股说明书。招股(配股)说明书是发行人向中国证监会申请公开发行申报材料的必备部分。

招股(配股)说明书必须对法律、法规、上市规则要求的各项内容进行披露。招股(配股)说明书由发行人在主承销商及其他中介机构的辅助下完成,由公司董事会或筹委会表决通过。审核通过的招股(配股)说明书应当依法向社会公众披露。招股(配股)说明书的有效期是6个月,自招股说明书签署完毕之日起计算。在招股(配股)说明书上签章的人员(全体发起人或者董事以及主承销商)必须保证招股说明书的内容真实、准确、完整,并保证对其承担连带责任。

招股(配股)说明书应当依照有关法律、法规的规定,遵循特定的格式和必要的记载事项的要求编制。对此,中国证监会制定了《公开发行股票公司信息披露的内容与格式准则第一号——招股说明书的内容与格式》和《公开发行股票公司信息披露的内容与格式准则第四号——配股说明书的内容与格式(试行)》。

根据准则规定,招股说明书应包括:招股说明书的封面、招股说明书目录、招股说明书正文、招股说明书附录和招股说明书备查文件五个方面的内容。配股说明书的内容包括封面、正文、附录和备查文件四个方面。

(二)招股说明书概要

招股说明书概要是对招股说明书内容的概括,一般约1万字,由发行人编制,随招股说明书一起报送批准后,在承销期开始前2~5个工作日在至少一种由证监会指定的全国性报刊上及发行人选择的其他报刊上刊登,供公众投资者参考的关于发行事项的信息披露法律文件。招股说明书概要应简要提供招股说明书的主要内容,但不得误导投资者。

在"招股说明书概要"标题下必须载明下列文字:

"本招股说明书概要的目的仅为尽可能广泛、迅速地向公众提供有关本次发行的简要情况。招股说明书全文方为本次发售股票的正式法律文件。投资人做出认购本股的决定之前,应首先仔细阅读招股说明书全文,并以全文作为投资决策的依据。"

"招股说明书概要"必须记载(但不限于)以下内容。

1.招股说明书概要编制所依据的法规,发行人董事会是否已通过该招股说明书概要,是否确信所摘内容与招股说明书正文一致且无重大误导、虚假及遗漏。

2.发售新股有关当事人。载明下列有关当事人的机构名称、所在地、电话、传真以及负责本次发行销售有关事项的联系人姓名。有关当事人包括发行人及其法定代表人、承销商、推荐人、发行人的律师事务所和经办律师、主承销商的律师事务所和经办律师、会计师事务所和经办注册会计师、资产评估机构和经办评估人员、资产评估确认机构、收款银行、股票登记机构及其他与发售新股有密切联系的机构和个人。

3.发行情况。说明本次发行的股票类型、发行日期、发行地区、发行对象、承销期起止日、预计上市日期及上市交易所名称、发行方式、每股发行价、每股面值、发行量、发行总市值等。

4.风险因素与对策。应注明"投资者在评价本发行人此次发售的股票时,应特别认真地考虑下述各项风险因素"字样,并全文摘录招股说明书中所述可能对发行人产生不利影响的各种风险情况。

5.募集资金的运用。应当依据招股说明书列明募集资金的计划用途、项目介绍、资金运用时间表、缺口资金的来源及落实等内容。

6.股利分配政策。载明发行人关于股利分配的一般政策、预计首次分派股利的时间、新股东是否享有本次股票发行完成前滚存利润、有外资股时的分配原则等。

7.发行人及发行人主要成员的情况。其中发行人情况应包括:发行人成立日期、注册地、总部地址、历史沿革、改制情况、组织结构及内部管理结构、经营范围、主要业务、主要产品品种、生产能力、主要市场、市场占有情况、业务收入构成、主要原材料的供应、关联交易、董事及高级管理人员及其在其他企业任职情况等内容。

8.经营业绩。介绍发行人过去至少3年中的经营业绩,包括(但不限于)生产经营一般情况、年销售额和利润总额、发行人业务收入的主要构成、完成的主要工作、产品或服务的市场情况、产品性能和质量、筹资与投资、生产经营设备和主要固定资产改进、职工数量与业务水平变化等。

9.股本。简要介绍发行人的股权变动情况、发行后股权结构、内部职工股的托管单位及确认部门等。

10.主要会计资料。按招股说明书内容介绍审计报告、完整的财务报表、主要会计政策及报表主要项目注释等。

11.资产评估的主要情况。简要介绍有资格从事证券相关业务的评估机构对发行人资产进行有效评估的情况,包括各类资产评估前账面价值及固定资产净值、各类资产评估后净值、各类资产增(减)值幅度及原因等。

12.盈利预测。至少应当载明盈利预测表主要数据、相关背景及分析资料等。

13.公司发展规划。简要介绍发行人的生产经营发展战略、市场发展计划、销售计划、生产经营计划、固定资产投资计划及设备更新计划、人员扩充计划、资金筹措和运用计划等。

14.重要合同及重大诉讼事项。应当披露发行人已签订的对发行人生产经营、未来发展或者财务状况具有重要影响的合同;以及发行人作为一方当事人的尚未做出判决的重大诉讼事项。

15.其他重要事项。简要披露发行人认为对投资者做出投资判断有重大影响的其他事项。

16.招股说明书及备查文件查阅地点。

(三)资产评估报告

资产评估报告是评估机构完成评估工作后出具的具有公证性的结论报告。该报告经过国有资产管理部门或者有关的主管部门确认后生效。从法律上说,资产评估报告仅为投资人以净资产认股或者以净资产从事交易的实施依据,因此,如果股份有限公司发起人以净资产投资拆股的行为距本次股票发行时间过长的话,则该资产评估报告的内容可能已不能适当地反映评估范围内的净资产数值。在此种情况下,招股说明书对于发行人本次募股前资产负债状况的反映通常以经过审计的资产负债表为准。

根据国家国有资产管理局颁发的《关于资产评估报告书的规范意见》,境内募股前的资产评估报告应当满足以下必要内容的要求。

1.正文。包括的主要内容有:评估机构与委托单位名称、评估目的与评估范围、资产状况与产权归属、评估基准日期(该项日期表述应当是评估中确定汇率、税率、费率、利率和价格标准时所实际采用的基准日期)、评估原则、评估方法和计价标准、资产评估结论(评估报告应当明确评估价值结果。该评估价值结果应当包括资产原值、资产净值、重置价值、评估价值、评估价值对净值的增减值和增减率等内容)、评估人员签章及评估报告的出具日期(评估报告应当由两名以上具有证券业务资格的评估人员及其所在机构签章,并应当由评估机构的代表人和评估项目负责人签章)等。

2.资产评估附件。此类附件主要包括:评估资产的汇总表与明细表、评估方法说明和计算过程、与评估基准日有关的会计报表、被评估单位占有不动产的产权证明文件复印件、评估机构和评估人员资格证明文件复印件等。

（四）审计报告

审计报告是审计人员向发行人及利害关系人报告其审计结论的书面文件,也是审计人员在股票发行准备中尽责调查的结论性文件。审计报告的内容包括以下几部分:审计概况、审计发现问题的情况说明、审计意见(审计意见是审计人员对审计结论的意见。审计人员在出具审计意见时,根据对企业全面、公正、客观地进行审计的结果,就不同的情况,出具无保留意见审计报告、保留意见审计报告、相反意见审计报告或拒绝表示意见的审计报告)、审计人员的签章及审计报告日期(审计报告应当由具有证券从业资格的注册会计师及其所在的事务所签字盖章)。

（五）盈利预测的审核函

招股说明书及其附件中的盈利预测报告应切合实际,并必须由具有证券业从业资格的会计师事务所和注册会计师出具审核报告。盈利预测审核函即是经注册会计师对发行人的盈利预测进行审核后出具的审核确认函。

盈利预测由发行人在主承销商、从事审计工作注册会计师的参与下编制。预测的期间不应当少于12个月。盈利预测应当是对一般的经济条件、营业环境、市场情况、发行人生产经营条件和财务状况进行合理的假设,并对各项假设加以说明。根据我国股票发行实践,盈利预测文件中的预测数据通常包括销售收入、产品生产成本、期间费用、期间毛利、营业外收支、税金、税前利润和税后利润以及每股盈利、市盈率。注册会计师对上述数据审核后出具审核函。

为防止发行公司高估未来盈利能力,造成对投资者的误导,对盈利预测有两点要求。

1.凡年度报告的利润实现数低于预测数10%~20%的,发行公司及其聘任的注册会计师应在股东大会及指定报刊上做出解释,发行公司应向投资者公开道歉。

2.凡年度报告的利润实现数低于预测数20%以上的,除要做出解释和公开致歉外,将停止发行公司两年内的配股资格。如有故意弄虚作假行为,将依据有关规定予以处罚。

（六）发行人法律意见书和律师工作报告

1.法律意见书。法律意见书是律师对股份有限公司发行准备阶段审查工作依法做出的结论性意见。发行人聘请的律师(发行人律师)应根据《股票发行与交易管理暂行条例》和中国证监会《公开发行股票公司信息披露的内容与格式准则第六号——法律意见书和律师工作报告的内容与格式》的要求出具法律意见书。

2.律师工作报告。律师工作报告是对公司发行阶段律师的工作过程、法律意见书所涉及的事实及其发展过程、每一法律意见所依据的事实和有关法律规定做出的详尽、完整的阐述,并就疑难问题展开讨论和说明。

（七）验证笔录

验证笔录是发行人向中国证监会申请公开发行人民币普通股(A股)所必须具备

的法定文件之一,是主承销商律师对招股说明书所述内容进行验证的记录,其目的在于保证招股说明书的真实性和准确性。

（八）辅导报告

辅导报告是证券经营机构对发行公司辅导工作结束以后就辅导情况、效果及意见向有关主管单位出具的书面报告。

募股文件除了上述几种之外,还包括公司章程、发行方案、资金运用可行性报告及项目批文等,有兼并收购行为的还应提供被收购兼并公司或项目情况、收购兼并可行性报告、收购兼并协议、收购兼并配套政策落实情况、被收购兼并企业的资产评估报告、被收购兼并企业前一年和最近一期的资产负债表及损益表、审计报告。

四、股票发行的上报与审批

在我国,股票公开发行有一套严格的核准程序。发行人必须向相关机构提交《公司法》规定的申请文件和国务院证券监督管理机构规定的有关文件,申请文件必须真实、准确和完整。

（一）初次公开发行股票的申报与审批

为了进一步提高股票发行核准工作的透明度,根据《证券法》的有关规定,中国证监会2006年5月17日公布并于2015年12月30日、2018年6月6日两次修改的《首次公开发行股票并上市管理办法》,对首次公开发行股票并上市的公司从公司治理和财务指标两个方面提出了较为严格的条件,对《证券法》规定的发行条件进行了细化。通过加强对发行人独立性的要求、提高发行人的财务指标条件、加大中介机构的核查责任等,强化从市场层面对发行上市行为进行约束,推动优质企业发行上市。随着我国注册制改革的深入发展,2019年3月1日,证监会发布《科创板首次公开发行股票注册管理办法(试行)》《科创板上市公司持续监管办法(试行)》。2020年6月12日,证监会发布了《创业板首次公开发行股票注册管理办法(试行)》《创业板上市公司证券发行注册管理办法(试行)》《创业板上市公司持续监管办法(试行)》《证券发行上市保荐业务管理办法》,证监会、上交所、深交所、中国结算、证券业协会等也发布了相关配套规则。

1.核准制的股票发行核准程序。核准制股票发行核准程序如下：

（1）受理申请文件。发行人按照中国证监会颁布的《公司公开发行股票申请文件标准格式》制作申请文件,经省级人民政府或国务院有关部门同意后,由主承销商推荐并向中国证监会申报。

中国证监会收到申请文件后在5个工作日内做出是否受理的决定。未按规定要求制作申请文件的,不予受理;同意受理的,根据国家有关规定收取审核费人民币3万元。

为不断提高股票发行工作水平,主承销商在报送申请文件前,应对发行人辅导1年,并出具承诺函。

在辅导期间,主承销商应对发行人的董事、监事和高级管理人员进行《公司法》《证券法》等法律法规考试。如发行人属某年股票发行计划指标内的企业,在提交发行审核委员会审核前,中国证监会对发行人的董事、监事和高级管理人员进行《公司法》《证券法》等法律法规考试,应考人员必须80%以上考试合格。

如发行人申请作为高新技术企业公开发行股票,由主承销商向中国证监会报送推荐材料。中国证监会收到推荐材料后,在5个工作日内委托科学技术部和中国科学院对企业进行论证,科学技术部和中国科学院收到材料后在40个工作日内将论证结果函告中国证监会。经确认的高新技术企业,中国证监会将通知该企业及其主承销商按照《公司公开发行股票申请文件标准格式》制作申请文件,并予以优先审核。

(2)初审。中国证监会受理申请文件后,对发行人申请文件的合规性进行初审,并在30日内将初审意见函告发行人及其主承销商。

主承销商自收到初审意见之日起10日内将补充完善的申请文件报至中国证监会。

中国证监会在初审过程中,将就发行人投资项目是否符合国家产业政策征求国家发展计划委员会和国家经济贸易委员会的意见,两委自收到文件后在15个工作日内,将有关意见函告中国证监会。

(3)发行审核委员会审核。中国证监会对按初审意见补充完善的申请文件进一步审核,并在受理申请文件后60日内,将初审报告和申请文件提交发行审核委员会审核。

发行审核委员会按照国务院批准的工作程序开展审核工作。委员会进行充分讨论后,以投票方式对股票发行申请进行表决,提出审核意见。

(4)核准发行。依据发行审核委员会的审核意见,中国证监会对发行人的发行申请做出核准或不予核准的决定。予以核准的,出具核准公开发行的文件。不予核准的,出具书面意见,说明不予核准的理由。

中国证监会自受理申请文件到做出决定的期限为3个月。

(5)复议。发行申请未被核准的企业,接到中国证监会书面决定之日起60日内,可提出复议申请。中国证监会收到复议申请后60日内,对复议申请做出决定。

2.注册制股票审核程序。注册制股票审核程序如下:

(1)受理申请文件。交易所股票发行上市工作实行全程电子化,申请、受理、问询、回复等事项均通过交易所审核系统办理。

发行人应当通过保荐人以电子文档形式向交易所提交发行上市申请文件,交易所收到发行上市申请文件后5个工作日内做出是否予以受理的决定。交易所予以受理的,发行人于受理当日在交易所指定渠道预先披露招股说明书及相关文件。

(2)审核。交易所审核机构自受理之日起20个工作日内发出审核问询,发行人及保荐人应当及时、逐项回复交易所问询。审核问询可多轮进行。

首轮问询发出前,发行人、保荐人、证券服务机构及其相关人员不得与审核人员接触,不得以任何形式干扰审核工作。首轮问询发出后,发行人及其保荐人如确需当面沟通的,可通过发行上市审核系统预约。

审核机构认为不需要进一步问询的,将出具审核报告提交上市委员会。

交易所审核时限为三个月,发行人及其保荐人、证券服务机构回复交易所审核问询的时间不计算在内。

(3)上市委员会审议。上市委员会召开会议对交易所审核机构出具的审核报告及发行人上市申请文件进行审议,与会委员就审核机构提出的初步审核意见,提出审议意见。

上市委员会可以要求对发行人代表及其保荐人进行现场问询。

上市委员会通过合议形成同意或者不同意发行上市的审议意见。

（4）报送证监会。交易所结合上市委员会审议意见，出具同意或者不同意发行上市的审核意见。交易所同意的，将审核意见、相关审核资料和发行人的发行上市申请文件报送中国证监会履行注册程序。中国证监会认为存在需要进一步说明或者落实事项的，可以要求交易所进一步问询。

交易所审核不同意的，做出终止发行上市审核的决定。

（5）证监会注册。中国证监会在20个工作日内对发行人的注册申请做出同意或者不同意注册的决定。

（6）发行上市。中国证监会同意注册的决定自做出之日起1年内，发行人应当按照规定在注册决定有效期内发行股票，发行时点由发行人自主选择。

（二）配股审核

配股发行的审核分为五个步骤。

1. 中国证监会派出机构初审。上市公司股东大会通过有关配股的决议后，需聘请中介机构按中国证监会的要求制作申报材料，报公司所在地中国证监会派出机构初审。中国证监会派出机构依据有关法规、政策进行审核并出具初审意见后，报送中国证监会。

2. 中国证监会受理申报材料。中国证监会上市公司监管部对符合《关于上市公司配股工作的通知》，且申报材料齐备、制作符合要求的，受理其申报材料。

3. 中国证监会复审。上市公司监管部根据《证券法》《公司法》《关于上市公司配股工作的通知》等有关法律、法规和文件对申报材料进行复审，并在正式受理申报材料后10个工作日内，向申请配股的公司和主承销商反馈意见。

上市公司按要求对申报材料做出修改或补充后，由上市公司监管部对公司的配股资格提出审核意见。扣除公司修改材料和中国证监会对公司违规嫌疑进行调查的时间，上市公司监管部的审核工作应在30个工作日内完成。

4. 配股审核委员会审议。公司申报材料经上市公司监管部审核合格后，提交配股审核委员会审议。委员会将在充分讨论后以无记名方式表决。表决通过的，方可批准其配股；有疑问的，委员会将做出暂不表决的决定，由上市公司监管部将委员会的意见反馈给上市公司和主承销商，要求公司继续修改、补充材料或履行有关的法律程序；表决未获通过的，由上市公司监管部以正式文件的方式通知上市公司和主承销商，上市公司可以申请复议一次，复议通不过的，不批准其配股申请。

5. 中国证监会核发批文。配股审核委员会审议通过后，中国证监会将根据市场情况，按程序核发准予实施配股的批文。

五、股票发行的主要方式

股票发行方式是指发行人发行股票和投资者认购股票的具体方式。其主要内容包括发行人发出售股要约、投资人向发行人传达认购承诺、发行人或承销人依据一定的规则确认有效认股，发行人与有效认股人之间交付股款和交割股份的具体方式。本章第一节介绍了一般证券发行的一些方式,其中许多方式适用于股票发行。目前我国人民币普通股发行采用公募发行、间接发行中的余额包销联合发行、定价发行等方式。

为了保证股份有限公司能够筹集到足够的资金,同时坚持公开、公平、公正、高效、经济的原则,维护金融稳定和社会安定,国务院和中国证监会多次下文规范股票发行市场。1995年10月,中国证监会专门就股票发行方式问题发出《关于股票发行与认购办法的意见》(以下简称《意见》),1996年12月,作为对上述《意见》的完善,中国证监会发布了《关于股票发行与认购方式的暂行规定》(以下简称《规定》),其中规定股票发行可采用上网定价方式、全额预缴款方式以及与储蓄存款挂钩方式,同次发行的股票只能采取一种发行方式。《规定》同时指出:"各地如有更好的方式,可将方案报证监会批准后试行。"2000年2月,中国证监会就股票发行又做出新的规定,即《关于向二级市场投资者配售新股有关问题的通知》,将新股发行由上网公开发行改为向二级市场投资者配售与上网公开发行同时进行。

从我国股票发行市场发展的实践看,曾经采用和正在采用的、并对市场产生较大影响的发行方式主要有以下几种。

（一）认购证方式

认购证方式又称为认购证抽签发行方式,其具体的做法有以下几种。

1.承销商于招募时向社会公众投资人公开发售股票认购申请表(认购证),每一单位的认购证代表一定数量的认股权利,并标注号码。

2.投资者申请并购买认购证。

3.承销商根据"公开、公平和公正"的原则,在规定的日期,在公证机关监督下,按照规定的程序,对所有股票认购申请表进行公开抽签。

4.确认中签号并按照规定程序公告,投资人持中签申请认购表在指定地点缴纳股款。

从发售认购证到最后缴款,整个过程约1个月。由于该方式发行环节多,工作量大,认购成本过高,浪费严重,发行时间较长,现已不采用。

（二）储蓄存单方式

储蓄存单方式是通过发行储蓄存单,抽签决定认股者的发行方式。其具体做法如下。

1.承销商在招募期内通过指定的银行机构无限量地向社会投资者发售专项定期定额存单,每张存单附一张抽签表,由社会投资者认购。

2.承销商根据存单的发售数量、批准发行股票数量及每张存单可认购股份数量确定中签率,通过公开摇号抽签的方式决定中签者。

3.中签者按规定要求办理缴款手续。

采取与储蓄存款挂钩发行方式,其存款期不得超过3个月,每股费用不得超过0.1元,发行收费总额不得超过500万元。

储蓄存单方式相对于认购证方式,由于每张抽签表要用较大的存款为代价,减少了抽签表的发行量,相应降低了发行成本;起用了已有的社会机构——银行,并使用其正常业务——定期存款,从而减少了组织管理工作。但是该种方式最终未能解决发行工作的繁杂问题,并常常伴随巨额现金在银行之间的转移,现已很少采用。

(三) 全额预缴款、比例配售方式

全额预缴款、比例配售方式指投资者在规定申购时间内,将全额申购款存入主承销商在收款银行设立的专户中,申购结束后全部冻结,在对到账资金进行验资和确定有效申购后,根据股票发行量和申购总量计算配售比例,进行股票配售的发行方式。全额预缴款、比例配售方式包括"全额预缴款、比例配售、余款即退"方式和"全额预缴款、比例配售、余款转存"方式。

1. "全额预缴款、比例配售、余款即退"方式。本发行方式分为申购、冻结及验资配售、余款即退三个阶段。具体程序如下。

(1)承销商与收款银行协议开设预缴股款专户,并在招募中向社会投资者公开发行股票认购方法。

(2)投资者在规定的申购时间(现为3个连续工作日)将全额申购款存入其在收款银行开设的专户中,其中机构股票账户的申购量不得超过公司发行后总股本的5‰,个人股票账户的申购量不应超过公司发行后总股本的5‰。在实际发行中,通常规定每一个股票账户至少要申购1 000股,超过1 000股的必须是1 000股的整数倍。

(3)于申购期满时,对存入收款银行预缴股款专户中的全部资金进行冻结,由具有证券从业资格的会计师事务所对冻结专户中的申购资金进行验资并出具验资报告;在验资报告的当日,由主承销商按到账资金进行核查验证,确定有效申购总量和配售比例Ⅰ(小数点后保留五位)。其公式为:

$$配售比例Ⅰ=股票发行量/有效申购总量$$

(4)由主承销商根据所确定的配售比例对每一申购人进行配售计算,其公式为:

$$可认购量=有效申购量×配售比例$$

如该配售比例不能满足法律规定的"千人千股"要求,则可随机抽出1 000名申购者,每户配售1 000股,并进一步计算配售比例Ⅱ,其公式为:

$$配售比例Ⅱ=(股票发行量-100万股)/(有效申购总量-100万股)$$

前已获1 000股配售的投资者每人实际认购数量为:

$$认购量=(有效申购量-1 000)×配售比例Ⅱ+1 000$$

其余投资者各自的认购量为:

$$认购量=有效申购量×配售比例Ⅱ$$

不足一股者剔除不计,由承销商包销。

(5)配售结束后,主承销商应当随即解冻申购资金余款,并在指定报刊上公布申购结果及配售比例和退款或转存款公告。配售结束后第一天,主承销商将扣除发行费用后的认购款划至发行公司账户上。申购余款划至各收款银行,由各收款银行退给投资者。

2. "全额预缴款、比例配售、余额转存"方式。本发行方式是"与储蓄存款挂钩"方式和"全额预缴款、比例配售、余款即退"方式的结合。其在全额预缴、比例配售阶段的有关规定与"全额预缴款、比例配售、余款即退"方式的有关规定相同,但申购余款转为存款,利息按同期银行存款利率计算。该存款为专项存款,不得提前支取。具体操作程序比照"全额预缴款、比例配售、余款即退"方式。

（四）上网竞价发行

所谓上网竞价发行是指主承销商利用证券交易所的交易系统，由主承销商作为唯一"卖方"，按照确定的发行底价将发行股票总数输入承销商在证券交易所的股票专户，投资者在指定的时间内，在不低于底价和不超过限购数量的条件下，按现行委托买入股票的方式进行股票申购的股票发行方式。

上网竞价发行的具体做法如下。

1.在规定的发行期间，由投资者以不低于发行底价的价格竞价购买。然后由交易系统主机根据投资者的申购价格，按照价格优先、同价位时间优先的顺序从高价位到低价位依次排队。承销商根据实际认购总额应当等于拟发行总量（且不低于底价）的原则累计计算，当认购数量恰好等于发行数量时的价格，即为发行价格。凡高于或等于该价格的有效申报均可按发行价认购，由交易系统自动成交。

2.承销商将股票发行价和竞价发行结果按规定程序公告。如果发行底价之上的有效认购低于发行数量，则发行价格等于发行底价，认购不足的剩余部分按承销协议处置。

（五）上网定价发行

所谓上网定价发行是指主承销商利用证券交易所的交易系统，由主承销商作为唯一"卖方"，投资者在指定的时间内，按已确定的发行价格，在规定的申购数量范围内按现行委托买入股票的方式进行股票申购的股票发行方式。

采用上网定价发行具有成本低和发行速度快的特点，近年来为多数发行人和承销商采用。

上网定价发行的具体做法如下。

1.主承销商在证券交易所设立股票发行专户和申购资金专户。

2.投资者在申购委托前把申购款全额存入与办理该次发行的证券交易所联网的证券营业部指定的交易保证金账户。

3.上网申购当日（T+0），投资者按委托买入股票的方式，以发行价格，填写委托单申报认购。证券交易所在申购日起3个工作日内冻结所有投资者的申购资金。

4.申购后第一天（T+1），由证券交易所的登记结算公司将申购资金冻结在申购专户中。

5.申购后的第二天（T+2），证券交易所的登记结算公司配合主承销商和会计师事务所对申购资金进行验资，由会计师事务所出具验资报告，以实际到位资金作为有效申购进行连续配号，由证券交易所将配号传送至各证券营业部，并公布中签率。

6.申购后第三天（T+3），由主承销商负责组织摇号抽签，并于当日公布中签结果。证券交易所根据抽签结果进行清算交割和股东登记。

7.申购日后第四个工作日，证券交易所将认购款项划入主承销商指定账户；主承销商次日将款项划入发行公司指定账户，对未中签部分的申购款予以解冻。

为了进一步完善股票发行方式，促进证券市场的稳定健康发展，中国证监会于2000年3月3日发布《关于向二级市场投资者配售新股有关问题》，今后将在新股发行中试行向二级市场投资者配售新股的办法。即在新股发行时，将一定比例的新股由上网公开发行改为向二级市场投资者配售,投资者根据其持有上市流通证券的市值和折算的申购限量,自愿申购新股。配售比例暂定为向证券投资基金优先配售后所余发行量的50%。投资者持有上市流通证券的市值,是按招股说明书概要刊登前一个交易日收盘价计算的上市流通股票、证券投资基金和可转换债券市值的总和,投资者每持有上市流通证券市值10 000元,限申购新股1 000股,申购新股的数量应为1 000股的整数倍,投资者持有上市流通证券市值不足10 000元的部分,不赋予申购权;每一股票账户最高申购量不得超过发行公司公开发行总量的0.1%;每一股票账户只能申购一次,重复的申购视为无效申购。投资者申购新股时,无须预先缴纳申购款,但申购一经确认,不得撤销。

采用向二级市场投资者配售部分新股的办法发行股票时,向二级市场配售与上网公开发行同时进行。新股同时向二级市场配售和上网公开发行的流程可用表5-1表示。

表5-1

日期	向二级市场投资者配售	上网公开发行
T-2	刊登招股说明书概要、交易所计算市值	
T-1	刊登发行公告	
T+0	投资者自主申购,无须缴款;交易所确认有效申购,配号	投资者自主申购,预先缴款
T+1	公布配号结果,摇号抽签	冻结资金
T+2	公布中签结果	验资,确认有效申购,配号
T+3	收缴股款	公布配号结果,摇号抽签
T+4	清算、登记、划款	公布中签结果、清算、登记、划款
T+5	主承销商将募集资金划入发行公司账户	主承销商将募集资金划入发行公司账户

六、股票发行价格与发行费用

(一)股票发行价格的种类

股票发行价格指股份有限公司将股票公开发售给特定或非特定投资者所采用的价格。根据我国公司法的规定,股票不得以低于股票票面金额的价格发行,所以股票发行价格可以分为面值发行与溢价发行。根据证券法的规定,股票发行采取溢价发行的,其发行价格由发行人与承销的证券公司协商确定,报国务院证券监督管理机构核准。

(二)影响发行价格的因素

1.净资产。国有企业依法改组设立的公司,发行人改制当年经评估确认的净资产所折股数可作为定价的重要参考。

2.盈利水平。公司的税后利润水平直接反映了一个公司的经营能力和上市时的价值,每股税后利润的高低直接关系着股票发行价格。

3.发展潜力。公司经营的增长率(特别是盈利的增长率)和盈利预测是关系股票发行价格的又一重要因素。在总股本和税后利润既定的前提下,公司的发展潜力越大,未来盈利趋势越确定,市场所接受的发行市盈率也就越高,发行价格也就越高。

4.发行数量。一般情况下,若股票发行的数量较大,为了能保证销售期内顺利地将股票全部出售,取得预定金额的资金,价格应适当定得低一些;若发行量小,考虑到供求关系,价格可定得高一些。

5.行业特点。发行公司所处行业的发展前景会影响到公众对本公司发展前景的预期,同行业已经上市企业的股票价格水平,剔除不可比因素以后,也可以客观地反映本公司与其他公司相比的优劣程度。

6.二级市场的环境。二级市场的股票价格水平直接关系到一级市场的发行价格。在制定发行价格时,要考虑到二级市场股票价格水平在发行期内的变动情况。同时,发行价格的确定要有一定的前瞻性,要给二级市场的运作留有适当的余地。

(三)确定发行价格的方法

1.市盈率法。市盈率又称本益比(P/E),是指股票市场价格与盈利的比率。计算公式为:

$$市盈率 = 股票市价/每股收益$$

$$发行价格 = 每股收益 \times 市盈率$$

$$每股收益 = 税后利润/股份总额$$

通过市盈率法确定股票发行价格,首先应根据注册会计师审核后的盈利预测计算出发行人的每股收益;然后可根据二级市场的平均市盈率、发行人的行业情况(同类行业公司股票的市盈率)、发行人的经营状况及其成长性等拟定发行市盈率;最后依发行市盈率与每股收益的乘积决定发行价。

确定每股税后利润有两种方法:一种为完全摊薄法,即用发行当年预测全部税后利润除以总股本,直接得出每股税后利润;另一种是加权平均法。加权平均法计算公式为:

$$股票发行价格 = 发行当年预测利润/发行当年加权平均股本数 \times 市盈率$$

$$= 发行当年预测利润/[发行前总股本数 + 本次公开发行$$

$$股本数 \times (12-发行月份) \div 12] \times 市盈率$$

不同的方法得到不同的发行价格,每股税后利润的确定采用加权平均法较为合理。因股票发行的时间不同,资金实际到位的先后对企业效益影响较大,同时投资者在购股后才享受应有的权益。

2.竞价确定法。见本节第六部分股票发行的主要方式中的上网竞价发行。由于在此种方式下,机构大户易于操纵发行价格,因此,经试验后停止使用。

3.净资产倍率法。净资产倍率法又称资产净值法,指通过资产评估(物业评估)和相关会计手段确定发行人拟募股资产的每股净资产值,然后根据证券市场的状况将每股净资产值乘以一定的倍率或一定折扣,以此确定股票发行价格的方法。其公式是:

$$发行价格 = 每股净资产值 \times 溢价倍率(或折扣倍率)$$

这种发行价格的确定方法在国内一直未曾采用。

4.现金流量折现法。现金流量折现法通过预测公司未来盈利能力,据此计算出公司净现值,并按一定的折扣率折算,从而确定股票发行价格。该方法首先是用市场接受的会计手段预测公司每个项目未来若干年内每年的净现金流量,再按照市场公允的折现率,分别计算出每个项目未来的净现金流量的净现值。公司的净现值除以公司股份数,即为每股净现值。由于未来收益存在不确定性,发行价格通常要对上述每股净现值折让 20%~30%。

国际主要股票市场对新上市公路、港口、桥梁、电厂等基建公司的估值和发行定价一般采用现金流量折现法。这类公司的特点是前期投资大,初期回报不高,上市时的利润一般偏低,如果采用市盈率法定价则会低估其真实价值,而对公司未来收益(现金流量)的分析和预测能比较准确地反映公司的整体和长远价值。

(四)发行费用

发行费用指发行公司在筹备和发行股票过程中发生的费用,该费用可在股票发行溢价收入中扣除,主要包括以下几部分。

1.中介机构费。支付给中介机构的费用包括承销费用、注册会计师费用(审计、验资、盈利预测审核等费用)、资产评估费用、律师费用等。

根据中国证监会《关于股票发行工作若干规定的通知》,股票发行中文件制作、印刷、散发与刊登招股说明书及广告费用,应由股票承销机构在承销费用中负担,发行公司不得将上述费用在承销费用以外计入发行费用。但在外资股发行时,境外的承销商往往会在承销费用以外收取一笔文件制作费。

2.上网发行费。采用网上发行方式发行股票时,由于使用了证券交易所的交易系统,发行人须向证券交易所缴纳上网发行手续费。目前,证券交易所对上网发行的收费标准为发行总金额的 3.5‰。

3.其他费用。指发行过程中产生的其他费用。

第三节 债券发行

债券发行是发行人以借贷资金为目的,依照法律规定的程序向投资人要约发行代表一定债权和兑付条件的债券的法律行为,是证券发行的重要形式之一。它满足了发行人弥补资金不足的需求和投资人取得投资收益的需求。

一、债券发行的目的与条件

(一)债券发行的目的

债券的发行主体有:中央政府、地方政府、金融机构、公司。债券发行的目的多种多样。一般来说,中央政府和地方政府发行债券的目的主要是为了弥补财政赤字和扩大公共投资;金融机构发行债券的目的是为了获得长期稳定的资金来源以扩大贷款额和投资;公司企业发行债券的目的较为复杂,主要有以下三种。

1.多渠道筹集资金。公司除了发行股票筹集自有资金,向银行借款取得债务资金,发行商业票据获得短期资金外,还可以通过发行公司债券获得长期债务资金。多种筹资方式扩大了资金来源,并使各种筹资方式的副作用得以抵消和受到有效的限制,降低筹资风险。同时,也为投资者在投资方向、投资方式、投资条件等方面提供了多样选择,满足了不同投资者的不同需求。

2.调节负债规模,实现最佳的资本结构。按照现代公司财务理论,公司可以通过改变负债与资本的比例,使公司的融资成本降低,从而提高公司的价值。当公司的资本收益率高于固定的债券利率时,可以产生财务杠杆作用,使公司资产增值。

3.维持对公司的控制。股票是一种所有权证书,而债券的持有人与公司之间只是债权债务关系,持有人无权参与公司经营决策。所以无论发行多少,是否集中在少数人手中,都不会改变公司资本的所有关系,维持了对公司的控制。

（二）债券发行的条件

债券发行条件是指债券发行人在以债券形式筹集资金时所涉及的各项条款和规定,主要由发行金额、票面金额、期限、偿还方式、票面利率、付息方式、发行价格、发行费用、税收效应及有无担保等方面的内容构成。确定合理的发行条件,是保证债券发行成功的一项重要工作,它直接影响到发行者的筹资成本和投资者的投资决策。

1.发行金额。影响债券发行金额的因素主要有:发行人的资金需要,发行人的信誉及还本付息能力,市场承受能力,债券种类及该种债券对市场的吸引力等。如果发行金额定得过高,会造成销售困难,进而影响发行人信誉,对发行后债券的转让也会产生不良影响。

2.期限。从债券的计息日起到偿还本息日止的时间称为债券的期限。影响发行期限的因素主要有:所需资金的性质和用途,对市场利率水平的预期,流通市场的发达程度,物价的变动趋势,发行者的信誉度,市场上其他债券的期限构成及投资者的投资偏好等。一般情况下,如果发行债券是用于长期投资,预期未来市场利率水平将会上升,流通市场比较发达,发行人的信誉度较高,则可发行长期债券。

3.票面利率。债券的票面利率是指发债人每年向投资者支付的利息占票面金额的比率。票面利率的高低直接影响到发债人的融资成本和投资者的投资收益。发债人在确定票面利率高低时应考虑的因素主要有:市场利率水平,债券期限长短,信用级别,利息支付方式及证券管理部门对票面利率的管理等。一般来说,在市场利率较高时发行的期限较长、信用级别较低、期满时一次性付息、按单利计算的债券票面利率较高。

4.发行价格。发行价格是指债券投资者认购新发行的债券时实际支付的价格。债券的发行价格可以分为三种:一是平价发行,即按票面金额发行,一般是在债券利率与市场利率相同时采用;二是溢价发行,即以高于票面金额的价格发行,一般是在债券利率高于市场利率时采用;三是折价发行,即以低于票面金额的价格发行,一般是在债券利率低于市场利率时采用。因此,市场利率是确定债券利率的重要依据。

5.付息方式。付息方式是指发债人在债券的有效期内,一次或按一定的时间间隔分次向债券持有人支付利息的方式。一次性付息又可分为利随本清方式(即债券到期时一次性还本付息)及利息预扣方式(即贴现发行方式)。

6.偿还方式。在偿还方式中,要规定偿还金额、偿还日期以及偿还形式。偿还日期可以分为期满偿还、期中偿还和延期偿还。偿还形式可以分为货币偿还、债券偿还和股票偿还。

7. 发行费用。发行费用是指发债人支付给有关发行中介机构、服务机构的各种费用。发债人应尽量减少发行费用,以降低发行成本。

8. 担保。有无担保是债券发行的重要条件之一。一般来说,除政府以及大的金融机构发行的债券可以没有担保外,其余的债券都应有担保条款。担保可分为信用担保和财产担保。对投资者来说,担保会提高其所持债券的安全性,减少风险性。

9. 债券的税收效应。债券的税收效应主要是指对债券的收益是否征税。涉及债券收益的税收有收入所得税和资本税。收入所得税由发债人在支付利息时预先扣除并集中上缴地方税务部门。资本税是出售债券时对卖出价格与买入价格之间的差额收益征税。债券的税收效应直接影响债券的收益率,所以投资者在比较纳税债券和不纳税债券的收益率时应进行适当的折算。

二、债券的信用评级

(一) 债券评级的目的

在市场上公开发行债券之初,除了信誉很高的国家债券发行人以外,其他债券的发行人要做的一项重要工作就是请专门的证券评级机构对将发行债券的信用等级进行评定。

所谓债券的信用评级是指专门的、不属于国家的证券统计机构用某种标志来表示拟发行或已发行债券的质量级别的活动。债券的级别一般分为四种:A 级表示最高级别,B 级表示中等级别,C 级表示投机级别,D 级则表示最低级别。

债券评级的目的是将发行人的信誉和偿债能力告之投资者,以保护投资者的利益,尽量避免由于信息不足或判断不准而造成的损失。尽管证券法规定公开发行债券应向投资者充分披露信息,但由于所公布信息内容多、专业性强,并不是所有的投资者都有能力根据公开信息准确判断债券发行人的信誉和偿债的可靠程度,所以由专业的证券评级机构使用简单易懂的符号,向投资者提供有关债券质量和安全性的信息就显得十分重要。

另一方面,债券评级也有利于提高发行人的社会知名度,从而在一定程度上降低证券发行人的筹资费用,方便其债券的销售和流通。所以,虽然一些国家的证券法并不强迫债券发行人必须取得债券评级,但没有评级的债券在市场上往往没有销路,使得除国债以外的其他债券发行人都自愿向证券评级机构申请评级。

(二) 债券信用评级的根据

对债券的评级并不是评价该种债券的市场价格、市场销路和债券投资收益,而是评价该种债券的发行质量、债券发行人的资信状况和投资者所承担的投资风险。证券评级机构在债券评级过程中主要根据三个因素来判断。

1. 债券发行人的偿债能力。即考察发行人的预期盈利、负债比例、能否按期还本付息。

2. 债券发行人的资信状况。即考察发行人在金融市场上的信誉、历次偿债情况、历史上是否如期偿还债务等。

3.投资者承担的风险水平。主要分析发行人破产可能性的大小,另外还要预计在发行人一旦发生破产或其他意外时,债权人根据破产法等有关法律所能受到的保护程度和所能得到的投资补偿程度。

(三)证券评级机构与等级

证券评级机构是指专门从事证券投资研究、统计咨询和质量评估的公司。目前世界上著名的证券评级公司主要有:美国的穆迪投资者服务公司、标准·普尔公司和费区公司;日本的日本公社债研究所、日本评级研究所和日本评级公司;英国的艾克斯特尔统计服务公司;加拿大的债务级别公司等。目前中国较为著名的证券评级机构有:中国诚信证券评估有限责任公司、大公国际资信评估有限责任公司、长城资信评估有限责任公司、深圳市资信评估有限责任公司、上海远东资信评估有限公司、上海新世纪投资服务公司等。

债券的信用级别根据风险程度的大小一般分为十个等级,最高是 AAA 级,最低是 D 级。由于资金供求双方对级的精确性提出了更高要求,从 1982 年起,美国穆迪公司又在 AA 至 B 五级之后,加上了数字 1,2,3,如 AA1,AA2 等,以更精确地表明债券的风险程度。目前我国有关部门统一制定的债券信用级别及表达符号的含义如表 5-2 所示。

表 5-2 债券信用等级及含义

符号	符号含义	品质说明
AAA	最高级	最高级品质,本息具有最大的保障
AA	高级	高级品质,对本息的保障条件略逊于最高级债券
A	中高级	中上品质,对本息的保障尚属适当,但保障条件不及以上两种债券
BBB	中级	中级品质,目前对本息的保障尚属适当,但未来经济情况发生变化时,约定的条件可能不足以保障本息安全
BB	中低级	中下品质,具有一定的投机性,保障条件属中等
B	半投机性	具有投机性,缺乏投资性,未来的本息缺乏适当的保障
CCC CC	投机性	两者都具有投机性。CC 级比 CCC 级更差。债息尚能支付。但是经济状况不佳时,债息可能停付
C	充分投机性	债信不佳,本息可能已经违约停付,专指无力支付债息的公司债券
D	最低等级	品质最差,不履行债务,前途无望

三、国债的发行

国债是一国财政部代表国家发行的债券,在我国习惯上也称做国库券,所筹资金主要用于平衡财政预算收支和国家重点建设项目。

（一）我国国债的营销主体

我国国债的营销主体是国债一级自营商。国债一级自营商是指具备一定资格条件并经财政部、中国人民银行和中国证监会共同审核确认的银行、证券公司和其他非银行金融机构。国债一级自营商可直接向财政部承销和投标国债,并通过开展分销、零售业务,促进国债发行,维护国债市场顺畅运转。

1993年,根据《中华人民共和国国债一级自营商管理办法》,我国在国债承销中试行了国债一级自营商制度,并制定了一系列自营商的管理办法,到1996年年底,已有52家证券经营机构和银行被批准为国债一级自营商。

申请成为国债一级自营商须符合以下条件:①具有法定最低限额以上的实收货币资本;②有能力且自愿履行国债一级自营商的各项义务;③在批准的经营范围内依法开展业务活动,且前两年中无违法和违章经营的记录,具有良好的信誉;④在申请成为国债一级自营商之前,有参与国债一级市场和二级市场业务一年以上的良好经营业绩。

符合条件的金融机构在提出申请,并经由财政部、中国人民银行和中国证监会共同组成的国债一级自营商资格审查与确认委员会的审批,确认为国债一级自营商后,还须每年进行一次复审,复审不合格的金融机构将被暂停或吊销国债一级自营商的资格。

国债一级自营商可直接参加每期由财政部组织的全国性的国债承购包销团,在每期国债发行前可通过正常程序同财政部商议发行条件,每期承销量不得低于该期承销团承销总量的1%。

（二）我国国债现行的发行方式

我国自1981年恢复发行国债以来,随着金融市场的不断发展和规范,国债发行方式逐步从行政分配到承购包销,从国家定价到公开招标,从平价发行到贴现发行,经历了一个不断向发行市场化方向发展的循序渐进的过程。当前我国国债的发行主要采用以下几种发行方式。

1.公开招标方式。国债公开招标发行是国债一级自营商按照财政部确定的当期国债招标规则,以竞标方式确定各自包销的国债份额及承销成本,财政部按规定取得发债资金。

1995年8月,财政部在一年期记账式国债的发行中首次采用了以缴款期为标的的公开招标。1996年1月,财政部在1996年记账式一期国债的发行中首次采用了以价格为标的的招标方式。同年6月,又在1996年记账式五期国债发行中将标的从价格过渡到收益率。这种以价格或收益率为标的的方式是由承销商通过竞标决定国债的票面利率,真正实现了国债发行利率的市场化。

公开招标的一般过程是国债承销团成员投标、竞标、揭标、确定发行利率。招标按竞争标的物来看,有缴款期、价格和收益率招标三种形式;从确定中标的规则看,有单一价格(荷兰式)招标和多种价格(美国式)招标。

美国式招标发行与荷兰式招标发行的主要差异表现在中标商的认购价格方面。在荷兰式招标中,其招标规则是发行人在各投标商投标结束后,以最低中标价格作为全体中标商的最后中标价格,亦即全体中标商按该价格向发行人认购国债,所以,荷兰式招标也叫单一价格招标。在美国式的招标发行中,其招标规则规定,发行人按每家投标商各自中标价格确定中标者及中标数量,招标后的结果一般是各个中标商有各自不同的认购价格,各个中标商的成本与收益率水平也不同,所以美国式招标也叫多种价格招标。

国债招标模式通过各个招标要素的不同组合,呈现多样化,至今我国共采用过六种招标模式发行国债。

(1)以价格为标的的荷兰式招标,即以募满发行额为止所有投标商的最低中标价格作为最后中标价格,全体投标商的中标价格是单一的。

(2)以价格为标的的美国式招标,即以募满发行额为止中标商各自价格上的中标价作为中标商的最终中标价,各中标商的认购价格是不同的。

(3)以缴款期为标的的荷兰式招标,即以募满发行额为止中标商的最迟缴款日期作为全体中标商的最终缴款日期,所有中标商的缴款日期是相同的。

(4)以缴款期为标的的美国式招标,即以募满发行额为止中标商的各自投标缴款日期作为中标商的最终缴款日期,各中标商的缴款日期是不同的。

(5)以收益率为标的的荷兰式招标,即以募满发行额为止中标商最高收益率作为全体中标商的最终收益率,所有中标商的认购成本是相同的。

(6)以收益率为标的的美国式招标,即以募满发行额为止中标商各个价位上的中标收益率作为中标商各自最终中标收益率,每个中标商的加权平均收益率是不同的。

一般来说,对利率(或发行价格)已确定的国债,采用缴款期招标;对短期贴现国债,多采用单一价格的荷兰式招标;对长期零息和附息国债,多采用多种收益率的美国式招标。

2.承购包销方式。承购包销是指各金融机构按一定条件向财政部或地方财政部门承销国债,并由其在市场上分销,未能发售的余额由承销商购买的发行方式。

1991年的国债发行采取了由中央承购包销、地方承购包销和行政分配同时进行的方式,改变了以往单一的行政分配方式。1993年国债一级自营商制度确立之后,开始形成通过国债一级自营商组成国债承销团,直接向财政部承购包销的发行渠道。

目前对于事先已确定发行条件的国债仍采取承购包销方式,主要运用于不可上市流通的凭证式国债的发行。

3.行政分配方式。行政分配方式主要应用于恢复举债的最初10年(1981—1991年),在当时缺乏机构投资者、投资者金融意识不强、不存在国债二级市场的条件下,对于保证国债发行任务的完成,起到了重要的作用,它适应了国债发行历史上一定阶段的需要。

目前,每年财政部根据需求情况可以向社会养老基金和保险基金发行特种国债,由于数量较少、规模有限,所以采取定向私募的行政分配方式发行,这是对我国国债发行方式的一种有效补充。

(三)西方主要国家的国债发行情况

下面我们以美国和日本为例介绍西方主要国家的国债发行情况。

1.美国政府债券的发行。美国政府债券分为长、中、短期三大类,其发行程序相差不大,一般都采用招标发行方式。下面以短期政府债券即国库券为例,说明美国政府债券的发行情况。

(1)认购者索取投标单。美国财政部通常于每周的星期四宣布7日后发行国库券的数量、期限等情况,愿意认购者可向联邦储备银行或其分行索取投标单。投标单的主要内容包括:认购数量、期限类别(如3个月、6个月或一年等)、投标类型(竞争性投标或非竞争性投标,如为竞争性投标,则要注明年收益率)、购买的国库券到期时是否愿意再投资等。

(2)联邦储备银行接受投标单。美国各联邦储备银行在下周的星期一纽约时间下午1时以前接受投标单。

(3)决定中标者及中标价格。联邦储备银行及分行将投标单按照年收益率从低到高的顺序加以排列,提交财政部。财政部首先分配给准备继续投资的外国政府机构及联邦储备银行,以替换即将到期的旧国库券;其次,将发行总额划出一定比例给所有非竞争性投标者,其认购价格为竞争性投标者的平均中标价格;最后再分配给竞争性投标者,按照收益率由低到高的顺序分配,直至售完,竞争性投标者按照各自中标的收益率认购债券,最后中标者的收益率最高。

(4)由财政部宣布投标结果,时间为星期一晚上。

(5)财政部正式发行国库券。财政部于投标结果宣布的同一周的星期四正式发行国库券,中标者必须于该日或该日前向联邦储备银行缴款。

2.日本政府债券的发行。

(1)长期国债的发行。日本长期国债每月都发行,由大藏省(财政部)根据《国债法》决定每月的发行额和发行条件,并每月举行发债例会一次。例会由参加承销团的金融机构参加,在会上对国债的发行额、发行条件等进行惯例审核,取得认可后,由作为国家代理人的日本银行与承销团之间签订承销合同,然后正式开始发售债券。

(2)中期附息国债的发行(采用公募投标方式时)。由大藏省根据资金的需求情况以及市场情况决定发行时间、发行额度和招标的有关事项,委托日本银行组织招标;由日本银行向有关的金融机构和证券公司发布招标时间、数额、条件等,投标机构填写投标意向书;日本银行汇总投标情况,报告大藏省,由大藏省裁定中标者;日本银行将中标结果通知中标者;中标者认购债券后向一般投资者销售。

短期国债的发行与中期国债的发行基本相同。

四、金融债券发行

(一)发行人

金融债券是由国有商业银行、政策性银行以及其他金融机构发行的。发行金融债券所筹集的资金用于发放特种贷款、政策性贷款或其他专门用途。

(二)发行审核

准备发行金融债券的各银行与非银行金融机构根据实际需要,按照规定的要求和程序向人民银行总行报送本单位发行金融债券的计划,其主要内容包括:①金融债券的发行额度;②金融债券的面额;③金融债券的发行条件;④金融债券的转让、抵押等规定;⑤金融债券的发售时间与发售方式;⑥所筹资金的运用。

同时，中国人民银行总行根据信贷资金的平衡情况确定金融债券的年度发行额，并向各银行与非银行金融机构下达发行金融债券的指标。省级非银行金融机构如果需要发行金融债券，要向同级人民银行申报，由人民银行分行在人民银行总行下达的控制额度内进行审批。

(三) 发行方式

金融债券的发行方式有自营发行和委托代理发行两种。由于金融债券的发行主体是金融机构，其业务网络广泛，因此完全可以由金融机构自己发行，自己承销。这时，发行主体与承销主体为同一主体。

五、企业债券发行

(一) 发行人

根据国务院1993年8月颁布的《企业债券管理条例》的规定，企业债券的发行主体是在中华人民共和国境内具有法人资格的企业。目前我国一般将非公司型企业发行的债券视为企业债券。

(二) 发行资格

《企业债券管理条例》要求发行企业债券的企业必须符合下列条件：①企业规模达到国家规定的要求；②企业财务会计制度符合国家规定；③具有偿债能力；④企业经济效益良好，发行企业债券前连续3年盈利；⑤所筹资金用途符合国家产业政策。

(三) 发行审核

按照《企业债券管理条例》的规定，国家计划委员会同中国人民银行、财政部、中国证监会拟订全国企业债券发行的年度规模内的各项指标，报国务院批准后，下达各省、自治区、直辖市、计划单列市人民政府和国务院有关部门执行。因此，企业发行企业债券必须受到国家计划发行规模的限制。中国人民银行及其分支机构和国家证券管理部门依照规定的职责，负责对企业债券的发行和交易活动进行监督检查。

(四) 发行方式

《企业债券管理条例》规定，"企业发行企业债券，应当由证券经营机构承销"。我国企业债券的发行采用包销和代销两种方式，即先由某家证券经营机构同发行债券的企业签订承销协议，企业拟发行的债券由该机构承销，未销完部分按协议规定处理。此外，对于一些数额较大的企业债券，多采用组织区域性承销团承销的方式。

六、公司债券发行

(一) 发行人

我国《公司法》规定，股份有限公司、国有独资公司和两个以上的国有企业或者其他两个以上的国有投资主体投资设立的有限责任公司，为筹集生产经营资金，可以发行公司债券。

(二) 发行资格

根据《公司法》第161条规定，发行公司债券必须符合下列条件：①股份有限公司的净资产额不低于人民币3 000万元，有限责任公司的净资产额不低于人民币6 000万元;②累计债券总额不超过公司净资产额的40%;③最近3年平均可分配利润足以支付公司债券1年的利息;④筹集的资金用途符合国家产业政策;⑤债券的利率不得超过国务院限定的利率水平;⑥国务院规定的其他条件。

发行公司债券筹集的资金,必须用于审批机关批准的用途,不得用于弥补亏损和非生产性支出,不得用于股票、房地产和期货买卖等与本企业生产经营无关的风险性投资。若用于固定资产投资,还须经有关部门批准。

凡有下列情形之一的,不得再次发行公司债券:一是前一次发行的公司债券尚未募足的;二是对已发行的公司债券或者其债务有违约或者延迟支付本息的事实,且仍处于继续状态的。

(三) 发行审核

公司债券的发行规模由国务院确定。发行公司债券,必须依照公司法规定的条件,报经国务院授权的部门审批。发行人必须向国务院授权的部门提交公司法规定的申请文件和国务院授权的部门规定的有关文件。

(四) 发行方式

公司债券由证券经营机构负责承销。证券承销采取代销或者包销方式。发行人应与承销的证券公司签订代销或包销协议。向社会公开发行的公司债票面总值超过人民币5 000万元的,应由承销团承销。

七、可转换公司债券发行

(一) 发行人

根据国务院1997年3月发布的《可转换公司债券管理暂行办法》规定,可转换公司债券的发行人是上市公司和重点国有企业。

(二) 发行资格

1.上市公司发行可转换公司债券,应当符合下列条件:①最近3年连续盈利,且最近3年净资产利润率平均在10%以上,属于能源、原材料、基础设施类的公司可以略低,但是不得低于7%;②可转换公司债券发行后,资产负债率不高于70%;③累计债券余额不超过公司净资产额的40%;④募集资金的投向符合国家产业政策;⑤可转换公司债券的利率不超过银行同期存款的利率水平;⑥可转换公司债券的发行额不少于人民币1亿元;⑦国务院规定的其他条件。

2.重点国有企业发行可转换公司债券,除应当符合上述第3,4,5,6,7项条件外,还应当符合下列条件:①最近3年连续盈利,且最近3年的财务报告已经具有从事证券业务资格的会计师事务所审计;②有明确、可行的企业改制和上市计划;③有可靠的偿债能力;④具有代为清偿债务能力的保证人的担保。

(三) 发行审核

上市公司发行可转换公司债券,应当经省级人民政府或者国务院有关企业主管部门推荐,报中国证监会审批;重点国有企业发行可转换公司债券,应当由发行人提出申请,经省级人民政府或者国务院有关企业主管部门推荐,报中国证监会审批,并抄报国家计划委员会、国家经济贸易委员会、中国人民银行、国家国有资产管理局。

申请发行可转换公司债券,应当向中国证监会报送下列文件:①发行人申请报告。②股东大会做出的发行可转换公司债券的决议。包括:可转换公司债券的发行总额、票面金额、可转换公司债券利率、转股价格确定方式、转换期、募集资金用途、可转换公司债券还本付息的期限和方式、赎回条款及回售条款、股东大会决定的其他事项。③省级人民政府或者国务院有关企业主管部门的推荐文件。④公司章程。⑤可转换公司债券募集说明书。⑥募集资金的运用计划和项目可行性研究报告。⑦偿债措施、担保合同。⑧经会计师事务所审计的公司最近3年的财务报告。⑨律师事务所出具的法律意见书。⑩与承销商签订的承销协议。⑪中国证监会要求报送的其他文件。

（四）发行方式

可转换公司债券采取记名式无纸化发行方式,应当由证券经营机构承销,证券经营机构应当具有股票承销资格。承销方式由发行人与证券经营机构在承销协议中约定。

发行可转换公司债券,发行人必须公布可转换公司债券募集说明书。募集说明书应当包括下列内容。

1.发行的基本情况。包括:发行人的名称、发行人的基本情况介绍、批准发行可转换公司债券的文件及其文号、最近3年的财务状况、发行的起止日期、募集资金的用途等。

2.可转换公司债券的条件。包括:可转换公司债券票面金额及发行总额、可转换公司债券利率和付息日期、可转换公司债券的承销和担保事项、可转换公司债券偿还方法、赎回条款及回售条款等。

3.申请转股的条件。包括:申请转股的程序、转股价格的确定和调整方法、转换期、转换年度有关利息、股利的归属、转股时不足1股金额的处理等。

4.中国证监会规定的其他事项。

第四节　其他证券的发行

一、外资股的发行

我国的外资股可以分为境内上市外资股和境外上市外资股两种。

（一）境内上市外资股

境内上市外资股,又称B股,是在中国境内注册的股份有限公司向境外投资者发行并在中国境内证券交易所上市交易的股份,采取记名股票形式,以人民币标明面值,以外币(沪市用美元、深市用港币)认购、买卖。

1.发行方式。从目前来看,发行境内上市外资股一般采用私募方式。按照国际金融市场的通常做法,采用私募方式时,承销商可以将所承销的股份以议购方式向特定的投资者配售。其特征如下。

(1)不需要使用严格的招股说明书(Prospectus),只需使用信息备忘录(Information Memorandum),大大简化了编制和验证工作,原因是私募的对象一般是专业的投资者。

(2)招股文件不需按严格程序进行公告披露,可用邮寄方式送达等。

私募发行方式程序简单,要求低,但同时也会导致股权过于集中、市场流动性差等问题。

2.发行境内上市外资股(B股)的条件。根据《关于股份有限公司境内上市外资股的规定》,以募集方式设立公司,申请发行境内上市外资股的,应当符合的条件与申请发行A股的条件基本相同,区别在于发行B股应符合国家有关利用外资的规定,以及发起人出资总额不少于1.5亿元人民币等。

3.发行准备。发行准备工作主要包括:①实施企业改组方案。②选聘中介机构,包括承销商、法律顾问、审计机构、评估机构等。③尽职调查,指中介机构在企业的协助和配合下,对拟募股企业一切与本次发行有关的事项进行现场调查、资料分析的一系列活动。尽职调查可以使中介机构增强对企业的了解,以便发现问题,使中介机构掌握有关企业的第一手资料,真实地写出招股书和其他相关材料。④提供法律意见。⑤资产评估。⑥财务审计。⑦向中国证监会提交发行股票的申请资料。⑧中国证监会审核等。

4.国际推介与询价。在发行准备工作已经基本完成,发行审核已经原则通过的情况下,主承销商(或全球协调人)将安排承销前的国际推介和询价。主承销商通常会根据市场情况确定一个发行定价区间,作为询价的基础。国际推介的目的是:查明长期投资者的需求情况,保证重点销售;使投资者了解发行人的情况,做出价格判断;利用销售计划,形成投资者之间的竞争,最大限度地提高价格评估;为发行人与投资者保持关系打下基础。国际推介的对象主要是机构投资者。

5.国际分销与配售。需要考虑以下几方面的因素。

(1)计划安排国际分销的地区与发行人和股票上市地的关系。通常倾向于选择与发行人和股票上市地有密切投资关系、经贸关系和信息交换关系的地区为国际配售地。

(2)市场流动性因素。在选择国际配售地区时,通常要考虑有利于股票上市后流动性的因素,以保障各方利益。

(3)发行准备便利性因素。在确定国际分销方案时,一般选择当地法律对私募或配售没有限制和严格审查要求的地区作为配售地,以简化发行准备工作。

(二)境外上市外资股

境外上市外资股是指在中国境内注册的股份有限公司在境外发行,由境外投资者以外币认购并在境外证券交易所上市的股份。境外上市外资股采取记名股票形式,以人民币标明面值,以外币认购。对于境内上市外资股,发行行为受到境外募集行为发生地有关法律的约束;而境外上市外资股,其发行、上市、交易、公司信息披露等行为都要受到境外上市地的法律约束。1994年8月,国务院发布了《关于股份有限公司境外募集股份及上市的特别规定》,对境外上市外资股的有关问题做出规范。

1.发行方式。发行境外上市外资股的方式应当符合股票发行及上市地的法律要求。通常是将一定比例的外资股以公开认购方式发售,同时将其余的外资股以私募方式配售给机构投资者。这种方式使发行人和主承销商在发行准备阶段既要准备公开募股使用的招股说明书,也要准备私募使用的信息备忘录,并必须按上市地法律的要求,将招股文件和相关文件做公开披露和备案。

2.发行条件。申请发行境外上市外资股的企业须符合的基本条件主要包括以下几方面。

(1)符合我国有关境外上市的法律、法规和规则。

(2)符合国家有关利用外资政策的规定。

(3)企业有良好的经营机制和较高的经营管理水平,除符合拟上市地有关企业规模和效益的规定外,企业改组后投入上市公司部分的净资产不少于4亿元人民币,发行前一年税后利润不少于6 000万元人民币。

(4)按市场预期合理市盈率计算,预计筹资额不少于5 000万美元。

(5)企业有稳定的外汇收入,上市后分红派息有可靠的外汇来源。没有外汇收入的企业应事先征得外汇管理部门的同意。

3.发行准备。包括:向中国证监会提出申请;聘请中介机构,制作材料;经中国证监会审批,经批准后向境外有关证券监管机构和证券交易所提出申请,并履行相关核准或登记程序;进行国际推介与询价;国际分销与配售。

二、国际债券的发行

国际债券是一国政府或居民(金融机构、企业等)为筹措外币资金,在国外发行的以外币计值的债券。按照面值货币与发行债券市场所在国的关系,国际债券主要分为外国债券和欧洲债券。

(一)发行市场的构成

国际债券的发行涉及几个国家,当事人较多,在发行过程中,必须处理好各个参与主体的关系。

1.发行人(Issuer)。即借款人,可以是一般工商企业、政府机构、金融机构或国际金融机构、跨国公司等。

2.牵头经理人(Lead Manager)。即是发行国际债券的主要组织者,一般由一家知名度较高的投资银行或证券公司担任。其职责是受债券发行人的委托,负责组织、安排发行债券的工作。牵头经理人可能是一家投资银行或证券公司,也可能是几家。

3.承销团(Underwriters)。国际债券的发行金额一般较大,不是一家承销商可以包销的,所以需要组织承销团共同负责,其中每一个承销商都负责一定量的债券承购和分销业务。

4.财务代理人(Financial Agent)。财务代理人是接受债券发行人的委托,负责向债券投资者支付本金和利息的代理机构,其手续费是按照所支付的利息或本金的一定百分比来确定的。

5.法律顾问(Legal Adviser)。国际债券在发行过程中,涉及国家较多,会有许多法律问题、合同文件以及谈判活动,需要律师的咨询和指导。债券发行人和牵头经理人一般都分别委托两名法律顾问,一名是发行者所在国的,一名是发行对象国的。

6.投资者(Investor)。包括个人、公司企业、金融机构、政府或中央银行等。

7.有关管理当局(the Administration Authority)。各国都设有专门的证券管理机构从事债券的募集、发行、买卖等经营行为的监督管理。如,美国的证券交易委员会、英国的证券与投资委员会、日本的大藏省等。在欧洲债券市场上,筹款人也必须先到资本市场委员会或证券市场管理委员会申请登记,提供各种证明,经审查确认后才能取得债券发行权。

（二）发行条件

发行条件是发行债券的关键环节。对发行人而言,发行条件关系到筹资成本、筹资效益;对投资者而言,发行条件是做出投资判断的基础,涉及投资风险和收益问题。国际债券的发行条件主要包括资信评级、发行额度、偿还期限、票面利率、发行价格、偿还方式、利息支付方式和担保等。

（三）发行与承销方式

国际债券的发行方式主要有两种:公募和私募。承销方式主要有三种:代销、全额包销和余额包销。

三、基金单位的发行

（一）基金的设立

1.基金的设立程序。为了保障投资者的利益,许多发达国家和地区都对基金发起人的资格加以严格规定。基金发起人必须向基金的主管机关提出申请,经调查核准后方可进行基金的募集工作。在我国,中国证监会是证券投资基金的主管机关,负责基金的审批工作。基金的设立须经过准备、提交文件、主管机关审核批准等阶段。

2.基金设立的条件。

(1)基金发起人的条件。基金发起人是设立基金的主要当事人,其主要工作包括进行基金可行性研究,制定基金公司章程或基金契约、托管协议等重要文件,选择基金管理人和托管人,并认购一定的基金单位份额。所以,基金发起人的资产规模、代理能力、监督能力、研究水平等都直接影响到基金募集工作和基金未来运作,进而关系到众多基金投资者的利益。

基金发起人应当符合的主要条件包括:主要发起人为按照国家有关规定设立的证券公司、信托投资公司、基金管理公司;每个发起人实收资本不少于3亿元,主要发起人有3年以上从事证券投资经验、连续盈利的记录(基金管理公司除外)等。

(2)基金管理人的条件。申请设立基金管理公司必须具备的条件包括:主要发起人为按照国家有关规定设立的证券公司、信托投资公司;每个发起人实收资本不少于3亿元;主要发起人经营状况良好,最近3年连续盈利;拟设立的基金管理公司的最低实收资本为1 000万元;有明确可行的基金管理计划;有合格的基金管理人才等。

(3)基金托管人的条件。基金托管人一般由兼营信托业务的金融机构来担任,在我国,这一角色由商业银行承担。基金托管人应当具备的条件包括:设立专门的基金托管部;实收资本不少于80亿元;具备安全保管基金全部资产的条件;具备安全、高效的清算、交割能力等。

3.基金设立的主要文件。拟设立基金时,发起人必须向主管机关提交一系列规范基金设立、运作方面的重要文件,主要包括以下几个。

(1) 申请报告,是对设立基金的主要特征和基本要素的一个总体概述。

(2) 发起人协议,是本基金发起人就发起设立基金的有关事项达成的一致协议书。

(3) 基金契约,是基金的重要文件,载明有关基金运作情况的各项资料,提供基金投资目标、决策、行政及管理等方面内容。基金契约在投资活动中具备两个功能:充当推销基金单位的工具和作为保护投资者利益的依据。所以,每一位潜在的基金投资者都十分关心基金契约。

(4) 托管协议,又称委托保管协议,是规范基金管理人与基金托管人权利义务的契约。

(5) 招募说明书,是发起人向社会公众提供的有关基金的各项详细材料的法律文件。

(二) 基金的发行

基金的发行是指基金发起人在基金设立申请经基金主管机关批准后,向社会发行基金单位、募集资金的过程。基金发行是基金整个运作过程中的一个基本环节,也是基金市场的一个重要组成部分。

1. 发行方式。在国外,根据不同的标准,将基金的发行方式分为:①公募发行与私募发行;②自营发行与代理发行。

目前国际上基金的发行主要有以下四种方式。

(1) 直接销售方式,即基金不经过任何专门的销售组织而直接面向投资者销售。在这种最简单的发行方式中,投资基金按净资产价值出售,出价与报价相同,也称为不收费基金。

(2) 包销方式,在这种方式中,投资基金大部分是通过包销商包销的,包销商相当于批发商,赚取批零差价。

(3) 集团销售方式,为了更有效地推销基金,有些包销商会牵头组成一个或数个销售集团,而每个销售集团又由一定数量的承销商组成,各个承销商分别代理包销商销售投资基金的一部分,包销商则支付给每个承销商一定的销售费用。

(4) 计划公司销售方式,是集团销售方式的深化,使用于将一定比例的基金采用分期付款的销售方式。这种销售方式在包销商与投资者之间多了一个计划公司,由计划公司向投资者提供贷款,并安排投资者以分期付款方式购买投资基金,计划公司一般会向投资人收取更高的手续费。

2. 发行价格。基金的发行价格一般由基金面值和基金的发行费用两部分组成。

在国外,封闭式基金的发行价格分为平价、溢价和折价,目前我国只允许平价发行,即基金按照面值加一定比例的手续费发行。

开放式基金的发行价格一般为基金面额加一定比例的首次认购费。

3. 发行期限。基金的募集期限为自该基金批准之日起3个月。在此期间基金经理人不得动用已募集的资金进行投资。在规定期限内,封闭式基金募集的资金超过该基金批准规模的80%,开放式基金净销售额超过2亿元,该基金方可成立;否则,基金不能成立。基金不能成立的,基金发起人应将募集资金加计银行活期存款利息于30天内退还给基金认购人,并承担基金募集费用。

思考与练习题

1. 简述证券发行市场、间接发行、包销、招股说明书、债券的信用评级的概念。
2. 股份有限公司发行股票的主要目的有哪些?
3. 股票的承销方式有哪几种?它们各有什么特点?
4. 在我国,申请初次发行股票需要符合哪些条件?
5. 影响股票发行价格的主要因素有哪些?
6. 简要说明如何确定债券的发行价格、票面利率及期限。
7. 债券信用评级的主要目的是什么?证券评级机构在债券评级过程中依据的主要因素是什么?
8. 我国现行的国债发行方式有哪些?

证券流通市场

【学习要点】

本章首先分别介绍了证券交易所市场、场外交易市场和创业板市场这三个比较重要的证券流通市场。通过学习,掌握这些证券流通市场的特点、功能等基本情况。其次,对证券交易流程和方式做了简单介绍。通过学习,熟悉证券交易的四大基本流程,并了解各种证券交易方式。

Key points: In this chapter, the three main markets for negotiable security circulation, namely, the stock exchange market, over-the-counter market, and the growth enterprises market, are first introduced. Through reading the paper, students shall be able to grasp the characteristics, functions, roles of these markets.

Secondly, the procedures and methods of the negotiable security transaction are elucidated. After studying the paper, students shall be familiar with the four basic steps of stock exchange, and the negotiable security modes shall be learned about.

第一节 证券交易所市场

证券流通市场按组织方式不同可划分为两部分:一是有组织的、集中的场内交易市场,即证券交易所,它是证券流通市场的主体和核心;二是非组织化的、分散的场外交易市场,它是证券交易所的必要补充。

证券交易所又称场内交易所,是指有组织、有固定地点的集中买卖证券的场所。1996年8月,我国发布的《证券交易所管理办法》中规定,证券交易所是指依法设立的,不以营利为目的,为证券的集中和有组织的交易提供场所、设施,履行国家有关法律、法规、规章、政策规定的职责,实行自律性管理的会员制事业法人。证券交易所与证券公司、信托投资公司等非银行金融机构不同,它是非金融性的组织机构。

一、证券交易所的特征和职能

证券交易所是一个高度组织化的市场,它接受和办理符合有关法令规定的证券的上市买卖,为投资者提供多种服务。证券交易所与一般的市场不同,交易所本身并不参与证券买卖业务,也不决定证券交易价格,只是为证券交易提供场所和各项服务,并对证券交易进行周密的组织和严格的管理,以保证证券交易活动持续、高效地进行。

(一)证券交易所的特征

证券交易所市场是证券流通市场的核心,它主要具有以下特征。

1.组织性。证券交易所必须是按照有关法令,经政府特许才能成立。它实行"公开、公平、公正"的原则,有严密的组织性,有专门的立法和规章制度及运行程序,并对证券上市的审批、进场交易的人员、成交单位、成交金额和成交后的结算等都有严格的规定。此外,对交易所内部人员利用内部情报进行非法交易、操纵价格、垄断、欺诈等行为,也制定有严厉的措施予以制裁。

2.间接性。证券交易所的交易是间接交易,交易采取经纪制,即一般投资者不能直接进入交易所买卖证券,只能委托证券经纪人在交易所进行交易。交易所内的交易大部分是在买方经纪人和卖方经纪人之间达成的(证券自营商的交易除外)。

3.高效性。由于证券交易所集中了证券的供求双方,通过公开竞价的方式决定交易价格,所以具有较高的成交速度和成交率,但交易费用较高。

4.标准性。证券交易所的交易对象限于合乎一定标准的上市证券。这些上市证券是一级市场所发行证券中的一部分,一般都是由规模大、影响大的机构、公司发行的证券。其他非上市证券在场外市场交易或暂不交易。

(二)证券交易所的功能

证券交易所应当创造公开、公平的市场环境,提供便利条件,以保证证券交易的正常进行。根据《证券交易所管理暂行办法》的规定,我国证券交易所的基本职能包括:提供证券交易场所和设施;制定证券交易所的业务规则;审核批准证券的上市申请;组织监督证券交易活动;根据《股票发行与交易管理暂行条例》及证券交易所业务规则的有关规定对上市公司进行监督;对会员的证券交易活动进行监督;搜集、编制和公布证券交易所的市场信息;证监会许可的其他职能。

通过执行上述基本职能,证券交易所实现了下列重要功能。

1.提供持续性的证券交易的场所。证券交易所交易时间的固定性以及大量交易者的集中,使证券买卖随时可以成交,保证证券交易持续不断地进行。证券交易所内的证券交易成交量大、买卖频繁、进出报价差距小、价格波动小、交易完成迅速,创造了一个具有高度流动性、高效率和连续性的市场。

2.形成较为合理的价格。证券交易所内的证券交易价格是由买卖双方集中公开竞价形成的,统一的交易规则充分发挥了供求机制、竞争机制和价格机制的自动调节作用,使价格不仅能够充分反映供求关系,也能体现证券的真实投资价值。

3.引导社会资金合理流动,优化资源配置。证券交易的价格和成交量实际上体现了市场对某一证券的评价。交易所通过每天公布的行情和上市公司信息,反映证券发行公司的获利能力与发展情况,投资者据此信息选择和调整投资方向。由此,交易所的行情变化可以引导社会资金向最需要和最有利的方向流动,促进经济高效增长。

二、证券交易所的组织形式

证券交易所是证券交易集中的高度组织化的中心市场。证券交易所采取什么组织形式,各个国家是不同的,从世界各国证券交易所创建以来的历史和演进过程来看,证券交易所主要有公司制和会员制两种组织形式。

(一)公司制证券交易所

公司制证券交易所是银行、证券公司、投资公司以及其他企业共同出资,按照股份公司的原则设立的以盈利为目的企业法人。瑞士的日内瓦证券交易所、美国的纽约证券交易所、中国的香港联合证券交易所都实行公司制。

1.公司制证券交易所的特征。

(1)公司制证券交易所是以营利为目的的公司法人,是独立的经济实体。交易所本身不参加证券交易,只是为证券商提供集中交易证券的场所、设施和服务,保证证券交易的顺利进行。

(2)只有经注册的证券商才能进入证券交易大厅直接参加证券买卖。证券商要与证券交易所签订合同,并交纳营业保证金。

(3)公司制证券交易所的最高权力机构是股东大会。股东大会的常设机构是董事会,董事会是交易所的最高决策机关,它由股东大会选举产生。董事会聘请总经理和副总经理负责交易所的日常管理。此外,还设立监事会,负责监督董事和经理。监事会也由股东大会选举产生。

(4)公司制证券交易所有权向证券发行公司收取证券上市费,并向证券商收取成交费等其他费用。

2.公司制证券交易所的优点。

(1)公司制证券交易所易取得社会的信任。按照有关规定,公司制证券交易所要对证券交易所内的证券交易负有担保的责任,因而必须向国库缴纳营业保证金。如果交易中由于一方违约而给另一方造成损失,交易所要给予赔偿。这种担保责任及营业保证金制度,对证券买卖双方来说,都是十分有利的。

(2)有利于国家进行宏观调控。国家只要拥有该证券交易所的一定股份,就可选派代表作为交易所的股东,参与交易所的管理与控制,使交易所成为贯彻国家经济政策与金融政策的场所。

当然,公司制证券交易所也有不足。由于交易所的主要收入是按成交金额抽取佣金,交易所为增加收益,往往会推波助澜,助长证券投机,干扰市场的正常运行。

(二)会员制证券交易所

会员制证券交易所作为社团组织,通常由证券公司、投资公司等证券商自愿组成,这些证券商即为交易所的会员。目前,世界上许多著名的证券交易所都采取会员制证券交易所形式。

1.会员制证券交易所的特征。

(1)会员制证券交易所是不以营利为目的的社团法人。

(2)会员制证券交易所由会员组成,只有会员才能进入证券交易大厅直接参加证券交易活动。

(3)会员制证券交易所的最高权力机关是会员大会。会员大会的常设机构是理事会,它是交易所日常活动的最高决策机关,由会员大会选举产生。大部分理事是从会员中选举产生,也有极少部分理事是从非会员中选举产生的。

(4)会员须交纳会费,但收取费用较低。

(5)会员制证券交易所强调自律性的管理方式。所谓"自律性",是指证券交易所以自行确定规则的方式实现对证券交易所的管理,政府和立法机关多不加干预。

2.与公司制证券交易所相比,会员制证券交易所有如下优点。

(1)有助于规范投资者的行为。由于交易中一切损失均由买卖双方自负,可以促使投资者在进行证券买卖时慎重选择,提高责任感,从而养成注重信用的习惯,防止越轨行为。

(2)只限于本所会员进场交易,可以避免经纪人在所内囤积居奇,垄断价格,把持操纵等违法行为的养成。

三、证券交易所的参与者及管理机构

作为一种重要的证券交易市场组织形式,交易所内直接从事交易活动的参与者必须是具备会员资格的证券商或注册合格的证券商,而一般投资者只能委托证券商办理交易。为了有效地对参与者的行为进行管理约束,保证交易所内的交易顺利进行,不论是实行公司制还是实行会员制,证券交易所通常都由交易所的股东或会员大会选出一个行政权力机构进行管理,这个行政权力机构下设若干职能部门处理日常事务。

(一)证券交易所的参与者

证券商是从事证券业务的中介机构,包括证券承销商、证券经纪商、证券自营商和证券做市商。其中证券承销商在发行市场上从事证券交易活动,后三者在交易所市场上开展交易活动,是证券交易所的主要参与者。

1.证券经纪商。证券经纪商就是通常所说的经纪人,它是专门接受客户委托代理证券买卖业务以获得佣金收入的金融服务机构。证券经纪商是交易所的中坚力量,对证券交易市场的繁荣和发展有着十分重要的作用。

证券经纪商又分为佣金经纪商、交易所经纪商和专营经纪商。接受一般投资者委托买卖证券的称为佣金经纪商;专门接受其他佣金经纪商的委托从事证券交易的人(经纪商的经纪商)成为交易所经纪商,也称场内经纪人;兼有证券经纪商和证券做市商双重身份的专营某些证券的交易商称为专营经纪商,它既可以为证交所内的佣金经纪商或自营商代理买卖证券,从中收取佣金,也可以运用自有资金自行买卖证券。

2.证券自营商。证券自营商是指在证券交易所内以投资者身份直接为自己买进或卖出证券的证券商。证券自营商收入不是佣金而是证券价格差价。

证券自营商又可分为直接自营商和零股自营商两种。直接自营商是在交易所内注册的直接在交易大厅内买卖证券的自营商,他们随时根据证券价格变动买进或卖出证

券,从中获取差价利润;零股自营商是专门从事不足一个交易单位的证券买卖的证券自营商,当佣金经纪商接受零股交易委托时就再委托给零股自营商,零股自营商将接受委托的零股凑足一手后卖出,或买进一手化整为零再卖给他人。

3.证券做市商。证券做市商是指运用自己的账户从事证券买卖,通过不断地买卖报价维持证券价格的稳定性和市场的流动性,并从买卖报价的差额中获取利润的金融服务机构。由于做市商是用自己的资金进行证券交易,所以承担了一定的价格风险。

（二）证券交易所的管理

证券交易所比较完整的组织管理机构大体如图6-1所示。

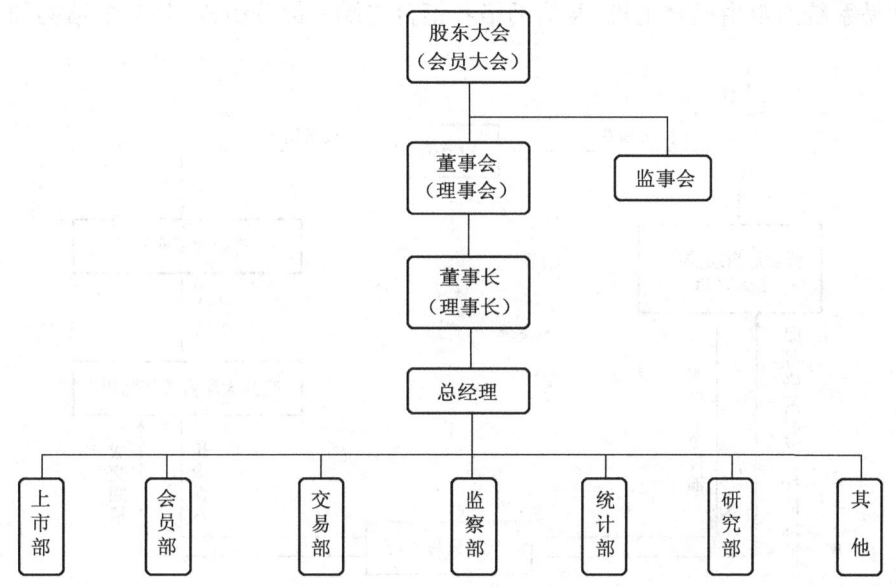

图6-1 证券交易所的管理机构

1.证券交易所的管理权限主要包括以下几点。
（1）监督交易过程,对违约、违纪的经纪人进行不同程度的处罚。
（2）制定和执行交易规则和制度,以保障交易依法有序地进行。
（3）调解与仲裁交易过程中经纪人之间的纠纷。
2.在运用上述管理权限的过程中,证券交易所必须坚持下列原则。
（1）公开原则,即交易所要向投资者提供发行证券的全面、正确的资料。
（2）场内交易原则,即交易所会员必须在交易所内进行上市证券交易。
（3）信用原则,即交易双方和交易所本身都要接受政府的监督和管理,防止欺诈、操纵和垄断等违法行为的发生,有效地实现证券交易所的高效管理。

四、证券交易所的运行架构

现代证券交易所的运作普遍实现了高度的无形化和电脑化,建立了安全、高效的电脑运行架构,并跨越了场所、区域的限制。以我国上海、深圳两地的证券交易所为例,其电脑运行架构由交易系统、结算系统、信息系统和监察系统组成,如图6-2所示。

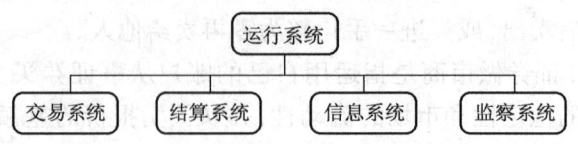

图6-2 证券交易所的基本运行架构

(一)交易系统

交易系统通常由撮合主机、通信网络和柜台终端三部分组成,其基本结构如图6-3所示。

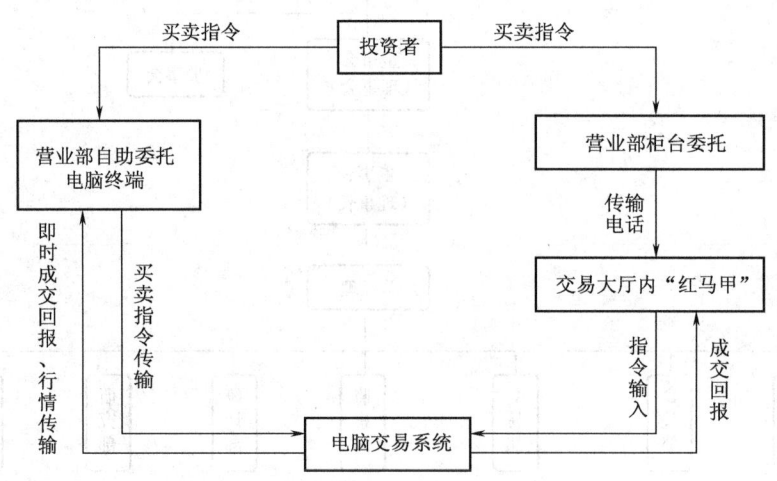

图6-3 交易系统的基本结构

1.撮合主机。撮合主机是整个交易系统的核心,它将通信网络传来的买卖委托读入计算机内存进行撮合配对,并将成交结果和行情通过通信网络传回证券商柜台。我国证券交易所使用的均是美国大型计算机,撮合能力均可达到日处理委托700万笔、成交500万笔以上的水平,比较适合我国散户多、小笔委托量大、撮合次数多的特点。

2.通信网络。通信网络是连接证券商柜台终端、交易席位和撮合主机的通信线路及设备,如单向卫星、双向卫星和地面数据专线等,用于传递委托、成交及行情等信息。

不同的交易席位需要使用不同的通信方式。我国上海、深圳证券交易所为证券商提供的交易席位包括有形席位和无形席位两种。有形席位指交易所交易大厅内与撮合主机联网的报盘终端。证券商使用有形席位所采用的通信方式是,由柜台工作人员通过热线电话将投资者的委托口述给交易大厅内的出市代表(即"红马甲"),出市代表用席位上的报盘终端再将委托输入撮合主机参与交易,证券商柜台利用单向卫星系统接收行情和成交数据。无形席位实际上是交易所为证券商提供的与撮合主机联网用的通信端口,不具有席位的原始形式。其通信方式是,证券商利用现代通信技术,将柜台电脑终端与交易所撮合主机联网,直接通过通信网络将委托传送到交易所撮合主机参与交易,并通过通信网络接收行情和成交数据。

3.柜台终端。证券商柜台终端系统用于证券商管理客户证券账户和资金账户、传送委托、接收成交、显示行情等。网络操作系统多采用 Novell 网络操作系统,网上带有 2 台或 3 台服务器和数十台工作站以及与交易所进行通信的传送机、行情接收机等。

（二）结算系统

结算系统是对证券交易进行清算、交收和过户,使买入者得到证券、卖出者得到资金的系统。各国证券市场都有专门机构进行证券的存管与结算。国外的证券结算与交收的过程通常要在交易结束后 5 天或 3 天才能完成,即通常所说的 T+5 交收或 T+3 交收。我国上海、深圳证券交易所实现了无纸化和电子化交易,结算系统较为高效、快捷,结算和交收于交易次日上午开始前即可完成,为 T+1 交收。

（三）信息系统

信息系统负责对每日证券交易的行情信息和市场信息进行实时发布。信息系统发布网络主要有交易通信网、信息服务网、证券报刊和因特网四个渠道组成。其中,交易通信网通过交易系统的通信网络发布证券交易实时行情、股价指数和重大信息公告等,最为迅速快捷。

（四）监察系统

监察系统负责对市场进行实时监控,主要从交易行情、违规交易、证券结算和资金交收等四个方面对证券交易所市场进行监控。

五、证券上市制度

证券上市是指公开发行的证券,经过证券交易所批准后在交易所内公开挂牌交易的法律行为。证券上市是联系证券发行市场和证券流通市场的"桥梁"。某种有价证券一旦获准在证券交易所上市或挂牌买卖,就是上市证券或挂牌证券,该种有价证券的发行公司就是上市公司。证券上市是公司的自愿行为,不具有强制性,证券上市在推动公司建立完善规范的经营管理机构、提高公司社会地位和经济地位、扩大资金来源渠道、提高公司证券的市场变现力等方面具有重要的意义。一般的上市公司都具有规模大、经营状况良好、获利能力强、在社会上有较高信誉的特征;但是,并非符合条件的股份有限公司都愿意成为上市公司,有些公司出于保护商业秘密和维持公司控股权等需要而不愿成为上市公司。

（一）证券上市的条件

1.证券上市的一般条件。政府债券不必经过证券交易所和证券主管部门审核便可直接上市发行并交易。公司证券要进入证券交易所交易,必须由发行公司提出申请,经证券交易所和证券主管机构审批后,方可在证券交易所公开买卖。从发展历史看,证券上市条件在不断提高,一般包括如下内容。

(1)资本额,一般是指公司实有资本额或有形净资本额。

(2)盈利能力,指公司申请证券上市前若干年的公司税前利润,盈利能力的高低往往标志着证券上市后交易的活跃程度,也意味着证券投资者投资收益的高低。

(3)资本结构,指自有资本和借入资本的构成比例。各国证券交易所一般会对资产规模和负债率做出规定。

(4)股权分散状况,表现为持有公司股票的人数和社会公众持有公司证券的总和。股权分散必须达到一定比例或数值,才能保证股票有足够的流动性,避免出现垄断和操纵市场的行为。

(5)偿债能力,反映公司经济实力和发展前途,偿债能力的高低直接关系到证券交易的活跃程度及债权人、股东的权益。

(6)开业时间,指该公司获准成立的时间。刚成立的公司往往将主要精力集中在如何开展业务方面,其证券市值、盈利能力、偿债能力都无法充分反映出来。为了保证证券投资者的利益,促进公司健康发展,各国证券交易所都要求申请上市的公司必须具有一定的经营时间。

2.我国对证券上市的相关法律规定。

第一,根据《中华人民共和国公司法》的有关规定,股份公司申请股票上市必须符合下列条件。

(1)股票经国务院证券管理部门批准已向社会公开发行。

(2)公司股本总额不少于人民币5 000万元。

(3)公司最近3年连续盈利。原国有企业改组设立为股份有限公司,或者公司主要发起人为国有大中型企业的,可连续计算。

(4)持有股票面值达人民币1 000元以上的股东人数不少于1 000人,向社会公开发行的股份达公司股份总数的25%以上。公司股本总额超过人民币4亿元的,向社会公开发行股份的比例可以适当降低,最低可为15%。

(5)公司在最近3年内无重大违法行为,财务会计报告无虚假记载。

(6)国务院规定的其他条件。

第二,我国公司申请其发行的公司债券上市交易,应符合下列条件。

(1)公司债券的期限为1年以上。

(2)公司债券实际发行额不少于人民币5 000万元。

(3)公司申请期间债券上市时仍符合法定的公司债券发行条件。

(二)暂停上市和终止上市

公司证券的上市资格并不是永久的,当不能满足证券交易所关于证券上市的条件时,它的上市资格将被取消,交易所将停止该公司股票的交易,称为终止上市或摘牌。证券交易所一般在摘牌前先给予上市公司暂停上市处理,以示警告;对在规定期限内未能解决存在问题的,才做出终止上市的决定。

1.上市公司状态异常期间的特别处理。1998年4月22日,沪、深证券交易所宣布将对财务状况异常的上市公司的股票交易进行特别处理(英文为Special Treatment,缩写为"ST")。其中异常主要指两种情况:一是上市公司经审计两个会计年度的净利润均为负值;二是上市公司最近一个会计年度经审计的每股净资产低于股票面值。在上市公司的股票交易被实行特别处理期间,其股票交易应遵循下列规则:①股票报价日涨跌幅限制为5%;②股票名称改为原股票名前加"ST",例如,"ST钢管";③上市公司的中期报告必须经过审计。

2.上市公司股票暂停上市的特别转让。PT股是基于为暂停上市流通的股票提供流通渠道的特别转让服务所产生的股票品种(PT是英文Particular Transfer的缩写)。这是根据《公司法》及《证券法》的有关规定,上市公司出现连续3年亏损等情况时,其股票将暂停上市。沪、深证券交易所从1999年7月9日起,对这类暂停上市的股票实施"特别转让服务"。PT股的交易价格及竞价方式与正常交易股票有所不同:①交易时间不同。PT股只在每周五的开市时间内进行,一周只有一个交易日可以进行买卖。②涨跌幅限制不同。据最新规定,PT股只有5%的涨幅限制,没有跌幅限制,风险相应增大。③撮合方式不同。正常股票交易是在每个交易日9:15~9:25之间进行集合竞价,集合竞价未成交的申报则进入9:30以后连续竞价排队成交。而PT股是交易所在周五15:00收市后一次性对当天所有有效申报委托以集合竞价方式进行撮合,产生唯一的成交价格,所有符合条件的委托申报均按此价格成交。④PT股作为一种特别转让服务,其所交易的股票并不是真正意义上的上市交易股票,因此股票不计入指数计算,转让信息只能在当天收盘行情中看到。

3.恢复上市的条件。根据我国《公司法》及《亏损上市公司暂停上市和终止上市实施办法(修订)》的规定,公司股票暂停上市后,符合下列条件的,可以向证券交易所提出恢复上市申请:①在法定期限内披露暂停上市后的第一个半年度报告;②半年度财务报告显示公司已经营利。

暂停上市期间,若上市公司仍未达到上市标准,或在法定期限内未披露暂停上市后第一个半年度报告的,股东大会做出终止上市决议,证券交易所报经有关证券主管机关核准后,做出终止其上市资格的决定。

第二节 场外交易市场

场外交易市场,又称柜台交易或店头交易市场,是指在证券交易所以外由证券买卖双方直接议价成交的市场。狭义的场外交易市场仅指证券交易商柜台市场,广义的场外交易市场由三个部门组成:柜台交易市场、第三市场和第四市场。

一、场外交易市场的特征

场外交易市场实际上是由千万家证券商行组成的抽象的证券买卖市场。在市场内,每个证券商大都同时具有经纪人和做市商的双重身份,随时与买卖证券的投资者通过直接接触或电话、电报等方式迅速达成交易。作为做市商,证券商具有创造市场的功能,证券商根据自身的特点,直接买卖证券,维持证券存量,赚取交易差价和承担交易风险。在发挥这种功能时,证券商被称为市场的创造者,以这些市场创造者为中心组织起来的柜台交易市场组织形式也被称为"做市商"制度。作为经纪人,证券商代理顾客与某证券的交易商进行交易,不承担任何风险,只收取少量的手续费作为补偿。

与证券交易所相比,场外交易市场具有五个主要的特征。

(一)非集中市场

场外交易市场是一个分散的、无固定交易场所的抽象市场或无形市场。它没有固定的场所,没有统一的交易时间、交易规则和交易秩序,而主要通过电话、电传等现代通信手段成交。

(二)开放式市场

场外交易市场是任何投资者都能进入的开放式市场,与在证券交易所中采取的经纪制不同,交易方式主要是自营制,投资者直接和证券公司进行交易,证券公司通过自营买卖,实现证券的交易转让。

(三)证券种类繁多

与证券交易所相比,场外交易市场不仅买卖已上市的证券,同样也买卖未上市的证券,这在相当大的程度上满足了众多难以在证券交易所上市的公司及其证券的交易需求,因此场外交易市场的证券种类繁多,而且数量极大。如,美国场内市场中上市证券品种有2 000余种,而NASDAQ系统交易的证券品种则达7 000多种。

(四)议价方式

证券交易所的证券价格是公开拍卖的结果,而场外交易市场的买卖价格则是由投资者与证券公司之间直接协商决定的,证券买进或卖出采用的是"一对一"的交易方式,这样对同一种证券的买卖就不可能同时出现众多购买者或出售者,也就不存在竞争性的要价和报价机制。

(五)特殊的管理模式

场外交易市场没有统一的交易章程和交易规则,证券交易额没有起点和交易单位的限制,管理比较宽松,监管机构通常只就交易中的违法行为加以处理,日常的交易活动由证券公司在法律规定的范围内实施,或由证券业协会加以适度的监督。

各国的场外交易市场在证券流通市场的地位并不一样,场外交易市场在美国比在任何国家都重要。其主要原因是,美国的证券交易委员会对证券在交易所挂牌上市的要求非常高,一般的中小企业无法达到,因此,许多企业的证券只能依靠场外交易市场交易。欧洲国家则有所不同,其证券交易所非常发达,而场外交易市场远不如美国那样发达。

二、场外交易市场的组成

场外交易市场没有固定的场所,其交易主要利用电话进行,交易的证券以不在交易所上市的证券为主,在某些情况下也对在证券交易所上市的证券进行场外交易。根据场外交易市场的交易方式、交易对象和交易主体的不同,场外交易市场可以分为不同的类型。

(一)柜台交易市场

柜台交易市场又称店头市场,是指在证券公司开设的柜台上进行交易活动。柜台交易市场是证券流通最早形成的市场,早在股票、债券等有价证券产生之时,就有了柜台交易市场。柜台市场的交易对象主要是按照《证券交易法》公开发行但未在证券交易所上市的证券,一些联邦政府债券、地方政府债券、市政债券和公司债券等也是柜台交易市场的交易对象。美国的柜台交易市场分布广泛,以数以千计的证券商为中心联结而成。

证券交易所产生并迅速发展后,柜台交易市场之所以依然能够存在并进一步发展,其原因有以下几点。

1.证券交易所的交易容量有限,而且存在严格的上市条件,使许多证券不能进入证券交易所内买卖。但客观上,这些证券需要流通,需要有可以进行买卖的交易场所,这就要求柜台交易市场作为证券交易所的一种补充而存在。

2.柜台交易市场的交易比较方便、灵活,既没有交易所那样烦琐的上市程序,也不需填写复杂的委托书,而且在很大程度上弥补了证券交易所市场的不足,满足了投资者的需要。

3.随着现代技术的发展,柜台交易市场的交易方式、交易设备、交易程序也在不断改进,其交易效率与证券交易所不相上下。

（二）第三市场

第三市场是指已经在证券交易所上市交易的证券在证券交易所以外进行交易而形成的市场,而其他的场外交易市场主要从事非上市的股票在交易所以外的交易。它原属于柜台市场的范围,近年来由于交易量增大,其地位日益提高,以致许多人都认为它实际上已变成独立的市场。

第三市场主要是为适应大额投资者的需要而发展起来的,它的出现是与证券交易所采取的固定佣金制度相联系的。20世纪70年代以前,美国各大交易所要求它的会员公司在买卖所有在交易所上市的股票时要支付固定的佣金。这样,大的机构投资者进行大批量交易要支付很高的佣金。然而,由于场外交易市场的交易商不是交易所的会员,场外交易上收取的佣金是通过磋商确定的,最低佣金制对他们没有限制,这些交易商就与交易所的会员公司竞争,减少交易差价和交易成本。因此,机构投资者纷纷转向第三市场,形成以大额上市证券为主要交易对象的场外交易市场,第三市场一度发展迅速。直到1975年美国证券交易管理委员会取消固定佣金比率,交易所会员自行决定佣金,投资者可选择佣金低的证券公司来进行股票交易,第三市场的发展才有所减缓。

（三）第四市场

第四市场是指买卖双方不通过经纪人,而是通过电子计算机网络直接进行大宗证券交易的场外交易市场。在这个市场上,投资者和筹资者直接协商交易,不用通过任何中介机构。第四市场是近年来国际上流行的交易方式,它也是适应机构投资者的需要而产生的。由于机构投资者进行的股票交易一般都是大数量的,为了保密,不致因大笔交易而影响价格,也为了节省付给经纪人的手续费,一些大企业、大公司在进行大宗股票交易时,就通过电子计算机网络直接进行交易。

对第三市场及证券交易所来说,第四市场是一个颇具竞争性的市场。其优点在于以下几个方面。

1.交易成本低。买卖双方直接交易,节省了佣金。

2.价格满意,成交迅速。买卖双方直接洽谈成交,所以可以获得双方都满意的好价格。

3.可以保守交易秘密。买卖双方通过电信手段成交,无须通过经纪人,因此有利于机构投资者匿名进行证券交易,以实现其真实投资目的。

4.不冲击证券市场。第四市场所进行的一般都是大宗的证券买卖交易,如果公开交易可能会给证券市场的价格造成较大影响,而在第四市场交易,因其不公开出价,可以避免对证券行情产生压力,有利于防止证券市场的价格震荡。

当然,第四市场也有其不利的一面,会给金融管理带来很大困难,因为连买卖交易的统计资料都很难获得,更谈不上对这类交易进行监管或制定交易规则。因此,第四市场的发展潜力虽然很大,但同时也对证券市场的监管提出了挑战。

三、我国场外交易市场的组成

由于多种原因,我国的场外交易市场还很不发达。

1992年,原国家体改委批准了全国证券交易自动报价系统——STAQ为指定的法人股流通市场。此后,NET法人股市场也于1993年4月28日在北京正式开通。至1993年底,STAQ系统有上市公司10家,NET系统有上市公司7家,共有会员公司近500家,开户的机构投资者约3.2万人,累计交易金额达220亿元。由于交易过程中的一些不规范行为,1999年9月9日、10日,两网先后停止了交易,直至2001年6月12日《证券公司代办股份转让服务业务试点办法》的出台。

此外,许多地区建立起了各种形式的股权交易中心。1996年年底,统一的浙江省股权交易中心挂牌成立。1998年,有关部门清理了地方股权交易中心,原有股权也大都被发起人股东低价回购。

第三节 创业板市场

严格来讲,创业板市场又称二板市场,不是独立于证券交易所或场外交易市场的另一种市场组织形态,而是一套特殊的发行上市和交易规则,这些规则主要针对处于创业期、不够证券交易所上市条件但有发展潜力的中小型高新技术企业。

国际上绝大部分成熟的证券市场都设有创业板市场。如,美国的纳斯达克股票市场,是各国二板市场的鼻祖,其他国家二板市场基本都是借鉴纳斯达克的运作建立起来的;英国伦敦证券交易所主板市场设有专为中小企业服务的二板市场;新加坡证券交易所主板市场之外的二板市场叫做自动报价市场。

1999年,我国香港特别行政区在原有的主板市场——联合交易所之外设立了创业板市场,即香港创业板市场,为不同行业及规模的具有良好增长潜力的公司提供筹资机会。为了实现科技与资本的有机结合,促进高新技术企业的成长,2004年5月27日,我国大陆在深圳证券交易所开设创业板市场,以扶植那些处于创业初期具有自主知识产权的中小型高新技术企业的成长壮大,这一举措标志着我国创业板市场的设立和多层次资本市场建设的开始。

一、创业板市场的特点与功能

创业板市场是社会经济发展到一定阶段之后才出现的创新事务,它主要面对中小型公司,特别是成长性较强的新兴高科技公司。创业板市场既可以隶属于现有的证券交易所,利用证券交易所的资源,实行与主板市场完全不同的交易规则和交易方式,也可以完全独立于现有的证券交易所之外,在场外交易市场进行交易,实行创业板自身的交易规则和交易方式。

(一)创业板市场的特点

与主板市场相比,创业板市场具有以下特点。

1.前瞻性。创业板市场对公司历史业绩要求不严,过去的表现不是融资的决定性因素,关键是公司是否有发展前景和成长空间,是否有较好的战略计划与明确的主体概念。

2.上市标准低。由于创业板市场是前瞻性市场,因此对公司的静态盈利能力与资产规模并不做要求或不做过多的要求。

3.高风险。与主板市场相比,创业板市场中的公司规模小,业务属于初创时期,缺乏盈利业绩,面临的技术风险、市场风险、经营风险以及内幕交易和操纵市场风险都很大,具有高成长、高风险的特点。因而,创业板市场适宜具备相应的风险承受能力、寻求高回报的机构和个人投资者,如创业投资公司、小盘股基金,以及有经验的个人进场投资与交易。

4.监管严格。由于创业板市场是高风险市场,并且创业板市场的上市条件比主板市场相对宽松,为了保护投资者,创业板市场一般会在信息披露方面提出更加严格的要求。

(二)创业板市场的功能

创业板市场与主板市场一样,是证券市场的重要组成部分。创业板市场的功能主要表现在以下几个方面。

1.为处于初创期的中小企业提供利用证券市场进行股权融资的机会。处于初创期的中小企业的创新成果要实现产业化,一般要经历种子期、导入期、成长期、扩张期和成熟期五个阶段。企业处于不同的发展阶段,具有不同的投资需求,一般在导入期、成长期和扩张期这三个阶段中,企业要进行新产品试制、初期固定资产投入、市场开拓以及扩大再生产等,资金的需求量很大,一般创业者的自有资金已经无法满足,需要进行对外融资。

一般来说,企业融资的渠道有两条:一是向银行贷款,进行债权融资;二是发行股票,进行股权融资。对银行来说,向初创期的中小创新企业贷款,风险与收益高度不对称;对这类企业来说,银行贷款的期限太短,成本太高。相反,通过股权融资可以使企业获得成本较低而又相对稳定的资金,而且一旦企业创业成功,承担高风险的股权投资就可以获得高收益,避免了上述风险与收益不对称的问题。另外,由于这些中小企业成长早期往往具有高风险、小规模等特点,很难进入证券主板市场筹集发展壮大所必需的资金,所以创业板市场是处于初创期的中小企业的最佳融资渠道,创业板市场为这类企业提供了门槛较低的直接融资渠道,由此起到促进企业发展的作用。迄今为止,创业板市场已经造就一大批世界高科技企业巨人,如微软、英特尔、康柏、戴尔和苹果等。

2.为风险投资退出提供窗口,促进风险投资业的发展。风险资本投资于具有发展潜力的中小企业,其根本目的与动机是通过投资处于高成长期的创业企业,实现高额创业投资回报。当创业企业进入成熟期,无法再获得超额创业投资收益时,风险资本就要变现退出,再利用变现的资本去寻找新的风险投资机会。因此,能够迅速以合理的价格将风险投资变现可以鼓励更多的风险资本参与创业投资,同时提高风险资本使用效率,实现风险资本的良性循环,促进风险投资业的发展与壮大。从国外实践来看,创业板市场在这方面扮演着重要角色,它承担了风险资本退出窗口的作用。风险资本家往往通过在创业板市场出售风险企业股票等形式来实现退出。因此,创业板市场的建立和完善是促进一国风险投资业发展的重要环节。

3.优化资源配置和规范企业经营管理。创业板市场是企业筹集长期权益性资金的场所,作为资本市场,它与主板市场一样,具有筹集与利用社会闲散资金、优化资源配置的基本功能,尤其是通过加速风险资本的周转,推动了社会闲散资金投资于创业阶段的高科技项目,推动了高科技企业的发展。另外,创业板市场对企业的财会制度、信息披露、公司治理结构等都有较严格的要求,促使中小企业必须按照一定的规范运作,从而促进了中小企业经营管理水平的提高。

二、创业板市场的分类

世界各国的创业板市场虽然都是以服务于中小型企业为目标,但由于各国的设立方式、市场定位、上市标准、交易制度不同,创业板市场也各有特色。从总体上讲,创业板的分类主要和设立方式、运作模式以及交易制度有关。

(一)按设立方式进行分类

1.由证券交易所直接设立。证券交易所设立创业板市场,制定与主板市场不同的上市条件和标准,吸引与主板市场在经营状况及营业期限、股本大小、盈利能力、股权分散程度等方面不同的公司上市。英国的伦敦交易所另类投资市场,新加坡证券交易所西斯达克市场以及香港联交所创业板市场等都是采用这种设立方式。

2.由非证券交易所的机构设立。这类创业板市场通常是由各国或地区的券商协会或类似机构设立,为该区域内柜台交易市场中部分质地较优的股票提供集中的电子化自动报价和交易系统。采用这种设立方式的有美国纳斯达克市场、欧洲易斯达克市场、韩国克斯达克市场等。

3.由原先的证券交易所通过重组、合并、市场重新定位等方式转变而成。加拿大创业交易所就是这种设立方式的典型。该交易所由加拿大温哥华证券交易所与阿尔伯证券交易所合并而成,其市场定位主要是具有高成长性的中小企业。

(二)按运作模式进行分类

1.附属市场运作模式。附属市场运作模式的特点是二板市场附属于主板市场。这种模式又可进一步分为两种形式:两板平行式和附属递进式。在两板平行模式下,创业板市场是由证券交易所设立并与主板市场平行运作的,两者没有高低之分,拥有共同的组织管理系统、交易系统。主板和创业板的主要差别在于上市标准不同,由于两者的市场定位不同,前者注重公司的规模、经营历史、盈利记录等;而后者注重公司发展潜力,因此创业板的上市条件要比主板宽松。英国伦敦证券交易所的另类投资市场和香港联交所的创业板市场都属于一所两板平行式设立模式。在附属递进式设立模式下,在创业板上市的公司在正常运作一段时间并达到一定条件后,必须申请到主板市场挂牌。在这种模式下,创业板市场作为主板市场的预备,两者间是一种从低级到高级的提升关系。由于这种模式缺点比较明显,目前已被大多数证券交易所弃用,澳大利亚证券交易所设立后被迫关闭的二板市场就是采用这种模式,新加坡证券交易所西斯达克市场的设立具有这种模式的部分特征。

附属市场模式具有降低成本,促进创业板市场尽快规范运作的优点,不足之处在于主板和创业板之间缺乏竞争,创业板市场只是作为主板市场的附属存在,发展空间有限。

2.独立运作模式。这种模式是指创业板市场与主板市场分别独立运作,创业板市场拥有独立的组织管理系统、交易系统与监管系统,并且大多数采用不同的上市标准,监管标准也有所不同。美国纳斯达克市场、我国的香港创业板市场和韩国的克斯达克市场均采用这种模式。

独立运作模式在促进主板和创业板之间的竞争,提高创业板市场中上市公司的质量,增强创业板市场抵御风险能力方面都有积极的作用。但是,这种模式也有其缺点,主要表现在重新建立创业板市场交易所,初期成本高,无法运用成熟交易所的现有资源。

（三）按交易制度进行分类

1.委托指令驱动交易制度。这种制度又称竞价制度,先由集合竞价形成开市价格,然后对不断进入交易系统的投资者交易指令进行连续竞价处理。这种交易制度的优点是透明度高、信息传递速度快和运行费用较低;缺点是处理大额买卖盘的能力较差,某些不活跃的股票可能持续萎缩,股票价格容易波动。

目前,香港创业板市场采用这种交易制度,通过主板现有的第二代自动对盘系统进行自动配对竞价,买卖成交后通过中央结算系统进行结算及交收。

2.做市商报价驱动交易制度。这种制度是指做市商对其所选择做市的股票报出买卖价格,随时准备按此价格向要求买进的投资者卖出和从要求卖出的投资者买入。做市商从自己给出的买卖报价的差额中弥补做市的成本并获取一定收益。这一制度的优点是成交及时,交易价格相对稳定,能够抑制股价操纵;缺点是缺乏透明性,会增加投资者负担,监管成本较大,可能出现串谋。

美国纳斯达克市场在建立初期采用的就是纯粹多元做市商制度,每一只股票同时由多个做市商负责。但是,由于这种交易制度缺乏透明度,1997年美国证券管理机构要求纳斯达克市场必须显示电子通信网络(ECNs),使得纳斯达克市场的交易制度具备了做市商报价驱动与委托指令驱动的双重特征,成为混合式交易制度。

三、美国纳斯达克市场

美国纳斯达克市场(NASDAQ)是美国的证券交易商协会自动报价系统的简称,它是美国政府为适应高科技、高风险、高成长中小企业资金需求,于1971年设立的全球首家二板市场。该市场由两部分组成:小型资本市场和全国市场。其中,小型资本市场以高科技公司为主,全国市场是世界范围内的大型企业和经过小型资本市场发展起来的企业。经过多年的发展,NASDAQ取得了巨大的成功,现在和美国股票交易所合并成为交易额超过纽约股票交易所的第一大证券交易市场。NASDAQ是一个没有交易大厅,全部运作通过计算机和通信网络进行的市场。世界各个角落的投资者和证券商通过装置在世界各地的40多万台终端查看报价和最新交易信息。其先进的电子交易系统能在1秒钟内交割1 500宗交易。

NASDAQ的交易采用做市商制度。NASDAQ的做市商制度是一种多元做市商制度,一只股票必须有至少两家证券商进行做市。据统计,NASDAQ每只股票平均约有11个做市商,规模大、流通性强的股票做市商数目更多,如微软公司股票有多达52家证券商为其做市。这种制度在不同的做市商之间形成了股票买卖的竞争,从而有利于在保持市场流动性的同时产生较为公平合理的市场价格。

NASDAQ隶属于全美证券商协会,后者通过其子公司——NASDAQ监管公司对NASDAQ进行监管,包括制定规章和措施、对成员的经济活动进行审查、设计和提供市场服务等。为了保障NASDAQ的持续发展,该公司对其实行了严格的监管。例如,NASDAQ市场须执行交易报告制度,即做市商必须在成交后90秒内向全国证券交易商协会报告在NASDAQ证券市场上市证券已完成的每一笔交易。买卖数量和价格的交易信息随即发送到世界各地的NASDAQ证券市场计算机屏幕和销售终端,这些交易报告的资料将作为日后全国证券交易商协会审计的基础。另外,该公司还采用为经纪人提供培训、进行从业资格审查等方式来预防违规行为的发生。

短短30多年时间中,NASDAQ市场凭借其高效率的电脑交易系统,在上市公司数量、上市公司构成、股票成交额、股票交易量、股票市值等方面均取得了巨大的突破,培育出了诸如微软、雅虎这样的全球著名大公司,对美国"新经济"的出现和成长起到了核心推动作用。

四、深圳创业板市场

(一)创业板市场与主板市场的比较

在中国发展创业板市场是为了给中小企业提供更方便的融资渠道,为风险资本营造一个正常的退出机制。同时,这也是我国调整产业结构、推进经济改革的重要手段。对投资者来说,创业板市场的风险要比主板市场高得多,当然,回报可能也会大得多。2020年6月12日,证监会发布了《创业板首次公开发行股票注册管理办法(试行)》《创业板上市公司证券发行注册管理办法(试行)》《创业板上市公司持续监管办法(试行)》《证券发行上市保荐业务管理办法》,创业板步入注册制时代。截至2020年10月30日,创业板上市公司数量已达871家,占A股上市公司总数的21.42%,总市值10.40

万亿元。创业板公司平均营业收入由 2009 年的 4.74 亿元增长至 2019 年的 20.62 亿元,年复合增长率超过 15%。从 2009 年 10 月 30 日首批 28 家公司集体挂牌,到 11 年后拥有 871 家上市公司、总市值突破 10 万亿元,步入注册制时代的创业板已筑成创新创业企业集聚地,成为推动中国经济高质量发展的一股重要力量。

创业板和主板市场的投资对象和风险承受能力是不相同的,在通常情况下,二者不会相互影响,而且由于它们内在的联系,反而会促进主板市场的进一步发展壮大。深圳创业板上市条件与主板的对比见表 6-1。

表 6-1　　　　　　　　深圳创业板上市条件与主板的对比

条件	创业板	主板(中小板)
主体资格	依法设立且持续经营 3 年以上的股份有限公司,定位服务成长性创业企业;支持有自主创新的企业,实施负面清单制度	依法设立合法存续的股份有限公司
股本要求	发行后股本总额不低于 3 000 万元。公开发行的股份达到公司股份总数的 25% 以上;公司股本总额超过 4 亿元的,公开发行股份的比例为 10% 以上	发行前股本总额不少于 3 000 万元,发行后不少于 5 000 万元
盈利要求	对一般企业来说(二选一): 标准 1:最近两年净利润均为正,且累计净利润不低于 5 000 万元 标准 2:预计市值不低于 10 亿,最近一年净利润为正且营业收入不低于 1 亿元 对于红筹和特殊股权结构企业(二选一): 标准 1:预计市值不低于 100 亿元,且最近一年净利润为正 标准 2:预计市值不低于 50 亿元,最近一年净利润为正且营业收入不低于 5 亿元	(1)最近 3 个会计年度净利润均为正数且累计超过人民币 3 000 万元,净利润以扣除非经常性损益前后较低者为计算依据 (2)最近 3 个会计年度经营活动产生的现金流量净额累计超过人民币 5 000 万元;或者最近 3 个会计年度营业收入累计超过人民币 3 亿元 (3)最近一期不存在未弥补亏损
资产要求	最近一期期末净资产不少于 2 000 万元	最近一期期末无形资产(扣除土地使用权、水面养殖和采矿权等)占净资产的比例不高于 20%
主营业务要求	发行人应当主营一种业务,且最近两年内未发生变更	最近 3 年内主营业务没有发生重大变化
董事、管理层和实际控制人	发行人最近两年内主营业务和董事、高级管理人员均未发生重大变化,实际控制人未发生变更。高管不能最近 3 年内受到中国证监会行政处罚,或者最近一年内受到证券交易所公开谴责	发行人最近 3 年内董事、高级管理人员没有发生重大变化,实际控制人未发生变更。高管不能最近 36 个月内受到中国证监会行政处罚,或者最近 12 个月内受到证券交易所公开谴责
同业竞争 & 关联交易	发行人的业务与控股股东、实际控制人及其控制的其他企业间不存在同业竞争,以及影响独立性或者显失公允的关联交易	除创业板标准外,还需募集投资项目实施后,不会产生同业竞争或者对发行人的独立性产生不利影响

（二）创业板市场上市条件

创业板公司首次公开发行的股票申请在深交所上市应当符合下列条件：

1. 发行人是依法设立且持续经营3年以上的股份有限公司。

2. 最近两年连续盈利，最近两年净利润累计不少于1 000万元，且持续增长；或者最近一年盈利，且净利润不少于500万元，最近一年营业收入不少于5 000万元，最近两年营业收入增长率均不低于30%。

3. 最近一期期末净资产不少于2 000万元，且不存在未弥补亏损。

4. 发行后股本总额不少于3 000万元。

（三）深圳创业板市场的作用

培训创业板市场培育和推动成长型中小企业成长，是支持国家自主创新核心战略的重要平台，具体表现在以下几个方面。

1. 创业板市场满足了自主创新的融资需要。通过多层次资本市场的建设，建立起风险共担、收益共享的直接融资机制，可以缓解高科技企业的融资瓶颈，可以引导风险投资的投向，可以调动银行、担保等金融机构对企业的贷款担保，从而形成适应高新技术企业发展的投融资体系。

2. 创业板市场为自主创新提供了激励机制。资本市场通过提供股权和期权计划，可以激发科技人员更加努力地将科技创新收益变成实际收益，解决创新型企业有效激励缺位的问题。

3. 创业板市场为自主创新建立了优胜劣汰机制，提高了社会整体的创新效率，具体体现在以下两个方面：一是事前甄别。就是通过风险投资的甄别与资本市场的门槛，建立预先选择机制，将真正具有市场前景的创业企业推向市场；二是事后甄别。就是通过证券交易所的持续上市标准，建立制度化的退出机制，将问题企业淘汰出市场。

五、上海证券交易所科创板市场

（一）上海科创板市场与深圳创业板市场的比较

为了加快我国的资本市场改革、完善我国资本市场体系和金融体系，中国证监会于2019年3月1日发布了《科创板首次公开发行股票注册管理办法（试行）》，并且于同日开始执行。这标志着科创板在上海证券交易所正式落地，科创板市场成为我国资本市场的一个组成部分。相比创业板，科创板更倾向于支持"面向世界科技前沿、面向经济主战场、面向国家重大需求"的企业上市融资，优先支持"符合国家战略、拥有关键核心技术、科技创新能力突出、主要依靠核心技术开展生产经营、具有稳定的商业模式、市场认可度高、社会形象良好具有较强成长性"的企业进入资本市场。

上海科创板市场仍然属于创业板市场的范畴，相比我国在2009年成立的深圳创业板市场，上海科创板市场进一步放宽中小企业上市融资的门槛要求，并且更强调对于科技创新企业的定向支持，为我国中小科技创新企业和前沿科技初创企业提供了强有力的融资支持。截至2020年12月，经过对《科创板首次公开发行股票注册管理办法（试行)》和《首次公开发行股票并在创业板上市管理办法》的修改之后①,上海科创板和深圳创业板的上市条件、上市过程的主要区别见表6-2所示:

表6-2　　　　　上海科创板和深圳创业板上市条件、上市过程的对比

条件	上海科创板	深圳创业板
股本要求	没有明确要求	发行前净资产不少于2 000万元,发行后股本总额不少于3 000万元
盈利要求	没有明确要求	最近两年连续盈利,最近两年净利润累计不少于1 000万元;或者最近一年盈利,最近一年营业收入不少于5 000万元。净利润以扣除非经常性损益前后孰低者为计算依据
资产要求	资产完整,且发行人不存在主要资产、核心技术、商标等的重大权属纠纷	发行前净资产不少于2 000万元
主营业务要求	发行人主营业务最近两年内保持稳定	发行人应当主要经营一种业务,且最近两年内未发生变更
公司核心成员要求	最近两年内主营业务和董事、高级管理人员及核心技术人员均没有发生重大不利变化	发行人最近两年内董事、高级管理人员均没有发生重大变化
公司股权与控制权要求	最近两年实际控制人没有发生变更,不存在导致控制权可能变更的重大权属纠纷	最近两年内实际控制人没有发生变更,控股股东和受控股股东、实际控制人支配的股东所持发行人的股份不存在重大权属纠纷
公司治理要求	监事会不作为科创板企业上市要求之一,未对董事会和监事会成员能力做出过多约束	发行人必须具备包括董事会、监事会在内的完善公司治理体系,且应当建立股东投票计票制度;董事会成员和监事会成员应当具有足够能力依法履行职责
上市方式	上海科创板采取注册制方式上市	深圳创业板目前注册制和核准制并行,正在不断推进注册制成为主要的上市方式

通过两者上市要求的比较,可以判断上海科创板进一步在资产规模、盈利能力、公司内部组织架构等方面放宽了中小企业入市门槛,但是在企业上市后稳定营业、控制权和核心技术人员连贯等方面做出了更高的要求。相比深圳创业板更倾向于保护资本市场投资者,上海科创板更倾向于支持企业经营的连贯性和创新的持续性。

(二) 科创板市场的上市条件

上海科创板的上市公司上市应当满足以下条件:

1.发行人是依法设立且持续经营3年以上的股份有限公司。

---

① 截至2020年12月,证监会对《首次公开发行股票并在创业板上市管理办法》的最后一次修改在2015年11月完成,对《科创板首次公开发行股票注册管理办法(试行)》的最后一次修改在2020年7月完成。

2.发行人业务完整,具有直接面向市场独立持续经营的能力;主营业务、控制权、管理团队和核心技术人员稳定,最近两年内主营业务和董事等高级管理人员及核心技术人员均没有发生重大不利变化。

3.公司最近3年无重大违法行为,财务会计报告无虚假记载。

4.上交所要求的其他条件。

(三)上海科创板市场的作用

上海科创板市场不仅包含降低企业在资本市场融资门槛、满足企业在资本市场更灵活融资的需求、为自主创新提供激励机制、为资本市场投资者提供多样化投资方向等作用,在党中央和国务院全面完善资本市场和推进金融体制改革、不断加强自主创新、着力纾解中小企业融资难的背景之下,上海科创板市场有着更独特的意义:

1.上海科创板落地作为中国资本市场完善的重要举措,一经推出就实行注册制,是资本市场注册制改革的一大步,也是我国推进金融体制改革的重要过程。

2.上海科创板相比之前的主板和深圳创业板,更强调支持科技创新能力强、拥有关键核心技术、解决国家重大需求、符合国家发展战略的科创研发能力突出的中小企业,将会为我国自主研发能力提供良好的资本市场融资保障。

3.作为资本市场解决中小企业融资难的重要举措,上海科创板进一步放宽了优质中小企业进入资本市场的要求,会筛选出一批优质中小企业并且提供更稳定的融资渠道。

第四节 证券交易流程

证券的正常流通保证了证券发行市场的持续,而证券交易不同于一般的商品交易,需要有一整套的交易程序和方式来组织。在不同的证券交易市场以及不同的证券商参加的证券交易中,证券交易的具体流程不尽相同。但无论采取何种市场组织形式,确立合理的证券交易规则和程序都是保证证券交易安全、快捷、有序进行的重要基础。一笔完整的证券交易要经过以下四个基本步骤:开户、委托、成交、结算。

一、开户

所谓开户,就是投资者在证券公司开立委托买卖的账户,现代证券交易均以转账的方式完成,证券和资金都记录在账户中,因此,开户包括开设证券账户和资金账户。

(一)证券账户

证券账户相当于投资者的证券存折,用于记录投资者所持有的证券种类、名称、数量和相应权益及其变动情况。我国证券交易已经完全实现无纸化,从交易至交割都由电脑完成,所有的手续都以电子划账方式进行,每个投资者必须要有一个账户,才能大大简化交易手续。投资者在开设证券账户的同时,即已委托证券登记机构为其管理证券资料,办理登记、结算和交割业务。

1.证券账户的分类。

(1)我国的证券账户按投资者分类包括个人账户和法人账户两种。①个人投资者在开户时要提交居民身份证及复印件若干份,并提供开户人的姓名、性别、年龄、职业、文化程度、家庭地址、联系电话等。个人开户可自己办理,也可委托他人办理,委托办理时须出示被委托人有效身份证件和开户人出具的书面委托授权书。②机构投资者开户则必须提供营业执照副本及复印件,并提供企业法人代表的姓名、性别、年龄,企业资产状况证明及资金来源证明。机构开户也可委托他人办理,委托办理时须出示被委托人有效身份证件和开户人出具的书面委托授权书。

(2)我国的证券账户按交易对象分类大致有股票账户、债券账户及基金账户三类。①股票账户指投资者在证券交易所开设的具有买卖股票功能的专用账户。股票账户为证交所登记发放,不同的证交所不能通用,要在几个证交所从事交易,必须分别开户。股票账户可以从事证交所开办的大部分交易活动,除股票外,也可以交易证交所挂牌的债券和基金等。根据投资者的国籍,目前国内股票账户分设A股账户和B股账户,两者不可通用。②债券账户指专门从事债券交易活动的专用账户,但只能用于债券交易,不得从事股票交易。③基金账户指专门从事投资基金交易而设立的专用账户,以方便普通投资者从事基金的交易。

2.证券账户的相关规定。一般证券账户只能进行A股、基金和债券现货交易;进行B股交易和债券回购交易需另行开户和办理相关手续。按照规定,每个投资者只能凭居民身份证开设一个证券账户,不得重复开户,法人不得使用个人证券账户进行交易。投资者买卖上海或深圳证券交易所上市证券,应当分别开设上海或深圳证券账户。证券账户全国通用,投资者可以在开通上海或深圳证券交易业务的任何一家证券营业部委托交易。

(二)资金账户

投资者开设证券账户后,不能直接进入证券交易所买卖证券,还必须到证券公司营业部开设资金账户。资金账户是证券商为投资者设立的账户,用于存放投资人买入股票所需的资金和卖出股票取得的价款等。资金账户由证券商管理,投资者可以查询和打印资金变动情况。投资者如果委托其他证券商代理买卖,需要重新开设资金账户。

投资者可以选择的资金账户有以下两种类型。

1.现金账户。这是为以现货交易方式进行证券投资的客户开立的账户,开立这种账户的投资者在交易过程中不得融资或融券,必须全部以现款或现券进行交易。现金账户的投资者必须在交易前存入足额的资金,资金不足时,券商没有义务为其垫款。有的券商要求投资者在现金账户中至少保留一定数额的余额作为交易保证金。

2.保证金账户,又称普通账户。这是为以保证金交易方式进行证券投资的投资者开立的账户。所谓保证金交易是指投资者可以通过支付保证金向证券商融资或融券的交易方式。根据投资者与券商之间达成的协议,投资者在法定保证金比例规定下按照双方商定的比例进行融资、融券,当保证金不足时,投资者应及时追加,否则券商可以将客户名下的证券资产作为抵押物而自行处置,即实行强行平仓以挽回券商损失。我国在商品期货交易中推行这种保证金账户制度,国债期货交易也实行过保证金账户制度。

由于保证金交易风险巨大,故受到证券管理机构的严格限制。

二、委托

投资者开立账户后,即可进行证券交易。由于投资者无法直接进场交易,故其买卖证券的业务均要通过中间商——证券商来代理。委托是指投资者决定买卖股票时,向证券商发出买卖指令。

(一)委托的方式

投资者为买卖证券而向券商发出的委托指令可以通过多种形式进行。

1.递单委托。递单委托是一种当面委托方式,由投资者填写委托单,携带身份证、股东账户卡和资金账户卡等亲自到代理商处,在柜台直接向业务员递交,经审核确认后签章接收,然后由公司报单员通过电话将指令转至场内代表(红马甲),由场内代表将指令输入证交所电脑主机,经撮合即可成交。由于递单委托手续烦琐、时间长、指令输送环节多、容易引起差错,所以现在这种方式已经极少采用。

2.自助委托。相对于递单委托,自助委托是投资者自己亲自输送委托指令的交易方式。国内证券经纪商在1992年就尝试开办各种自助委托业务,至今已广泛推广,极大地方便了广大投资者。目前使用最普遍的自助委托方式是电脑终端委托和电话委托。

(1)电脑终端委托。证券公司大厅设置多台电脑终端装置与主机联网,投资者在刷卡机上使用专用的磁卡即可进入委托状态,然后输入个人密码、相应的资料数据进入证券公司主机,然后由报单员向场内交易员报送,场内交易员输入交易所主机,完成整个委托过程。

(2)电话委托。电话指令是利用电话专线,通过语音提示,直到投资者输入委托指令,整个过程均由证券公司的电脑主机控制,安全可靠,差错率极低。

目前,沪、深两地证交所均已推广了场外报单方式,证券公司的主机可以直接接驳证交所主机,投资者的委托指令只要经证券公司的主机确认接收就可直接进入证交所主机,不需要再经过报单员、场内交易员输入主机这一环节。场外报单效率大大提高,差错率几乎为零。

(二)委托的种类

投资者向证券商下达的委托指令有很多种,按委托价格分为市价委托、限价委托、止损委托等。

1.市价委托,是指投资者委托经纪商按交易市场的市价买进或卖出证券,投资者不自行规定价格的委托。市价委托最大的优点在于成交快捷,不足之处在于投资者对执行的价格没有把握,容易与被委托人产生价格纠纷。一般地看,证券价格的下降要比上升快得多,因此市价委托在下降市场中要显得比在上升市场中更重要,即用于出卖委托比用于购进委托更有用。

2.限价委托,是指客户委托经纪人按其限定的价格买卖证券的委托。客户规定最高买入价或最低卖出价,经纪人可以用比规定价格更低的价格买进或比规定价格更高的价格出售。其优点是对买卖价格有明确的规定,有利于减少委托人与被委托人之间在价格上的纠纷。

3.止损委托,是指投资者通过证券经纪人在证券价格上升或下降超过所指定的限度时,按照市场价格来购买和卖出一定量证券的方式。止损委托的用途在于保障既得利益和限制可能损失。

(三)委托的内容

证券交易委托应提供以下内容。

1.投资者的股东账号,凭此证交所主机可以进入投资者个人的子目录数据资料库。

2.投资者的资金账号,以供证券代理商办理交易资金的转入和转出手续。

3.买卖证券的名称、代码以及委托买入还是卖出,委托买卖的数量。

4.委托有效期,指委托生效的期限,一般可分为当日有效、当周有效、当月有效、撤销前有效、一次成交有效以及立即成交有效等。

5.交易方式,分为现金交易和保证金交易两种。

6.交割方式,分为普通日交割、当日交割、特约日交割几种。

7.其他。除上述内容外,还有投资者姓名、联系地址、委托日期和时点、保证金金额等。

委托已经接受,投资者和证券商之间就建立起受法律约束的委托和受托关系。证券商作为受托人,要根据投资者的要求,在委托有效期内将委托指令以最快速度申报,不得以任何理由延迟客户的委托申报。投资者作为委托人,在发出委托指令后,在有效期内,不管行情变化如何,都应对原委托的成交结果予以承认,并履行相应的交割清算责任。

三、成交

证券买卖双方通过中介券商的场内交易员分别出价委托,若买卖双方的价位与数量合适,交易即可达成,这个过程称成交。

(一)证券成交方式及成交规则

"成交"这一环节是通过交易所的交易系统完成的。交易系统撮合主机先对接受的委托进行合法性检测,然后按照竞价规则,对同一种证券进行竞价,确定成交价格,自动撮合成交。成交后,立即通过地面通信线路或双向卫星将成交回报传送给证券商。

证券买卖的基本规则是价格优先与时间优先。所谓价格优先原则就是指较高买入价申报比较低买入价申报具有优先权;较低卖出价申报比较高卖出价申报具有优先权。时间优先原则是指在具体申报时,申报在先的委托排列在前,申报在后的委托排列在后,在成交时,若出现同一价位有两个以上的申报者,申报时间在前者优先。

在证券成交时,若买卖双方价位出现差异,但符合成交要求的,按"价格优先与时间优先"的原则排队,等候与其后进来的委托成交,直到有效期结束。按照我国目前的有关规定,在无撤单的情况下,委托当日有效。若遇到股票停牌,停牌期间的委托无效。

(二)竞价确定成交价格的方式

在高度组织化的证券交易所内,证券买卖双方通过公开竞价方式成交,目前证交所使用最普遍的是"集合竞价"和"集中申报,连续竞价"方式,每一交易日中,任一证券的竞价分为集合竞价与连续竞价两部分。

1.集合竞价。这是目前国内沪、深股市产生开盘价格的方式,是指投资者在规定的时间内,在规定的涨跌幅范围内(新股上市首日除外),自由地进行买卖申报,交易系统撮合主机对该时间段内全部有效委托进行一次性集中撮合处理的过程。深、沪两市的集合竞价时间为交易日上午9:15~9:25。

集合竞价分四步完成。

第一步:确定有效委托。在有涨跌幅限制的情况下,有效委托是这样确定的:根据该只证券上一交易日收盘价以及确定的涨跌幅度来计算当日的最高限价、最低限价。有效价格范围就是该只证券最高限价、最低限价之间的所有价位。限价超出此范围的委托为无效委托,系统做自动撤单处理。

第二步:选取成交价位。首先,在有效价格范围内选取使所有委托产生最大成交量的价位。如有两个以上这样的价位,则依以下规则选取成交价位:①高于选取价格的所有买委托和低于选取价格的所有卖委托能够全部成交。②与选取价格相同的委托的一方必须全部成交。如满足以上条件的价位仍有多个,则选取离上日收市价最近的价位。

第三步:集中撮合处理所有的买委托按照委托限价由高到低的顺序排列,限价相同者按照进入系统的时间先后排列;所有卖委托按委托限价由低到高的顺序排列,限价相同者按照进入系统的时间先后排列。依序逐笔将排在前面的买委托与卖委托配对成交,即按照"价格优先,同等价格下时间优先"的成交顺序依次成交,直至成交条件不满足为止,即不存在限价高于等于成交价的叫买委托,或不存在限价低于等于成交价的叫卖委托。所有成交都以同一成交价成交。

第四步:行情揭示。①如该只证券的成交量不为零,则将成交价位揭示为开盘价、最近成交价、最高价、最低价,并揭示出成交量、成交金额。②在剩余有效委托中,实际的最高叫买价揭示为叫买揭示价,若最高叫买价不存在,则叫买揭示价揭示为空;实际的最低叫卖价揭示为叫卖揭示价,若最低叫卖价不存在,则叫卖揭示价揭示为空。集合竞价中未能成交的委托,自动进入连续竞价。

2.集中申报,连续竞价。集合竞价结束、交易时间开始时(上午9:30~11:30;下午13:00~15:00),即进入连续竞价,直至收市。连续竞价期间每一笔买卖委托进入电脑自动撮合系统后,当即判断并进行不同的处理,能成交者予以成交,不能成交者等待机会成交,部分成交者则让剩余部分继续等待。

连续竞价时,成交价格的确定原则为:①最高买入申报与最低卖出申报价位相同,以该价格为成交价。②买入申报价格高于即时揭示的最低买入申报价格时,以即时揭示的最低卖出申报价格为成交价。③卖出申报价格低于即时揭示的最高买入申报价时,以即时揭示的最高买入申报价格为成交价。

四、结算与过户

(一)证券结算

买卖双方的证券交易成交后,需要对应收应付的证券和价款进行核定计算,并完成证券由卖方向买方的转移和相对应的资金由买方向卖方的转移,这一过程称为结算。

由于结算是进行下一轮交易的前提,结算能否顺利进行,直接关系到交易后买卖双方权责关系的了结。结算是证券交易的最后一个环节,包括证券结算与资金结算,以及中央登记清算公司与证券商之间的一级结算和证券商与投资者之间的二级结算。证券结算一般分为逐笔交收和净额交收两种。

1.逐笔交收。逐笔交收是指买卖双方在每一笔交易成交后对应收应付的证券和资金进行一次交收,它可以通过结算机构进行,也可以由买卖双方直接进行。由于交易成本极高,所以这种方式比较适合以大宗交易为主、成交笔数较少的证券市场。欧美一些证券结算机构如著名的国际清算中心就主要采用这种结算方式。

2.净额交收。净额交收是指买卖双方在约定的交收期限内,以买卖双方进行证券交易后计算出的证券和资金的净额进行交收,这种方式大大简化了结算手续,提高了工作效率,比较适合投资者较为分散、成交笔数较多、每笔成交的数量较小的证券市场和交易方式。我国上海、深圳证券交易所的证券结算均采用净额交收方式。

净额交收分为清算和交割两个步骤。

(1)清算。一级清算是以中央登记清算公司作为清算中介,清算公司先将各清算会员每种证券的买卖进行分类相互抵消,得出应结清的余额;然后证券公司按此余额向清算公司交付应交的证券,同时向清算机构支付应付价款。二级清算是证券商先将各投资者的买卖数额相互抵消,然后与投资者对其净差额进行交割。

(2)交割。交割是在证券交易成交后,委托人在规定日期付出现金取得证券,或交出证券取得现金的手续。交割分成两个阶段,先在证券商和委托买卖的投资者之间进行,再由证券商和证券商之间进行。

(二)证券过户

过户是指买入股票的投资者到证券发行机构或指定代理机构办理变更股东名簿。证券交易使得证券的所有权发生变更,证券的过户就是记录证券所有权从原所有者移转给新所有者的过程。记名证券必须办理过户手续,而不记名证券可以自由转让,无须办理过户。我国上海、深圳证券交易所实行电脑自动过户办法,投资者不需要再另外办理过户手续。

过户手续是股票交易的最后一个环节,办理结束后整个交易过程即告结束。

第五节 证券交易方式

随着经济的发展,证券市场功能的不断完善,交易方式也在不断地变化革新。目前,各种证券交易方式从交易地点、合约内容、交易形式、交割方式、交易费用、交割期限、交易目的、参与者身份等方面都存在区别,可大致分为现货交易、信用交易、远期交易、期货交易、期权交易等种类。其中后三种交易方式是从前两者派生出来的全新交易方式,在近30年里发展迅速,被称为金融衍生工具,成为证券市场发展最快、影响最为广泛的交易方式。

一、现货交易

现货交易亦称现金现货交易,是证券交易中最古老的交易方式。它是指证券买卖双方,在敲定一笔交易后马上办理交割手续的交易方式。在传统的现货交易中,买卖双方议定价格后,同时进行证券交割与价款交割,双方不能违约,否则将受到证券监管部门的处罚。随着交割数量的增加,各国在后来的实际交易过程中采取了一些变通的做法,即成交以后允许有一个较短的交割期限,以便大额交易者备款交割。

（一）现货交易的特征

1.卖出方应是证券的实际拥有者,他不能出售不存在的东西。
2.交易的目的是实现证券的实物转移,即卖方必须实实在在地向买方转移证券,没有对冲。
3.买入方必须及时按一定价格付出交易的证券价款,成交和交割基本上同时进行,在交割时,买方必须支付现款。
4.交易技术简单,易于操作,便于管理。

（二）现货交易的局限性

1.交易双方必须保证证券所有权发生转移。
2.交易是及时的,双方只能就目前的市场行情议价。
3.交易者只能等待行情上涨才能获得资本升值的利益,否则无法营利。这种单方向的交易限制了交易者的积极参与。
4.买方必须有足够的资金才能参与交易。尽管这笔资金可能并非投资者自己的,可能是融资借入,但在交割时买方必须一次付清。

1970年以后,主要发达国家证券市场顺应经济发展的需要,开始出现从传统的现货交易衍生出来的衍生工具交易,证券市场进入了前所未有的发展阶段。

二、信用交易

信用交易最早起源于美国,它是信用在证券市场上的延伸,也是信用经济高度发达的体现。所谓信用交易,又称保证金交易或店头交易,是投资者通过支付一定的保证金从证券经纪人那里取得信用,借入资金或证券入市操作,并在规定时间里偿还所借资金或证券并支付利息的一种交易形式。通过这种方法,投资者可以扩大其投资规模,同时进行原本不能进行的反向操作。

（一）保证金

保证金是证券管理机构规定投资者在信用交易时必须按一定的比率向证券经纪商交存的资金,形式可以是现金,也可以是其他资产,如不动产、有价证券等。

保证金与投资者买卖证券市值之比称为保证金比率,分为法定保证金比率、保证金维持率以及保证金最低维持率三种。法定保证金比率由中央银行决定,投资者在投资前必须按此比率向证券经纪商缴足保证金;在证券价格变化时,证券总的市值也会发生变化,保证金比率相应发生变化,这些比率称为实际保证金维持率;一般经纪商会对实际保证金维持率设定一个最低限度,即保证金最低维持率,一旦低于此限度,投资者必须追加保证金。

（二）信用交易的两种形式

1.买空。买空是指投资者预期证券行情将要上涨,准备入市持仓,因资金不足而向证券经纪商交付一定比率的保证金而获得资金贷款,并委托经纪商代理买入某种证券,待行情上涨后再委托经纪商卖出证券,所得差价部分用以支付贷款手续费和利息后即为投资收益。这种以小搏大的操作称为"多头"。

在买空交易中,保证金实际维持率的计算方式如下:

$$保证金实际维持率 = \frac{(抵押证券市值 - 融资账户余额)}{抵押证券市场} \times 100\%$$

$$收益率 = 盈利/本金 \times 100\%$$

在本金不变的情况下,买入股票后盈利越大,收益率也就越大。保证金交易对投资者的盈亏有杠杆作用,如图6-4所示。

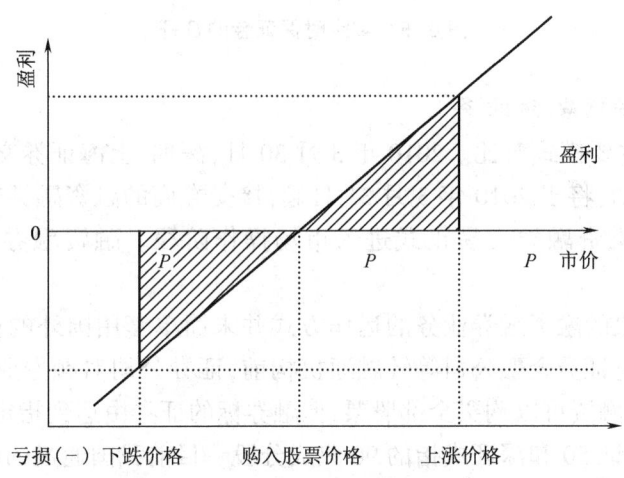

图6-4 买空时保证金的杠杆作用

2.卖空。卖空是指投资者预期行情将要下跌时可向经纪人支付一定比率的保证金而借入一定数量的证券委托其卖出,待行情下跌时再买回同种证券归还经纪商。这种交易又称为"空头"。

卖空交易一般应遵循三条原则:①为稳定市场行情,保护投资者利益,市场价格下跌时禁止进行卖空交易。②卖空者不享有借入证券的分红派息权。③除交纳保证金外,卖空者所得证券价款必须存入证券经纪公司卖空者专用账户,直至归还了所有债务后方可提取现金。

在卖空交易中,保证金实际维持率的计算方式如下:

$$保证金实际维持率 = \frac{(卖空时证券市值 + 原始保证金 - 计算时证券市值)}{计算时证券市值} \times 100\%$$

$$收益率 = 证券下跌幅度/法定保证金比率 \times 100\%$$

卖空者在价格上涨时,其亏损会被放大,而在价格下跌时,盈利将被放大。理论上,这种盈利直至价格下跌至0时为止。如图6-5所示。

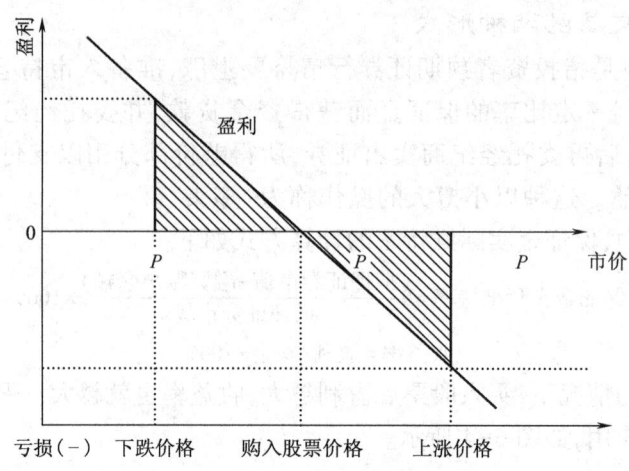

图 6-5 卖空时保证金的杠杆

（三）我国融资融券业务

1.融资融券主要模式对比。2010年3月30日,深圳、上海证券交易所正式向6家试点券商发出通知,将于2010年3月31日起,接受券商的融资融券交易申报,这标志经过长期准备的融资融券交易正式进入市场操作阶段。融资融券主要模式对比见表6-3。

我国试点阶段的融资融券业务的运作方式并未简单套用国外的模式,与之有着较大的区别。在没有证券金融公司等转融通机构前,证券公司对融券业务的积极性将明显弱于融资业务,融资可以购买全部股票,但融券标的证券由达到指定要求的股票所组成,目前主要是上证50和深证成指的90只成分股。目前我国通过的两批11家券商共有授信额度620亿元,并且由于转融通体制上没有建立,试点券商只能动用自有资金和证券进行信用交易。因此,无论是从数量和种类上,我国证券市场上的信用交易,特别是融券卖空交易的规模都还很有限。

表6-3　　　　　　　　　全球主要融资融券业务模式对比

	美国	日本	中国台湾
业务模式	分散信用模式	集中信用模式——单轨制	集中信用模式——双轨制
主要融资来源	1.自有资金 2.抵押贷款 3.债券回购	1.自有资金 2.抵押贷款 3.债券回购	1.自有资金 2.抵押贷款 3.债券回购
主要融券来源	1.融资业务取得的抵押券 2.自有证券 3.金融机构借入证券 4.客户证券余额	1.融资业务取得的抵押券 2.自有证券 3.从证券金融公司借入证券	1.融资业务取得的抵押券 2.自有证券 3.从证券金融公司借入证券

2.风险控制。

(1)在券商层面,主要采取以下措施。

一是对于客户申请融资融券开户资格的,设定为50万元,部分券商设定为100万元。

二是进行融资融券业务的投资者教育,对于开户6个月以上(部分18个月),需进行券商专门的培训,考试通过后才可开立信用交易账户。

三是对客户的信用度分级,按级别确定授信额度。

(2)在监管机构层面,主要采取以下措施。

一是融资融券时限不得超过6个月。

二是目前对于从事融资融券的投资者,设定了较高的保证金比率,达到50%。

三是对融券标的证券选择制定了严格的规定:从市值、流动性、波动性三方面进行了限制。

四是对试点进行融资融券业务的券商制定了更加透明的相关信息披露制度。

五是对于单只标的证券的融资余额达到该证券上市可流通市值的25%时,暂停交易,当回落到20%时可恢复交易。

六是加强对异常交易行为的监管,可以视情形采取限制相关证券账户交易等措施。

3.融资融券业务的特点意义。从融资融券业务开展以来的半年时间,市场情况有以下特点:融资融券交易量有一定的波动性,但余额持续增长;融资业务相对稳定,余额持续增长;融券业务波动剧烈,交易量相对较小。总体来说,信用交易的开展对我国的证券市场的完善具有重要意义:首先,可以为投资者提供融资,必然给证券市场带来新的资金增量,这会对证券市场产生积极的推动作用;其次,引入一种做空机制,以活跃市场,完善资本市场价格发现功能;再次,减少市场的系统性风险;最后,还为证券公司创造了新的利润来源。

三、证券期货交易

期货是相对于现货而言的一种交易方式,交易双方约定在将来某个时候按成交时约定的条件进行交割,期货交易达成的协议就是期货合约,期货合约在商品品种、规格、质量、数量、交货地点、结算方式等方面都以标准化方式进行规范,所以期货合约本身也可以在市场买卖。

(一)证券期货交易的主要类型

1.利率期货。利率期货合约是按照事先商定好的期货价格,对利率及与利率有关的金融商品(带息凭证)进行买卖并在某一特定日期交割的活动。早在20世纪70年代,国际货币市场(IMM)就开始进行利率期货交易,1年期短期国库券、可转换定期存单、欧洲美元定期存单、拆放利率等先后在各地交易所上市交易。20世纪80年代,里根政府放松金融管制政策,导致美元利率大起大落,在期货市场中利用期货保值交易原理实施对冲以避免利率波动带来损失的做法开始被广泛接受,利率期货交易急剧膨胀,迅速发展。

利率期货的种类繁多,分类方法也有多种。通常,按照合约标的的期限,利率期货可分为短期利率期货和长期利率期货两大类。

2.股票指数期货。股票指数期货是以某一股票指数作为标的的期货合约。股票指数期货交易的实质,是投资者将其对整个股票市场价格指数的预期风险转移至期货市场的过程,通过对股票趋势持不同判断的投资者的买卖,来冲抵股票市场的风险。由于股票指数期货交易的对象是股票指数,以股票指数的变动为标准,以现金结算为唯一结算方式,交易双方都没有现实的股票,买卖的只是股票指数期货合约。

由于股票指数期货的标的物的独特性质,决定了其独特的交易规则。

(1)交易单位。在股指期货交易中,合约的交易单位系以一定的货币金额与标的指数的乘积来表示,这一定的货币金额是由合约所固定的。因此,期货市场只以各合约标的指数的点数来报出它的价格。例如,在CBOT上市的主要市场指数期货合约规定,交易单位为250美元与主要市场指数的乘积。

(2)最小变动价位。股票指数期货的最小变动价位(即一个刻度)通常也以一定的指数点来表示。如,S&P500指数期货的最小变动价位是0.05个指数点。由于每个指数点的价值为500美元,因此,就每个合约而言,其最小变动价位是25美元,它表示交易中价格每变动一次的最低金额为每合约25美元。

(3)每日价格波动限制。绝大多数交易所均对其上市的股票指数期货合约规定了每日价格波动限制,但各交易所的规定不同。这种不同既表现在限制的幅度上,也表现在限制的方式上。同时,各交易所还经常根据具体情况对每日价格波动进行限制。

(4)结算方式。以现金结算是股票指数期货交易不同于其他期货交易的一个重大特色。在现金结算方式下,每一个未平仓合约将于到期日得到自动的冲销。也就是说,交易者比较成交及结算时合约价值的大小来计算盈亏,进行现金交收。

(二)证券期货交易的参与者

证券期货交易的参与者没有严格的限制,金融机构、工商企业、基金组织甚至个人都可以参加期货交易。根据参与者的目的,可以分为套期保值者和投机者两类。

1.套期保值者。套期保值者是指那些为了减少因商品价格波动所带来的商业风险而在期货市场进行方向相反、数量相等交易的交易者。他们在现货市场上往往是实实在在的参与者,通过参加期货交易,使其需要保值的证券价格基本锁定。

2.投机者。投机者不是为了规避风险,而是主动承担风险,以获取额外的收益。投机者并没有现实的证券资产需要保值,他们根据自己的预测,买进或卖出没有实际交易基础的期货合同,以期在价格的频繁波动中获取利润。投机者一般是期货交易所的会员,根据其持有合约的长短,可以分为以下几类。

(1)期货头寸交易者。他们持仓量大、时间长,一般持仓期在数日乃至数周才进行对冲平仓。头寸交易者关心几日、几周乃至几月的行情走势,是专业的投机者。

(2)日交易者。他们一般在开盘时进场交易,收盘时平仓了结,通常情况下绝不隔日持有证券。日交易者一般交易量大,故其活动有助于增加市场流动性,减少价格波动。

(3)抢帽子者,又称短线炒手。他们的做法是随时关注行情变动,不断地买进卖出,以博取小额差价,只要盈利超过手续费,他们就愿意投入交易。这类交易填补了交易厅内订单的时间差,增加了市场的流动性,使订单在较小的价格变动区间内迅速成交,减缓了价格波动。

(三) 证券期货交易的特征

1. 间接性。期货合约在交易所进行交易,交易双方不直接接触,而是和各交易所清算部或专设的清算公司结算。清算公司充当了所有期货的买者和所有期货的卖者,交易双方无须担心对方违约。

2. 提前平仓机制。期货合约的买者或卖者可在交割日之前采取对冲交易以结束其期货头寸(即平仓),而无须进行最后的实物交割。由于通过平仓结束期货头寸比实物交割既省事又灵活,因此目前大约98%的期货交易都是通过平仓结束头寸的。

3. 标准化。期货合约的规模、交割日期、交割地点等都是标准化的,唯一需要协商的是价格,从而增加了期货合约的流动性。

四、证券期权交易

期权实际上是一种与专门交易商签订的契约,规定持有者有权在一定期限内按交易双方所商定的"协议价格",购买或出售一定数量的资产。证券期权交易就是在一定期限内买卖证券选择权的交易,是西方股票市场中相当流行的一种交易策略。期权的购买者支付期权费后,即拥有在一定时间内以协定价格购买或出售一定数量的证券合约的权利,但并不承担必须买进或卖出的义务;期权的卖出方收取期权费后,在规定的期限内必须无条件服从买入方的选择,并履行交易时的承诺。因此,期权是一种单方面的权利有偿转让。期权交易最终并不一定会涉及实际的证券转移,双方只要就现货资产进行差价清算就可以了。

在期权交易中,买方和卖方在特定情况下都是有利可图的。

(一) 期权对买方的作用

1. 杠杆作用。与其他投资方式相比,期权的杠杆作用较大,若能正确判断市场行情,且行情变动的幅度可以抵消期权费,则可以获得超过其他投资方式的盈利;反之,就会给买方带来损失。

2. 风险防范和转嫁功能。对买方而言,期权交易的收益是无限的,而风险却相对锁定,最大损失不超过期权费。进行保证金交易的投资者在面临巨大亏损时,如果同时进行期权交易,就可以将一部分风险转移出去,从而把风险限定在一定范围内。

3. 对账面既得利益的保值功能。投资者购买股票后,股价上涨即可获得差价收益,但这是账面盈利,只有抛售股票才能转为实际盈利。但若投资者认为股价会继续上升,抛售就可能失去估计再上升后的部分差价收益;若持股在手,一旦股价下跌,原有的账面盈利就会随之减少,甚至冲销殆尽。投资者若想既能保证账面盈利,又不想失去赚取股价继续上涨而扩大盈利的机会,就可以买进该股票的看跌期权,期权费的损失只会冲销一部分盈利,若股价下跌,看跌期权锁定了股票的卖出价格,可以保住账面盈利。

(二) 期权对卖方的作用

1. 获取期权费。不管最后期权买方是否行使权力,期权的卖出方可以稳赚期权费。由于期权交易的杠杆作用,使从事期权交易的人大多为投机者,大部分人以对冲方式轧平期权头寸,所以期权卖出方的收益并不比其他投资者低。即使行情预示着期权标的物的市场价格与协议价差额超过期权费范围,期权卖方可以以更高的期权费买回相同的期权合约对冲原来的卖方空头头寸,以减少损失。因此,期权卖方并不是想象中的那样具有无限损失空间。

2. 保值功能。投资者如准备近期利用一笔收入买入某种证券,但担心价格上升而使自己的购置成本增加,则可以卖出看跌期权以赚取期权费来补贴购置费用,对已经拥有的证券,也可卖出看涨期权进行保值。

案例分析

上海证券交易所

一、简介

上海证券交易所成立于1990年11月26日,同年12月19日正式开业。上交所是不以营利为目的的会员制事业法人,归属中国证监会直接管理。经过数十年的持续发展,上海证券市场已成为中国内地首屈一指的市场,上市公司数、上市股票数、市值总价、流通市值、证券成交总额、股票成交金额和国债成交金额等各项指标均居首位。截至2006年11月3日,上海证券交易所拥有840家上市公司和884只上市股票,股票市价总值逾4.9万亿元,一大批国民经济支柱企业、重点企业、基础行业企业和高新科技企业在上交所上市。上海证券市场在国民经济中的地位和作用日益显著。

二、市场规则

1. 发行上市。经中国证监会批准,股份有限公司可申请在上交所上市。获准上市公司须在挂牌交易日前两至三天在指定报刊上刊登"上市公告书",并与上交所签订"上市协议书"。公司上市后应履行持续信息披露义务,在规定的时间内向上交所递交年度及中期报告,经审核后向投资者公告。为完善证券市场功能,促进投融资工具的多样化,上交所还接受国债、企业债券、投资基金的上市申请。

2. 交易制度。上交所采用以无形席位为主、有形席位为辅的交易模式,拥有亚太地区最大的交易大厅,设有1 608个交易席位,交易网络连接交易终端5 700个。覆盖全国、连通海外的卫星通信网每天为3 000个卫星接收站传达即时行情和相关信息。

投资者可在证券商下属营业部进行买卖委托,营业部工作人员通过电话将委托指令报给驻上交所交易大厅的交易员(俗称"红马甲"),由其将买卖指令输入交易所的电脑主机。投资者也可以在营业部自助委托电脑终端上直接输入委托指令,通过空中卫星传输网和地面光纤数据传输网将指令传输到上交所电脑主机。电脑主机在接收到买卖指令后,按照"价格优先、时间优先"的原则自动撮合成交。目前交易主机的撮合能力可达每秒5 000多笔,每天1 000万笔。上交所市场交易在周一至周五进行,上午为9:30~11:30,下午为1:00~3:00。

三、技术系统

1. 交易结算系统。上海证券中央登记结算公司建立了安全、高效的中央结算系统,为证券的中央登记、存管和结算提供优质的服务。在电脑自动撮合成交制度下，交易系统在每笔交易完成后由电脑同步完成股票过户程序，实施即时清算。资金清算方面，中央登记结算公司和证券商在交易次日进行交易资金划拨，再由证券商和投资者进行资金结算。

2.市场监察系统。上交所设立完善的市场监督和风险控制系统，通过对交易市场实行实时、动态监控，对异常现象和行为进行预警，即时从中发现问题，并对市场违法违规事件进行调查和处理，维持市场公平、透明和高效运行。

3.信息传播系统。上交所建立了国内最大的卫星证券通信网络（天网），它和DDN专线网络（地网）互为备份，将证券实时行情和各种信息迅速传递到全国各地，并通过联网的路透社、道琼斯等国际通信机构，使世界各地能获得上交所的即时交易信息。投资者可在证券商下属营业部方便、可靠地获取交易行情、股价指数、买卖盘、即时成交回报、上市公司公告等信息。

此外，还设有传真信箱系统、电子信箱系统、国际互联网等多种信息传输渠道，以确保市场信息传递的效率和透明度。

分析：

上海证券交易所采取会员制的组织形式。经过数十年的持续发展，上海证券市场已成为中国内地首屈一指的市场。上交所一直致力于创造透明、开放、安全、高效的市场环境，主要职能包括：提供证券交易的场所和设施；制定证券交易所的业务规则；接受上市申请，安排证券上市；组织、监督证券交易；对会员、上市公司进行监管；管理和公布市场信息。相对于深交所而言，其在市价总值、流通市值、证券成交总额、股票成交金额和国债成交金额等方面都略胜一筹。上交所地处中国金融中心的优势，使其在信息传递、资金调拨、人才储备、理论研究等方面都更方便。

上交所终止*ST保千上市

2020年4月1日晚间，*ST保千公告称，因触及净资产、净利润和审计报告意见类型三项财务类强制退市指标，上交所根据上市委员会的审议意见，依法依规做出终止公司股票上市决定。公司2017年、2018年连续两年净资产为负、连续两年年报被出具无法表示意见，公司股票自2019年5月24日起被实施暂停上市。2020年3月13日，*ST保千披露2019年年度报告，归属于上市公司股东的净利润为-9.32亿元，2019年末净资产为-59.79亿元，财报继续被出具无法表示意见，已经触及《上海证券交易所股票上市规则》规定的净资产、净利润和审计报告意见类型三种应予强制终止上市的情形。

分析：

2019年以来，上市公司多种形式退市渠道开启。一方面，这显示监管层坚决杜绝或遏制退市风险警示引发的投机炒作；另一方面，在市场制度不断完善的基础上，A股市场加速出清效应越发明显，面值退市将常态化。

思考与练习题

1.什么是证券交易所？它具备哪些特征？

2. 证券交易所有哪些组织形式？公司制和会员制证券交易所各具有哪些特点？
3. 证券交易所的基本运行架构包括哪些组成部分？它们各有什么特点？
4. 广义的场外交易市场由哪几个市场组成？它们各有什么特点？
5. 创业板市场与主板市场相比存在哪些主要区别？
6. 创业板市场有哪些类型？
7. 简述证券交易的基本流程。
8. 证券交易有哪些方式？这些方式相互之间有什么区别？

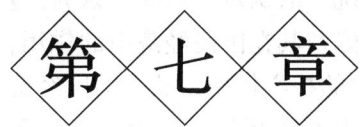

证券市场监管

【学习要点】

　　本章介绍了证券市场的监管理论、原则、模式和主要内容,最后探讨了我国证券市场监管的相关问题。通过本章学习,将掌握国内外证券市场监管的基础知识和了解国内外证券市场监管发展的新动态,这些知识将有助于理解和分析实践中证券市场上的监管问题。

　　Key points: This chapter describes something about the supervision theories、supervision principles、supervision mode and the main content of supervision. The last part of this chapter analyses the supervisions in security markets in China. Students will get a general concept of the supervisions in security markets at home and abroad. And students will also learn the developing trends of the supervision in the security markets nowadays. These knowledge will enables you to understand and solve the practical problems in the security markets.

第一节　证券市场监管理论和原则

　　证券市场监管,一般指代表社会利益的国家、政府或其他授权机构,通过设定一定的行为标准、规则或准则,对证券市场的自然运行状态进行干预的行为。监管能对有关机关或参与者活动的合规性进行持续的和专门的监督,以限制参与者的行为损害其他参与者的利益,或产生有违公平公正的分配原则的后果,并对不合规行为及其后果实施监察或处理。监管是实现经济发展的必然要求。在现实经济中,由于自然垄断、经济活动的外部性和信息的不对称性,市场机制不可能达到经济资源最优配置的理想状态,此时,作为社会公众利益代表的政府就要用"看得见的手"来弥补"看不见的手"的缺陷,对经济活动和市场进行干预、监管。

一、证券市场监管理论

关于金融监管的一般理论,在理论界至今还没有一个统一的认定。一些人认为,金融机构应该受到较严格的监管,主要是由于金融机构的职能及其在国民经济中的作用,如提供流动性,作为借者和贷者的中介,在一国支付体系中的核心作用以及在国民经济体系中的枢纽作用等;另一些人认为,金融监管是一国政府对市场失灵的反应。一般地,有代表性的三种监管理论是社会利益论(The Public Interest Theory)、逐利论(The Capture Theory)和监管新经济论(The New Economic Theory of Regulation)。从理论上看,这些理论对证券市场监管来说,同样是适用的。

(一) 社会利益论

该理论认为,现代经济社会并不存在纯粹的市场经济,自由竞争的市场机制不能带来资源的最优配置,甚至会造成资源的浪费和社会福利损失。为此,市场参与者就会集体要求作为社会公共利益代表的政府在不同程度上介入经济过程,通过实施监管以纠正或消除市场缺陷,从而改善"一般福利"和增进资源配置效率。具体到金融业,该理论认为,由于金融体系的负外部性和信息不对称等会对社会利益造成损害,因此需要对金融业进行监管;其具有的公共产品特性也要求政府通过监管的方式,达到资源配置的优化。

1. 金融体系的负外部性。金融体系的负外部性效应是指:金融机构的破产倒闭及其连锁反应将通过货币信用紧缩破坏经济增长的基础。从经济学的意义上来说,负外部性问题实质是银行破产的私人成本小于社会成本。按照福利经济学的观点,外部性可以通过征收"庇古税"来进行补偿,但是金融活动巨大的杠杆效应——个别金融机构的利益与整个社会的利益之间严重的不对称性显然使这种办法显得苍白无力。另外,科斯定理从交易成本的角度说明,外部性也无法通过市场机制的自由交换得以消除。因此,需要一种市场以外的力量介入来限制金融体系的负外部性影响。

2. 金融体系的公共产品特性。一个稳定、公平和有效的金融体系带来的利益为社会公众共同享受,无法排斥某一部分人享受此利益,而且增加一个人享用这种利益也并不影响生产成本。因此,金融体系对整个社会经济具有明显的公共产品特性,所以政府需要通过外部监管来保持金融体系的健康稳定。

3. 金融机构自由竞争的悖论。金融机构是经营货币的特殊企业,它所提供的产品和服务的特性,决定其不完全适用于一般工商业的自由竞争原则。一方面,金融机构规模经济的特点使金融机构的自由竞争很容易发展成为高度的集中垄断,而金融业的高度集中垄断不仅在效率和消费者福利方面会带来损失,而且也将产生其他经济和政治上的不利影响;另一方面,自由竞争的结果是优胜劣汰,而金融机构激烈的同业竞争将导致整个金融体系的不稳定,进而危及整个经济体系的稳定。因此,自从自由银行制度崩溃之后,金融监管的一个主要使命就是如何在维持金融体系效率的同时,保证整个体系的相对稳定和安全,即在效率和稳定之间寻求最佳平衡点。

4. 金融体系的信息不对称。在不确定性研究基础上发展起来的信息经济学表明,信息的不完全和不对称是市场经济不能像古典和新古典经济学所描述的那样完美运转的重要原因之一。信息的不对称引起道德风险和逆向选择。金融体系中更加突出的信息不完全和不对称现象,导致即使主观上愿意稳健经营的金融机构也有可能随时因信息问题而陷入困境。然而,金融机构又往往难以承受搜集和处理信息的高昂成本,因此,政府及金融监管当局就有责任采取必要的措施减少金融体系中的信息不完全和信息不对称,以增进资源的配置效率。

(二) 逐利论

该理论认为,社会利益论是不成熟的,会产生理论上的误导,因为监管为被监管者留有"猫鼠追逐"的余地。最初被监管者可能反对监管,但当变得对立法和行政程序极其熟悉时,他们就试图影响监管者通过法规或利用行政机器给他们带来更高的收入和更优惠的条件。监管者被利用的一种情形是经由监管机构和公司之间的人事活动,创造密切的联系和共同合作的要求。逐利论认为,监管的目的是为生产者的利益而不是消费者的利益,既然被监管者可以通过一定的办法让监管者为他们增加福利,那么监管机构的监管使命就会丧失。因此,逐利论呼吁放弃政府监管。

(三) 监管新经济论

该理论认为,什么地方出现监管,是因为那里有对监管的需求和供给。该理论承认,在某些情况下,监管可以使生产者和消费者双方得益。监管不仅是为被监管者主宰的,也会被不同的利益集团所利用,任何集团都可能是利益争端中的胜利者。至于谁是胜利者,取决于不存在监管时谁的生存压力更大以及其政治实力、市场份额的分配和利润的分配如何。

该理论把监管看作是存在需求和供给的商品,被买卖的商品是向社会其他人征税的权利,监管是那些想要获得利益的人所需要的。例如,生产者可能需要监管去限制那些潜在的竞争者,消费者需要监管去限制伪劣产品和劣质服务,政治家和官僚提供监管则是为了得到更多的竞选捐助、选票。按照该理论,监管是各不同社会阶层和政治力量之间的相互作用。由于监管对少数生产者的所得有大的影响,而对多数消费者的利益只是小影响,因此,监管对生产者的影响是巨大的。

(四) 监管理论的评述

上述监管理论都在一定程度上揭示了监管某一方面的特征,但都难以完整地解释现代生活中存在的各种各样的监管。社会利益论说明市场失灵需要政府的监管,但它忽视了政府失灵的情况以及监管者的利益需求;逐利论揭示了现代生活中监管的一个方面,说明被监管者和监管者之间完全有可能合谋欺骗社会公众,也有可能被监管者通过监管者让立法对自己更为有利;监管新经济论从经济学的角度解释了监管存在的理由,但它忽视了监管本身是由政府及准政府机构这一非市场主体(当然政府在一定的情况下也是市场主体,但在这里是非市场主体)提供的这一现实,用分析市场主体的方法来分析政府毕竟是有缺陷的,因此监管新经济论也不能解释监管的某些方面,例如监管在一定程度上增进了公共利益。

二、证券市场的监管目标

从世界各国来看,证券监管目标主要有以下三个。

（一）保护证券投资者的利益

保护证券投资者的利益是维护社会安定、防范市场风险的需要，包括以下三个方面：①使证券投资者免受欺诈等因素的影响，并获得合法的救助途径。②确保证券投资者获取可能的全面信息以进行投资选择。③保障证券投资者持有的证券能保持原来的价值，或获得一定的收益。但是，保护证券投资者的利益并不是说政府承担因商业失败等市场因素带来的风险损失，证券投资者既要承担买卖证券带来的收益，又要承担损失。

（二）维护证券市场的安全稳健运行

维护证券市场的安全稳健运行是促进经济发展的保证。维护证券市场的安全稳健运行包括以下三个方面：①监督证券市场的所有参与者，依法开展经营活动，以保证证券交易的公平性。②促进证券市场的适度竞争，使市场有序运行，降低交易成本。③防范和化解证券市场的金融风险，避免发生系统性的、区域性的金融危机。

（三）促进金融资源的合理配置

促进金融资源的合理配置包括以下三方面：①促进金融资源的合理配置符合宏观经济政策的调控目标，合理地引导资金流向与配置结构，进而对国家的产业、产品结构产生积极影响。②最大限度地提高信息透明度，避免因信息的不对称而引起的价格信号扭曲、市场效率降低的弊端，保障证券市场的灵活性。③减少资本市场中不利于资本优化配置的条件，促进证券市场健康发展。

三、证券市场监管的"三公原则"

证券监管原则是指证券监管活动本身应当遵循的基本准则。它贯穿于证券监管活动的始终，对证券监管行为具有指导性作用，有助于保障证券监管目标的实现。为达到证券市场监管的目的，我国证券管理当局根据证券市场的实际情况，结合国际上通用的管理办法，颁布了"三公原则"，用来指导我国证券市场的运作，这也是各国监管原则中最基本、最核心的原则。

（一）公开原则

公开原则是指证券市场的信息公开化。公开原则的主要内容包括：证券发行者在遵循法律规定和接受监管的情况下，办理有关发行审核手续，将其财务资料及其他对投资人决策有影响的信息向社会披露；证券发行者必须对信息的真实性、准确性承担法律责任。世界上几乎每个国家都在法律上严格规定，证券发行者必须向公众披露法定的信息，使有价证券按照真实的价值进行交易，以维护公司股东或债权人的合法权益，防止欺诈、舞弊、内幕交易等违法行为的发生。另外，在证券市场上，中小投资者获取信息的能力相对较弱，强调公开原则，也是为了避免中小投资者因此而遭受的损害。

（二）公平原则

公平原则是指证券市场的交易平等原则，具体指证券发行者、证券交易所和投资者等证券市场的所有参与者拥有平等的法律地位，交易双方的当事人在对等的权利和义务的原则下进行证券交易。公平原则的主要内容包括：①证券发行、交易活动的当事人的民事行为必须是自愿的，当事人依照法律赋予的权利进行民事活动，任何一方不得强迫、威胁对方进行交易活动。②证券交易活动的当事人应当遵守等价交换的原则,按照法律的规定获得投资报酬,任何一方不得无偿占有、剥夺他方的财产。③证券交易活动的当事人应当遵守诚实信用的原则,如实地陈述情况,善意地行使自己的权利和义务,信守承诺,任何一方不得隐瞒、弄虚作假,损害他人利益。

(三)公正原则

公正原则是指证券监管当局在公开、公平的基础上,依法履行监管职责,合理地对待证券市场的各方当事人。公正原则的主要内容包括:立法机构应当制定公平的法律、法规,使证券交易当事人的权利义务对等;证券监管当局在法律赋予的监管权限下,公正地处理证券市场上的纠纷。公正原则是对监管当局的基本职业道德要求。根据公正原则政府监管机构要依法实施监管,不得越权监管;要尊重市场规则,不得干预正常的市场行为;政府监管人员不得从事证券交易,不得接受不正当的利益,以保证其站在公正立场上处理监管事务。自律机构同样要依照公正原则约束自律机构成员的行为,鼓励成员单位合理竞争,公正评判成员单位正常经营行为,不得损害成员单位的合理利益。

四、证券市场监管的其他基本原则

(一)依法监管原则

依法监管原则是指证券监管机构的监管行为应当依法进行,受法律保障,亦受法律制约。首先,证券监管机构的监管行为必须有法律的授权,受法律的保障,享有执法的权力和手段,才能使监管行为具有权威性和实效性。我国《证券法》关于监管机构职责和执法措施的规定,确立了监管者的法律地位,赋予其法定的权力,这是证券监管的重要保障。其次,监管机构及其监管行为必须受法律的约束,即监管者自身也应受到法律监管。对监管者实施监管,是规范证券市场监管行为、保证监管措施行为的合法合规、提高监管效率的重要手段。我国《证券法》关于证券监管机构公开义务的规定,对监管机构工作人员忠诚义务、保密义务的规定,将证券监管逐步纳入法治的轨道。

(二)适度监管原则

适度监管原则,是指证券监管应当采取与市场发展相适应的适度监管方式与政策,既不要过度干预市场,也不要放任市场失灵。当今世界没有政府不监管证券市场的,关键是如何监管,采取什么样的监管政策与思路。转轨时期的中国经济发展,经常出现"一管就死,一放就乱"的怪圈。因此,处理好监管与市场的关系尤为重要。应采取适度的监管,而不是无限制的监管。监管过度必然会抑制创新,成为导致证券及金融创新供给不足的重要力量;监管不足又可能放大证券市场的运作风险,损害市场稳定和投资者利益。因此,必须合理界定监管机关的职责范围,明确其职权的合理限度,监管过度与监管不足都是不可取的。

(三)效率原则

效率原则是指证券监管的实施必须进行成本效益分析,以成本最小化获取收益最大化,从而提高监管的有效性。故效率原则也称为成本最小化与收益最大化原则。证券市场监管是有成本的:一是政府监管本身要耗费大量的人力、物力和财力;二是不合理的监管行为,如监管不足、监管过度或监管权滥用,都会对证券市场的规范发展造成重大的损害。这两方面的成本就构成监管制度及其机制的运行成本。因此,应合理地设计证券市场监管组织体系的结构,制定行之有效的监管制度,建立一支精通证券市场专业技术知识和具有高度敬业精神及职业道德的高级监管队伍,这是充分发挥和提高证券市场监管机制的功能和效率、降低证券市场监管机制运行成本的必要条件。

(四)政府监管与自律管理相结合原则

所谓自律管理,也称自我管理,是指行业中的企业按照一致的意愿,自行对各成员进行管理,以促进行业的公平、有序发展。自律管理具有不可替代的地位,相对于政府监管,具有显著的比较优势和特殊作用。首先,自律管理具有专业性。自律组织来自市场、接近市场、了解市场,拥有直接的市场经验,并储备了大量的专业人士,在自律管理中能够发挥专业优势。其次,自律管理具有灵活性。自律管理可以随证券市场的发展变化,采取灵活的管理方式和措施。再次,自律管理与行政监管具有互补性。自律管理不仅为行政监管提供基础,还能补充行政监管的某些不足,如对从业人员的培训与管理,行业的内部业务交流与对外交往等。因此,应当重视行业自律,发挥市场参与者的自律作用,自律组织与政府监管应该互为依存,相互补充。

第二节 证券市场监管模式

由于历史的原因、证券市场的发达程度等因素,世界各国证券监管体制不尽相同。但是,确定监管体制的原则是一致的,即建立统一的证券监管体系。从世界各国来看,证券监管体制有三种模式:集中型、自律型和分级型。

一、集中型监管体制

集中监管体制是指政府通过统一的证券监管机构来实现对证券市场的集中统一监管,而各种自律性组织,如证券交易所、行业协会等只起协助作用。美国是集中监管体制的代表,此外,加拿大、日本、中国、韩国等国家或地区也实行集中型监管体制。集中监管体制按监管体制又分为三种类型:①独立的证券监管机构。如,美国的证券交易委员会。②由中央银行履行监管职能。如,巴西。③由财政部履行监管职能。如,日本的证券局。

(一)以美国为代表的由独立于其他国家机关的专门委员会来实施证券业监管

在1929年美国证券市场崩盘之前,美国联邦政府没有建立强有力的证券监督机构。危机之后,美国联邦政府和国会根据1934年《证券交易法》设立了证券交易管理委员会(SEC),它直接隶属于国会,独立于政府,对全国的证券发行、证券交易、券商、投资公司等依法实施全面监管。由此开创了政府集中统一监管的证券监管模式。

SEC是一个具有准立法和准司法职能的独立机构,其宗旨是:对全国的证券发行、证券交易、证券商、投资公司、投资顾问等依法进行管理,监督证券法、证券交易法以及其他与证券有关的联邦法律的执行和实施,以增进市场的稳定,为投资者提供最大的保护及最小的证券市场干预,促进证券市场发展。SEC具有较强的独立性和权威性,直属总统,直接对国会负责,每年需就全国证券市场的情况和对证券法律的执行情况,向国会提交书面报告。SEC下设全国市场咨询委员会、联邦证券交易所、全国证券商协会。SEC本身的组织机构则包括公司管理局、司法执行局、市场管理局、投资银行管理局等18个部门和纽约,以及芝加哥、洛杉矶等9个地区证券交易委员会。SEC行使职权不受其他部门的干涉,只是在其预算、立法等事项上应由部门协调。1990年,《市场改革法》授权SEC在遇到紧急情况时,可以无须通过《行政程序法》所规定的程序,直接通过命令的方式,采取临时紧急措施。SEC的紧急命令除非被法院撤销、已经过时,或者被修改,或者被总统所废除,否则全国性的证券交易所、证券交易商和经纪人都必须遵守。

美国证券监管的另一显著特点是注重立法,其立法管理可分为三级立法管理:①国会通过的联邦立法以及证券管理委员会依据法令的授权所制定的有关补充规定。②各州制定的证券管理法令,即"蓝天法"。③由自律机构制定的有关规章制度。这些自律机构在政府的监督下,也保留有相当的自治权。这种联邦、州及证券自律组成的既统一又相对独立的管理体系也是美国体系的一大特点。

(二)以日本为代表的大藏省(财政部)或中央银行全权负责的证券体制

日本进行证券监督的主要机构,以前是"证券交易委员会",1950年后,更改为由大藏省证券局统一负责管理。"证券局"的首脑为总裁,下设两名副总裁,其中一名副总裁兼任东京证券交易所的监理官。"证券交易所理事会"由13名成员组成,他们由大藏大臣任命,由大藏省负责,专门研究同证券交易有关的问题。在立法方面,主要以1948年的证券交易法为主。日本证券立法虽详细,但对违规行为惩罚不严,由于证券交易的公开性不够,加上对证券管理的约束机制不强,因此,日本经常出现证券的内幕交易丑闻。

(三)集中型监管体制的特点

1.拥有一整套相互配合的全国性的证券市场管理法规。以美国为例,除有《公司法》对组建公司的行为进行规范外,还有证券管理的专门立法:1933年通过的《证券法》、1943年的《证券交易法》、1940年的《投资公司法》和《投资咨询法》、1970年的《证券投资保护法》等。此外,各州都有一些与证券管理有关的法律,大体可分为三类:州的《公司法》,用以规范州内公司的组建和经营;《证券法》(也称《蓝天法》),大多重复联邦法律中的禁止条款;关于证券转让的法律。

2.拥有一个全国性的监管机构负责管理、监督证券市场。这个机构或者是市政府下属的一个部门,或者是直接隶属于立法机关的国家证券监管机构。这类机构由于得到政府的充分授权,因而具有相应的权威来维护证券市场的正常运作。

3.各类自律型的组织与机构处于全国性监管机构的管理之下,并帮助监管整个市场。

（四）集中型监管体制的优缺点

1.集中型监管模式具有以下优点。

（1）由政府专门的证券监管部门履行监管职责，能够最大限度地保护投资者的利益。

（2）具有专门的证券市场管理法规、统一了监管口径，使市场行为有法可依，监管力度高，权威性高。

（3）集中的证券监管部门不参与证券市场的经营活动，能够公平、公正、严格、有效地发挥其监管作用，并能协调全国各证券市场，可突破跨地域的监管界限，防止市场无序竞争和出现混乱局面，同时在实践中能够更注重对投资者的保护。

2.集中型监管体制也具有以下缺点。

（1）由于证券监管当局不参与证券市场的经营活动，对证券市场金融创新的反应要滞后于证券经营者，从而降低了监管的效率。

（2）证券法规的制定者和监管者超脱于市场，离市场相对较远，掌握的信息相对有限，从而使监管的成本相对高昂，且可能脱离于实际，缺乏效率，而且对市场上发生的突发事件反应相对较慢，可能会处理不及时。

（3）在集中型监管体制下，自律组织与政府主管机构的配合往往难以协调，政府监管人员对证券市场的专业知识相对欠缺和普遍存在的官僚主义可能导致政府集中监管的优势不能充分发挥。

（4）由于监管的强大压力，会减缓证券市场金融创新的发展速度。

二、自律型监管体制

自律监管模式是指政府除必要的国家立法外，较少干预证券市场，对证券市场的监管主要通过证券交易所和证券业协会等自律机构进行，一般不设专门的证券监管机构。自律组织通常拥有对违法违规行为的处置权力。各个自律管理机构的各种规则实际上起到了对法律的增补或替代作用。从出现证券市场直到1997年FSA（英国金融服务局）成立并运行的长时间里，英国一直是自律型监管体制的典型代表，此外还有法国、荷兰、芬兰、瑞典等西欧国家或地区也实行自律监管。

（一）英国的证券市场监管

英国证券市场是在银行业基础上发展起来的。在经历了资本主义的原始积累后，英国繁荣的海外贸易积累了大量财富，而英国银行业成为最富有的行业。那时，短缺资金的企业众多，这些企业主要依靠银行提供生产经营资金。银行在经济中的这种特殊作用直接导致了银行业对证券业的深度干预。英国银行曾与多个证券机构之间签署备忘录，并在证券市场中发挥着重要的监管职能。相比较而言，英国政府对证券市场直接干预较少，而证券交易所，公司收购、兼并委员会和其他一些自律组织对证券市场拥有较强的监管职能。由伦敦证券交易所和英国其他六个地方性证券交易所的经纪商和交易商组成的证券交易所协会，对全国范围内的证券市场活动进行监管，是最重要的自律监管机构。证券交易所通过制定《证券上市指南》规定证券上市的条件。证券交易所有权对会员和上市公司进行处罚，如撤销会员资格、拒绝证券上市、中止现有上市证券的交易、进行罚款和公开谴责等。另外,证券交易所作为自律机构,还可以通过严密的监管规则,监视上市公司及其管理人员的变动。英国没有证券法或证券投资法,只有一些间接的、分散的法规。英国虽然设立了专门的证券管理机构,称为证券投资委员会,依据法律享有极大的监管权力,但它不属于立法机关,也不属于政府内阁,实际监管工作主要通过以英国证券业理事会和证券交易所协会为核心的非政府机构进行自我管理。

20世纪80年代金融业的迅速发展,使英国传统银行业务的界限和建筑业协会投资业之间的界限出现重叠交叉,监管体制也日益暴露出种种弊端,特别是和巴林银行事件后,对银行监管体制进行改革的呼声越来越高,而且当今银行、保险公司和证券公司等的界限也越来越模糊,加强监管日益重要。所以自20世纪80年代以来,英国政府加强了对证券市场风险的管理,设立了证券与投资管理委员会(Securities and Investment Board),该机构是一个非政府监管组织。并于1986年出台了《金融服务法》,取代以前的《防止欺诈法》和《公平交易法》,构筑起了英国证券市场管理的基本大法。1998年6月1日,英国金融监管的组织架构发生了变化,成立了金融服务局(Financial Service Authority,FSA),组织形式上仍是独立于政府的机构,它从英格兰银行手中接管对商业银行监管的权力,从证券与投资管理委员会(SIB)手中接管对投资机构监管的权力,成为英国金融业的"超级监管者"。并且,政府对证券市场的调控能力也逐渐加强。

(二)自律型监管体制的特点

1.自律型监管体制通常没有制定全国即国内的证券市场管理法规,而是通过一些间接的法规来监管证券市场的活动。英国对证券业的管理,传统上以证券交易所自律监管为主。它没有证券法或证券交易法,但有一些间接的法规,如《公平交易法》《限制性交易实践法》《证券交易所条例》《公司法》等。

2.自律型监管体制没有设立全国性的证券管理机构,而是靠证券市场及其参与者进行自我管理。伦敦交易所制定的规章具有重要地位,其自治权力机构为交易所协会,由会员选出36人组成,有权决定新会员的加入、警告乃至开除违规会员,并负责管理伦敦其他六家地方证券交易所的场内交易,实际起到全国证券管理机构的作用;英国贸易部下设"公司登记处",监管证券发行,并赋予英格兰银行对一定金额以上证券发行的审批权;对非会员证券商以及对投资信托业务的管理权,则由贸易部行使。

(三)自律型监管体制的优缺点

1.自律型监管模式具有以下优点。

(1)允许证券经营主体参与证券法规的制定,使市场规则更富灵活性和切合实际。并有利于促进证券商自觉遵守和维护这些条例。

(2)由于证券市场的监管当局参与证券市场的经营活动,因此,证券市场金融创新的发展较快。而且,自律组织能对市场违规行为做出迅速反应,灵活应对问题,及时采取适当措施,从而保证市场的有效运转。

(3)市场管理规则由市场参与者制定和修改,因而比集中监管部门制定的证券法规具有更大的适应性、针对性和创造性,市场监管更切合实际。

2.自律监管体制也同样具有以下缺陷。

(1) 由于监管当局多为证券交易所或其他自律组织,缺少强有力的立法作为后盾,导致市场违规行为容易发生,使证券市场的公正原则难以得到充分发挥。

(2) 自律组织通常把监管的出发点放在市场的有效运作和保护会员利益上,而对投资者的利益保护往往没有应有的重视,从而使投资者利益的保护程度减弱。

(3) 没有专门的机构协调全国证券市场的发展,区域市场之间很容易产生摩擦,容易造成无序竞争和不必要的混乱。

三、分级型监管体制

分级型监管体制是指既强调政府的统一管理,又注重自律约束的证券监管方式,可以说是集中型和自律型两种模式相互协调、渗透的产物,又称为中间管理型监管体制,包括二级监管和三级监管两种模式。二级监管是中央政府和自律机构相结合的监管;三级监管指中央、地方两级政府和自律机构相结合的监管。分级型监管体制的主要代表国家为德国、意大利、泰国等。

德国是分级型监管模式的典型代表,德国没有制定全国统一的证券法,涉及证券活动的法律法规相当分散。德国也没有专门的证券监管机构,由于德国实行"全能银行"制度,银行和证券业混业经营,因此,证券业务也通过中央银行来管理,并通过银行监管局实施监督。在德国,以证券交易所为主体的自律监管是德国证券市场监管的基础和重要构成,证券上市、信息披露、二级市场交易等都由交易所负责监管。德国的证券市场管理机构较多,立法也很多。在自律管理方面,德国"股票交易政府专家委员会"制定的《行为的自愿准则》对各种违法交易有禁止规定,该准则得到所有工商协会认可,有较强的约束力。德国的《银行业务法》赋予银行以投资者角色进行证券业务的独占权,其证券市场的运作由银行组织进行。

四、证券监管体制的国际对比研究

究竟应采取什么样的证券监管体制,并没有一个绝对的标准模式。每个国家都应根据本国的经济、文化、历史背景等具体情况,制定出适合本国特点的证券监管模式,才能起到应有的效果。

通过对证券监管模式的比较分析,这三种证券业监管模式,都是证券业较为发达的国家在一定的条件下,经过长期的探索实践,并付出了一定的代价之后逐步形成、完善的,三种模式各有利弊。

从国际化背景来看,近20年来,随着各国证券市场规模的急剧扩大,金融产品创新的迅速发展,证券市场国际化进程的加快,各国的证券监管模式也有不同程度的调整和完善。

目前,部分实行集中监管体制的国家十分注意发挥自律监管的作用,实行自律监管体制的国家则注重加强政府集中监管的力度。混合监管体制可避免两种体制的弱点,发挥两种体制的长处,是目前世界许多国家监管体制发展的方向。美国颁布的《1999年金融服务法》(Financial Services Act of 1999),彻底结束了银行、证券、保险分业经营与分业监管的局面。英国根据《2000年金融服务和市场法》(Financial Services and

Markets Act 2000)的规定,成立了世界上最强有力的金融监管机构——金融服务监管局(Financial Services Authority,FSA,简称金管局),取代了若干个独立的监管机构,统一行使对银行业、保险业、证券业的监管职能,成为英国整个金融行业唯一的监管局。英国的金融监管模式改革,代表着全球金融业在混业经营时代的一种发展方向,对各个正在迈向混业经营的新兴市场经济国家,也不无启示与借鉴意义。

总的来看,证券监管的未来发展趋势是以自律管理为基础、以政府监管(以立法方式)为指导的证券风险监管体系。行业自律行使一线风险监管作用,是政府风险监管的有效配合,政府具有最终的法定监管权。这种趋势在一定程度上使集中监管和自律监管这两种模式相互取长补短,发挥各自的优势。此外,适应金融机构由分业经营向混业经营的发展,由单一、分业的监管走向统一、混业的监管,监管机构的独立性不断增强也是国外成熟市场的监管体制的发展趋势。

第三节 证券市场监管内容

证券市场参与者的层次较多,范围较广,包含的内容也比较广泛。从一般意义上来考察证券监管的内容,可以分为监管证券发行、证券交易和证券机构三个方面。

一、监管证券发行

证券发行监管是指监管当局,对证券发行的审查、核准和监控的过程,具体包括发行条件、发行审批、发行方式和收益分配界定的管理。按照世界各国的监管制度划分,证券发行监管主要分为注册制和核准制。

(一)注册制度

注册制度是指向有关机关申请备案登记的一种制度。证券发行注册制度即指在发行证券以前,证券发行人必须向证券监管当局申请登记备案才能发行证券,其实质是注册自动生效制度,体现市场的自主特征。

证券发行者必须具备一定的条件才能发行证券,这些条件主要包括:具有良好的经营业绩和财务状况;必须有董事会关于证券发行的决议;债券发行的额度不得超过企业自有资金的一定比例;股票发行应具有合理的公司发起人认股比例、股东人数;符合条件的资信等级或验资报告等。

证券发行注册包括两个部分。

1.证券发行者必须向证券监管当局提交有关材料。主要包括:①发行说明书。包括公司概况、发行证券的目的和条件、公司近年来的资产负债变化、产品销售及变化趋势、公司资本结构情况、公司股东权益及债券清偿情况等。②公司的详细财务报告和其他资料。包括公司的资产负债表和损益表、发行证券的价格预计收益、公司经营管理报告等。③证明材料。即与证券发行有关的各种资格证明文件。

2.监管当局的注册审查,主要包括的环节有:①证券监管当局对注册申请书进行审核。证券发行者领取并填写证券注册申请书,按照法律的规定提交有关材料,证券发行者必须对材料的真实性、准确性、完整性承担法律责任。注册批准采用自动生效制,即在证券发行申请送达一定时期内,监管当局如果没有异议,注册即自动生效,证券发行者即可以发行证券。②如果证券发行者在注册过程中发现失实、漏报等情况,证券监管当局要责令其改正,必要时可延长注册自动生效期,或取消其注册资格。③如果注册已经生效,但发现其有隐瞒、欺诈等情况,证券监管当局可以对证券发行者、证券承销公司及其他当事人提起诉讼,追究其民事责任。

注册制度体现了市场自主性的性质,在这种制度下,证券发行者发行证券的多少,以及投资者的选择都要靠自主进行,在保证信息公开的原则下,市场会形成理性选择,从而形成合乎市场运行规律的投资机制。

（二）核准制度

核准制度是指向有关机关申请批准许可的一种制度。证券发行核准制度即指发行证券以前,证券发行人必须经证券监管当局审核同意后才能发行证券,其实质是批准许可制度,体现了政府对证券市场的干预特征。在核准制度下,证券发行的条件与在注册制度下相同。

在我国,对证券发行采用核准制度。从我国证券发行核准的规定来看,主要包括以下两个部分。

1.证券发行者向证券监管当局提交有关材料。主要包括:①发行人的一般情况。包括公司执照、公司章程摘录、高级管理人员等。②资产评估报告或验资报告。③经审计合格的财务会计资料。④发行申请书。包括发行的目的和用途,发行证券的数量和金额,发行的种类及方式,股利或利息分配政策、承销协议等。⑤发行说明书,用于面向社会公众的公开说明。包括发行者的一般情况、财务状况、经营业绩、公司发展规划、风险因素与对策、募集资金的运用等。

2.监管当局的核准审查,包括的环节有:①证券监管当局对证券发行者提交的材料进行审核。②审查上述文件材料是否真实、准确、完整,符合条件之后,经过一定的程序正式批准证券发行。③证券发行者在获得发行批准后,应将发行说明书向社会公众披露。如发现有违法情节,证券监管当局可暂停证券发行或取消证券发行或进行处罚。

（三）注册制与核准制的区别

证券发行核准制度与证券发行注册制度相比具有不同特点。首先是注重对证券发行者的全面审查,对涉及证券发行的有关信息材料都要进行审核确认。其次是注重对证券发行的实质审查,除了对发行者的一般情况和资格进行审查外,重点是对证券发行者的潜在风险、发行的种类及方式、数量、价格、分配政策、防范风险对策、募集资金的运用等情况进行审查。再次是通过证券监管当局授予发行者的发行权,注重发挥政府对证券市场的调控作用,通过严格的审查程序,可以避免质量低劣的证券发行,有效保护投资者的利益。

二、监管证券交易

有价证券的发行市场又称为一级市场,而证券的交易市场则称为二级市场,二者是证券市场的有机组成部分。根据交易的条件、场合的不同,证券交易市场又分为场内交易市场和场外交易市场。一般来讲,进入场内交易市场的条件相对场外交易市场要严格一些。

(一)对场内交易市场的监管

1.监管当局对证券交易的核准。首先是审核上市交易申请。申请证券上市交易的公司必须在证券发行前的规定时间内,或在证券发行前,向证券监管当局提出上市申请。监管当局据此审查证券的发行日期、数额、方式,以及发行的完成情况、公司一般情况、申请理由等。其次是审查证券交易所的初审意见。申请证券上市交易的公司在向证券监管当局递交上市申请的同时,还必须向证券交易所提交上市申请书。证券交易所进行初审后,上报证券监管当局。监管当局在规定时间内,决定是否同意上市交易,并通知证券交易所。再次,经监管当局同意后,证券交易所出具《上市通知书》通知申请者,并予以公告,同时将证券挂牌交易。

2.对上市公司的持续性监管。对上市公司的持续性监管重点是信息披露制度。

(1)信息披露制度的基本要求有:信息的全面性、资料的真实性、时间的时效性、空间的易得性、内容的易解性及行使的合法性。

(2)证券发行披露制度的目的在于:通过充分和公正的公开制度来保护公众投资者,使其免受欺诈和不法操纵行为的损害。

(3)证券发行信息披露制度要求发行人公开的信息有:基本情况、组织结构、业务和生产设施状况;主要固定资产,证券及其市场信息;财务状况;管理阶层对公司的财务状况和经营业绩的讨论和分析;高级管理人员的经验、报酬及利益冲突等。具体有:财务资料;有关管理人员及大股东的资料;公司财务状况和业绩的讨论与分析;股票发行的有关资料。

(4)信息披露制度包括上市公司初次发行的信息披露,以及上市后的持续性披露。前者已经在证券发行监管中论述。至于持续性披露,则指上市公司必须定期向证券监管当局报告公司业绩、财务状况的报表和资料,以及公司的重大变动事项,并向社会公众及时公布。

3.制止和处罚交易当中的违法行为。在证券交易中,由于各种因素的影响,存在各种违法行为,如虚假陈述、内幕交易、操纵市场、欺诈行为、挪用客户保证金、隐瞒、漏报等。违法行为违背了证券市场的公开、公平、公正原则,会给当事人带来损害。监管当局对上述违法行为采取警告、通报、罚款或停止上市交易等手段进行处罚,以维护市场秩序,保护投资者的利益。

4.制定明确的交易规则和交易方式、方法等。证券监管当局必须对办理客户委托、委托买卖方式、结算交割等,制定详细的规则供市场遵守,并随时监督执行情况,力求建立一个规范、高效的证券市场。

5.对证券市场的剧烈波动进行干预。对价格剧烈波动的证券市场,证券监管当局应通过各种手段进行干预,保持证券价格相对合理的稳定,必要时可暂停交易。

6.限制有关人员进入交易市场。证券监管当局的工作人员、证券交易人员、发行公司的高级职员等,都有可能获得内部情报,利用尚未公开的内部情报进行交易,这必将破坏市场的公开、公平原则,因此应对其进入交易市场进行限制。同时,对交易所的会员、证券交易人员严格要求,通过制定严格的规章制度进行监督。

（二）对场外交易市场的监管

证券场外交易的核准程序同场内交易大体一致,申请证券上市交易的公司必须在证券发行前的规定时间内,或在证券发行前,向证券监管当局提出上市申请,并提供相应的资料。证券监管当局审核同意后,即可进行交易。如不具备条件,证券监管当局将不予批准。

证券监管当局对场外交易的监管主要体现在以下几个方面:①限制交易场所。证券的场外交易场所并不是放任自流的,必须是经证券监管当局确认的,具有证券经营资格的机构。②制定明确的交易方式和交易规则,明确证券公司代理买卖的收费标准。③对证券公司和从事证券交易的人员制定严格的要求并进行监督,限制有关知晓尚未公开的内部情报人员从事交易。④要求进入场外交易的发行人定期进行信息披露。⑤对违法行为进行处罚。

三、监管证券机构

从广义的概念上讲,证券机构包括证券交易所、证券公司、投资银行,以及从事证券服务业务的其他机构,如投资咨询公司、律师事务所、会计师事务所、资信评估公司等。

证券监管当局对证券交易所、证券公司的监管内容主要是审批机构设立和业务范围、风险控制以及审批高级管理人员的任职资格。其主要目的,首先是严格市场准入,控制不合格的证券机构和人员进入证券市场;其次是严格界定业务范围,防止金融秩序混乱;再次是对证券交易所尤其是证券公司的经营风险进行严格监督,确保投资者的利益,防止证券市场出现动荡。

证券监管当局对从事证券中介业务的机构的监管内容主要是资格认定,以及对所从事的证券业务的监督。

第四节　我国证券市场监管

一、我国证券市场监管的必要性

（一）过去高度干预与迅速市场化要求对市场进行监管

我国是在缺乏证券市场结构和功能的初始状态下引入证券市场的,要经历一个发展必要的金融机构以填充原先的结构和功能空白的过程。在金融改革初期,实际情况往往是过去极度的政府干预已使得市场强烈扭曲。在不完善的金融体系和不健全的经济结构制约下,新建立的证券市场在初始生长期不应实行高度宽松的市场化发展策略。政府监管作用的积极发挥将有力地促进国内资本市场和金融体系的建立和完善。我国政府要在建立这样一种体系中进行相应的角色定位,对证券市场实施正确有效的监管以促进市场的快速健康发展。

（二）过度投机以及垄断操纵现象要求监管部门相应奉行更多"家长主义"的监管原则

就中国的普通投资者来说，低收入，有限的投资渠道，整体文化、知识素质和教育水平偏低，与此密切相关的表现强烈的非理性和偏好投机赌博的心态、轻视风险和法规的意识，相对缺乏的经验和相对虚弱的心理承受力，乃至隐约其后的种种民族、历史、文化的心理沉淀，这些因素往往成为证券市场恶性投机波澜的助推器。另外，我国投资者构成一种"二元结构"，与成熟市场上占主导地位的投资基金不同，我国缺乏稳定的机构投资者，并表现出两个极端：一头是为数少的拥有巨资并通晓内幕信息，甚至具有官僚政治背景可以左右市场走向的"操纵性投资者"；另一头却是处于弱势的为数众多的普通投资者。

在原本薄弱的证券法规的基础上，"操纵性投资者"所主导的垄断、操纵、欺诈和内幕交易等行为在普通投资者的盲目跟风和非理性投机烘托下盛行于股市，从而要求政府积极培育和教育普通投资者，推动机构投资者的形成，甚至在现行法规制度缺省状态下采用行政手段以扼制上述不良行为。

（三）普遍严重的信息失灵要求政府直接进行证券信息监管

我国信息化程度不高，加上信息法规制度不健全和垄断、操纵、欺诈等行为的人为影响，使得我国证券市场出现严重的信息差别和信息不对称现象，充斥大量的内幕交易和市场操纵。典型的"弱效"市场、甚至是无效市场表征要求政府在市场运行的早期阶段采取更严厉、更直接的干预手段。如，发行审核的优劣管理制度和更为严密的关于二级市场交易波动的信息公布制度等。

（四）不同于成熟市场的非均衡供求需要政府监管

由于上市企业质量方面的限制和过度的投机性与有效需求不足并存的原因，加上市场容量不足、机构薄弱和市场准入障碍，新兴证券市场经常表现出不同于成熟市场的非均衡的供求状态。这种非均衡供求不是指"随机漫步"说和"噪声理论"所描述的现实中股价对其所谓真实价值的状态背离，而是指在特定市场发展阶段由上述新兴市场本身的经济、历史条件和体制约束所造成的特殊结果。其非均衡往往表现为两种极端的市场状态：要么面对的是相对有限的证券供给而市场狂热投机，要么是相对需求不足而市场超跌低迷。这就要求新兴国家政府比发达国家能更全方位地直接运用管制力量来调节证券交易，实现证券交易中的总供求平衡，防止股价的暴涨暴跌，并最终维护证券价格和市场的稳定。特别要求新兴市场监管者更多地关注稳定的宏观经济政策的实施以增加储蓄，有步骤地加速机构投资者的培养，以促进国内证券需求并稳步扩大市场容量。

（五）市场上相对更大的外部效应需要政府的有力监管

金融体系的不健全和不透明，金融结构的脆弱性，证券法制建设的滞后和监管不力等内、外因的共同作用使得在新兴国家证券市场上，存在着产生市场泡沫和诱发金融危机的更大的可能性，更有可能危及社会秩序和政治稳定的根基。新兴市场外部性的特殊表象反映在整个社会经济上就是其更容易受到证券市场波动的冲击，对市场变化更敏感,从而产生更广泛、更深刻、更全方位的外部影响。政府监管部门要把目光投射到更为广阔的金融系统乃至国民经济整体的各个方位和各个层面,并把证券市场稳定乃至社会经济稳定视为首要监管目标之一。

二、我国证券管理体制的演变

我国的证券市场是随着经济体制改革的不断深入而产生发展起来的,其监管体制则是随着证券市场的发展不断变化的,经历了从地方监管到中央监管,从分散监管到集中监管的发展过程。这一发展过程大致经历了四个阶段。

(一)财政部独立管理阶段(1981—1985年)

这一阶段,证券的主要形式是国库券。国库券的发行与管理均由财政部负责。这一阶段的特点是,证券市场的监管完全靠计划和行政手段。

(二)主要由中国人民银行主管阶段(1986—1992年10月)

这一阶段是我国证券市场初步形成规模的阶段。证券品种由单一的国库券,发展为多样化的债券和股票。这一阶段最具标志性的事件是1990年11月20日上海证券交易所的成立和1990年12月1日深圳证券交易所的成立。这一阶段证券监管体制的特点是,没有专门的证券监管部门,证券市场的监管以中国人民银行为主,各相关部门共同参与,中央和地方分级管理。1992年10月以前,在中央一级的管理部门和机构就有中国人民银行、财政部、体改委、计委、国有资产管理局、全国证券协调小组、全国股票市场办公会议等,而沪、深地方政府则成立地方管理机构,并制定各自的地方性证券管理法规进行管理。以致证券市场监管政出多门,难以实施统一有效的管理。

(三)国务院证券委员会主管阶段(1992年10月—1998年8月)

这一阶段是国家对证券市场加强宏观管理的阶段。1992年10月17日,国务院发布了《关于进一步加强证券市场宏观管理的通知》(以下简称《通知》),规定国务院证券委员会是国家对全国证券市场进行统一宏观管理的主管机关。国务院证券委员会由当时的国家体改委、中国人民银行、财政部、国有资产管理局、国家工商总局、国家税务总局、国家经贸委、对外经贸部、外汇管理局、国务院法制局、国家计委、监察部、最高人民法院、最高人民检察院14个部委的官员组成。中国证券监督管理委员会是证券委的监督执行机构。《通知》虽然针对证券管理政出多门的状况,规定了国务院有关部门的权限和职责分工,但未能从根本上改变多头管理的状况与弊端,体制性问题越来越突出。1997年11月,国务院批准了经修改的《证券交易所管理办法》,明确了对证券交易所的管理由地方政府转为中国证券监督管理委员会。

(四)中国证券监督管理委员会(1998年8月至今)

这一阶段是我国证券监管体制的确立阶段。1998年8月,国务院批准《证券监管机构体制改革方案》,决定逐步建立与社会主义市场经济相适应的证券监管体制,理顺中央与地方监管部门的关系,实行集中统一领导的管理体制,根据各地区证券业发展的实际情况,在部分中心城市设立证监会派出机构。至此,我国证券监管体制基本形成,并最终通过《证券法》予以确认。

我国现行《证券法》第7条规定:"国务院证券监督管理机构依法对全国证券市场

实行集中统一监督管理。国务院证券监督管理机构根据需要可以设立派出机构,按照授权履行监督管理职责"。《证券法》第 8 条规定:"在国家对证券发行、交易活动实行集中统一监督管理的前提下,依法设立证券业协会,实行自律性管理。"这些规定表明,我国的证券监督管理体制的特点是以政府监管为主,与证券业自律性管理相结合。

三、中国证券市场的监管体系

目前我国证券市场实行的是集中统一的监管体系,即以政府监管为主导,集中监管和市场自律相结合的市场监管框架。

（一）监管主体

我国证券监管体制分为两个层次:一是国务院证券委员会(SCSC)。证券委负责制定涉及证券市场的宏观政策,诸如审批成立新的证券交易所、批准新的证券法规,同时与国家计委共同确定全国和各省的年度股票、债券发行额度。第二个层次是证券委的执行机构——中国证券监督管理委员会(SCRC)。1998 年国务院批准了中国证监会的职能、内部机构和人员编制的"三定"方案,确定了证监会是国务院直属机构,负责主管全国证券期货市场。根据该方案,证监会将建立集中统一的证券期货监管体系,按规定在全国各地设立派出监管机构并实行垂直管理,以加强对证券期货业的监管,提高信息披露质量,化解证券期货市场风险,维护市场稳定。

但是现实中,我国监管主体存在着多元化现象,主管部门之间关系较为复杂和不协调。如,中国人民银行负责发放证券商的经营许可证和审查财务状况,并有权收回许可证和取消证券商在交易所的席位;证监会负责监管证券商在二级市场上的营运,调查和处罚证券商的违规行为,地方和中央政府的主管机关则负责确定股票发行公司。

（二）自律组织

自律组织是资本市场监管体系中不可或缺的一个重要组成部分。自律组织有两种形式,即社会性的监督组织和行业自律。社会性监督组织包括注册会计师及会计师事务所、律师及律师事务所、审计师及审计师事务所等证券业中介服务机构。它们在中国证监会确认从事证券相关业务的资格后,依据国家的法律法规对证券发行企业的财务报告、资产评估报告、招股说明书和法律意见书进行审核签证,实施社会监督并承担相应的责任。行业自律包括两方面:一是证券交易所的场内自律。证券交易所对其会员在交易所内的交易实施监管,同时对上市公司和证券商会员的监管也起着重要的作用。二是场外交易的自律。"中国证券业协会"是经中国人民银行批准成立的,随后又由证监会给予资格认定,并经民政部核准登记的全国性证券业自律管理组织,通过制定和执行行业性的自律制度,监管证券场外交易,保证场外交易的公平与规范。

（三）监管法规体系

1998 年以前,我国证券市场的监管是通过一系列的行政规定,包括全国性的行政法规和地方性法规进行的。1998 年《中华人民共和国证券法》获得全国人民代表大会通过,标志着我国证券市场依法治市进入一个崭新的阶段。《证券法》和《公司法》作为我国证券市场监管的法律基础,和其他证券管理法规共同构成我国证券市场监管法规体系。

四、中国证券市场监管的目标模式

我国以及其他各国的证券市场监管目标相同,内容有三个:保护投资者;确保市场的公平、高效、透明;降低系统风险。中国证券市场监管体制的构建应围绕这三个目标的实现而进行。我国证券市场监管的目标模式是:在建立一整套完善的证券监管法律的基础上,在单一证券监管机构集中、统一的监管下,充分发挥自律组织的作用,形成政府监管与市场自律协调运行、各司其职的监管体系。具体内容有如下几方面。

(一)建立健全有效的法律体系

逐步完善和细化证券市场监管的法律,使之形成连贯的、具有较强可操作性的法律体系。特别是应尽快建立民事赔偿制度。落实民事赔偿制度后,广大投资者就可以通过行使民事诉讼的方式保护自己的利益,并参与对市场的监管,同时也缓解了证监会的监管压力,面对可能引起的民事索赔,证券欺诈者就会权衡违法成本,面对高额的民事索赔和行政罚款及可能引发的一连串旷日持久的诉讼官司,欺诈活动的猖獗势头肯定能得到一定程度的遏制。由于短期内不可能马上修订《民法通则》和《证券法》,因此最高人民法院开始研究起草《证券法》司法解释文件——"关于证券法司法解释若干问题的意见"。其中,司法解释的范围主要包括以下条款的解释:证券发行、交易、上市民事责任,持续公开民事责任,禁止交易行为民事责任,上市公司收购民事责任,交易所民事责任,证券公司民事责任,证券交易服务机构民事责任和民事赔偿优先问题。在此文件中,将证券欺诈行为定性为特殊侵权行为。在内幕交易、操纵市场、虚假、误导、重大遗漏的情况下,在同一期间从事相同证券交易的投资者所出现的损失,推定为由被告的行为所造成。原告只需证明侵权行为和损失的存在而将举证的责任推给被告。这一原则体现了法律对中小投资者的保护。

(二)真正实现我国证券市场集中、统一的监管

在这方面可以借鉴外国发达证券市场的监管模式。由世界银行提供的资料表明,大多数国家只有一个主要的证券监管机构,因为一个单一监管者会为证券市场的发展提供最实用的解决办法。例如,美国联邦证券交易管理委员会(SEC)是全美证券监管的最高行政机关,与美联储和财政部是并行的三大经济管理部门,兼有立法、执法和准司法权,独立行使对证券市场的全面监管职权,集证券市场的所有管理权限于一身,在向国会负责的前提下,进行效率较高的监管工作。有鉴于此,随着我国证券市场的发展,多元化管理应由单一监管者所代替,真正实现我国证券市场的集中、统一管理,只有这样才能提高证券市场的监管效率。

(三)深化市场经济自由性的理念,减少政府对市场的操纵

证券市场的基本功能是优化资源配置,即产权明晰的经济主体通过充分的竞争来决定价格,在价格的引导下实现资源的最优配置。因此政府监管的立足点应放在维护市场的"三公"原则上,即公开、公平、公正,而不应为了所谓控制风险,不时出台一些政策,影响市场的正常运行。政府对市场的直接参与,陡增了市场的不确定性,实际上是额外增加了市场的风险性,也会伤害市场参与者的信心。因此政府对证券市场的监管理念,应由控制风险转移到揭示风险。如果能够通过监管实现风险的充

分揭示,风险控制就会自然地成为投资者、上市公司及中介机构等市场参与者的自觉反应和行动。

政府用行政性质的办法调控市场中的一些指标,实质上表现出政府职能转换中的一些问题,应充分加以重视。对政府来说,重要的是建立起保证市场公平有效运作的制度。国有股东参与上市公司事务,应依法行事,不可动用政府权威和权力。反之,国家对于证券市场的管理,更不能站在股东立场上考虑问题,而必须站在社会公众的立场上。只有这样,才能有利于证券市场的健康发展。

（四）加强中国证券市场监管中的自律管理

自律管理有其存在的合理性:①自律管理的自发性。没有秩序的市场,市场参与者不可能实现其利润最大化。因此证券市场的参与者在利益机制的驱动下,有自发维护市场秩序的内在动力。②自律管理的不可替代性。政府监管对于证券市场中的灰色领域难以奏效,证券从业者的信誉准则和同行之间的相互牵制可以实现自我约束,从而维护正常的市场秩序。③自律管理是一种内行管理。④自律管理的效率较高。自律管理没有烦琐的条条框框,操作起来简便易行。

自律管理发挥作用需要一定的条件。从法律方面看,自律机构必须得到法律的承认与授权和对其规章制度的支持,才能对其规范对象产生约束力。从被约束者利益方面看,规范对象只有在接受自律规则能给其带来长远利益、违反自律规则会给其带来利益损失时才有自觉自律和相互监督的动力。总的来说,从长远看自律管理是成本低、效率高的管理方法。所以应强化我国证券监管的自律机制。

证券业协会、证券交易所和证券公司作为自律监管的主体,其实际功能的发挥应进一步加强。特别是证券公司,作为中介机构是证券市场的主要参加者之一,起着非常重要的桥梁作用。证券商是最好的市场"警察",其能否守法自律、规范经营、有效防范风险、强化各环节监管,将直接影响到投资者利益、自身的生存问题,乃至整个证券市场的稳定。因此提升证券公司的实力,加强其规范化运作意识,充分发挥其自律作用对市场而言显得尤为重要。

此外应加强社会性监督组织——会计师事务所的建设,推动事务所上规模,加强内部控制建设,完善行业监管制度,增强行业监管能力和制止弄虚作假行为。

五、国际证券市场监管体制的发展变化趋势

（一）国际证券市场监管体制变化趋势

长期以来,美国以集中的政府监管为主,英国以分散的自律监管为主。国际证券市场监管体制的变化趋势有两种:一是由一种监管体制为主,发展到综合监管,即政府监管与自律同时并举;二是由分散监管发展到集中统一监管,以提高监管效率。

（二）技术发展对监管提出了新的挑战和要求

目前,网上交易,交易频率提高,投资者进入方便,国际资本流动加快,证券公司的运行模式、业务结构、安全问题等出现了变化,需要有新的风险控制手段和监管手段;又如网上信息披露问题,大量非指定网络的出现,导致信息过多,甚至误导市场,因此对这些信息披露环节的监管很复杂。

(三)国际化的发展要求国际监管合作

公司到海外上市需要国际的监管合作,并签订监管合作备忘录;到海外上市在市场运作标准方面都有要求;交易所之间的合并和合作趋势,如欧洲交易所的合纵连横,需要统一的监管准则。实际上,监管国际化已有尝试,1961年,在法国巴黎成立了国际证券交易所联合会,1983年,在加拿大的蒙特利尔成立了国际证监会组织(其前身为1974年成立的证监会美洲协会)。其目的就是共同维护全球证券市场的安全稳健发展。通过扩大信息交流、制定共同的行动准则,提高证券监管的有效性,进而推进国际证券市场的健康发展。

(四)交易所的结构变化对监管的影响

交易所由会员制改为公司制,由非营利机构改为营利机构,并成为上市公司。但这时也出现了一些新的问题:如怎样平衡股东的利益和市场全体投资者之间的利益,因为加强了对市场和上市公司的监管,会影响市场的交易量和交易所的收入等,这样虽然有利于证券市场的投资者,但却对股东不利。证监会这时要加强对交易所的监管,因为交易所本身是上市公司,同时还要加强对其他上市公司的监管。目前我国证券交易所直属证监会,缺乏足够的独立性,今后这方面需要加以改革。

案例分析

康美药业财务造假案

中国证监会于2019年8月16日对康美药业等做出处罚及禁入告知。证监会已经向涉案当事人送达事先告知书,依法拟对康美药业及马兴田等22名当事人予以行政处罚,并对6名当事人采取证券市场禁入措施。

康美药业股份有限公司(下文简称"康美药业")成立于1997年,于2001年3月挂牌上市。公司的主营业务是药片生产与制造,并在业务创新方面实现了突破,业务涵盖了智慧药房、OTC零售、医药电商、移动医疗等,是国家级重点高新技术企业。

2018年12月28日,证监会向康美药业发出了《调查通知书》,康美药业因涉嫌信息披露违法违规而被证监会调查,调查结果显示,康美药业涉嫌财务造假,且造假金额巨大、造假周期长,影响极其恶劣。

2019年4月30日,康美药业发布关于会计差错的更正公告,称2018年之前康美药业财务报表账实不符达14处,营业收入、营业成本、费用等方面均存在账实不符的情况,其中,2017年财报中虚增货币资金达300亿元。2019年5月1日,康美药业深陷舆论漩涡,董事长马兴田签发了致股东信,向广大投资者致歉。

2019年5月6日,上交所二次发函,直言"应当严格区分会计准则理解错误和管理层有意财务舞弊行为性质的不同",提问多项差错调整的具体情况以及合规性,并要求康美药业全体董事、监事、高级管理人员自查。

2019年5月17日,证监会初步查明,康美药业2016—2018年财务报告存在重大虚假:一是使用虚假银行单据虚增存款,二是通过伪造业务凭证进行收入造假,三是部分资金转入关联方账户买卖本公司股票,并表示已对公司审计机构正中珠江会计师事务所涉嫌未勤勉尽责立案调查。康美药业表示公司存在88.79亿元的资金往来,这些资金被相关关联公司用于购买公司股票。

2019年5月20日,港交所发布公告称,将康美药业从中华通名单中移除并加入中华通特别名单。康美药业股票停牌1天,并将于2019年5月21日起实施其他风险警示,实施其他风险警示后股票价格的日涨跌幅限制为5%,康美股票简称由"康美药业"变更为"ST康美"。

2019年5月21日,MSCI在官网宣布,将把ST康美(康美药业)从MSCI相应指数中剔除。

2019年5月28日,ST康美就上交所《媒体报道有关事项的问询函》做出部分回复。ST康美表示,经核查,由于公司治理、内部控制存在重大缺陷,公司存在使用不实单据和业务凭证造成多计银行存款及收入、未如实反映款项支付等情况。

2019年8月17日,康美药业收到了证监会对其《行政处罚及市场禁入事先告知书》,《2016年年度报告》《2017年年度报告》《2018年半年度报告》《2018年年度报告》中存在虚假记载,虚增营业收入、利息收入及营业利润;虚增货币资金;虚增固定资产、在建工程、投资性房地产等事项。

2020年5月14日,证监会发布市场禁入决定书(马兴田、许冬瑾、邱锡伟、庄义清、温少生、马焕洲),依据2005年《证券法》规定,对庄义清、温少生、马焕洲采取10年证券市场禁入措施,自宣布决定之日起,在禁入期间内,除不得继续在原机构从事证券业务或者担任原上市公司、非上市公众公司董事、监事、高级管理人员职务外,也不得在其他任何机构中从事证券业务或者担任其他上市公司、非上市公众公司董事、监事、高级管理人员职务。

2020年7月10日,证监会对广发证券在康美药业相关投行业务中的违规行为依法下发行政监管措施事先告知书,拟对广发证券采取暂停保荐机构资格6个月、暂不受理债券承销业务有关文件12个月的监管措施。对14名直接责任人及负有管理责任的人员分别采取认定为不适当人选10年至20年、公开谴责、限制时任相关高管人员领取报酬等监管措施,并责令广发证券对相关责任人员进行内部追责,按公司规定追回相关报酬收入。

证监会重申,保荐机构及其他中介机构承担重要的"看门人"职责,是资本市场核查验证、专业把关的首道防线,必须严守诚实守信、勤勉尽责的底线要求。部分机构及从业人员缺乏职业操守,内控松散,管控失效,履职不力,把关不严,将严重损害资本市场秩序,破坏行业生态。对此,证监会始终保持高压态势,坚持有案必查、有错必惩,让违规者付出代价。

思考与练习题

1.证券市场的监管理论有哪些?

2.证券市场监管的目标和原则有哪些？
3.国际上证券市场的监管模式有几种？每种模式的利弊有哪些？
4.我国证券监管的内容有哪些？
5.简述我国证券市场监管体制的历史演变。
6.我国证券市场监管的目标模式是什么？结合国际证券市场监管发展趋势，谈谈你对这一模式的看法。

第三篇 证券投资分析

第三篇

亞若放資公社

证券投资价值分析

【学习要点】

本章分别介绍了债券、股票、远期合约、期货合约、互换与期权的价值分析。通过本章的学习,要求了解影响证券价格的基本因素,掌握股票、债券及衍生证券定价的基本原理,同时理解各种衍生证券的价格与其标的资产价格的相互关系。

Key points: This chapter introduces the value analysis of bonds, stocks, forward contracts, futures contracts, swaps and options. Through the study of this chapter, students should know the fundamental factors which affect the security prices, master the basic principle of securities pricing, and understand the relationship between derivative security prices and underlying asset prices.

第一节 债券价值分析

根据收入资本化法,任何资产的内在价值都等于投资者对持有该资产预期的未来现金流(或收入)的现值。因此,债券内在价值分析是债券价值分析的核心与基础。

一、债券内在价值分析

(一)零息债券的价值

零息债券又称为贴现债券,或贴息债券,是一种以低于债券面值的方式发行,不支付利息,到期按债券面值偿还的债券。债券发行价格与面值之间的差额就是投资者的利息收入。

假设 V 代表债券价值,M 表示债券面值,T 代表债券到期日,r 代表市场利率,零息债券的内在价值为:

$$V=\frac{M}{(1+r)^T}$$

【例题】某债券的面值为 1 000 元,息票率为 9.4%,期限为 15 年,半年付息一次,该债券的内在价值为:

$$V=\frac{1\,000}{(1+0.047)^{30}}=252.12(元)$$

由于英美国家的大部分国债是半年付息,所以本题解答中贴现的期间数不是债券到期的年限数,而是该年限数的两倍,贴现率也是票面利率的一半(0.094/2=0.047)。

(二)定息债券的价值

定息债券又称为直接债券或付息债券,是一种按照票面金额计算利息,票面上可附有作为定期支付利息凭证的息票,也可不附息票的债券。投资者不仅可以在债券期满时收回本金(面值),而且还可定期获得固定的利息收入。因此,该类债券内在价值的计算公式如下:

$$V=\frac{c}{(1+r)}+\frac{c}{(1+r)^2}+\cdots+\frac{c}{(1+r)^T}+\frac{M}{(1+r)^T}$$

式中,c 表示债券每期的息票利息。

【例题】某债券的面值为 1 000 元,票面利率为 11%,期限为 20 年,半年支付利息一次,该债券的现值为:

$$V=\frac{50}{(1+0.055)}+\frac{50}{(1+0.055)^2}+\cdots+\frac{50}{(1+0.055)^{40}}+\frac{1\,000}{(1+0.055)^{40}}=919.17(元)$$

(三)统一公债

统一公债是一种没有到期日的特殊的定息债券。最典型的统一公债是英格兰银行在 18 世纪发行的英国统一公债,英格兰银行保证对该公债的投资者永久地支付固定的利息。直至今日,在伦敦的证券市场上仍然可以买卖这种公债。历史上,美国政府为巴拿马运河融资时也曾发行过类似的统一公债。但是,由于该公债附有赎回条款,如今已经全被赎回,退出流通。现代公司中的优先股股东可以无限期地获得固定的股息,所以,优先股实际上是一种统一公债。统一公债内在价值的计算公式如下:

$$V=\frac{c}{(1+r)}+\frac{c}{(1+r)^2}+\cdots+\frac{c}{(1+r)^n}=\frac{c}{r}$$

【例题】假定某统一公债每年的固定利息是 100 元,假定市场利率为 10%,则该债券的内在价值为:

$$V=\frac{100}{0.1}=1\,000(元)$$

二、债券的属性

债券的价值与债券的属性密切相关。这些属性主要包括:息票率、到期时间、违约风险和利率风险。

(一)息票率

息票率又称为票面收益率或名义收益率,是印制在债券票面上的固定利率。息票率通常是年利息收入与债券面额之比率,决定了投资者可获取的未来现金流的大小。

在其他属性不变的条件下,债券的息票率越低,市场利率变化引起的债券价格的波动幅度越大。

例如,存在 5 种债券,期限均为 20 年,面值均为 100 元。它们唯一的区别在于息票率不同,分别为 4%、5%、6%、7% 和 8%。假设初始的市场利率水平为 7%,那么可以运用直接债券的内在价值公式分别计算各种债券的初始内在价值。如果市场利率发生上升或下降的变化,相应的债券内在价值也会发生变化。

债券内在价值变化与息票率之间的关系如表 8-1 所示。

表 8-1

息票率	相应的市场利率下的内在价值(元)			内在价值变化率(%)	
	7%	8%	5%	7%→8%	7%→5%
4%	68	60	87	−11.3	28.7
5%	78	70	100	−10.5	27.1
6%	89	80	112	−10	25.8
7%	100	90	125	−9.8	25.1
8%	110	100	137	−9.5	24.4

资料来源:根据刘红忠《投资学》,高等教育出版社 2003 年版第 194 页整理。

从表 8-1 中可以清楚地总结出一个规律:面对同样的市场利率变动,无论市场利率上升还是下降,5 种债券中息票率最低的债券(4%)的内在价值波动幅度最大,而伴随息票率的提高,5 种债券的内在价值的变化幅度逐渐降低。所以,债券的息票率越低,市场利率变化引起的债券价格的波动幅度越大。

(二)到期时间

从债券价值分析中可以发现:当市场利率 r 和债券的到期收益率 r^* 上升时,债券的市场价格和内在价值都将下降。当其他条件完全一致时,债券的到期时间越长,市场利率变化引起的债券价格的波动幅度越大。但是当到期时间变化时,市场利率变化引起的债券边际价格变动率递减。

例如,假定存在 4 种期限分别为 1 年、10 年、20 年和 30 年的债券,它们的息票率都是 6%,面值均为 100 元,其他属性也完全一样。如果起初的市场利率与息票率相同,根据内在价值的计算公式可知这 4 种债券的内在价值都是 100 元。如果相应的市场利率发生上升或下降的变化,这 4 种债券的内在价值的变化如表 8-2 所示。

表 8-2   内在价值(价格)与期限之间的关系

期限	相应的市场利率下的内在价值(元)			内在价值变化率(%)	
	4%	6%	8%	6%→4%	6%→8%
1	102	100	98	2	−2
10	116	100	86	16	−14

续表

期限	相应的市场利率下的内在价值(元)			内在价值变化率(%)	
	4%	6%	8%	6%→4%	6%→8%
20	127	100	80	27	-20
30	135	100	70	35	-23

资料来源：根据刘红忠《投资学》，高等教育出版社 2003 年版第 193 页整理。

从表 8-2 中可以清楚地发现一个规律：当市场利率由现在的 6% 上升到 8%，4 种期限的债券的内在价值分别下降 2%、14%、20% 和 23%；然而，当市场利率由现在的 6% 下降到 4%，四种期限的债券的内在价值分别上升 2%、16%、27% 和 35%。同时，当市场利率由现在的 6% 上升到 8% 时，1 年期和 10 年期债券的内在价值下降幅度相差 12 元，10 年期和 20 年期的债券内在价值下降幅度相差 6 元，20 年期和 30 年期债券的内在价值下降幅度相差 3 元。因此，由单位期限变动引起的边际价格变动率递减。

（三）违约风险

债券的违约风险是指债券发行人未按照契约的规定支付债券的本金和利息，给债券投资者带来损失的可能性。债券评级是反映债券违约风险的重要指标。美国是世界上债券市场最发达的国家，所拥有的债券评级机构也最多，其中著名的三家评级机构是：标准普尔公司（Standard & Poor's, S&P）、穆迪投资者服务公司（Moody's Investors Services）和惠誉国际（Fitch Ratings）。尽管各家评级机构的债券评级分类有所不同，但是基本上都将债券分成两大类，即投资级和投机级，通常将 BB 级以下（包括 BB 级）和 Ba 级以下（包括 Ba 级）的债券定义为投机级债券。有时投机型债券也称为垃圾债券（Junk Bonds），而将那些发行时的投资型债券转变为投机型债券称为"失落的天使"（Fallen Angels）。

在政府债券与公司债券之间，即使是 AAA 级的公司债券，其违约风险也高于政府债券；在政府债券内部，中央政府债券的违约风险低于地方政府债券；在公司债券层次，AAA 级的债券的违约风险最小，并随着评级的降低，违约风险不断上升。

债券的违约风险与债券的收益率之间的关系表现为：投资者对不同违约风险的债券要求的投资收益率不同。债券违约风险越高，投资者要求的风险补偿越多，即投资收益率必须较高。在美国债券市场上，联邦政府债券的违约风险最低，地方政府债券的违约风险次低，AAA 级的公司债券的违约风险较高，D 级的公司债券的违约风险最高。由此，上述债券的收益率由低向高排列。在公司债券中，投资级债券的投资收益率低于投机级债券的收益率。但是，由于税收优惠安排的不同，可能会使债券的投资收益率发生一些变化。

（四）利率风险

债券价格与收益之间存在反向变动关系，当收益率上升时，债券价格下降，同时债券价格曲线是凹的，这表明对于同样的利率变化幅度，利率上升时的影响要小于利率下降时的影响。同时，对于到期时间不同，其他属性均相同的两种债券而言，长期债券的价格比短期债券的价格对利率的敏感性更强。

表8-3列出了半年支付一次利息、息票率为8%的债券的不同到期收益和不同到期期限。1年期债券在利率从8%上升到9%时价格下跌将近1%;10年期的债券价格下跌6.5%;而20年期的债券价格下跌则超过了9%。

表8-3　　　　　　息票率为8%的债券的价格(半年支付一次息票利息)

到期收益率	$T=1$ 年	$T=10$ 年	$T=20$ 年
8%	1 000	1 000	1 000
9%	990.64	934.96	907.99
价格变化(%)	0.94	6.5	9.2

另外,息票率或到期收益率都会影响债券的利率敏感性。如表8-4所示。

表8-4　　　　　　零息票债券的价格(半年支付一次息票利息)

到期收益率	$T=1$ 年	$T=10$ 年	$T=20$ 年
8%	924.56	456.39	208.29
9%	915.73	414.64	171.93
价格变化(%)	0.96	9.15	17.46

相比而言,对于每种期限,零息票债券价格的下跌比率比息票率为8%的债券价格下跌的比率更大。因为我们知道长期债券比短期债券对利率的变动更为敏感,这从某种意义上说明了零息票债券代表了长期债券。用于衡量债券对利率的敏感性的一个重要指标是久期。

(五)久期

久期的概念最早是F.R.Macaulay于1938年提出的,它是用加权平均数的形式计算债券的平均到期时间,其计算公式为:

$$D = \frac{\sum_{t=1}^{T} PV(C_t) \cdot t}{B}$$

式中,D表示久期;B是债券当前的市场价格;$PV(C_t)$是债券未来第t期现金流的现值;T是债券的到期时间。

如果某债券当前的市场价格为950.25元,收益率为10%,息票率为8%,面值1 000元,3年后到期,一次性偿还本金。该债券的相关数据见表8-5。

表8-5

未来现金流支付时间(t)	未来现金流(元)	现值系数	未来现金流的现值	现值乘以支付时间
1	80	0.9091	72.73	72.73
2	80	0.8264	66.12	132.23
3	1080	0.7513	811.4	2434.21
加总			950.25	2639.17

资料来源:根据刘红忠《投资学》,高等教育出版社2003年版第202页整理。

由此,根据公式可以计算出:

$$D = \frac{72.73 \times 1 + 66.12 \times 2 + 811.40 \times 3}{950.25} = \frac{2\,639.17}{950.25} = 2.78(年)$$

对于给定的收益率变动幅度,久期越大,债券价格的波动幅度越大。我们已经知道长期债券比短期债券对利率的波动更为敏感,久期作为尺度使我们能够量化这个关系。具体地说,当利率发生变化时,债券价格变化的比率与到期收益率的变化相关。据此可以得到:

$$\Delta P/P = -D \times [\Delta(1+y)/1+y]$$

债券价格的变化率等于 1+债券收益率(y)的变化率乘以久期。因此,债券价格的易变性与债券的久期成比例,久期自然也就成为债券利率风险暴露程度的测度指标。久期相等的资产对利率波动的敏感性实际是一样的。

三、债券的定价原理

1962 年麦尔其(B.G.Malkiel)最早系统地提出了债券定价的五个原理。至今,债券定价的五个原理仍被视为债券定价理论的精华。

定理一:债券的价格与债券的收益率成反比例关系。具体讲,当债券价格上升时,债券的收益率下降;反之,当债券价格下降时,债券的收益率上升。

【例题】ABC 是一只 5 年期债券,面值为 1 000 元,息票率为 8%,即每年支付利息 80 元。如果现在的市场价格等于 1 000 元,此时意味着该债券的收益率等于息票率 8%。如果市场价格上升到 1 100 元,它的收益率将下降为 5.76%,低于息票率;反之,当市场价格下降到 900 元,它的收益率上升到 10.98%,高于息票率。

$$1\,000 = \frac{80}{(1+0.08)} + \cdots + \frac{80}{(1+0.08)^5} + \frac{1\,000}{(1+0.08)^5}$$

$$1\,100 = \frac{80}{(1+0.057\,6)} + \cdots + \frac{80}{(1+0.057\,6)^5} + \frac{1\,000}{(1+0.057\,6)^5}$$

$$900 = \frac{80}{(1+0.109\,8)} + \cdots + \frac{80}{(1+0.109\,8)^5} + \frac{1\,000}{(1+0.109\,8)^5}$$

定理二:当债券的收益率不变,即债券的息票率与收益率之间差额固定不变时,债券的到期时间与债券价格的波动幅度之间成正比关系。具体讲就是,到期时间越长,价格波动幅度越大;反之,到期时间越短,价格波动幅度越小。

该定理不仅适用于不同债券之间的价格波动的比较,而且可以解释同一债券到期时间的长短与其价格波动之间的关系。

【例题】5 年期债券 F,面值为 1 000 元,息票率为 6%,即每年付息 60 元。如果其发行价格低于面值,为 883.31 元,该债券的收益率为 9%,高于息票率;如果一年后,该债券的收益率维持在 9%不变,它的市场价格为 902.81 元。这种价格变动的趋势表明在维持收益率不变的条件下,随着债券到期时间的临近,债券价格的波动幅度从 116.69 元(1 000−883.31)减少到 97.19 元(1 000−902.81),两者的差额为 19.5 元。

$$883.31 = \frac{60}{(1+0.09)} + \cdots + \frac{60}{(1+0.09)^5} + \frac{1\,000}{(1+0.09)^5}$$

$$902.81 = \frac{60}{(1+0.09)} + \cdots + \frac{60}{(1+0.09)^4} + \frac{1\,000}{(1+0.09)^4}$$

定理三：随着债券到期时间的临近，债券价格的波动幅度减小，并且是以递增的速度减小；反之，到期时间越长，债券价格波动幅度增大，并且是以递减的速度增大。

【例题】接上题，假定两年后，债券的收益率仍然为9%，该债券当时的市场价格应为924.06元，该债券的价格波动幅度为75.94元(1 000−924.06)。与上题中的97.19元相比，两者的差额为21.25元，所以第一年与第二年的市场价格波动幅度小于第二年与第三年的市场价格波动幅度。

第二年的市场价格为：

$$924.06 = \frac{60}{(1+0.09)} + \cdots + \frac{60}{(1+0.09)^3} + \frac{1\,000}{(1+0.09)^3}$$

注意两年后，该债券的到期期限就从5年减少到3年。

定理四：对于期限既定的债券，由收益率下降导致的债券价格上升的幅度大于同等幅度的收益率上升导致的债券价格下降的幅度。具体讲就是，对于同等幅度的收益率的变动，收益率下降给投资者带来的利润大于收益率上升给投资者带来的损失(该定理的证明由于篇幅原因在本书中省略)。

定理五：对于给定的收益率变动幅度，债券的息票率与债券价格的波动幅度之间成反比关系。换言之，息票率越高，债券价格的波动幅度越小。值得注意的是，该定理不适用于一年期的债券和以统一公债为代表的无限期债券(该定理的证明同样由于篇幅原因在本书中省略)。

第二节　普通股价值分析

一、权益证券定价因子

(一)贴现率

在进行权益证券估价的时候，各种估价模型的核心是估计现金流对应的贴现率。从本质上分析，贴现率等于无风险利率加风险溢价；无风险利率用于反映资金的时间价值，风险溢价则反映了投资者因承担风险而获得的收益。本节介绍了用于计算贴现率的两种主要模型：资本资产定价模型(CAPM)和套利定价理论(APT)，上述两个模型在现实中被广泛使用。

1.根据资本资产定价模型计算贴现率的公式为：

$$E(R_i) = R_f + \beta_i [E(R_M) - R_f]$$

式中，$E(R_i)$=股票 I 的期望收益率；R_f=无风险收益率；$E(R_M)$=市场组合的期望收益率；$\beta_i = \dfrac{\mathrm{Cov}(R_i, R_M)}{\mathrm{Var}(R_M)}$ 代表股票 I 的收益率随市场资产组合收益率变动而变动的敏感度。

2.根据套利定价理论计算贴现率的公式为：

$$E(R_i) = R_f + \beta_{i1}F_1 + \cdots + \beta_{ik}F_k$$

式中,F_1代表第一种风险因子的风险溢价;F_k代表第K种风险因子的风险溢价;β_{i1}表示股票I的收益率对第1种风险因子的敏感程度;β_{ik}表示股票I的收益率对第K种风险因子的敏感程度。

(二) 现金流

证券当前的价值就等于未来现金流的贴现值之和。为了确定某一权益证券未来的现金流量及模式,必须全面分析一个公司的营利能力、竞争能力、收益及收益增长能力、资产负债情况等多方面因素。由此,需要对公司进行基本面分析。基本面分析包括:宏观经济分析、产业分析与公司分析三个层次,本书主要介绍公司层次的现金流分析。

公司分析又称为财务报表分析,是通过对公司报表的有关数据进行汇总、计算和对比,综合分析公司的财务状况和经营业绩。公司的基本财务报表主要包括资产负债表、损益表和现金流量表。

1.资产负债表(Balance Sheet)。资产是预期能产生收益的投资,负债是所有者以外的索取权人对来自收益的资产的索取权,股东权益是所有者的索取权。因此,从公司投资活动角度看,资产负债表是公司投资的报表,同时也是对投资回报的索取权的价值报表。资产和负债都可分成流动性和长期性两类。"流动"是指在一个财政年度内能产生现金的资产,或在一个财政年度内要使用现金支付的负债索取权。资产负债表的三个部分由下面的会计等式联系在一起:

$$股东权益 = 资产 - 负债$$

这个资产负债表方程说明股东权益等于资产和负债的差,即净资产。表8-6即是资产负债表的一个例子。

表8-6　　　　　　　　宝钢公司合并资产负债表　　　　　　　　单位:百万元

时间	2020-09-30	2020-06-30	2020-03-31	2019-12-31	2019-09-30
报告期	三季报	中报	一季报	年报	三季报
流动资产					
货币资金	19 816.97	23 055.04	22 023.78	13 438.85	20 689.33
交易性金融资产	1 103.13	1 297.99	1 190.59	831.86	654.68
衍生金融资产	11.24	35.39	27.93	48.51	167.71
应收票据	793.36	611.52	741.30	626.77	28 535.76
应收账款	12 351.76	12 351.95	11 626.42	10 877.76	12 942.51
应收款项融资	31 714.19	26 224.37	20 698.17	28 111.81	—
预付款项	6 256.24	5 127.36	5 062.01	5 002.46	5 113.42
其他应收款	2 011.25	1 970.60	1 727.27	1 681.59	1 740.17
其中:应收利息	21.48	18.59	13.30	10.79	10.85
应收股利	0.55	1.15	1.15	1.15	50.39

续表

时间	2020-09-30	2020-06-30	2020-03-31	2019-12-31	2019-09-30
报告期	三季报	中报	一季报	年报	三季报
买入返售金融资产	—	2 646.73	—	2 988.60	3 099.04
存货	44 551.87	43 513.66	49 014.71	40 299.75	45 403.71
合同资产	513.35	464.42	537.79	—	—
一年内到期的非流动资产	2 304.40	2 396.47	—	—	—
其他流动资产	31 247.72	29 654.61	26 105.87	26 656.52	13 729.39
流动资产合计	152 675.49	149 350.11	138 755.84	130 564.49	132 075.74
非流动资产					
发放贷款及垫款	221.77	196.90	322.00	192.23	6 496.21
债权投资	363.00	363.00	813.00	763.00	663.00
长期应收款	230.00	242.64	254.66	264.56	275.59
长期股权投资	19 709.40	19 754.86	19 886.03	19 392.65	19 444.73
其他权益工具投资	657.59	598.03	564.04	678.63	630.76
其他非流动金融资产	9 813.50	9 811.84	11 763.14	11 763.24	12 121.17
投资性房地产	522.59	538.21	539.85	547.20	441.39
固定资产	138 888.91	141 442.01	143 746.99	147 435.92	143 585.51
在建工程	14 126.69	10 838.24	9 655.17	8 467.77	10 059.52
无形资产	11 659.57	11 747.95	11 803.84	11 886.96	12 054.21
商誉	533.83	531.62	521.45	521.90	517.78
长期待摊费用	1 587.15	1 626.20	1 645.89	1 508.50	1 428.04
递延所得税资产	3 288.38	3 436.24	3 333.76	3 218.95	3 099.64
其他非流动资产	2 038.92	2 520.75	2 398.55	2 427.02	1 677.68
非流动资产合计	203 641.31	203 648.48	207 248.36	209 068.52	212 495.23
资产总计	356 316.79	352 998.59	346 004.20	339 633.00	344 570.97
流动负债					
短期借款	16 878.34	20 358.55	18 427.76	13 068.01	23 910.81
拆入资金	500	99.11	311.74	422.06	431.45
衍生金融负债	30.94	4.22	78.25	11.87	74.76
应付票据	11 256.13	10 226.51	12 730.92	14 163.28	15 665.22

续表

时间	2020-09-30	2020-06-30	2020-03-31	2019-12-31	2019-09-30
报告期	三季报	中报	一季报	年报	三季报
应付账款	33 890.92	31 131.16	29 940.94	29 422.52	30 753.12
预收款项	—	—	—	22 371.69	20 555.84
合同负债	24 700.13	22 906.76	21 413.12	—	—
卖出回购金融资产款	354.10	558.87	1 025.98	226.46	230.57
吸收存款及同业存放	9 751.48	12 055.07	7 000.85	14 200.88	9 483.10
应付职工薪酬	2 535.10	3 085.89	2 796.13	2 544.05	2 565.57
应交税费	2 103.00	1 434.90	1 576.25	1 923.03	2 651.08
其他应付款	3 505.24	3 135.57	1 830.71	1 833.29	2 392.11
其中:应付利息	—	—	—	—	374.11
应付股利	938.53	967.96	60.67	60.67	395.52
一年内到期的非流动负债	1 056.84	617.33	415.06	3 643.15	3 093.76
其他流动负债	35 254.96	38 244.22	37 264.68	34 213.45	29 278.72
流动负债合计	141 817.20	143 858.16	134 812.42	132 586.76	141 086.11
非流动负债					
长期借款	2 904.93	1 756.73	2 009.04	2 007.53	2 227.30
应付债券	12 000.00	12 000.00	12 000.00	9 000.00	9 000.00
长期应付款	945.58	946.70	947.53	960.75	953.62
长期应付职工薪酬	1 760.99	1 754.21	1 745.27	1 761.34	1 770.00
递延收益	1 147.38	1 160.14	1 182.00	1 215.99	1 075.56
递延所得税负债	984.28	973.77	885.22	884.71	859.89
非流动负债合计	19 743.16	18 591.55	18 769.06	15 830.32	15 892.10
负债合计	161 560.37	162 449.71	153 581.48	148 417.09	156 978.21
所有者权益(或股东权益)					
实收资本(或股本)	22 271.29	22 271.29	22 271.29	22 274.46	22 274.46
资本公积	50 522.91	50 454.57	49 883.02	49 978.05	50 031.58
减:库存股	679.10	679.10	679.10	691.76	691.76
其他综合收益	−740.78	−656.52	−782.22	−882.03	−897.44
专项储备	48.06	43.41	38.71	30.27	54.20

续表

时间	2020-09-30	2020-06-30	2020-03-31	2019-12-31	2019-09-30
报告期	三季报	中报	一季报	年报	三季报
盈余公积	34 208.02	34 208.02	34 208.02	34 208.02	32 628.86
未分配利润	74 607.06	70 750.46	74 490.51	73 136.10	71 239.52
归属于母公司所有者权益（或股东权益）合计	180 237.45	176 392.12	179 430.23	178 053.11	174 639.42
少数股东权益	14 518.97	14 156.76	12 992.49	13 162.80	12 953.34
所有者权益（或股东权益）合计	194 756.43	190 548.88	192 422.72	191 215.92	187 592.76
负债和所有者权益（或股东权益）总计	356 316.79	352 998.59	346 004.20	339 633.00	344 570.97

2.利润表（Income Statement）。利润表反映了经营活动如何导致企业净资产的增加或减少。更确切地说，利润表列出了收益的来源，这些来源可以广义地分为两类：从销售产品中所得的价值——收入；在获得价值中收入的消耗——费用。决定净收益的会计关系如下：

$$净收益=收入-费用$$

利润表将费用等各个项目分类来报告净收益的各个组成部分，主要包括以下几个相关联的部分：

$$主营业务利润=主营业务收入-主营业务支出-主营业务税金及附加$$
$$营业利润=主营业务利润+其他业务利润-存货跌价损失-管理费用-财务费用$$
$$利润总额=营业利润+投资收益+营业外收入-营业外支出$$
$$净利润=利润总额-所得税-少数股东权益$$

表8-7即是利润表的一个例子。

表8-7　　　　　　　　　　　宝钢公司合并利润表　　　　　　　　　　单位：百万元

时间	2020-09-30	2020-06-30	2020-03-31	2019-12-31	2019-09-30
报告期	三季报	中报	一季报	年报	三季报
一、营业总收入	200 589.36	130 164.55	60 106.84	292 057.46	217 210.36
其中：营业收入	200 022.65	129 771.80	59 972.77	291 593.98	216 875.61
利息收入	557.85	387.78	132.34	449.08	324.26
手续费及佣金收入	8.86	4.97	1.73	14.40	10.50
二、营业总成本	191 094.26	125 619.46	57 931.69	281 609.49	208 314.18
其中：营业成本	178 399.93	117 200.32	53 706.76	259 871.00	193 630.64
利息支出	212.45	150.48	47.67	178.67	128.88

续表

时间	2020-09-30	2020-06-30	2020-03-31	2019-12-31	2019-09-30
报告期	三季报	中报	一季报	年报	三季报
手续费及佣金支出	4.49	2.71	1.08	5.66	4.30
税金及附加	872.17	556.80	281.21	1 266.48	955.26
销售费用	2 053.80	1 388.28	670.41	3 381.38	2 402.94
管理费用	3 046.60	2 061.54	1 110.00	5 581.78	3 630.03
研发费用	5 398.37	3 470.81	1 668.71	8 864.00	5 643.83
财务费用	1 106.46	788.52	445.84	2 460.43	1 918.29
其中:利息费用	1 331.31	935.28	477.73	2 437.64	1 837.52
利息收入	191.33	140.34	25.30	233.40	187.22
加:其他收益	255.86	157.62	71.60	573.60	355.77
投资收益(损失以"-"号填列)	1 794.66	1 370.06	432.10	3 699.89	2 742.57
其中:对联营企业和合营企业的投资收益	844.09	650.11	395.47	1 301.13	1 287.97
净敞口套期收益(损失以"-"号填列)	—	—	—	—	—
公允价值变动收益(损失以"-"号填列)	170.38	176.62	-9.06	256.87	193.83
信用减值损失(损失以"-"号填列)	-19.33	-43.92	-96.99	-42.45	1.69
资产减值损失(损失以"-"号填列)	-18.52	-37.91	11.75	323.42	278.54
资产处置收益(损失以"-"号填列)	20.57	—	—	255.31	—
三、营业利润(亏损以"-"号填列)	11 698.72	6 167.56	2 584.56	15 514.60	12 468.59
加:营业外收入	133.08	100.16	43.73	213.09	95.73
减:营业外支出	712.19	453.18	321.58	733.64	592.11
四、利润总额(亏损总额以"-"号填列)	11 119.61	5 814.55	2 306.71	14 994.05	11 972.21
减:所得税费用	2 386.26	1 321.81	540.68	1 525.03	2 353.64
五、净利润	8 733.35	4 492.74	1 766.03	13 469.01	9 618.57
持续经营净利润	8 733.35	4 492.74	1 766.03	13 469.01	9 618.57
终止经营净利润	—	—	—	—	—
减:少数股东损益	874.38	490.38	229.57	1 045.78	744.19

续表

时间	2020-09-30	2020-06-30	2020-03-31	2019-12-31	2019-09-30
报告期	三季报	中报	一季报	年报	三季报
归属于母公司所有者的净利润	7 858.96	4 002.37	1 536.45	12 423.23	8 874.38
加：其他综合收益	127.16	221.52	80.00	128.40	115.65
六、综合收益总额	8 860.51	4 714.26	1 846.03	13 597.41	9 734.22
减：归属于少数股东的综合收益总额	860.29	486.39	209.77	1 061.25	762.33
归属于母公司普通股东综合收益总额	8 000.21	4 227.87	1 636.26	12 536.16	8 971.89
七、每股收益：					
基本每股收益	0.35	0.18	0.07	0.56	0.40
稀释每股收益	0.35	0.18	0.07	0.56	0.40

3.现金流量表。现金流量表说明了一定时期内企业现金及等价物变动情况及变动原因。依据现金流量表可以分析公司偿债能力与股利支付能力，分析公司未来获取现金及现金等价物的能力，判断公司经营的健康状况。现金流量表包括经营现金流、投资现金流、融资现金流三个部分，来自三种活动的现金流总和说明了公司现金的增加或减少。如下公式所示：

现金变化量=来自经营活动的现金+来自投资的现金+来自融资的现金

表8-8即是现金流量表的一个例子。

表8-8　　　　　　　　　　　　**宝钢公司合并现金流量表**　　　　　　　　　单位：百万元

时间	2020-09-30	2020-06-30	2020-03-31	2019-12-31	2019-09-30
报告期	三季报	中报	一季报	年报	三季报
一、经营活动产生的现金流量					
销售商品、提供劳务收到的现金	217 871.79	143 068.93	69 522.34	339 786.97	250 054.64
客户存款和同业存放款项净增加额	464.88	—	—	—	680.27
客户贷款及垫款净减少额	—	2 517.75	51.27	—	—
存放中央银行和同业款项净减少额	236.44	—	21.88	—	—
卖出回购金融资产净增加额	127.54	332.41	799.51	84.39	88.50
向其他金融机构拆入资金净增加额	84.94	—	—	422.06	431.45

续表

时间	2020-09-30	2020-06-30	2020-03-31	2019-12-31	2019-09-30
报告期	三季报	中报	一季报	年报	三季报
收取利息、手续费及佣金的现金	563.34	390.76	130.75	475.73	344.37
收到的税费返还	436.56	270.34	77.35	815.75	671.46
收到其他与经营活动有关的现金	619.87	384.04	111.18	1 471.73	953.49
经营活动现金流入小计	220 405.46	147 525.38	70 714.28	343 056.64	253 224.18
购买商品、接受劳务支付的现金	184 254.02	122 618.08	60 482.16	280 019.18	207 559.43
客户贷款及垫款净增加额	1 515.04	—	—	600.51	780.19
客户存款和同业存放款项净减少额	—	2 103.25	1 744.52	58.18	—
向其他金融机构拆入资金净减少额	—	329.20	116.90	—	—
卖出回购金融资产净减少额	—	—	—	—	—
存放中央银行和同业款项净增加额	—	3.23	—	79.74	244.44
支付利息、手续费及佣金的现金	216.10	116.09	37.29	167.70	115.42
支付给职工以及为职工支付的现金	10 459.02	7 080.12	3 827.48	15 621.44	10 979.79
支付的各项税费	4 714.04	3 034.12	2 399.45	11 481.19	9 170.07
支付其他与经营活动有关的现金	2 178.73	1 319.17	-1 536.95	5 524.55	4 780.30
经营活动现金流出小计	203 336.95	136 603.26	67 070.85	313 552.49	233 629.65
经营活动产生的现金流量净额	17 068.51	10 922.12	3 643.43	29 504.14	19 594.53
二、投资活动产生的现金流量					
收回投资收到的现金	14 742.70	10 082.24	3 180.22	22 408.26	17 646.04
取得投资收益收到的现金	1 826.69	963.88	45.65	2 959.99	2 117.88
处置固定资产、无形资产和其他长期资产收回的现金净额	88.48	17.78	1.18	726.43	125.97
处置子公司及其他营业单位收到的现金净额	38.66	—	—	284.39	—
收到其他与投资活动有关的现金	225.42	162.26	35.23	270.98	213.69

续表

时间	2020-09-30	2020-06-30	2020-03-31	2019-12-31	2019-09-30
报告期	三季报	中报	一季报	年报	三季报
投资活动现金流入小计	16 921.95	11 226.16	3 262.28	26 650.02	20 103.58
购建固定资产、无形资产和其他长期资产支付的现金	11 707.39	7 188.48	3 975.83	17 624.27	10 923.05
投资支付的现金	16 998.02	12 103.50	1 950.00	31 244.63	21 184.41
取得子公司及其他营业单位支付的现金净额	39.71	39.71	—	—	—
支付其他与投资活动有关的现金	12.85	31.05	—	10.10	35.96
投资活动现金流出小计	28 757.98	19 362.74	5 925.83	48 879.00	32 143.43
投资活动产生的现金流量净额	−11 836.02	−8 136.58	−2 663.55	−22 228.98	−12 039.84
三、筹资活动产生的现金流量					
吸收投资收到的现金	664.49	664.49	—	214.57	112.70
其中:子公司吸收少数股东投资收到的现金	664.49	664.49	—	176.40	112.70
取得借款收到的现金	53 000.00	58 812.40	32 511.68	87 164.56	66 628.82
发行债券收到的现金	76 590.73	41 000.00	18 000.00	72 000.00	50 000.00
收到其他与筹资活动有关的现金	—	—	—	—	38.17
筹资活动现金流入小计	130 255.22	100 476.88	50 511.68	159 379.13	116 779.69
偿还债务支付的现金	123 222.63	88 649.38	42 075.78	156 226.16	107 786.98
分配股利、利润或偿付利息支付的现金	7 645.72	6 802.54	797.46	14 087.27	13 376.18
其中:子公司支付给少数股东的股利、利润	351.50	351.50	—	739.28	268.57
支付其他与筹资活动有关的现金	12.72	12.66	12.66	550.64	153.16
筹资活动现金流出小计	130 881.07	95 464.58	42 885.89	170 864.07	121 316.32
筹资活动产生的现金流量净额	−625.86	5 012.31	7 625.78	−11 484.94	−4 536.63
四、汇率变动对现金的影响	110.23	31.52	−7.04	−42.21	−34.35
五、现金及现金等价物净增加额	4 716.86	7 829.37	8 598.63	−4 251.98	2 983.70
期初现金及现金等价物余额	13 858.46	13 858.46	11 965.83	16 217.81	16 066.98
六、期末现金及现金等价物余额	18 575.32	21 687.82	20 564.45	11 965.83	19 050.68

4.财务报表分析方法概览。财务报表分析没有固定的方法,分析者可以自己创设最佳方案来达到解析和评估的目的。通用的方法有比率分析法、比较分析法和趋势分析法。本书主要介绍比率分析法,在比率分析法中常用的比率主要反映在五个方面。

(1)反映内部流动状况的比率。例如,应收账款周转率、速动比率等。

(2)反映营运效率的比率。例如,毛利率、股东权益报酬率等。

(3)反映风险水平的比率。例如,负债比率、经营杠杆等。

(4)反映成长率的比率。例如,收益留存率等。

(5)反映外部流动性的比率。例如,交易周转率等。

分析师从财务报表入手,通过比率分析,可以评价与预测一家公司的盈利状况与盈利前景,分析其资产的质量以及收入流和现金流分布状况。

二、股息贴现模型

股息贴现模型就是收入资本化法用于普通股定价的模型。在股票投资中,未来各期的现金流 C_t 主要表现为股东获得的各期股利收入。所运用的贴现率则是考虑了风险因素后的预期投资报酬率。

(一)永久持有的股息贴现模型

$$v_0 = \frac{d_1}{(1+k)^1} + \frac{d_2}{(1+k)^2} + \frac{d_3}{(1+k)^3} + \cdots = \sum_{t=1}^{n} \frac{d_t}{(1+k)^t} \tag{8.1}$$

式中,v_0 代表普通股内在价值;d_t 是普通股第 t 期支付的股息和红利;k 为投资者的期望报酬率(贴现率)。

永久持有的股息贴现模型假定股息是投资股票唯一的现金流。事实上,现实中大多数的投资者并非在投资之后永久性地持有所投资的股票,而是在买进股票一段时间后就有可能抛出股票赚取资本利得。因此,股息贴现模型需做相应的调整。

(二)固定持有期的股息贴现模型

$$v_0 = \frac{d_1}{(1+k)^1} + \frac{d_2}{(1+k)^2} + \frac{d_3}{(1+k)^3} + \frac{p_3}{(1+k)^3} \tag{8.2}$$

式中,p_3 代表在第三期期末出售该股票时的价格。根据股息贴现模型,进一步得知该股票在第三期期末的价格应等于该股票当时的内在价值。

$$p_3 = v_3 = \frac{d_4}{(1+k)^1} + \frac{d_5}{(1+k)^2} + \frac{d_6}{(1+k)^3} + \cdots = \sum_{t=1}^{n} \frac{d_{t+3}}{(1+k)^t} \tag{8.3}$$

将(8.3)式代入(8.2)式,得到:

$$v_0 = \frac{d_1}{(1+k)^1} + \frac{d_2}{(1+k)^2} + \frac{d_3}{(1+k)^3} + \frac{d_4/(1+k)^1 + d_5/(1+k)^2 + \cdots}{(1+k)^3} \tag{8.4}$$

由于:

$$\frac{d_{t+3}/(1+k)^t}{(1+k)^3} = \frac{d_{t+3}}{(1+k)^{t+3}}$$

所以(8.4)式可进一步表示为:

$$v_0 = \frac{d_1}{(1+k)^1} + \frac{d_2}{(1+k)^2} + \frac{d_3}{(1+k)^3} + \frac{d_4}{(1+k)^{1+3}} + \frac{d_5}{(1+k)^{2+3}} + \cdots$$

$$= \sum_{t=1}^{n} \frac{d_t}{(1+k)^t}$$

因此,经过推导可以看出(8.2)式与(8.1)式完全相同,所以永久持有的股息贴现模型选用未来的股息代表投资股票可获得的唯一现金流,已经将买卖股票的资本利得对股票内在价值的影响考虑进去了。如果我们能够准确地预测股票未来每期的股息,就可以利用(8.1)式计算股票的内在价值。在对股票未来每期股息进行预测时,关键在于预测每期股息的增长率,其数学表达式为:

$$g_t = \frac{d_t - d_{t-1}}{d_{t-1}}$$

通常根据对股息增长率的假定不同,股息贴现模型可分为:零增长模型、常数增长模型、多元增长模型和三阶段股息贴现模型等。

(三)零增长模型

1. 零增长模型的原理。零增长模型是股息贴现模型的一种特殊形式,由于它假定各期的股息固定不变,也就是股息的增长率为零,故称为零增长模型。零增长模型的数学表达式为:

假定 $d_1 = d_2 = \cdots = d_n$,或者 $g_t = 0$

将上述条件代入股息贴现模型的基本表达式,得到:

$$\begin{aligned} v_0 &= \sum_{t=1}^{n} \frac{d_t}{(1+k)^t} \\ &= \frac{d_1}{(1+k)^1} + \frac{d_2}{(1+k)^2} + \frac{d_3}{(1+k)^3} + \cdots \\ &= \sum_{t=1}^{n} d_1 \left(\frac{1}{1+k}\right)^t \\ &= \frac{d_1}{k} \end{aligned}$$

2. 零增长模型的运用。假设投资者预期 ABC 股份公司支付的股息将永久性地固定为 1.20 美元/每股,投资的预期报酬率为 14.5%,试问该公司股票的价值应为多少?

解得:

$$V = \frac{d_1}{k} = \frac{1.20}{0.145} = 8.27 (美元)$$

如果市场上目前该公司的股票价格为 11.27 美元,那么股票投资的净现值就为:

$$NPV = \frac{d_1}{k} - P = 8.27 - 11.27 = -3 (美元)$$

这说明该公司的股票被高估了,持有股票的投资者应抛售股票赚取收益。

(四)常数增长模型

1. 常数增长模型的原理。常数增长模型又称为戈登模型,是股息贴现模型的第二种特殊形式。该模型有三个基本假设条件:股息的支付在时间上是永久性的;各期的股息增长率 g_t 恒等于一个常数 g;模型中的贴现率大于股息增长率,即 $k > g$。

根据以上三个假设条件可以得到:

$$d_1 = d_0(1+g)^1$$
$$d_2 = d_0(1+g)^2$$
$$d_3 = d_0(1+g)^3$$

$$d_n = d_0(1+g)^n$$

因此股息贴现模型的基本表达式则转换为：

$$v_0 = \sum_{t=1}^{n} \frac{d_t}{(1+k)^t}$$

$$= \frac{d_1}{(1+k)^1} + \frac{d_2}{(1+k)^2} + \frac{d_3}{(1+k)^3} + \cdots$$

$$= \frac{d_0(1+g)^1}{(1+k)^1} + \frac{d_0(1+g)^2}{(1+k)^2} + \frac{d_0(1+g)^3}{(1+k)^3} + \cdots + \frac{d_0(1+g)^n}{(1+k)^n}$$

$$= d_0 \left[\frac{(1+g)^1}{(1+k)^1} + \frac{(1+g)^2}{(1+k)^2} + \cdots + \frac{(1+g)^n}{(1+k)^n} \right]$$

$$= d_0 \frac{1+g}{k-g}$$

$$= \frac{d_1}{k-g}$$

显然，上式中当股息增长率等于零时（即 $g=0$），常数增长模型就变成了零增长模型，因此零增长模型是常数增长模型的一种特例。

2. 常数增长模型的运用。假设投资者打算购买 Bayen AG 公司的股票，已知该股票在第一年年末支付股息 3 欧元，投资者预期该公司的股息增长率将永久性地维持在 10%的水平上，考虑风险因素后投资的预期报酬率为 15%，试问该公司股票的内在价值应为多少？

解得：

$$V = \frac{d_1}{k-g} = \frac{3}{0.15-0.10} = 60 (欧元)$$

3. 股息增长率的确定。很明显，在常数增长模型中影响股票价值的一个重要因素就是股息增长率 g。根据上例，如果 g 增长 20%，股票价值却要增长 67%，远远超过了股息的增长幅度。因此，模型中对 g 的估计是非常敏感的。

除非本年度企业新增投资，否则企业预期下年度的收益将与本年度相同。如果企业的净投资增长为零，就说明企业的总投资恰好等于其折旧，其投资仅能维持目前的生产经营规模和盈利水平。如果不考虑其他的融资方式，企业的净投资增长大于零的前提是将一部分净收益转为投资而不作为股利向股东支付。那么净投资增加的企业其下年度的收益则由以下两部分构成：

下年度收益 = 本年度收益 + 本年未分配收益 × 投资收益率

等式两边同除以本年度收益，变形为：

$$\frac{下年度收益}{本年度收益} = \frac{本年度收益}{本年度收益} + \frac{本年度未分配收益}{本年度收益} \times 投资收益率$$

$$1+g = 1+留存收益率 \times 投资收益率$$

因此，

$$g = 企业留存收益率 \times 投资收益率$$

理论上已经明确了如何决定 g 的大小，但是估计一个准确客观的投资收益率在现实中却不是一件容易的事情。通常将根据历史数据计算出的净资产收益率（Return on

Equity，ROE)作为企业投资收益率的代表。事实上，未来投资项目的收益状况很可能与企业当前的投资回报不同。

假设 Pagemaster 公司本年度的收益为 400 万美元，该公司计划将 50% 的收益分配给股东，其余 50% 用于企业的再投资，历史数据显示企业的 ROE 为 20%，根据以上信息就可以确定企业的股息增长率。

$$g = 留存收益率 \times ROE$$
$$= (1-股利支付率) \times ROE$$
$$= 50\% \times 20\%$$
$$= 0.10$$

（五）三阶段增长模型

1. 三阶段增长模型的基本原理。三阶段增长模型是股息贴现模型的第三种特殊形式，最早由莫洛多斯基提出，现在仍被广泛运用在投资分析中。这里以第二阶段股息增长率递减为例说明三阶段增长模型的基本原理。该模型将公司股息率的增长划分成三个不同的阶段：在第一个阶段股息的增长率为某一常数 g_a；第二个阶段股息的增长率以线性递减的方式从 g_a 下降到 g_b；从此进入第三阶段，公司的股息增长率将长期维持在 g_b 这个水平，该增长率也是公司长期的正常增长率。股息增长率的三阶段变化如图 8-1 所示。

从图 8-1 中可以看出，在第二阶段的转折期内，任一时点上的股息增长率 g_t 均可由如下公式计算出：

$$g_t = g_a - (g_a - g_b) \cdot \frac{t-A}{B-A}, g_a > g_b$$

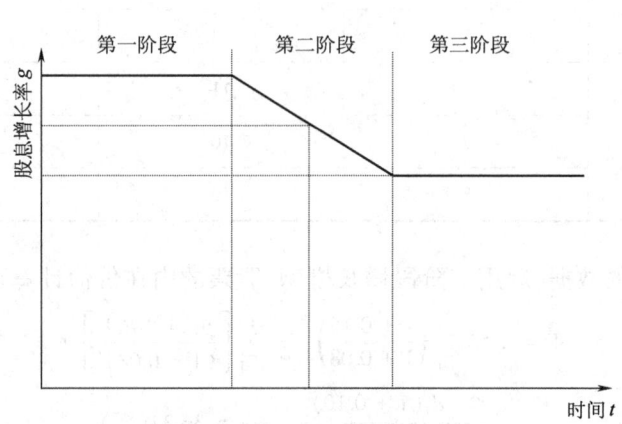

图 8-1 三阶段增长模型

在第一阶段任一时点上的股息增长率均等于 g_a；在第二阶段任一时点上的股息增长率则均等于 g_b。因此，如果已知 g_a，g_b，A，B 和期初的股息水平 d_0，就可以计算出各期的股息；然后根据贴现率即可计算出股票的内在价值。三阶段增长模型的计算公式为：

$$v = d_0 \sum_{t=1}^{A} \left(\frac{1+g_a}{1+k} \right)^t + \sum_{t=A+1}^{B} \left[\frac{d_{t-1} \cdot (1+g_t)}{(1+k)^t} \right] + \frac{d_B(1+g_b)}{(1+k)^B(k-g_b)}$$

2.三阶段增长模型的运用。假定 Hampshine 公司的股票期初支付的股息为 1 美元/每股,在今后两年的股息增长率为 15%,股息增长率从第 3 年开始递减,从第 8 年开始保持 10% 的增长速度,如果股票的预期报酬率为 8%,试问股票的内在价值是多少?

根据三阶段增长模型的公式可得:

$$g_3 = 0.15 - (0.15 - 0.10)\frac{3-2}{7-2} = 0.14$$

$$g_4 = 0.15 - (0.15 - 0.10)\frac{4-2}{7-2} = 0.13$$

$$g_5 = 0.15 - (0.15 - 0.10)\frac{5-2}{7-2} = 0.12$$

$$g_6 = 0.15 - (0.15 - 0.10)\frac{6-2}{7-2} = 0.11$$

$$g_7 = 0.15 - (0.15 - 0.10)\frac{7-2}{7-2} = 0.10$$

表 8-9　　　　　　　　　　三阶段股息增长模型

	年份	股息增长率(%)	股息
第一阶段	1	15	1.15
	2	15	1.32
第二阶段	3	14	1.51
	4	13	1.70
	5	12	1.91
	6	11	2.12
	7	10	2.33
第三阶段	8	10	2.56

根据表 8-9 的数据,运用三阶段增长模型,股票的内在价值计算可得:

$$V = 1 \times \sum_{t=1}^{2}\left(\frac{1+0.15}{1+0.08}\right)^t + \sum_{t=3}^{7}\left[\frac{d_2(1+g_t)}{(1+0.08)^t}\right] +$$

$$\frac{d_7(1+0.10)}{(1+0.08)^7(0.15-0.10)} = 36.32(元)$$

3.H 模型的基本原理。H 模型假定:股息的初始增长率为 g_a,然后以线形方式递减或递增;从 2H 期以后,股息的增长率成为一个常数 g_b,g_b 反映了公司的一种长期正常的股息增长率。在股息递减或递增的过程中,在 H 点上的股息增长率恰好等于初始增长率 g_a 和常数增长率 g_b 的平均数。当 g_a 大于 g_b 时,在 2H 点之前的股息增长率为递减;当 g_a 小于 g_b 时,在 2H 点之前的股息增长率为递增。H 模型的股息率变化如图 8-2 所示。

根据图 8-2 所示,当 $T=H$ 时,

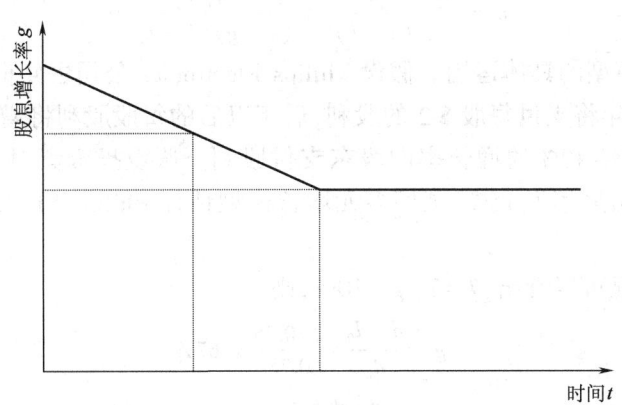

图 8-2　H 模型

$$g_H = \frac{1}{2}(g_a + g_b)$$

在满足上述假定条件的基础上,经证明 H 模型的股票内在价值计算公式为:

$$v = \frac{d_0}{k - g_b}[(1 + g_b) + H(g_a - g_b)]$$

事实上,H 模型是在三阶段模型的基础上提出的,通过图 8-3 可以反映出二者的联系与区别。

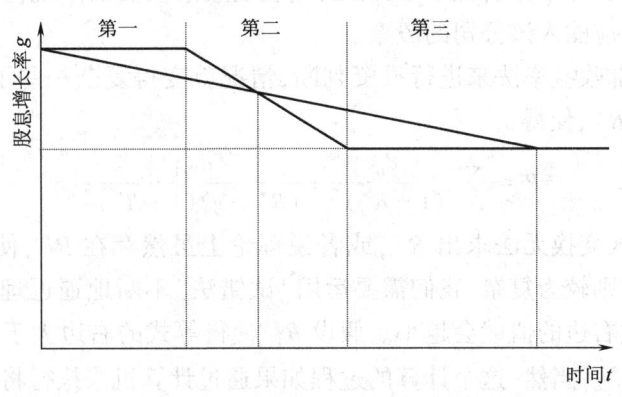

图 8-3　三阶段模型与 H 模型的关系

如果假定 H 点位于三阶段增长模型转折期的中点,也就是 H 位于股息增长率从 g_a 变化到 g_b 的中点的情况下,H 模型与三阶段增长模型的结论就非常接近了。

(六)多元增长模型

1.多元增长模型的原理。前面分析的零增长模型、常数增长模型、三阶段增长模型都是股息贴现模型的特殊情况,而多元增长模型则是股息贴现模型的最一般的形式。该模型假定在某一时点 T 之后股息增长率为一常数 g,但是在这之前股息增长率是可变的。多元增长模型的股票内在价值的计算公式为:

$$v = \sum_{t=1}^{T} \frac{d_t}{(1+k)^t} + \frac{d_{T+1}}{(k-g)(1+k)^T}$$

2.多元增长模型的具体运用。假设 Philips Electronics 公司去年向股东支付每股股利 \$0.75，预计明年将支付每股 \$2 的股利，后年以后的每股股利将增长为 \$3。自此以后，该公司将以每年10%的增长率向股东支付股利。假设投资者对 Philips Electronics 公司股票的预期报酬率为15%，试用多元增长模型估计 Philips Electronics 每股股票的市场价值。

从题目中明显可以看出，$T=2$，$g=10\%$，则：

$$g_1 = \frac{d_1 - d_0}{d_0} = \frac{2 - 0.75}{0.75} = 167\%$$

$$g_2 = \frac{d_2 - d_1}{d_1} = \frac{3-2}{2} = 50\%$$

根据多元增长模型：

$$v = \frac{d_1}{(1+k)^1} + \frac{d_2}{(1+k)^2} + \frac{d_3}{(k-g)(1+k)^2}$$

$$= \frac{2}{(1+0.15)^1} + \frac{3}{(1+0.15)^2} + \frac{3.3}{(0.15-0.10)(1+0.15)^2}$$

$$= 53.92(美元)$$

如果从净现值角度考虑投资决策时，当前市场上 Philips Electronics 公司的股票市价超过 \$53.92，意味着股票投资的净现值大于零，股票价格被高估了，投资者应出售该公司的股票。相反，如果市价低于 \$53.92，则表明股票投资的净现值小于零，股票价格被低估了，投资者应购入该公司的股票。

如果根据内部收益率法来进行投资判断，情况就变得复杂一些了。我们需要得到一个内部收益率 R^*，使得

$$P = \sum_{t=1}^{T} \frac{d_t}{(1+R^*)^T} + \frac{d_{T+1}}{(R^*-g)(1+R^*)^T}$$

简单的恒等式变换无法求出 R^*，或者说理论上虽然存在 R^*，使等式左右两边相等，但具体计算时则较为复杂，我们需要运用"试错法"不断地逼近理论上的 R^*，R^* 的取值越大，则等式右边的值就会越小。假设 R_1^* 使得等式的右边大于左边，此时再选择 k_2^* 时，应使 $k_2^* < k_1^*$。当然，这个计算的过程如果通过计算机来执行将变得快捷迅速。

三、自由现金流贴现模型

自由现金流贴现模型（Free Cash Flow Discount Model）是具有广泛适用性的一种现金流贴现模型。"自由现金流"被定义为可供公司分配的现金流，即公司在履行了财务义务和满足了再投资需要之后的全部剩余现金流。

（一）自由现金流模型的一般形式

$$Value = \sum FCF_t / (1+k)^t$$

式中，FCF_t 是第 t 期的自由现金流；k 是贴现率。

从不同投资者的角度考察，自由现金流有股权自由现金流（Free Cash Flow To

Equity,FCEE)与公司自由现金流(Free Cash Flow To Firm,FCFF)之分。公司自由现金流和股权自由现金流可以通过公司财务报表信息进行分析计算,并进一步做出合理预测。由此,自由现金流模型可以细化为:

$$Equity\ Value = \sum FCFE_t/(1+r_e)^t$$
$$Firm\ Value = \sum FCFF_t/(1+WACC)^t$$
$$Equity\ Value = \sum FCFF_t/(1+WACC)^t - MV_{debt}$$

式中,$FCFE_t$ 是第 t 期的股权自由现金流;r_e 是股东要求回报率;$FCFF_t$ 是第 t 期的公司自由现金流;$WACC$ 是公司加权平均资本成本;MV_{debt} 是公司负债的市场价值。

（二）自由现金流贴现模型的应用

1.单阶段自由现金流贴现模型。单阶段自由现金流贴现模型适用于预期自由现金流的增长率一直稳定不变的情况。此时,自由现金流增长率与时间的关系如图8-4所示。

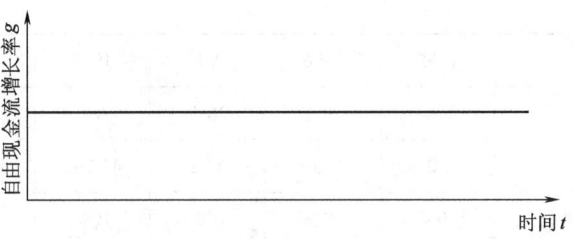

图 8-4

在单阶段自由现金流贴现模型中,权益资本的价值是三个变量的函数:下一期的预计股权自由现金流、稳定的自由现金流增长率和投资者的要求收益率。

$$Equity\ Value = FCFE_1/(r-g_n)$$

式中,$FCFE_1$ 为下一年的预期股权自由现金流;r 为公司的股权资本成本（投资者的要求回报率）;g_n 为股权自由现金流的稳定增长率。

当公司处于稳定的经营状况时适用该模型,也就是说公司必须具备维持稳定增长所需的条件。同时,模型中的增长率也必须合理估计。因此,公司只有在具备了如下的特征后,才能使用单阶段贴现模型：①折旧能够完全弥补资本性支出;②股票的 β 值为1。

2.两阶段自由现金流贴现模型。在两阶段自由现金流贴现模型中,股票的价值由两部分组成:一是超常增长时期中每年股权自由现金流的现值;二是超长增长时期结束时价值的现值。

股票价值=高速增长阶段股权自由现金流的现值+期末价值的现值

$$V_0 = \sum_{t=1}^{t=n} \frac{FCFE_t}{(1+r)^t} + \frac{P_n}{(1+r)^n}$$

式中,$FCFE_t$ 为第 t 年的股权自由现金流;P_n 为高速增长阶段期末的股票价格;r 为高速增长阶段股权投资者的必要投资报酬率。

期末价值 P_n 一般使用永续稳定增长模型来计算：

$$P_n = \frac{FCFE_{n+1}}{r_n - g_n}$$

式中，r_n 为稳定增长阶段股权投资者的必要报酬率；g_n 为第二阶段稳定增长阶段的增长率。

【例题】根据 ABC 公司以下信息对该公司股票进行估价：期初时每股股票的销售价格为 25 元；前三年的年销售增长率为 20%，其后的销售增长率为 6%；净利润占销售额的比率为 10%；固定资本净投资额（净折旧额）为销售额增长的 50%；营运资本的年增加额为销售额增长的 20%；负债融资额为资本性投资和营运资本投资额总和的 40%；贝塔系数为 1.20，无风险报酬率为 7%，权益风险溢价为 4.5%，那么权益必要报酬率的计算公式为：

$$r = E(R_i) = R_f + \beta_i [ER_M - R_f] = 7\% + 1.2 \times 4.5\% = 12.4\%$$

ABC 公司的自由现金流量预测如表 8-10 所示。

表 8-10

年份	1995	1996	1997	1998	1999	2000
销售增长率	20%	20%	20%	6%	6%	6%
每股销售额	30	36	43.2	45.792	48.54	51.452
净利润占销售额的比重	10%	10%	10%	10%	10%	10%
每股收益	3	3.6	4.32	4.579	4.854	5.145
固定资本净投资额	2.5	3	3.6	1.296	1.374	1.456
营运资本投资额	1	1.2	1.44	0.518	0.55	0.582
每股负债融资	1.4	1.68	2.016	0.726	0.769	0.815
每股股权自由现金流	0.9	1.08	1.3	3.491	3.7	3.922
股权自由现金流量的增长率		20%	20%	169%	6%	6%

资料来源：根据李鑫、刘小莉、徐寒飞《权益证券定价方法》，复旦大学出版社 2004 年版第 108 页整理。

每股权益自由现金流量（FCFE）= 每股收益（EPS）- 每股固定资本净投资 - 每股营运资本投资额 + 每股负债融资费用

ABC 公司前三年股票自由现金流的增长率为 20%，从第三年到第四年，由于销售增长率由 20% 降为 6%，股权自由现金流显著上升。事实上，股权自由现金流增长率由 20% 上升到 169%，它的大幅上升主要是由于利润增长率增长 6%，而资本性支出、营运资本投资以及负债融资费用较上年均有显著下降。在第五年、第六年，销售额、投资、融资额和股权自由现金流均以 6% 增长。

第四年及其后年份股权自由现金流的终值为：

$$FV_3 = FCFE_4 / (r - g) = 3.491 / (0.124 - 0.06) = 54.55$$

股票的现值为：

$$V_0 = \frac{0.900}{1.124} + \frac{1.080}{(1.124)^2} + \frac{1.296}{(1.124)^3} + \frac{54.55}{(1.124)^4} = 40.98$$

第三节 金融衍生工具价值分析

本节主要介绍衍生证券中的远期合约、期货合约、互换与期权的价值分析,重点讨论各种衍生证券的价格与其标的资产的价格之间的相互关系。

一、远期合约的价值分析

远期合约是指一个在确定的将来时间按确定的价格购买或出售某项资产的协议或说合约。它是最基本的衍生证券之一。下面我们主要从远期利率合约入手介绍远期合约的定价原理。

(一)远期利率合约(FRA)的含义

远期利率合约也称远期利率协议。从本质上讲,远期利率协议所反映的是以固定利率提供的一笔远期对远期贷款,但没有实际贷款义务,不存在实际借贷资金的流动,所以 FRA 业务不列入资产负债表,亦不需要满足严格的资本充足要求。FRA 系银行提供的场外交易产品,是由希望对未来利率走势进行保值或投机的双方所签订的一份协议。参与交易的其中一方定义为买方,另一方则称为卖方,卖方名义上同意授予买方一笔特定金额的贷款。在远期利率协议下,双方都只是名义上的借贷者,协议规定双方从未来某个特定日期开始在某个特定期限内借贷一笔利率固定、数额确定的名义本金。如果市场利率上升,买方受到保护,因为根据协议,买方仍然是以事先商定的利率支付利息,借此可防止高利率造成的借款成本增加;市场利率的下降对买方而言则意味着一种"机会成本",受协议的制约,买方亦不可能享受低利率的好处。卖方的境遇恰好相反,无论市场利率如何波动,卖方总是按照既定的利率收取利息。

这里再三强调"名义"这个概念,说的就是 FRA 交易中并没有实际借贷行为的发生。尽管有时候协议的一方或双方确有借款或贷款的实际要求,但实际借贷款活动需要另行安排,FRA 所能提供的只是对未来利率风险的一种防范措施。这种风险防范作用是以现金补偿的方式来体现的,当远期利率协议到期时,如果协议利率与通行的市场利率存在差异,那么交易的一方要向另一方支付现金。

例如,公司 A 计划在 3 个月后借入一笔为期半年的 100 万美元款项,目前的利率水平为 6%,公司担心未来 3 个月内利率上升,出于回避风险的目的,公司 A 现在就买入一份 FRA,对其未来的借款进行保值。在市场上,该笔交易称为"3 月对 9 月远期利率协议",通常以"3×9FRA"表示。设银行提供的这份 FRA 的价格为 6.25%,则公司的借款利率即被锁定在 6.25% 的水平。现假定公司当初的担心变成现实,市场利率 3 个月后上涨至 7%,于是,公司 A 将被迫以市场利率借款,结果使其不得不多偿付利息。但令其欣慰的是,由于公司已持有一份 FRA 头寸,所以银行会根据协议向公司支付一笔差额补偿资金(称为结算金)。这笔结算金可以有效地弥补利率上涨引起的借款成本上升,从而保证其融资按6.25%的固定利率进行。

在FRA交易中,需要理解的重要术语包括:合同金额、合同货币、交易日、结算日、确定日、到期日、合同期、合同利率、参考利率等。举一个例子加以说明。假设交易日是4月10日,双方同意成交一份金额为100万美元、利率为6.25%的1×4FRA。在此,合同货币是美元,合同金额是100万美元,合同利率是6.25%;"1×4"是指起算日至结算日之间的时间为1个月,起算日至到期日之间的时间为4个月。起算日一般是交易日后两个营业日,这里的起算日是4月12日,结算日是5月12日,到期日是8月12日,合同期为90天;参考利率是指用来计算结算金的以市场为基础的利率,在确定日里予以确定,确定日一般提前结算日两个营业日(5月10日);根据合同利率与参考利率的差额计算出来的结算金应当在结算日以现金方式进行收付。

(二) 远期利率合约的结算

上面具体列出了一份FRA的交易条件,接下来的问题涉及双方的结算。又涉及确定日,市场利率上升至7%,显然,利率上扬致使FRA的买方额外多支出的利息等于1 875[(7%−6.25%)×1 000 000×90/360]美元,这笔额外的利息支出对借款人来说意味着损失,不过在FRA下,当市场利率高于合同利率时,卖方有义务补偿买方。另一方面,如果按照利息损失额1 875美元进行补偿的话,同样会产生不公平,因为利息上的损失发生于合同期满,而结算金早在结算日便已支付,这种时间差有可能使这笔起补偿作用的金额被用于投资获利。于是,还要对此金额进行贴现以做出调整,最终的结算金额为:$S = 1\ 875/[1+(7\%\times 90/360)] = 1\ 843$美元。一般的,计算结算金的标准公式是:

$$S = \frac{(i_r - i_c) \times Q \times \frac{D}{B}}{1 + \left(i_r \times \frac{D}{B}\right)}$$

式中,i_r表示参考利率;i_c表示合同利率;Q为合同金额;D为合同期天数;B表示天数计算惯例(美元业务常以360天为1年)。对公式进行简化可得:

$$S = \frac{(i_r - i_c) \times Q}{\left(i_r + \frac{D}{B}\right)}$$

很明显,若$S>0$,则买方获得结算金;若$S<0$,则买方向卖方支付结算金以补偿名义贷款人较低的贷款利息收入。总之,FRA可以将利率的不确定性转化为确定性,从而使交易者能够在波动不定的货币市场上有效管理其利率风险。

(三) 远期利率合约的定价

毫无疑问,在FRA交易中,最重要的问题是如何确定一个合理的合同利率。关于FRA的定价,最简单的思路是将其视为一种在资金市场上填补不同到期期限时间差的金融工具。究其实质,仍然离不开无套利均衡分析。例如,投资者握有一笔资金欲投资一年,6个月期利率是9%,12个月期利率是10%。有多种方案可供选择,其中的两种是:①投资1年期金融工具,获利10%;②投资6个月期金融工具,获利9%,同时出售1份6×12FRA。图8-5直观地显示了这两种投资策略。

在这里,远期利率协议被用来填补1年中后6个月的时间缺口。根据无套利均衡

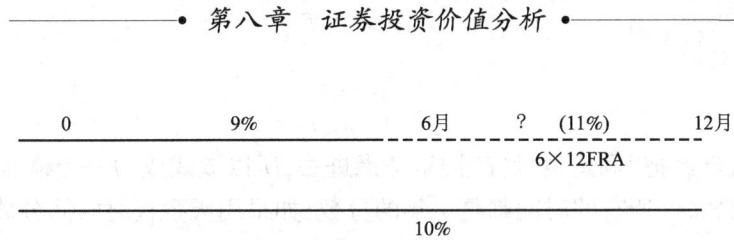

图 8-5

条件,只有当这两个方案的最终收益结果相同时,才能保证定价的合理性。由于选择第一个方案的投资者在前 6 个月可获得高于第二个方案 1% 的收益,因此,选择第二个方案的投资者在后 6 个月应得的收益必须比第一个方案高出 1%,也就是说,这份 6×12FRA 的价格大致可以定为 11%。

利用这种简易的定价方法,人们可以估算出任何一份 FRA 的价格。考虑如下的 9×12FRA(见图 8-6)。

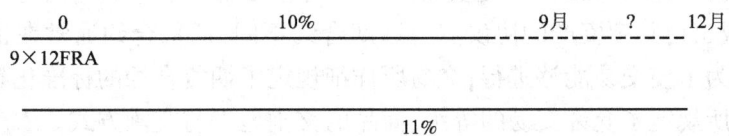

图 8-6

投资 1 年的利率为 11%,投资 9 个月的利率为 10%。前 9 个月两者收益相差 1%。由于余下的 3 个月内需补足前 9 个月的收益差额,所以后 3 个月的收益应当提高 3%,即这份 FRA 的价格大约为 14%。

值得注意的是,采用上述简易定价技术计算出来的 FRA 价格只是一个近似值,这是因为,投资者将一项较长期的投资分解成两项时间上相衔接的短期投资,其中第二期投资由 FRA 保值,这样一来,投资者就有机会对第一期投资利息进行再投资而获益,因此,正确的 FRA 定价可能比以上估算出来的价格水平略低一点。

为不失一般性,以 t_S 表示起算日至结算日的时间,t_L 表示起算日至到期日的时间,t_F 为合同期时间长度;又以 i_S 表示 t_S 期间内货币市场的利率,i_L 表示 t_L 期间内货币市场利率,i_F 为合同利率。依样构造两种投资方案如图 8-7 所示。

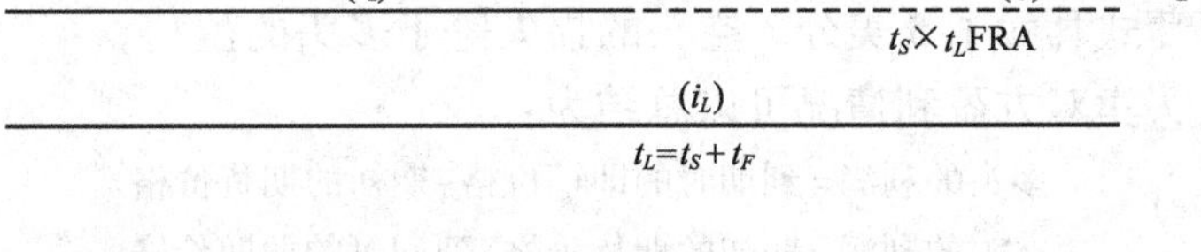

```
0           (i_S)         t_S ------------- (i_F)      t_L
                               t_S × t_L FRA
            ─────────────────────────────────────
                          (i_L)
                       t_L = t_S + t_F
```

图 8-7

利用"填补时间缺口"方法,有:
$$(1+i_S t_S)(1+i_F t_F) = (1+i_L t_L)$$

即:

$$i_F = \frac{i_L t_L - i_S t_S}{(1 + i_S t_S) t_F}$$

由于公式已经把"利息再投资"因素考虑进去,所以该式成为一个精确的 FRA 定价公式。另外,公式中所有的时间都是 1 年的分数,如果用天数代替时间分数,则有:

$$i_F = \frac{i_L D_L - i_S D_S}{D_F \left(1 + i_S \dfrac{D_S}{B}\right)}$$

式中, D_S, D_L 和 D_F 表示对应的天数指标。从以上定价分析可知,FRA 价格其实就代表了均衡的远期利率水平,因此,在有效市场假设下,人们可用 FRA 价格来预测未来的利率。

二、期货合约的价值分析

(一) 期货合约的收益

期货合约(Futures Contract)是交易双方之间签订的一个在确定的将来时间按确定的价格购买或出售某项资产的协议。与远期合约不同,期货合约通常在正式的交易所内交易,而且为了使交易能够进行,交易所详细规定了期货合约的标准化条款。以农产品为例,交易所规定了允许交易的等级、商品的交割地点与交割方式。农产品的交割是通过经批准的仓库所开出的收据来实现的;金融期货则是通过电子转账来完成。虽然从技术上讲,期货交易需要实际交割,但实际上很少发生实物交割。合约双方通常在合约到期前平仓,以现金核算盈亏。

例如,根据《华尔街日报》2000 年 10 月 13 日的期货报价,2000 年 11 月到期的玉米期货,当天的开盘价是每蒲式耳 $204\frac{1}{2}$ 美分,当日最高价是 $206\frac{3}{4}$ 美分,最低价是 204 美分,收盘价为 204 美分,该收盘价比前一交易日高出 $3\frac{1}{2}$ 美分。该合约开始交易以来的最高价为 $268\frac{1}{2}$ 美分,最低价为 182 美分。未平仓合约数为 3 095。

当价格上升时,多头(承诺在交易日购买商品的一方)会从中获利。假设 11 月份合约到期时玉米的价格为 209 美分/蒲式耳,那么以 204 美分/蒲式耳购买合约的多头每蒲式耳赚了 5 美分,因为最后的价格比当初的期货价格高 5 美分。每份合约的规模为 5 000 蒲式耳,所以每份合约多头赚了 5 000×0.05 美元=250 美元(不计手续费)。相应地,空头则每蒲式耳亏了 5 美分。空头的损失等于多头的盈利。

在到期日,买卖双方盈利情况可以总结为:

多头的利润=到期时的即期价格-期初的期货价格
空头的利润=期初的期货价格-到期时的即期价格

式中的即期价格是指商品交割时的实际价格。

(二) 期货合约的定价

根据证明,如果无风险利率恒定,且对所有到期日都不变时,两个交割日相同的远期合约和期货合约有同样的价格。但是在现实世界中,一般情况下利率变化无法预测,则远期价格和期货价格从理论上讲就不相同了。现实中期货合约的种类很多，我们仅对几种主要的期货合约进行价值分析，见表8-11。

表 8-11　　　　　　　　　　　2014芝加哥市场期货合约种类

外国货币	农产品	金属与能源	利率期货	股权指数
英镑	玉米	铜	欧元	道·琼斯工业指数
欧元	燕麦	铝	欧洲美元	标准普尔500指数
加元	大豆	黄金	欧洲瑞士法郎	标准普尔400指数
澳大利亚元	豆粉	白金	英国货币	纽约证券交易所指数
瑞士法郎	小麦	白银	金边债券	罗素2000指数
墨西哥比索	大麦	原油	德国政府债券	纳斯达克100指数
巴西雷法尔	亚麻籽	供暖用油	意大利政府债券	日经225指数
法国法郎	菜籽油	天然气	加拿大政府债券	FTSE指数（英国）
德国马克	黑麦	汽油	长期国债	CAC-40指数（法国）
美元指数	牛肉	电	国库券	DAX-30指数（德国）
	活牛	CRB指数	中期国债	普通股指数（澳大利亚）
	活猪	气候	市政债券指数	多伦多35指数（加拿大）
	猪肉	钯	伦敦同业拆借利率	道·琼斯欧洲STOXX50指数
	可可	丙烷	欧元同业拆放利率	
	咖啡	铂	联邦基金利率	
	棉花		银行承兑票据	
	牛奶			
	糖			
	木材			
	橘汁			
	大米			

资料来源：Chicago Board of Trade Annual Report-1999.

1.股票指数期货。股票指数期货是指买入或卖出相应股票指数面值的期货合约，而股票指数面值则定义为股票指数乘以某一特定货币金额所得的值。所有的股票指数期货合约均是现金交割，而非实物交割。

以标准普尔500指数（Standard & Poor's index, S&P500）为例。该指数是一个包括500种股票的组合：400种工业股、40种公用事业股、20种交通事业股和40种金融机构股。该指数样本股票的市值占纽约股票交易所全部上市公司股票总市值的80%。在芝加哥商品交易所 CME 交易的该指数期货合约价格为指数乘以 500。

大部分股票指数可以看做付红利的证券,这里的证券就是计算指数的股票组合,证券所付红利就是该组合的持有人收到的红利。因为可以认为股票指数是提供已知红利收益率的证券。下面用股票指数期货为例来分析一般的提供已知收益率证券的期货合约的定价。

根据合理的近似,可以认为红利是连续支付的。设 q 为红利收益率,根据支付已知红利收益率的远期合约的定价公式可以得到期货价格 F 为:

$$F = Se^{(r-q)(T-t)}$$

实际上,计算指数期货的股票组合的红利收益率一年里每周都在变化。q 值应该代表合约有效期间的平均红利收益率。用来估计 q 的红利应是那些除息日在期货合约有效期之内的股票的红利。

分析者也可以不计算红利收益率,而是估计指数中股票组合将要收到的红利金额及其时间分布。这时股票指数可看做是支付已知现金收入的证券,根据支付已知现金收益证券的远期合约定价公式也可以得到期货的价格。

2.外汇期货合约。由于外汇的持有人能够获得货币发行国的无风险利率的收益(例如,持有人能将外汇投资于用该国货币标价的债券),因此,外汇与提供已知红利收益率的证券是一样的。

设 r_f 为无风险利率且连续计算复利,变量 S 代表以美元表示的一单位外汇的即期价格,则可得外汇期货价格为:

$$F = Se^{(r-r_f)(T-t)}$$

这就是典型的利率平价关系。当外汇的利率大于本国利率时($r_f>r$),从上式可以看出 F 始终小于 S,且随着合约到期日 T 的临近,F 值减小,即远期外汇贴水。同样,当外汇的利率小于本国利率时($r_f<r$),从上式中可知 F 始终大于 S,且随着合约到期日 T 的增加,F 值也增加,即远期外汇升水。

3.商品期货。商品可以区分为两大类:为投资目的而由相当多的投资者所持有的商品(如黄金和白银)和为消费目的所持有的商品。前者可以通过套利讨论得出准确的期货价格;后者则只能由套利讨论给出期货价格的上限。

如果不考虑存储成本,投资品类似于无收益的证券。假设 S 代表该类商品的现货价格,则该类商品的期货价格为:

$$F = Se^{r(T-t)}$$

如果考虑存储成本,则可将投资类商品期货看做负收益证券。假设 U 为期货合约有效期间所有存储成本的现值,则商品期货的价格为:

$$F = (S+U)e^{r(T-t)}$$

如果任何时刻的存储成本与商品价格成一定的比例,存储成本也可以看做是负的红利收益率,假设 u 是每年的存储成本与现货价格的比例,则商品期货的价格为:

$$F = Se^{(r+u)(T-t)}$$

对于普通消费商品的期货而言,由于持有的目的不是投资,因此套利策略的假设将不再适用,从而只能求出普通消费商品的期货价格的上限,即:

$$F \leq (S+U)e^{r(T-t)}$$

如果用 u 代表现货价格的一定比例作为存储成本,则上式可以变形为:

$$F \leqslant Se^{(r+u)(T-t)}$$

当 $F = Se^{(r+u)(T-t)}$ 时,商品消费者会感到持有具体的商品比持有商品期货合约更有好处,持有者可以从市场商品短缺中获利或者具有维持生产运行的能力,这些好处通常被称为商品的便利收益。便利收益反映了市场对商品未来可获得性的期望。在期货合约有效期间,商品短缺的可能性越大,则便利收益就越高。对于投资性资产,由于不存在由消费性商品的短缺性带来的持有便利,其便利收益必为零,否则就有套利机会。便利收益 y 可按下式定义为:

$$Fe^{y(T-t)} = Se^{(r+u)(T-t)}$$

由此,普通消费品的期货价格可表示为:

$$F = Se^{(r+u-y)(T-t)}$$

4.利率期货合约。利率期货合约被定义为一种固定利率的存款。期望通过期货进行投机的人,会希望以低利率借入资金(卖出期货)而以高利率贷出资金(买入期货)。但是,这显然是一种"贵买贱卖"的策略,不符合交易目的。在瞬息万变的期货交易市场中,由于许多交易商凭直觉操作,这样一种交易策略会使交易者很容易犯错。因此,利率期货的最初设计者们将此类期货设计为按照一种指数"价格"交易,而不是以利率本身作为价格。这一指数价格被定义为:

$$p = 100 - r_F$$

式中,p 为指数价格;r_F 为以百分数表示的远期利率。

假设 T^* 年期的即期利率为 r^*,且 $T^* > T$,则远期利率可以按照以下公式来计算:

$$r_F = r = \frac{r^* T^* - rT}{T^* - T}$$

上式可以简单证明如下:

$$e^{rT} \times e^{r(T^*-T)} = e^{r^* T^*}$$

所以,

$$rT + \hat{r}(T^* - T) = r^* T^*$$

(三) 远期价格和期货价格的关系

根据经济学家的证明,当无风险利率恒定,且对所有到期日都不变时,两个交割日相同的远期合约和期货合约有同样的价格。[①]

但是在现实世界中,一般情况下利率变化是无法预测的,因此远期价格和期货价格从理论上讲也不相同。其数学证明复杂,我们这里仅仅提出一种一般性解释以帮助读者理解二者之间的关系。考虑如下情形:标的资产价格 S 与利率高度正相关。当 S 上升时,一个持有期货多头头寸的投资者会因每日结算而立即获利。由于 S 的上涨几乎和利率的上涨同时出现,因此获得的利润将会以高于平均利率水平的利率进行投资。同样,当 S 下跌时,投资者立即亏损,亏损将以低于平均利率水平的利率融资。持有远期多头头寸的投资者将不会因利率变动而受到与上面期货合约同样的影响。因此,由

---

① 可参见:John C Hull.Option, futures, and others derivatives.3rd Edition.Prentice Hall International, Inc, 1997, 76.

于期货合约是每日结算的,对投资者而言,持有期货多头显然要比远期多头更具有吸引力。所以,当 S 与利率正相关性很强时,期货价格要比远期价格高。相反,当 S 与利率的负相关性很强时,由类似上面的讨论可知远期价格比期货价格要高。

在大多数情况下,有效期仅为几个月的远期合约价格与期货合约价格之间的理论差异很微小可以忽略不计。但是,随着合约有效期的增长,这个差异开始变大。事实上,还有许多没有反映在理论模型中的因素会使得远期价格和期货价格差异很大。这些因素包括税收、教育费用、保证金的处理方式等。

三、互换的价值分析

(一)利率互换和货币互换的基本原理

1. 利率互换。利率互换是指交易双方在未来一定期限内就名义本金交换利息所达成的协议,协议一方按固定利率支付利息,另一方则按浮动利率计算利息。从某种意义上讲,利率互换与远期利率协议有相似之处,实际上,远期利率协议可视为一个以事先商定的固定利率交换市场利率的合约。

交易者从事利率互换的基础是双方在固定利率市场和浮动利率市场上分别拥有比较优势,通过融资上的"专业化分工和交换",从而降低融资成本。例如,信用评级分别为 AA 和 BB 的两个公司均需进行 100 万美元的 5 年期借款,AA 公司欲以浮动利率融资,BB 公司则希望借入固定利率款项。由于公司信用等级不同,故其市场融资条件亦有所差别,如表 8-12 所示。

表 8-12

	固定利率	浮动利率
AA 公司	11%	LIBOR+0.1%
BB 公司	12%	LIBOR+0.5%

注:LIBOR 为伦敦银行同业拆放利率。

可见,在融资条件上,无论是固定利率借款还是浮动利率借款,AA 公司都具有绝对优势。与 AA 公司相比,BB 公司在浮动利率市场上必须支付 40 个基点的风险溢价,在固定利率市场的风险溢价则高达 100 个基点,即 BB 公司在浮动利率融资上的劣势相对较小,这就意味着 AA 公司拥有固定利率借款的比较优势;相应的,BB 公司在浮动利率借款上具有比较优势,于是双方利用各自的比较优势向市场融资,然后进行交换,共同达到降低筹资成本之目的。

具体的交易情况是:AA 公司以 11% 的固定利率、BB 公司以 LIBOR+0.5% 的浮动利率各借款 100 万美元,然后二者互换利率,AA 公司按 LIBOR 向 BB 公司支付利息,而 BB 公司按 11.20% 的利率向 AA 公司支付利息。这样,二者的境况均得到改善:对于 AA 公司来说,以 11% 的固定利率借款,收入 11.2% 的固定利率利息并支付 LIBOR 的净结果,相当于按 LIBOR 减 20 个基点的条件借入浮动利率资金;类似的,BB 公司最终相当于以 11.70% 的固定利率借款。显然,利率互换使双方都按照自己意愿的方式获得融资,但融资成本比不进行互换降低了 30 个基点。实际上,利率互换利用了信贷市场的无效率:BB 公司的风险溢价随其借款方式的不同而不同。60 个基点的风险溢价差异通过互换所产生的利益被双方均分。另外,由于借款额相等的双方不必互换本金,只交换利差的现金流,因此信用风险也比较小。

利率互换的流程可用图 8-8 表示。

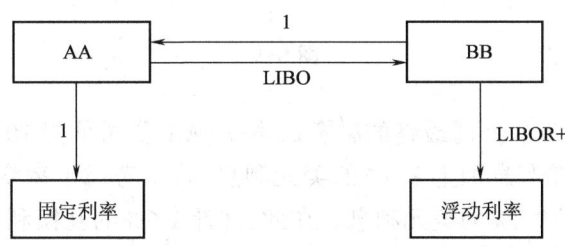

图 8-8

图 8-8 所示的双方彼此之间直接进行互换交易,这是互换市场的早期现象。后来,银行开始居间其中发挥媒介作用,有力地推动了互换市场的发展。譬如,银行充当交易中介,可能从 BB 公司收取 11.25%的利息而向 AA 公司支付 11.15%的固定利息,借此可以获取 10 个基点的利差收益。银行所赚取的利息差价是对其提供专业化服务的收费,也是其承担风险的报酬。

2.货币互换。与利率互换的原理相同,货币互换是指交易双方将两个不同币种的本金及其利率进行交换。其中利息的交换包括三种情况:①固定利率对固定利率;②浮动利率对浮动利率;③固定利率对浮动利率。货币互换交易的基础是双方在不同货币的融资市场上各自拥有比较优势。

借用前述例子进行说明。在这里,AA 公司需要的是 5 年期 100 万英镑借款,BB 公司欲借入 5 年期的 150 万美元,英镑兑美元的汇率为 1.5 美元/英镑,双方所希望的借款均为固定利率,因此,双方可以安排一笔英镑固定利率对美元固定利率的货币互换交易。二者的借款条件如表 8-13 所示。

表 8-13

	美元	英镑
AA 公司	8.0%	11.6%
BB 公司	10.0%	12.0%

显然,AA 公司在两个融资市场都占据优势,但是相对而言,AA 公司在美元信贷市场有比较优势,而 BB 公司的比较优势是在英镑信贷市场。于是,双方可以利用各自的比较优势借款,然后通过互换获得自己想要的货币资金,并分享互换利益而共同降低筹资成本的收益。譬如,AA 公司以 8.0%的利率借入 150 万美元,BB 公司以 12.0%的利率借入 100 万英镑,双方先进行本金的交换,由 AA 公司向 BB 公司支付美元而后者向前者支付英镑,同时商定 AA 公司向 BB 公司支付 10.8%的英镑利息,BB 公司向 AA 公司支付 8.0%的美元利息。如果不考虑本金交换的问题,该货币互换的流程见图 8-9。

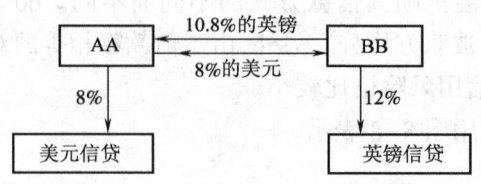

图 8-9

经过互换交易,两个公司最终的融资成本是:AA 公司承担 10.8%的英镑利息;BB 公司承担 1.2%的英镑利息加上 8.0%的美元利息,若不考虑汇率变动的话,BB 公司的实际融资成本相当于 9.2%的美元利息。在此,共计 1.6%的互换利益被双方均分,各获 0.8%。当借款期满时,双方需要再次进行等额本金的交换,换回各自原先的借款货币。在标准的货币互换中,存在本金的交换,这似乎给双方带来了巨大的汇率风险,其实不然,通过期初和期末的两次反方向的本金交换,汇率风险已被消除。至于利息所面临的汇率风险,交易者可利用远期外汇市场进行保值。

同样的,货币互换的发展也离不开银行的参与,银行在交易中充分发挥其金融中介的职能,从而大大提高了互换业务的效率。

(二) 互换的定价

作为一种新型的金融衍生工具,互换在现代金融交易中作用日益显著,在实际应用中,正确的定价无疑是有效发挥其作用的关键环节之一。我们知道,绝大多数金融衍生产品的定价都依赖于无套利均衡分析,互换的定价也不例外。具体而言,常用的互换定价方法是"零息票利率法"。以下先从普通的利率互换开始讨论。

1.利率互换定价。典型的利率互换是固定利率与浮动利率之间的交换。浮动利率通常采用某个利率指数加减若干点数的形式予以确定。例如,LIBOR(伦敦银行同业拆放利率)加若干个基点便是最常见的浮动利率报价方式。因此,这里所谓的互换定价,是指确定与浮动利率相交换的固定利率的大小,即"浮动利率的固定利率价格"。在前述 AA 与 BB 公司进行的利率互换中,如果 AA 公司向 BB 公司支付 LIBOR 的浮动利率,那么,BB 公司应当向 AA 公司支付多大的固定利率就是互换定价所要解决的问题。

考察互换双方的现金流时,可用向上的箭头表示资金流入,向下的箭头表示资金流出;又用相同长度的实线箭头表示固定利率利息的支付,用不同长度的虚线箭头表示浮动利率利息的支付;横线代表时间。于是,交易双方的现金流可简易表示如图 8-10。

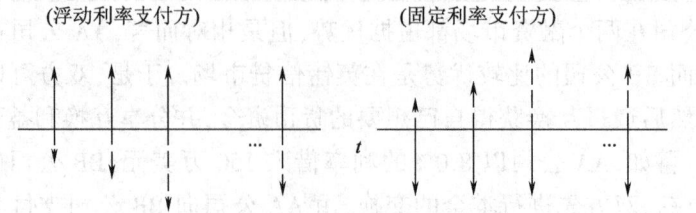

图 8-10

再考虑如下一个债券组合：购买一份价格等于面值的附息票债券（称为等价面值债券），设其面值为 P，息票利率为 i；同时售出一份相等金额且期限匹配的浮动利率债券，由于浮动利率债券需要在未来一系列特定的日期重新确定其利率水平，故其利率现在尚不能确定。显然，这个债券组合相当于发售浮动利率债券为购买固定利率债券融资，其现金流如图 8-11 所示。

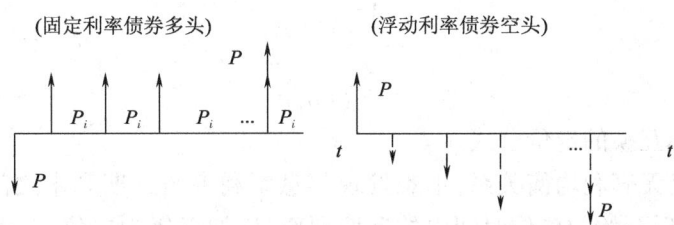

图 8-11

将两个图合并，便可得到该债券组合的净现金流，其中，来自本金（P）的现金流相互抵消，只剩下两份债券的固定利率及浮动利率的利息支付，如图 8-12 所示。

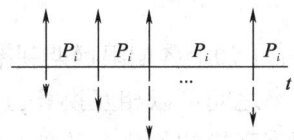

图 8-12

通过对比，可以发现这与利率互换交易中浮动利率支付方的现金流一致，这就是说，该债券组合等同于利率互换中以浮动利率交换固定利率。用金融工程的术语来表述，即利率互换可以分解为两个债券头寸的组合。因此，利率互换的定价意味着确定等价面值债券合理的息票利率 i。

如果将债券未来的一系列现金流贴现，那么，在无套利均衡条件下，对于等价面值债券，有：

$$P = \sum_{t=1}^{n} \frac{P \times i}{(1+r_t)^t} + \frac{P}{(1+r_n)^n} \tag{8.5}$$

式中，$r_t(t=1,2,\cdots,n)$ 为零息票利率。

"零息票"是一个来源于债券市场的术语，零息票债券也称折现债券、不附息票债券，以折扣价格发行，到期支付票面金额。短期限的国库券通常被认为是一种典型的零息票债券。由于零息票债券到期前不进行任何支付，所以期间不存在利息再投资问题，其实际收益率不受市场利率变动的影响。一定期限的零息票债券的到期收益率称为零息票利率，显然，零息票利率是一系列无风险的即期利率。值得注意的是，虽然零息票利率被定义为零息票债券的到期收益率，但零息票利率并不一定依赖于零息票债券，事实上，即使市场上不存在相应的零息票债券品种，人们利用一系列市场利率或价格指标,也可以计算任意期限的零息票利率。例如,若已知两个期限的零息票利率,那么对于任意中间期限的零息票利率,都可以采用插值法加以计算。毫无疑问,零息票利率可用于对任何未来的现金流进行估值,而互换又可以被系统地分解为一系列的现金流,因此,通过零息票利率即可求得这些现金流的现值,从而给出互换的合理定价。

根据(8.5)式有:

$$i = \frac{1-\frac{1}{(1+r_n)^n}}{\sum_{t=1}^{n}\frac{1}{(1+r_t)^t}}$$

这就是利率互换的定价公式。

进一步通过无套利均衡关系,不难发现零息票利率与远期利率之间的关系。设 f_j 表示时期 $(j-1)$ 后开始的单位时间内的远期利率,比如以年为单位,f_2 表示 1 年后开始的期限 1 年的远期利率,那么,对于 n 个时期,有:

$$(1+r_t)t = (1+f_1)(1+f_2)\cdots(1+f_t) = \prod_{j=1}^{t}(1+f_j), t = 1,2,\cdots,n$$

即:

$$1+r_t = \sqrt[t]{\prod_{j=1}^{t}(1+f_j)}, t = 1,2,\cdots,n$$

可见,1 加上零息票利率等于 1 加上各期限远期利率的几何平均值。

因此,零息票利率与远期利率之间可以相互换算,这就是说,如果我们能够知道相应期限的远期利率,便可计算利率互换的价格。此外,可以证明,互换利率等于各远期利率的算术平均值,权数与贴现因子有关。远期利率一般又可用远期利率协议(FRA)的价格来衡量,从而可以合乎逻辑地将利率互换分解为一系列远期利率协议的组合。

买入远期利率协议意味着在协议到期时将获得结算金款项以补偿预定的固定利率与最终市场利率之间的差额。若浮动的市场利率超过预定的固定利率,FRA 的买方获得净支付;反之,则由买方进行支付。这与互换交易中固定利率支付方所面临的情况相似。在任何一个互换阶段,若浮动利率高于固定利率,固定利率支付方将收取净利息;反之,则须向对方支付利息。所以,利率互换可视为一系列以固定利率交换浮动利率的远期利率协议的组合,就固定利率支付方而言,互换交易中的每一次利息交换都相当于购买一份相应期限的远期利率协议。从这样的思路出发,同样可以给利率互换合约估值或定价。

对于零息票利率定价法,还可以这样来理解:由于利率互换可分解为一份等价面值债券和一份浮动利率债券的组合,所以,利率互换合约的价值等于两份债券价值之差,即

$$VSW = V_{fx} - V_{fl} \tag{8.6}$$

VSW 表示互换合约的价值,V_{fx}、V_{fl} 分别表示等价面值债券和浮动利率债券的价值。显然,V_{fx} 和 V_{fl} 又表现为一系列现金流的现值之和。其中,V_{fx} 由固定利率(等价面值债券的息票利率)的利息流经零息票利率贴现而来;V_{fl} 由浮动利率的现值利息流构成,只不过未来的浮动利率要用远期利率或 FRA 利率来度量。根据无套利均衡条件,在初始时

刻,使 VSW=0 的固定利率即为该利率互换合约的均衡价格。

看一个例子。考虑一个本金为 1 000 万美元的 5 年期利率互换,零息票利率序列为 7.000 0%,7.259 1%,7.525 6%,7.800 8%,8.086 1%;远期利率序列为 7.000 0%,7.518 8%,8.060 6%,8.630 6%,9.235 0%。假设互换交易按照8.000 0%的固定利率进行,则固定利率债券的现金流为每年 800 000 美元,以对应的零息票利率贴现之后,可得 V_{fx}=3 221 235 美元;浮动利率债券的利息支付依远期利率的不同而不同,如第一年支付利息 700 000 美元……第五年支付利息 923 500 美元,经零息票利率贴现后可得 V_{fl}=3 221 235 美元。由此可知 VSW=0,说明8.000 0%的互换定价是合理的。利用定价公式(8.6),我们可以得到相同的结果。经过计算,有:

$$1/(1+r_5)^5 = 0.677\ 876\ 47$$

$$\sum_{t=1}^{5}\frac{1}{(1+r_t)^5} = 4.026\ 544\ 18$$

于是,

$$i = \frac{0.322\ 123\ 53}{4.026\ 544\ 18} = 0.08$$

另外,如果计算连续复利,则在现值的计算过程中,需要采取 e^{-r_t} 的贴现形式。

2.货币互换定价。同样的,零息票利率定价法仍然是解决货币互换定价问题的基本方法。考虑一份固定利率对固定利率货币互换,其中一种货币简称为本币,另一种货币简称为外币。先讨论同种货币内部的利率互换。

对于本币来说,利率互换的现金流如图 8-13 所示。

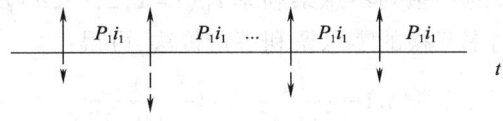

图 8-13

其中,P_1 表示以本币衡量的本金(等价面值债券的面值),i_1 表示本币利率互换交易中的互换利率(等价面值债券的息票利率)。如前所述,在均衡情形下,无论是固定利率的支付还是浮动利率的支付,其现值之和都应等于面值 P_1,从而使该利率互换的净现值为零。因此,在现金流量图 8-14 中,可用期初本金的流出和期末本金的流入来替代浮动利率的支付流。

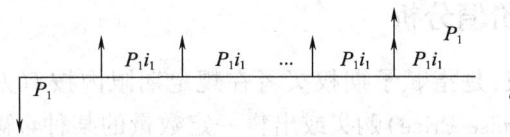

图 8-14

同理,对于外币来说,若以 P_2 表示本金,i_2 表示外币利率互换的均衡利率,则经过替代之后,其现金流见图 8-15。这种情况下均衡的净现值也等于零。

将这两个现金流图合并,则有图 8-16。

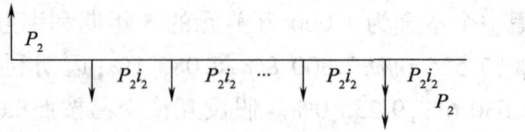

图 8-15

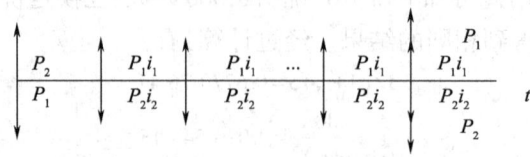

图 8-16

这就是固定利率对固定利率的货币互换。显然,合并后的总的净现值仍然为零。按照无套利均衡规则,以固定利率 i_1 交换固定利率 i_2 便是该货币互换的合理定价。

例如,假设 5 年期英镑利率互换定价是 7%,5 年期美元利率互换定价是 6%,则英镑/美元货币互换的均衡价格应为交易一方以 7% 的固定利率支付英镑,另一方以 6% 的固定利率支付美元。

倘若能够知道本币的一系列零息票利率 $r_{1t}(t=1,2,\cdots,n)$ 及外币相应期限的零息票利率 r_{2t},那么,根据利率互换的零息票利率定价法,可得:

$$i_1 = \frac{1-\frac{1}{(1+r_{1n})^n}}{\sum_{t=1}^{n}\frac{1}{(1+r_{1t})^t}}, i_2 = \frac{1-\frac{1}{(1+r_{2n})^n}}{\sum_{t=1}^{n}\frac{1}{(1+r_{2t})^t}}$$

在标准的货币互换中,期初本金可交换亦可不交换,因为通过期初即期汇率的换算可以使 P_1 与 P_2 相等,从而相互抵消;但是到了期末,随着汇率的变动,二者可能已不能相抵,所以本金应当按照期初的汇率水平进行交换,以保证其净现值等于零。

同样的方法还可以求得浮动利率对浮动利率以及固定利率对浮动利率货币互换的定价。

四、期权合约的价值分析

期权又称为选择权,是指赋予期权买者在规定期限内按双方约定的价格(Striking Price)或执行价格(Exercise Price)购买或出售一定数量的某种金融资产(通常称为潜在金融资产或标的资产)的权利的合同。期权定价模型有以下几种。

(一)一阶段二项式模型

所谓"一阶段",是对资产价格变动的一种极端的抽象,即假设基础资产价格在期权有效期内仅变动一次。又设期权到期时资产价格呈现两个状态:要么以既定的比率上升,要么按既定的比率下降。

【例题】对于一份平价看涨期权,其基础资产的初始价格为100,期末资产的两个价格状态分别为:按1.2的比例上升至120,或者按0.9的比例下降至90。根据价格状态的不同,合约到期时期权的价值分别是20和0,用树形图表示如图8-17。

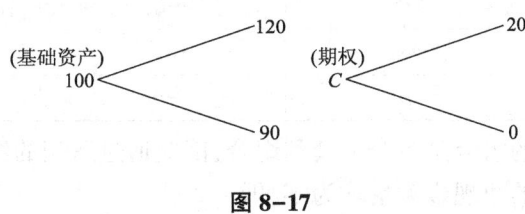

图8-17

现在的问题是确定期权的均衡价格C。为此,可将期权合约与基础资产结合起来构造一个无套利组合:①出售3份看涨期权,价格是C;②购入2单位基础资产,价格是100;③以10%的利率借入资金(利率期限与期权有效期相同)163.64。期初,这个组合的现金流量为:$3C-200+163.64=3C-36.36$;期末,组合的资金流量如表8-14所示。

表8-14

	价格上涨	价格下跌
期权空头支付	−60	0
出售基础资产	240	180
归还借款	−180	−180
净现金流量	0	0

对于这一组合,无论期末资产价格是升还是降,其净现金流量均为零。毫无疑问,这是一个无风险保值组合。根据无套利均衡规则,期权的均衡定价应当使该组合的期初资金流量也等于零,即$3C-36.36=0$,故$C=12.12$。

下面进行一般性的讨论。令基础资产的初始价格为S_0,合约协定价格为E;资产的两个价格状态是:按比例u上升至uS_0,或按比例d下降至dS_0;与之对应的期权价值分别是C_u和C_d。显然,$C_u=\max\{0,uS_0-E\}$,$C_d=\max\{0,dS_0-E\}$。以树形图表示如图8-18所示。

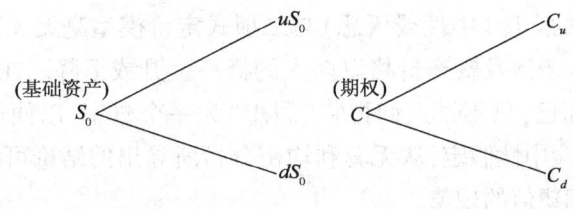

图8-18

构造以下投资组合:①出售一份平价看涨期权;②购入α单位基础资产;③借入数额为D的资金(无风险利率是i,且$1+i=r$)。考察其现金流量,见表8-15。

表 8-15

	期初	期末	
		价格上升	价格下降
期权	$+C$	$-C_u$	$-C_d$
基础资产	$-\alpha S_0$	$+\alpha u S_0$	$-\alpha d S_0$
借款	$+D$	$-D_r$	$-D_r$

由于这里所要求的组合是一个无套利组合,因此通过适当的组合头寸安排,可使组合在任何价格状态下的净现金流量均为零,即:

$$C - \alpha S_0 + D = 0$$
$$\alpha u S_0 - C_u - D_r = 0$$
$$\alpha d S_0 - C_d - D_r = 0$$

解得:

$$\alpha = (C_u - C_d) / [S_0 (u-d)]$$
$$C = (\alpha r S_0 - \alpha u S_0 + C_u) / r$$

经整理,有,

$$C = (1/r) [C_u (r-d)/(u-d) + C_d (u-r)/(u-d)]$$

令:

$$p = (r-d)/(u-d)$$

则,

$$(u-r)/(u-d) = 1-p$$

于是,一阶段二项式模型为:

$$C = (1/r) [p C_u + (1-p) C_d]$$

该式表明:在一阶段模型中,期权的均衡价格等于与基础资产两个价格状态相对应的期权价值的加权平均值乘以一个系数,其权数似乎可视为某种概率。如果我们要将 p 看成是资产价格上升的概率,则涉及一个重要的假设:投资者风险为中性。相应的,这个概率称为风险中性概率。当人们利用无风险利率将资产未来的预期收益贴现为资产价格的现值时,往往意味着投资者是风险中性的,因为风险中性的投资者不论风险大小都不要求风险补偿,所以他们对所有资产要求的收益率都等于无风险收益率。

很明显,风险中性概率是一个虚拟的概率,事实上,理性的投资者大都是风险厌恶者。不过,投资者对风险的态度(中性或厌恶)与二项式定价模型毫无关系,上述基于无套利均衡的推导过程根本未涉及资产价格以多大的概率上升或下降。在此,p 仅仅是加权平均值中的一个权数而已,只不过人们把它"假想"为一个概率,以便于表述模型的结论。换言之,通过一个风险中性假定,从无套利均衡分析所导出的结论可以表示为:期权价格等于期末期权价值期望值的现值。

在一阶段二项式定价模型中,假定基础资产的价格只按照两个既定的状态变化,这与现实是不符的。根据前一章的有关结论,可以利用多个阶段内的两价格状态模拟资产价格的多个状态。譬如说,针对资产价格在期权有效期内的三个价格状态,可用一个两阶段模型来加以描述。

(二) 多阶段二项式模型

为了简化问题,假设基础资产价格在每一个阶段上涨或下跌的比例相同,那么对于两阶段模型有:$u_1=u_2=u, d_1=d_2=d$。画出其树形图如图8-19所示。

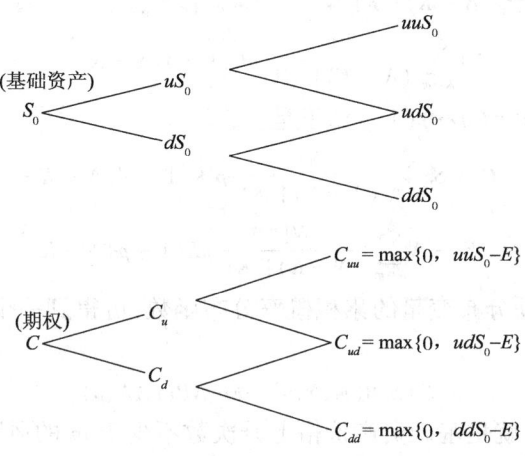

图 8-19

采用逆推法,对于树形图的二级结点 C_u 和 C_d,利用一阶段模型的结论,可得:

$$C_u = (1/r)[pC_{uu}+(1-p)C_{ud}]$$
$$C_d = (1/r)[pC_{ud}+(1-p)C_{dd}]$$

同样的,

$$p=(r-d)/(u-d)$$

再回到初始结点 C,有:

$$\begin{aligned}C &= (1/r)[pC_u+(1-p)C_d]\\&=(1/r2)[p2C_{uu}+2p(1-p)C_{ud}+(1-p)2C_{dd}]\end{aligned} \quad (8.7)$$

对于二阶段模型,期权的均衡价格仍然是用期末期权价值的期望值经无风险利率贴现而来。

类似的,可以将以上分析推广到 N 个阶段的情形,设 $u_1=u_2=\cdots=u_N=u, d_1=d_2=\cdots=d_N=d$。由于各个时间阶段的划分是任意的,因而从近似的意义上讲,假定资产价格在每个阶段上升或下降的幅度相同是有其合理性的。

通过逐步逆推并反复运用一阶段模型的结论,最终可以求得 N 阶段二项式定价模型为:

$$C = (1/rN)\sum_{K=0}^{N}\frac{N!}{(N-K)!K!}pK(1-p)N-K \times \max\{0, uKdN-KS_0-E\} \quad (8.8)$$

期权价格的数学形式容易令人联想到二项分布,这也是它被称为二项式定价模型的理由所在。下面对模型进行一些处理,先去掉 max 函数。

基础资产价格经过 N 次变动之后,最低价格为 dNS_0,次低价格为 $udN-1S_0$,依此类推。如果存在一个正整数 m,使得 $(umdN-mS_0)$ 第一次大于 E,那么,当 $K<m$ 时,$\max\{0, uKdN-KS_0-E\}=0$;当 $K\geq m$ 时,$\max\{0, uKdN-KS_0-E\}=uKdN-KS_0-E$。删去所有 $K<m$ 的项,则:

$$C = (1/rN) \sum_{K=m}^{N} \frac{N!}{(N-K)!\,K!} pK(1-p)N-K(uKdN-KS_0-E)$$

进一步简化,有:

$$C = \sum_{K=m}^{N} \frac{N!}{(N-K)!\,K!} pK(1-p)N-K(u/r)K(d/r)N-KS_0 -$$

$$(E/rN) \sum_{K=m}^{N} \frac{N!}{(N-K)!\,K!} pK(1-p)N-K$$

令 $p'=(u/r)p$,则 $1-p'=(d/r)(1-p)$,于是:

$$C = S_0 \sum_{K=m}^{N} \frac{N!}{(N-K)!\,K!} p'K(1-p')N-K -$$

$$Er-N \sum_{K=m}^{N} \frac{N!}{(N-K)!\,K!} pK(1-p)N-K$$

以 $B(x)$ 表示二项分布变量的累积概率分布函数,可得到一个简洁的二项式定价模型为:

$$C=S_0B(m,N;p')-Er-NB(m,N;p)$$

式中,$B(m,N;p)$ 其实就是基础资产价格上升次数不少于 m 的风险中性概率。

有趣的是,在二项式定价模型的推导过程中,我们并未对资产价格或期权价值做出任何统计上的假设,但得出的结果却与一定的统计学规律相吻合。

毋庸置疑,利用二项式模型给期权定价时,所考虑的阶段数越多,其结果越可靠,但计算也越复杂。许多商业性定价为了在可靠性与计算速度之间达成某种妥协,一般采用大约 50 个阶段。

二项式定价模型所分析的是资产价格的离散性的变化,随着模型中定价阶段数的逐渐增多,资产价格和期权价值会逐步趋近统计学上的某种连续分布形态。如果我们认为资产价格的运动是连续的,即 $N\to\infty$,根据中心极限定理,二项分布收敛于正态分布,相对应的连续型分布模型就是布莱克—科尔斯定价模型。

(三) 布莱克—斯科尔斯定价模型

在实际的经济活动中,布莱克—斯科尔斯模型开创性地提出了期权定价的可靠方法,其应用十分广泛,对金融市场的影响显著。因此,无论从学术还是从商业上来说,这个模型都取得了巨大的成功。布莱克—斯科尔斯定价公式(简称 B-S 公式)如下:

$$C=S_0N(d_1)-Ee-rtN(d_2)$$

式中,C_0 为当前的看涨期权价格;S_0 为当前的股票价格;$N(d)$ 为标准正态分布小于 d 的概率;X 为执行价格;e 为 2.718 28,自然对数的底;r 为无风险利率(与期权到期期限相同的安全资产的连续复利的年收益率,与离散收益率 r_f 不同);T 为期权到期时间;ln 为自然对数函数;σ 为股票连续复利的年收益率的标准差。

可见,在不考虑分红的情况下,欧式看涨期权的价格 C 取决于五个方面的因素:基础资产初始价格 S_0、协定价格 E、无风险利率 r、有效期时间长度 t 及收益标准差(亦称价格波动率)σ。可以证明:

$$\frac{\partial C}{\partial S_0}=N(d_1)>0$$

$$\frac{\partial C}{\partial E}=-e-rt\,N(d_2)<0$$

$$\frac{\partial C}{\partial \sigma} = S_0 \sqrt{t} N'(d_1) > 0$$

$$\frac{\partial C}{\partial r} = Ete^{-rt} N(d_2) > 0$$

因此，一般来说，除与 E 呈减函数关系之外，期权价格 C 与其他变量同向变化，即：

$$C = f(S_0+, E-, \sigma+, r+, t+)$$

令人惊讶的是，期权价格与基础资产的预期收益率无关，与投资者的风险态度亦无关（这一点不难从风险中性定价或鞅方法中得到理解）。

另外，不难发现，B-S 公式与二项式定价公式有相似之处，只不过前者用标准正态分布函数取代了二项分布函数，而且在贴现上采用了连续复利的贴现方式。二者在数学形式上的相似性其实也反映了它们在定价思想上的统一性，不管是针对离散的价格变动还是连续的价格变动，期权定价中都涉及一个与风险中性假设相关的结论：期权价格等于期权价值的期望值的现值，而这个结论又是无套利均衡分析的结果。

B-S 公式的应用非常简单，假设想对一个看涨期权进行定价，已知条件是：股票价格 $S_0 = 100$ 元；利率 $r = 10\%$；执行价格 $X = 95$；期权期限 $T = 0.25$（三个月）；标准差 $= 0.50$（每年 50%）。首先计算：

$$d_1 = [\ln(100/95) + (0.10 + 0.5^2/2) \times 0.25] / (0.5 \times 0.25^{1/2}) = 0.43$$

$$d_2 = 0.43 - 0.5 \times 0.25^{1/2} = 0.18$$

然后查正态分布表可得：

$$N(0.43) = 0.6664, N(0.18) = 0.5714$$

所以该看涨期权的价值为：

$$C = 100 \times 0.6664 - 95 e^{-0.10 \times 0.25} \times 0.5714 = 66.64 - 52.94 = 13.70(元)$$

（四）欧式期权看涨——看跌平价

假设基础资产的期初价格为 S_0，期末价格为 S_t，合约协定价格是 E，C 为欧式看涨期权的价格，P 为同样条件（有效期、协定价格相同）的欧式看跌期权的价格，r 表示无风险连续复利利率，t 表示以年计算的期权有效期，期权有效期内基础资产无分红。考察如下两个投资组合。

组合 1：1 份欧式平价看涨期权加上数额为 Ee^{-rt} 的无风险资产。

组合 2：1 份条件与看涨期权相同的欧式看跌期权加上 1 单位基础资产。

显然，期初组合 1 的价值为 $C + Ee^{-rt}$，组合 2 的价值为 $P + S_0$。合约到期时，组合 1 的价值是：$\pi_1 = (S_t - E) + E = S_t$（基础资产价格上升），或者 $\pi_1 = 0 + E = E$（基础资产价格下降）。合并起来，组合 1 的期末价值可以表示为：$\pi_1 = \max\{S_t, E\}$；同理，组合 2 的价值是：$\pi_2 = \max\{S_t, E\}$。可见，两个组合的期末价值相等。对于不能提前执行的欧式期权来说，既然两个组合到期日价值相同，根据无套利均衡关系，二者的期初价值也应相同，即

$$C + Ee^{-rt} = P + S_0$$

这个等式反映了看涨期权与看跌期权的平价关系。需要强调的是，看涨——看跌平价公式只适用于欧式期权，对于美式期权，平价关系不成立。

因此，一旦确定欧式看涨期权的均衡价格，那么相同条件的看跌期权的价格问题便

迎刃而解,反之亦然。比如,利用布莱克—斯科尔斯公式求得看涨期权的价格是:
$$C = S_0 N(d_1) - Ee^{-rt} N(d_2)$$
根据期权看涨—看跌平价,有:
$$P = C + Ee^{-rt} - S_0$$
$$= S_0[N(d_1) - 1] - Ee^{-rt}[N(d_2) - 1]$$
$$P = Ee^{-rt} N(-d_2) - S_0 N(-d_1)$$

应用前面看涨期权例子中的数据 $C = 13.70$ 元,$X = 95$ 元,$S = 100$ 元,$r = 0.10$,$\sigma = 0.5$,$T = 0.25$,可以得到执行价格与到期时间都相同的股票欧式看跌期权的价值。
$$95e^{-0.10 \times 0.25}(1 - 0.5714) - 100 \times (1 - 0.6664) = 6.35(\text{元})$$

这个数值与看涨—看跌期权的平价是一致的,即:
$$P = C + E_e - r_t - S_0 = 13.70 + 95e^{-0.10 \times 0.25} - 100 = 6.35(\text{元})$$

思考与练习题

1. 如何利用股息贴现模型进行证券投资分析?请举例说明?
2. 如何决定贴现率?
3. 假设某一无红利支付股票的现货价格为 30 元,无风险连续复利年利率为 10%,求该股票协议价格为 25 元、有效期为 5 个月的看涨期权的价格?
4. 卖空一资产与空头期货头寸的现金流有何区别?
5. 期货价格与期货合约价值之间有何区别?

证券投资基本分析

【学习要点】

证券投资分析方法主要有两大类:一是基本分析;二是技术分析。本章主要介绍证券投资的基本分析方法。通过本章的学习,应掌握基本分析中宏观经济分析、行业分析及公司分析三个主要方法。

Key points: There are two major categories of investment securities analysis: the first, basic analysis, the second, technical analysis. This chapter introduces the basic analysis of investment securities. Through the study of this chapter, you have to master three main methods which are the basic analysis of macroeconomic analysis, the industry analysis and company analysis.

第一节 证券投资的宏观经济分析

国民经济发展的状况以及对国民经济发展有重要影响的一些因素都将对证券市场发生显著作用。对这些作用,股票投资者和分析者必须做到了然于胸,否则,他们就无法做出正确的投资决策。因此,分析宏观经济面对证券投资的影响,其意义十分重大。

一、经济周期分析

在影响股价变动的市场因素中,宏观经济周期的变动,或称景气的变动,是最重要的因素之一,它对企业营运及股价的影响极大,是股市的大行情。因此经济周期与股价的关联性是投资者不能忽视的。

(一)经济周期的定义

科学研究和实践证明,宏观经济走势呈螺旋式上升、波浪式前进,具有周期轮回的特征。宏观经济的这种周期性波动,被称为经济周期。经济学家对经济周期的定义是"经济水平的一种波动,它形成一种规律性的模式,即先是经济活动的扩张,随后是收缩,接着是进一步扩张,呈现出周期性的波动"。经济扩张到一定程度必然会出现繁荣,经济收缩到一定程度必然会发生萧条,因此经济周期是经济繁荣与萧条的交替。

(二)几个著名的周期

1.基钦提出了40个月短周期理论。

2.尤格拉·库兹涅茨提出了9~10年及15~20年的中周期理论。

3.康德拉谢夫提出了还有50~60年的康氏长周期理论。

(三)经济周期与股价变动

经济周期是一个连续不断的过程,表现为扩张和收缩的交替出现,其对股市走势的影响可以从经济周期四个阶段的运行轨迹来分析。

1.萧条阶段。萧条阶段是指经济活动低于正常水平的阶段,此时,信用收缩,消费萎缩,投资减少,生产下降,效益滑坡,失业严重,收入相应减少,悲观情绪笼罩着整个经济领域。在股市中,利空消息满天乱飞,市场人气极度低迷,成交萎缩频创地量,股指不断探新低,一片熊市景象。当萧条到一定时期,人们压抑的需求开始显露,企业开始积极筹划未来,政府为了刺激经济增长,出台放松银根及其他有利于经济增长的政策。由于对经济复苏的预期,一些有远见的投资者开始默默吸纳股票,股价在缓缓回升。

2.复苏阶段。该阶段是萧条与繁荣的过渡阶段。各项经济指标显示,经济已开始回升,公司的经营转好,盈利水平提高,因经济的复苏使居民的收入增加,加之良好预期,流入股市的资金开始增多,对股票的需求增大,从而推动股价上扬。股市的获利效应使投资者对股市的信心增强,更多的居民投资股市,形成股价上扬的良性循环。

3.繁荣阶段。这一阶段,信用扩张,消费旺盛,生产回升,就业充分,国民收入增长,乐观情绪笼罩着整个经济领域。在股市中,投资者信心十足,交易活跃,成交量剧增,股价指数屡创新高,当经济繁荣达到过热阶段时,政府为调控经济会提高利率实行紧缩银根的政策,公司业绩会因成本上升收益减少而下降,股价上升动力衰竭。此时股价所形成的峰位往往成为牛市与熊市的转折点。

4.衰退阶段。该阶段,国民生产总值开始下降,股价由繁荣末期的缓慢下跌变成急速下跌,由于股市的总体收益率降低甚至低于利率,加之对经济的预期看淡,人们纷纷离开股市,股市进入漫长的熊市。

(四)股票投资策略选择

应当看到,经济周期影响股价变动,但两者的变动周期又不是完全同步的。通常的情况是,不管在经济周期的哪一阶段,股价变动总是比实际的经济周期变动要领先一步。即在衰退以前,股价已开始下跌,而在复苏之前,股价已经回升;经济周期未步入高峰阶段时,股价已经见顶;经济仍处于衰退期间时,股市已开始从谷底回升。这是因为股市股价的涨落包含着投资者对经济走势变动的预期和投资者的心理反应等因素。

表9-1是美国战后几个经济高峰(低潮)与股价高峰(低潮)的时差表,此表可以进一步证明两者是不完全同步的。

表 9-1　　　　　　　　战后美国股市循环与经济循环的时差

股市高峰	经济高峰	时差(月)	股市低谷	经济低谷	时差(月)
1948-06	1948-07	1	1949-06	1949-10	4
1953-01	1953-02	2	1953-09	1954-08	11
1956-07	1957-02	6	1957-12	1958-05	5
1959-07	1968-02	6	1960-10	1961-02	4
1968-10	1969-03	3	1970-06	1970-11	5
1973-01	1973-03	2	1974-10	1975-03	6
1979-10	1980-01	3	1980-03	1980-07	4
1981-02	1981-07	5	1982-08	1982-11	3
平均时差		3.5	平均时差		5.25

根据经济循环周期来进行股票投资的策略选择是：衰退期的投资策略以保本为主，投资者在此阶段多采取持有现金（储蓄存款）和短期存款证券等形式，避免衰退期的投资损失，以待经济复苏时再适时进入股市；而在经济繁荣期，大部分产业及公司经营状况改善和盈利增加时，即使是不懂股市分析而盲目跟进的散户，往往也能从股票投资中赚钱。

二、通货膨胀分析

通货膨胀是影响股票市场以及股票价格的一个重要宏观经济因素。这一因素对股票市场的影响比较复杂。它既有刺激股票市场的作用，又有压制股票市场的作用。

（一）通货膨胀的定义与类型

1.基本定义。所谓通货就是指流通中的货币，包括现金和存款（主要是以支票形式出现的银行活期存款），通货膨胀就是通货过多。通货膨胀一般表现为物价上涨，但不能说物价上涨就一定是通货膨胀。只有通货过多引起的物价上涨才是通货膨胀，非货币因素引起的物价上涨就不是通货膨胀。还需要指出的是，通货膨胀是指一般物价水平的持续普遍上涨，一般物价水平就是指各类商品和劳务的价格加总在一起的加权平均数，包括所有商品和劳务的价格在内。因此，局部的或个别的商品或劳务价格上涨以及季节性、偶然性和暂时性的价格上涨都不能称为通货膨胀。

2.通货膨胀的类型。按照通货膨胀形成原因划分，通货膨胀主要有需求拉动型和成本推动型两种，另外在实行开放经济的小国还存在结构型通货膨胀。

（二）通货膨胀对股价的影响

1.不同类型的通胀的影响。通货膨胀因其原因不同，会对股价产生不同的影响。需求拉动型通货膨胀会使以生产投资品为主的上市公司如钢铁、石化、建材、机械等公司的账面盈利因产品价格上涨而增多，消费类如家电、轻工、商业等上市公司也将大受其惠。成本推动型通货膨胀往往会使企业生产的产品因成本的增加而涨价，使消费者购买欲望下降，从而造成销售减少，公司成本增加，利润减少，股价出现下跌。

2.不同时期的通胀对股价的影响。在通货膨胀初期,对上市公司来说,企业销售增加,同时因为以低价原材料生产的库存产品成本较低,公司利润会有较大幅度的增长。在通货膨胀初期商品价格全面上涨时,生产资料价格一般领涨于其他商品价格,而这些生产资料(如建材、钢铁等)、生活必需品上市公司的股票价格上涨领先于其他公司的股票。在通货膨胀后期,通货膨胀的持续会导致生产要素价格大幅上扬,企业成本急剧增加,上市公司盈利减少,这直接导致市面人气低落。同时因通货膨胀加剧了各种社会经济矛盾,政府为抑制严重的通货膨胀将采取紧缩性的货币政策,大幅度提高利率。由于股票投资收益率的相对下降,投资者纷纷抽资退出股市,对股票的需求减少,从而使股价下跌。

三、利率水平分析

(一)利率对股价的影响

对股票市场及股票价格产生影响的种种因素中最直接者莫过于金融因素。在金融因素中,利率水准的变动对股市行情的影响又最为直接和迅速。一般来说,利率下降时,股票的价格就上涨;利率上升时,股票的价格就会下跌。因此,利率的高低以及利率同股票市场的关系,也成为股票投资者据以买进和卖出股票的重要依据。

利率的升降与股价的变化呈上述反向运动的主要原因有三个。

1.利率上升时,不仅会增加公司的借款成本,而且还会使公司难以获得必需的资金,这样,公司就不得不削减生产规模,而生产规模的缩小又势必会减少公司的未来利润。因此,股票价格就会下降;反之,股票价格就会上涨。

2.利率上升时,投资者据以评估股票价值所需的折现率也会上升,股票价值因此会下降,从而,也会使股票价格相应下降;反之,利率下降时,股票价格就会上升。

3.利率上升时,一部分资金从投向股市转向到银行储蓄和购买债券,从而会减少市场上的股票需求,使股票价格出现下跌;反之,利率下降时,储蓄的获利能力降低,一部分资金就可能回到股市中来,从而扩大对股票的需求,使股票价格上涨。

上述利率与股价运动呈反向变化是一般情况,我们不能将此绝对化。在股市发展的历史上,也有一些相对特殊的情形。当形势看好时,股票行情暴涨的时候,利率的调整对股价的控制作用就不会很大。同样,当股市处于暴跌的时候,即使出现利率下降的调整政策,也可能会使股价回升乏力。美国在1978年就曾出现过利率和股票价格同时上升的情形。当时出现这种异常现象主要有两个原因:一是许多金融机构对美国政府当时维持美元在世界上的地位和控制通货膨胀的能力没有信心;二是当时股票价格已经下降到极低点,远远偏离了股票的实际价格,从而使大量的外国资金流向了美国股市,引起了股票价格上涨。在香港,1981年也曾出现过同样的情形。当然,这种利率和股票价格同时上升和同时回落的现象至今为止还是比较少见的。

(二)利率预测

既然利率与股价运动呈反向变化是一种一般情形,那么投资者就应该密切关注利率的升降,并对利率的走向进行必要的预测,以便在利率变动之前,抢先一步对股票买卖进行决策。

对利率的升降走向进行预测,在我国应侧重注意以下几个因素的变化情况。

1.贷款利率的变化情况。由于贷款的资金是由银行存款来供应的,因此,根据贷款利率的下调可以推测出存款利率必将出现下降。

2.市场的景气动向。如果市场过旺,物价上涨,国家就有可能采取措施来提高利率水准,以吸引居民存款的方式来减轻市场压力。相反的,如果市场疲软,国家就有可能以降低利率水准的方法来推动市场。

3.资金市场的银根松紧状况和国际金融市场的利率水准。国际金融市场的利率水准往往也能影响到国内利率水准的升降和股市行情的涨跌。在一个开放的市场体系中是没有国界的,如果海外利率水准低,一方面对国内的利率水准产生影响;另一方面,也会引致海外资金进入国内股市,拉动股票价格上扬。反之,如果海外的利率水准上升,则会发生与上述相反的情形。

四、汇率水平分析

外汇行情与股票价格有着密切的联系。一般来说,如果一个国家的货币实行升值的基本方针,股价就会上涨,一旦其货币贬值,股价即随之下跌。所以外汇的行情对股市有很大影响。

在1987年10月全球股价暴跌风潮来临之前,美国突然公布预算赤字和外贸赤字,并声称要继续调整美元汇率,从而导致了人们普遍对美国经济和世界经济前景产生了恐慌心理。伴随其他原因,导致了这场股价跌风突然掀起。

在当代国际贸易迅速发展的潮流中,汇率对一国经济的影响越来越大。任何一国的经济都在不同的程度上受汇率变动的影响,而且,汇率变动对一国经济的影响程度取决于该国的对外开放度,随着各国开放度的不断提高,股市受汇率的影响也日益扩大。但受汇率影响最直接的进出口贸易,本国货币升值受益的多半是进口业,亦即依赖海外供给原料的企业;相反的,出口业由于竞争力降低,而导致亏损。可是当本国货币贬值时,情形恰恰相反。但不论是升值或贬值,对公司业绩以及经济局势的影响,都各有利弊,所以,不能单凭汇率的升降情况,升值就买股票,贬值则卖出,这种做法过于简单。

汇率变动对股价的影响,最直接的是那些从事进出口贸易的股份公司。它通过对公司营业及利润的影响,进而反映在股价上,其主要表现有以下三点。

一是若公司的产品大部分销售到海外市场,当汇率提高,产品在海外市场的竞争力受到削弱,公司盈利情况下降,股票价格下跌。

二是若公司的某些原料依赖进口,产品主要在国外销售,那么汇率提高,使公司进口原料成本降低,盈利上升,从而使公司的股价趋于上涨。

三是如果预测到某国汇率将要上涨,那么货币资金就会向该国转移,而其中部分资金将进入股市,股票行情也可能因此而上涨。

因此,投资者可根据上述汇率变动对股价的一般影响并参考其他因素的变化进行正确的投资选择。

五、价格变动分析

普通商品价格变动对股票市场也有重要影响。一般情况下,物价上涨,股价上涨;物价下跌,股价也下跌。商品价格对股票市场价格的影响主要表现在以下四个方面。

一是商品价格出现缓慢上涨,且幅度不是很大,但物价上涨率大于借贷利率的上涨率时,公司库存商品的价值上升。由于产品价格上涨的幅度高于借贷成本的上涨幅度,于是公司利润上升,股票价格也会因此而上升。

二是商品价格上涨幅度过大,股价没有相应上升,反而会下降。这是因为,物价上涨引起公司生产成本上升,而上升的成本又无法通过商品销售而完全转嫁出去,从而使公司的利润降低,股价也随之降低。

三是物价上涨,商品市场的交易呈现繁荣兴旺时,有时正是股票陷于低沉的时候,人们热衷于及时消费,使股价下跌;当商品市场上涨回跌时,反而成了投资股票的最好时机,从而引起股价上涨。

四是物价持续上涨,引起股票投资者的保障意识的作用增加,因此使投资者将资金从股市中抽出来,转而投向动产或不动产,如房地产、贵重金属等保值性强的物品上,使股票需求量降低,因而使股价下跌。

六、财政政策分析

一国政府运用财政政策来影响国民经济,一方面可以通过"自动稳定器"调节社会供需,减轻经济波动,即财政政策系统本身存在的一种防御各种干扰因素对国民经济冲击的机制,能够在经济繁荣时自动抑制膨胀,在经济衰退时减轻萧条;另一方面通过"相机抉择"发挥财政政策的职能。自动稳定器虽然在起作用,但作用有限,要确保经济稳定,还需政府运用财政政策工具,从经济形势出发,主动采取一些财政措施,使总供需平衡。

(一)扩张的财政政策对股票价格的影响

总体上讲,扩张的财政政策会促使股价上涨。

1.减少税收对股价的影响。对于上市公司,减税会直接减少支出增加税后利润,使每股税后收益增加,这使股票更"值钱",股票的交易价格也将上涨。上市公司税后收益增加,企业投资增加,进而带动社会整体需求增加,促进经济增长,使企业利润进一步增加,股票价格将长期走牛。对于社会公众,降低税收、扩大减免税范围,在增加了社会公众收入的同时也增加了投资需求和消费需求,增加投资需求会直接加大对股票的需求,而增加消费需求会带动社会整体需求增加,因此,减税有利于股票价格上涨。

2.增加政府支出对股市的影响。加大政府的财政支出与财政赤字,通过政府的投资行为,增加社会整体需求,扩大就业,刺激经济的增长,这样企业利润也将随之增加,进而推动股票价格上涨。在经济的回升中,居民收入增加,居民的投资需求和消费需求也会随之增加,前者会直接刺激股价上涨,后者会间接促使股价步入上升通道。

3.国债发行对股价的影响。一国政府运用国债这个政策工具实施财政政策时,往往要考虑很多的因素。实施松的财政政策,从增加社会货币流通量这个角度出发,往往会减少国债的发行;从增加政府支出及加大财政赤字这个角度出发,又会增加国债的发行。减少国债的供给,社会货币流通量增加,在股票总供给量不变或变化较小时会增加对股票的需求,使股价上涨。但减少国债发行又会影响到政府的支出,给国民经济及股市上涨带来负面影响。增加国债的发行一方面导致证券供应的增加,在证券市场无增量资金介入的情况下,就会减少对股票的需求,引起股票价格下跌;另一方面又会增加政府的支出,刺激国民经济增长,有利于股价上涨。因此国债的发行对股价的影响十分复杂,不能单纯地从一个角度来分析国债发行对股价的影响。

（二）紧缩的财政政策对股票价格的影响

紧缩的财政政策对股价产生的影响与扩张的财政政策正好相反,是从总体上抑制股价上涨。

七、货币政策分析

货币政策是政府调控宏观经济的基本手段之一。由于社会总供给和总需求的平衡与货币供给总量、货币需求总量的平衡相辅相成,因而宏观经济调控之重点必然立足于货币供给量。货币政策主要针对货币供给量的调节和控制展开,进而实现诸如稳定货币、增加就业、平衡国际收支、发展经济等宏观经济目标。

总的来说,扩张的货币政策将使股价上涨,紧缩的货币政策将使股价下跌。

（一）扩张的货币政策对股市的影响

1.存款准备金率、再贷款利率、再贴现率下调对股市的影响。存款准备金率、再贷款利率、再贴现率下调,会增加商业银行的资金头寸,使商业银行可贷资金充裕,为上市公司提供良好的融资环境。一方面有利于上市公司获得更多的贷款进行资产重组,摆脱经营困境,增加营业利润,为股价盘升奠定坚实的基础;另一方面,上市公司拥有多个融资渠道,就会减轻对股民的配股压力,使二级市场资金更为宽裕,也有利于股价震荡上行。

2.放松信贷管制对股市的影响。取消贷款限额控制,放松对商业银行的信贷管制,意味着微观经济主体从商业银行获得贷款的机会增多,企业发展了,居民收入就会提高,对股票投资需求就会相应加大,这对刺激消费、带动需求、拉动经济增长、为股票价格上涨提供了长期利好。

3.降低利率对股市的影响。在货币政策工具中,利率的调整对股价的影响最直接、力度最大。

(1)降低利率,投资于股票的机会成本降低,从而会直接吸引储蓄资金流入股市,导致对股票需求增加,刺激股价长期走高。

(2)降低利率,企业借款成本降低、利润增加,股价自然上涨。

(3)降低利率,股票理论价格提高,市场平均市盈率提高,为股价上涨从理论上提供依据。

（二）紧缩的货币政策对股市的影响

紧缩的货币政策对股市的影响与扩张的货币政策对股市的影响正好相反,从总体上抑制股价上涨。

八、政治因素分析

(一)战争

战争对股票市场及股票价格的影响,有长期性的,亦有短期性的;有好的方面,亦有坏的方面;有范围广泛的,也有单一项目的,这要视战争性质而定。战争促使军需工业兴起,凡与军需工业相关的公司股票当然要上涨。战争中断了某一地区的海运、空运或陆运,提高了原料或成品输送的运费,因而使商品涨价,影响购买力,公司业绩萎缩,与此相关的公司股票必然会跌价。其他由于战争所引起的许多状况都足以使证券市场产生波动,投资人需要冷静地分析。

(二)政权

政权的转移、领袖的更替、政府的作为,及社会的安定性等,均会对股价波动产生影响。

(三)国际政治形势

国际政治形势的改变,已越来越对股价产生敏感反应,随着交通运输的日益便利,通信手段、方法的日益完善,国与国之间、地区与地区之间的联系越来越密切,世界从独立单元转变成相互影响的整体,因此一个国家或地区的政治、经济、财政等结构将紧随着国际形势改变,股票市场也随之变动。

(四)法律制度

如果一个国家(金融方面的)法律制度健全,使投资行为得到管理与规范,并使投资者的正当权益得到保护,会提高投资者投资的信心,从而促进股票市场的健康发展。如果法律法规不完善,投资者权益受法律保护的程度低,则不利于股票市场的健康发展与繁荣。

第二节 证券投资的行业分析

行业分析是介于宏观经济分析和微观公司分析之间的中观层次分析。它主要分析行业所属的不同市场类型、所处的不同生命周期以及行业的业绩对于证券价格的影响。行业分析对投资者来说非常重要,一般来说,行业的发展状况对该行业的上市公司的影响是巨大的,从一定意义上说,投资某上市公司,实际上是投资于该公司所属的行业。行业分析的主要任务是:解释行业本身所处的发展阶段及其在国民经济中的地位;分析影响行业发展的各种因素;预测行业发展趋势和前景;判断行业投资价值;揭示行业发展风险,从而为投资者提供决策依据或投资依据。

一、行业分类

(一)道—琼斯分类法

道—琼斯分类法是在19世纪末为选取在纽约证券交易所上市的有代表性的股票

而对各公司进行的分类,是证券指数统计中最常用的分类法之一。

道—琼斯分类法将大多数股票分为三类:工业、运输业和公用事业,然后选取有代表性的股票。虽然入选的股票并不包括这类产业中的全部股票,但所选择的这些股票足以代表产业的一种发展趋势。

在道—琼斯指数中,工业类股票选取了工业部门的30家公司,例如包括了采掘业、制造业和商业。这些产业有些扩张,有些则下降;有些增长率超过国民生产总值的增长率,还有一些产业的增长率低于国民生产总值的增长率。运输业包括了航空、铁路、汽车运输和航运业。作为计算道—琼斯股价指数的股票类别,公用事业的增长率一般是稳定的,公用事业类主要包括电话公司、煤气公司和电力公司。

（二）标准行业分类法

为了传递经济活动的巨大信息,美国联邦政府建立了一种非常复杂的行业分类系统,并运用有序的方式来收集信息。标准行业分类体系是根据企业所从事的主要活动来进行行业分类的。

首先,它将各种经济生产活动划分为10个主要部门,例如第一个部门为农业、林业与渔业,第二个部门为采掘业等。其次,再将各部门划分为许多行业。在每一层次上,该行业的主要活动都能得到更精确的描述。

标准行业分类体系不仅对行业进行划分归类,而且还提供信息,诸如行业中的企业数量、该行业中的雇员和生产规模、产品的总值及其他重要的数据材料。在美国,这些信息大多通过统计局的《制造业调查报告》公布,以便投资者都能据以估计各行业在不同时期的规模和范围。

（三）线分类法

线分类法是我国采用的,依据《中华人民共和国国家标准(GB/T4754—94)》对我国国民经济行业进行的一种分类方法。它将社会经济活动划分为门类、大类、中类和小类四级。与此相对应,此编码主要采用层次编码法。

（四）我国证券市场的行业划分

1.上证指数分类法。上海证券市场为编制新的沪市成分指数,将全部上市公司分为五类,即工业、商业、地产业、公用事业和综合类,并分别计算和公布各分类股价指数。

2.深圳指数分类法。深圳证券市场将在深市上市的全部公司分为六类,即工业、商业、金融业、地产业、公共事业和综合类,同时计算和公布各分类股价指数。

二、行业的周期分析

（一）经济周期与行业发展分析

各行业变动时,往往呈现出明显的、可测的增长趋势或衰退的格局。这些变动与国民经济总体的周期变动是有关系的,但关系密切的程度又不一样。据此,可以将行业分为三类。

1.增长型行业。增长型行业的运动状态与经济活动总水平的周期及其振幅无关。这些行业收入增长的速度相对于经济周期的变动来说,并没有出现同步影响,因为它们主要依靠技术的进步、新产品推出及更优质的服务,从而使其经常呈现出增长状态。在过去的几十年内,计算机和打印机行业表现了这种状态。

投资者对高增长的行业十分感兴趣,主要是因为这些行业对周期性波动来说,提供了一种套期保值的手段。然而,这种行业增长的状态却使得投资者难以把握精确的购买时机,因为这些行业的股票价格不会随着经济周期的变化而变化。

2.周期型行业。周期型行业的运动状态直接与经济周期相关。当经济处于上升时期时,这些行业会随其扩张;而当经济衰退时,这些行业也相应萎缩。产生这种现象的原因是,当经济上升时,对这些行业相关产品的购买被延迟到经济改善之后。例如,珠宝行业、耐用品制造业及其他依赖于需求收入弹性的行业,就属于典型的周期性行业。

3.防御型行业。这些行业运动状态的存在是因为其行业的产品需求相对稳定,其特征是受经济周期的影响比较小,不会因经济周期变化而出现大幅度变动,甚至在经济衰退时也能取得稳步发展。这些行业的产品往往是生活必需品或是必要的公共服务,公众对其产品有相对稳定的需求,因而盈利水平相对较稳定。例如,食品业、药品业、公共事业等就属于这一类行业。

(二) 行业生命周期分析

通常,每个行业都有自身的生命周期,都要经历一个由产生、发展到衰退的演变过程,这称为行业的生命周期。它一般分为四个阶段,即初创阶段、成长阶段、成熟阶段以及衰退阶段。认清投资目标公司所处的行业在生命周期中所处的阶段以及该阶段的特征是做出股票投资决策的重要参考依据。

1.初创阶段。在这一阶段,由于新行业初建不久,只有为数不多的创业公司投资于这个新兴的行业,由于初创阶段行业的创立投资和产品的研究、开发费用较高,同时因大众对其尚缺乏了解而产品市场需求狭小,销售收入较低,所以这些创业公司财务上可能不但没有盈利反而会发生亏损,这必然使这些创业公司面临很大的投资风险,甚至还可能因财务困难而引发破产。在初创阶段后期,随着行业生产技术的提高、生产成本的降低和市场需求的扩大,新行业便逐步由高风险低收益的初创期转向高风险高收益的成长期。

2.成长阶段。在成长阶段,新兴行业的产品经过广泛宣传和消费者的试用,逐渐赢得了消费者的认可,市场需求开始上升。与市场需求变化相适应,供给方面相应地出现了一系列的变化,即投资于新兴行业的厂商大量增加,产品也逐渐从单一、低质、高价向多样、优质和低价方向发展,因而新兴行业出现了生产厂商和产品相互竞争的局面。这种状况的继续将导致生产厂商随着市场竞争的不断发展和产品产量的不断增加,市场的需求日趋饱和。生产厂商不能单纯地依靠扩大生产量、提高市场份额来增加收入,还必须依靠追加投资,提高生产技术,降低成本,以及研制和开发新产品来争取竞争优势,战胜竞争对手并维持企业的生存。

3.成熟阶段。行业的成熟阶段是一个相对较长的时期。这一时期中,在竞争中生存下来的少数大厂商垄断了整个行业的市场,每个厂商都占有一定比例的市场份额。由于彼此势均力敌,市场份额比例发生变化的程度比较小。厂商之间的竞争逐渐从价格手段转向非价格手段,例如提高产品质量、改善性能和加强售后服务等。行业利润达到了较高的水平,而风险却大大降低,这是因为市场已经被原有大企业按比例分割,产品的价格比较低,新企业往往由于创业投资无法很快得到补偿或产品的销路不畅、资金周转困难而倒闭或转产。

4.衰退阶段。这一时期出现于较长的稳定阶段之后,由于新产品和大量替代品的出现,原行业的市场需求开始逐渐减少,产品的销售量开始下降,某些厂商开始向其他更有利可图的行业转移资金。因而原行业出现了厂商数目减少、利润下降的萧条景象。至此,整个行业便进入了生命周期的最后阶段。当正常利润无法维持或现有投资折旧完毕后,整个行业便逐渐解体了。

按行业所处生命周期的阶段不同,可以将行业分为朝阳行业、平缓增长行业和夕阳行业三类。

三、影响行业发展的主要因素

概括地说,影响行业兴衰的主要因素有以下几个方面。

(一) 技术进步因素

在众多技术因素中,最重要的也需首先考虑的是产品的稳定性。通过产品稳定性分析,检验产品的性质及技术复杂性有助于判断产品的未来需求是否能保持不变,或是否出现大幅度变化,而历史资料只能说明过去的产业产品需求。例如,仅以一时风行的产品为基础的行业很快会被淘汰;产品性质较稳定的产业,如钢铁工业和化学工业,其产品需求则有着较长期的稳定性。然而,由于价格构成的变动及其产品需求的减少,这些产品需求较稳定的行业在不同的年份获利能力仍有波动。同时,技术进步对行业的影响是巨大的。例如,电灯的出现极大地削减了对煤气灯的需求;蒸汽动力行业则被电力行业逐渐取代。显而易见,投资于衰落的行业是一种错误的选择。因此,充分了解各种行业技术发展的状况和趋势,对投资者来说是至关重要的。

(二) 政府的影响和干预

投资者必须评估政府对特定行业的影响,因为政府可通过多种途径来广泛地影响一个行业,只是程度不同而已。

1.政府影响的行业范围。政府的管理措施可以影响到行业的经营范围、增长速度、价格政策、利润率和其他许多方面。政府实施管理的主要行业包括三大类。

(1)公用事业。例如,煤气、电力、供水、排污、邮电通信、广播电视等。

(2)运输部门。例如,铁路、公路、航空、航运和管道运输等。

(3)金融部门。例如,银行、保险公司、证券交易市场、其他非银行金融机构等。

政府实施管理的主要行业都是直接服务于公共利益,或与公共利益密切联系的。公用事业是社会的基础设施,投资大、建设周期长、收效慢,允许众多厂商投巨资竞相建设是不经济的。因此政府往往通过授予某些厂商在指定地区独家经营某项公用事业特许权的方法来对它们进行管理。被授权的厂商也就因此而成为这些行业的合法垄断者。但这些合法的垄断者和一般的垄断者不一样,它们不能任意规定不合理的价格,其定价要受到政府的调节和管制。政府一般只允许这些厂商获得合理的利润率,而且政府的价格管理并不保证这些企业一定能够盈利。成本的增加、管理的不善和需求的变化同样会使这些企业发生亏损。

2.政府对行业的促进干预和限制干预。政府对行业的促进作用可以通过补贴、税收优惠、限制与本国竞争的关税、保护某一行业的附加法规等措施来实现,这是因为这些措施有利于降低该行业的成本,并刺激和扩大其投资规模。例如,美国的纺织业就受到进口关税这一法律的极大的保护。同时考虑到生态、安全、企业规模和价格因素,政府会对某些行业实施限制性规定,这会加重该行业的负担。某些法律已经对某些行业的短期业绩产生了副作用。在美国,铁路和天然气便能证明政府的干预是怎样影响私人利润形成的。总的来说,政府的干预极大地支持了某些行业的稳定性,否则情况会变得十分混乱。例如,航空业有其自己的正常航线,因而不会出现所有的航班仅在可能获利的城市之间飞行;公用事业的规模保证了某地域只能有一家电力公司,从而避免了潜在混乱,不至于有四五家电力公司在同一条街上竖起自己的电线杆。

(三) 社会习惯的改变

当今社会,消费者和政府越来越强调各行业所应负担的社会责任,注重工业化给社会所带来的种种影响。这种日益增强的社会意识对许多行业已经产生了明显的作用。

防止环境污染、保持生态平衡目前已经成为工业化国家的一个重要的社会趋势,在发展中国家也正日益受到重视,因此与保护生态平衡相关的一些行业会不断产生并得到迅猛的发展。

四、产业政策的作用及其对证券市场的影响

(一) 产业政策的实施对股价的影响

国家在实施产业政策时,对需要重点支持的产业,往往配合财政政策和货币政策给予重点扶持。国家产业政策支持的产业,将会有长足的进步,这些产业中的企业会具有长久的生命力,其股票价格将会有长期上升的趋势。国家限制发展的产业则相反,在长时期内其股价上涨会遇到巨大阻力。

(二) 中国加入世贸组织对产业政策及股票价格的影响

中国加入世贸组织后,对产业结构调整提出更高的要求,对受产业政策保护的一些产业的冲击较大。

1.农业产业受到冲击。纵观入世后我国农产品贸易的发展,出口额与进口额均出现较快增长,但是进口额增长更快,自2004年出现农产品净进口的格局开始,至2013年我国农产品进口的赤字已经上升到510.4亿美元。这主要是由于我国农业在技术进步、产品质量和整体竞争力方面与主要农产品贸易国仍存在一定的差距,所以这类上市公司的股票价格将会受到抑制。

2.资本密集型产业产出有较大的下降。资本密集型产业在加入世贸组织后,随着关税的大幅度减低,在价格性能比上和国外同类产品相比处于劣势,这些产业将承受关税降低后国外产品涌入国门的巨大压力,生产经营面临巨大挑战,在一段时期内其股票价格的上涨也会受到影响。

3.纺织、服装业等传统产业将面临新的生机。加入世贸组织后,国外对我国纺织品的贸易壁垒将取消,随着关税的大幅度调低,我国纺织品的出口比例在现有基础上将会大幅度增加,这些产业的上市公司将出现新的转机,其股票价格也会上涨。

五、行业分析方法

（一）定性分析方法

定性分析法主要有历史资料研究法、调查研究法、归纳与演绎法和比较研究法。历史资料研究法是指通过对已存在的资料的深入研究，寻找事实和一般规律，然后根据这些信息去描述、分析和解释过去的过程，同时揭示当前的状况，并依照这种一般规律对未来进行预测。调查研究法是指通过抽样调查、实地调查、深度调研、深度访谈等形式，通过对调查对象的问卷调查、访谈获得资讯，并对此进行研究的方法。归纳法是从个别出发以达到一般性，从一系列特定的观察中，发现一种模式，这种模式在一定程度上代表所有给定事件的秩序。演绎法则是从一般到个别，从逻辑或者理论上的预期模式到观察检验的模式是否确实存在。演绎法是先推论后观察，归纳法是从观察开始。比较研究法分为横向比较法和纵向比较法。横向比较法一般是取某一时点的状态或者某一固定时段的指标，在这个横截面上对研究对象及其比较对象进行比较研究。纵向比较法指利用行业的历史数据，分析过去的增长情况，并据此预测行业的未来发展趋势的方法。

（二）定量分析法

定量分析法主要是用数理统计法来分析预测行业的发展状况和前景的方法。比较常用的有相关分析、线性分析和时间序列分析等。定量分析法是一种重要的分析方法，具有精确性的特点。通常情况下，定性和定量分析相结合可取得较好的分析效果。

第三节 证券投资的公司分析

一、上市公司素质分析

（一）上市公司主营业务状况

上市公司一定要有鲜明的主业才能在激烈的市场竞争中取胜。如果公司没有进行过根本性的产业转移和多种经营，那么主营业务状况在相当程度上决定着公司经营状况、盈利能力，进而决定着投资者的投资回报。

投资者可以根据相关统计报表从以下几方面分析上市公司的主营业务状况。

1.企业的经营方式。经营方式分析主要考察公司是单一经营还是多元化经营。多元化经营的优点是风险相对分散，但容易造成主业不清，影响公司盈利增长。单一经营的缺点是风险相对集中，但如果其产品占有很大的市场份额，公司盈利也会很丰厚。

2.主营业务的盈利能力和主营业务利润占净利润的比重。主营业务盈利能力（毛利率）越高，说明企业为实现一定的主营收入而实际付出的物化劳动和活劳动相对较少。主营业务利润占净利润的比重可以衡量企业净利润的可信度和企业可持续发展能力的强弱。

3.主营业务规模的扩展情况。一个发展势头良好的企业,其主营业务的发展总是伴随着利润的相应增长。

(二)上市公司行业地位分析

上市公司行业地位、市场占有率水平应成为投资者进行股票投资的一个重要的决策参考依据。一家行业地位出色的企业往往历史悠久、客户稳定、信誉良好,其面临的商业风险相对较小。按照市场竞争的一般规律,只有行业地位出众、市场占有率不断提高、特别是具有垄断优势的公司才能成为行业巨头,这些公司是投资者首选的投资品种。

判断上市公司行业地位应主要从以下几方面入手:一是要看该公司产品的市场占有率是否居行业前列;二是要看该公司产品销售增长率在本行业是否处于领先地位;三是要看该公司在行业内是否保持着技术领先地位。

(三)上市公司人才素质状况分析

企业竞争的焦点是人才的竞争。对上市公司人才素质进行分析,首先要考察企业管理者的素质,其次要看员工素质。

企业经营者素质状况在企业发展中起决定性作用。经营者素质好、管理水平高,企业往往会获得较高盈利。经营管理能力弱的企业,即使具有竞争性产品,也会因经营管理不善而一事无成。

考察企业各级领导人的素质主要考察一把手的社会与历史背景、工作业绩,以及财务部门、业务部门、公关部门、技术部门等主要部门的领导人的能力。

上市公司员工是公司经营的主体,他们的文化和业务素质对企业的发展起着至关重要的作用。反映劳动力素质的指标主要有劳动者平均受教育水平、高学历的人数构成、职工技术水平构成、劳动生产率等。

(四)上市公司产品开发、技术创新能力分析

分析一家上市公司产品开发、技术创新能力可以从以下几方面入手。

1.人力资源状况。即公司是否拥有稳定的专业人才和技术骨干队伍,稳定人才的措施是否得力、到位。

2.研究机构的设置状况。一般强势企业都非常注重企业的科研机构的设置。

3.研发费用。高科技、高成长公司研发费用占营业收入要达到一定比例。世界著名的高科技投资专家墨非对市场进行考察后认为,一个公司的研发费用不得少于营业额的2%,否则就难以在国际市场上竞争。

4.新产品开发、试制情况。一个企业应能根据市场需求的变化、产品销售情况正确判断企业现有产品所处的生命周期阶段,及时制定新产品开发计划,从人员、技术设备、资金供应等方面保证新产品开发工作正常进行,并注意新产品对企业经济效益的影响。

二、上市公司财务状况分析

(一)财务分析方法

财务报表是根据会计记录,对企业的财务状况和经营成果进行综合反映的一种书面文件。阅读和分析财务报表是投资者了解上市公司基本面,进而判断上市公司真实

投资价值的窗口和捷径。

但财务报表是一种静态文件,它只能概括地反映一个公司的财务状况和经营成果,对投资者来说,不能直接作为决策依据。投资者做出决策时还必须对财务报表进行分析。不同的投资者可根据不同的需要,运用各种方法,对公司经营活动的各个方面进行分析,保证决策的及时性和正确性。从这个意义上说,财务分析是对企业历史资料的动态分析,是在研究过去的基础上预测未来。

投资者进行财务分析的方法很多,从不同的角度可以做出不同的分类。这里主要介绍静态分析法、动态分析法及杜邦分析法。

1.静态分析法。静态分析法是对公司某一特定年度的财务报表及有关数据进行对比分析的方法,分为结构分析法和比率分析法。

(1)结构分析法。结构分析法又称共同比分析法。它是把财务报表的各个数据与一个关键项目的数据进行对比,得出各个百分比,编制共同比财务报表,然后进行纵向比较分析。

(2)比率分析法。比率分析法是通过计算各项指标的相对数据进行比较分析的方法。

2.动态分析法。由于公司是在一个相当长的时期内持续经营的,如果只分析某一年的财务报表,往往难以全面客观地反映公司的经营情况。如果对不同时期的财务报表及有关数据进行对比,就能从动态上发现公司的特征及变化规律,克服暂时性因素的影响。动态分析的方法主要有:比较财务报表、比较共同比财务报表、比较财务比率表和趋势百分比分析。

(1)比较财务报表。比较财务报表是把毗邻的几个会计年度的财务报表并列,编制比较财务报表,用以分析同一项目在不同时期变化的原因及其带来的影响。

(2)比较共同比财务报表。比较共同比财务报表是把毗邻的几个会计年度的共同比财务报表并列,从而发现各个结构指标在不同时期变化的原因及其带来的影响。

(3)比较财务比率表。比较财务比率表是把毗邻的几个会计年度的财务报表的数据换算为同一时期的百分比,然后并列列示,从动态上发现该指标的特征及其变化规律。

(4)趋势百分比分析。趋势百分比分析也叫定基增长率,即以某一期为基期,计算各期的定比增长率。基期各项目均以100表示,某期趋势百分比=当期金额÷基期金额×100%。

3.杜邦分析法。在公司财务分析中,仅仅观察财务报表无法洞察财务状况的全貌,同时仅观察单一的财务比率,也难以了解公司财务状况的全面情况。为此,需要把各种财务比率结合起来,杜邦财务分析体系就是一种综合分析法。作为一种很实用的财务分析方法,它利用若干相互关联的指标对营运能力、偿债能力及盈利能力等进行综合性的分析和评价。由于这种分析法在美国杜邦公司首先使用,故称杜邦分析法。这种方法从评价企业绩效最具综合性和代表性的指标——权益净利率出发,层层分解至企业最基本生产要素的使用、成本与费用的构成和企业风险,从而满足经营者通过财务分析进行绩效评价的需要,在经营目标发生异常变动时能及时查明原因并加以修正。

(二)财务分析内容

1.资产负债表分析。资产负债表是反映企业在某一时点全部资产、负债和所有者权益状况的报表。我们可以通过资产负债表提供的信息了解企业所掌握的经济资源的分布与结构、企业资金的来源构成,以及企业的财务实力、短期偿债能力和支付能力,从而分析企业的资金结构,获知企业所面临的财务风险。具体分析内容如下。

(1)对资产负债表的总体分析。对资产负债表的总体分析是通过编制共同比资产负债表进行的。共同比资产负债表就是将原来用绝对金额表示的资产负债换算成共同比百分比率表示,用共同比百分比率来表示原来的资产、负债和股东权益。其计算方法是:先将资产负债表中的资产、负债及股东权益总额视为100%,然后再以资产各项中的金额逐项除以资产总额,即可计算出资产各项目的百分比。同理,也可以计算出负债及股东权益各项目的百分比。

资产负债表的共同比分析,可以揭示:一个公司财务资源的供应者是谁;在公司的所有财务资源中有多少是投资人投入的,有多少是从外界借入的;在外借资金中,有多少属于流动负债,有多少属于长期负债。因此,共同比资产负债表可以显示一个公司的资本结构。此外,通过对资产负债表左方各项目百分比的分析,可以看出一个公司有多少经济资源分布于固定资产。

(2)短期偿债能力分析。短期偿债能力是指公司以流动资产支付流动负债的能力。对公司短期偿债能力分析是十分重要的,如果公司的流动资产不足以支付流动负债,不仅会影响到公司的信誉,加大公司在资金市场上的筹资难度,还会影响到公司的生存。公司短期偿债能力一般取决于营运资金的多少和资产变现速度的快慢。主要考核指标有:流动比率、速动比率、应收账款周转比率、存货周转率等。

A.流动比率分析。流动比率是指在一年内变现的资产与一年内必须偿还的负债的比值。公式为:

$$流动比率 = 流动资产 / 流动负债$$

一般讲,流动比率越高,公司短期偿债能力越强。从理论上讲,流动比率接近于2较为理想。在实际中,主要视流动资产与流动负债之间变现与偿付的对称关系及企业对待收益与风险的态度而具体确定。此外,该比率在应用中还应注意以下几个问题。

首先,流动比率越高,并不说明公司有足够的现金或存款用来偿还短期负债,投资者还应进一步分析公司存货、应收账款的变现能力。

其次,从短期债权人的角度看,自然希望该比例越高越好,因为越高说明其债权越安全,但过高的流动比率意味着公司的闲置资金过多,会造成公司机会成本的上升和获利能力的下降。因此,公司应尽可能将流动比率维持在不使货币资金闲置的水平。

再次,流动比率是否合理,不同公司及同一公司的不同时期评价标准不同,不应用同一标准评价各公司流动比率是否合理。

B.速动比率分析。速动比率是指速动资产与流动负债的比。公式为:

$$速动比率 = 速动资产 / 流动负债$$

速动资产是指流动资产减去变现能力较差且不稳定的存货、待摊费用、待处理流动资产损失后的余额,主要包括变现能力较强的现金、有价证券、应收账款。由于剔除了存货等变现能力弱且不稳定的资产,速动比率能更准确、更可靠地评价公司资产的流动性及偿还短期负债的能力。

同流动比率一样,多高的速动比率才算合理没有绝对标准,传统经验认为,速动比率为1时是安全边界。但在实际工作中,还应结合债务人的信用状况及市场销售状况等因素,确定各公司自身的速动比率,主要视应收账款周转速度而定。

C.应收账款回收期分析。应收账款回收期突出公司对应收账款的管理。计算公式为:

$$应收账款回收期=应收账款/每日赊销额$$

应收账款回收期的含义是指公司在某一会计年度赊销额冻结在应收账款上的平均时间。通过这项指标可以检查公司应收账款变为现金的快慢速度,进而对公司应收账款的质量有一个较准确的把握。一个公司应收账款回收期究竟是多少为好,要视公司的经营特点,并参照同行业情况进行评价。

D.存货周转率分析。存货周转率是公司在某一会计报告期内主营业务成本和平均存货的比。公式为:

$$存货周转率=主营业务成本/存货净额的平均余额$$

通过对该指标的分析可以衡量公司存货是否适量,从而对公司商品市场的竞争力、公司的推销能力和管理绩效有一个基本的估计和判断。一般来说,存货周转越快,存货的占用水平越低,说明公司资金的回收速度越快,在公司资金利润率较高的情况下,公司就能获取更高的利润,并具备较强的短期偿债能力。如果存货周转慢,说明公司的存货可能不适销对路,有过多的存货会影响资金及时回笼。

(3)长期偿债能力分析。长期债务是指按着债务合同约定在1年以后需要偿还的债务。由于债务是长期的,其本息的偿付不仅取决于届时的现金流入量,更取决于公司的获利能力和经济实力。主要考核指标有:资产负债比率、产权比率、已获利息倍数和有形净值债务率。

A.资产负债率。资产负债率是负债总额与资产总额的比值。公式为:

$$资产负债率=负债总额/资产总额\times100\%$$

负债比率越低,债务偿还的稳定性、安全性就越大。相反,该指标越高,说明公司资产总额中有较大部分是用债权人提供的资金形成的,一旦市场不振,公司就有可能陷入破产清算的境地。

对公司而言,负债经营规模应控制在合理水平内,该指标一般在50%为宜。过高的资产负债率会造成公司债务偿还稳定性差,但过低的资产负债率又说明公司的经营过于保守,不能充分发挥负债的财务杠杆效应,会减少公司获利。

B.产权比率。产权比率是指负债总额与股东权益的比值。公式为:

$$产权比率=负债总额/股东权益\times100\%$$

该比率揭示了公司负债与资本的对应关系,即在公司清算时债权人权益的保障程度,产权比率越低,偿还债务的资本保障程度越大,债权人遭受风险损失的可能性就越小,反之亦然。

与资产负债比率一样,过高的产权比率会造成公司债务偿还稳定性差,但过低的产权比率又说明公司的经营过于保守,不能充分发挥负债的财务杠杆效应,减少公司获利。在评价产权比率是否适度时,应从提高获利能力与增强偿债能力两方面进行,即在保障债务偿还安全的前提下,应尽可能提高产权比率。

C.已获利息倍数。已获利息倍数是指企业支付利息和缴纳所得税前的利润与利息费用之比。公式为:

$$已获利息倍数=(净利润+利息费用+所得税)/利息费用$$

企业举债经营的原则是企业利用债务资金所能赚得的利润必须大于对举债所付出的利息,这样企业在支付利息后才会盈利,否则会面临风险。这种风险可以用利息倍数来衡量,其比值一般要大于1,否则企业可能面临债务支付上的困难。

D.有形净值债务率。有形净值债务率是企业负债总额与有形净值的百分比。有形净值是股东权益减去无形资产净值。其计算公式为:

$$有形净值债务率=\frac{负债总额}{(股东权益-无形资产净值)}\times100\%$$

有形净值债务率指标实质上是产权比率的延伸,是更为谨慎、保守地反映在企业清算中债权人投入的资产受到股东权益的保障程度。因为保守的观点认为无形资产不宜用来偿还债务,所以将其从股东权益中扣除。从长期偿债能力来讲,该比率越低说明企业的财务风险越小。

2.利润表分析。利润表是反映一定时期企业盈利或亏损情况的会计报表。利润表通过记录企业在某一时期资源的流动状况,概括地反映一定时期企业营业收支及非营业收支的对比情况。其内容主要包括两个方面:一是反映公司的收入及费用,说明公司在某一会计期间的利润数额,据以分析公司的经济效益及盈利能力,评价公司的管理绩效。二是反映公司财务成果的分配过程及结果。

利润表分析的内容主要包括如下几方面。

(1)利润表总体分析。利润表总体分析是通过编制共同比利润表进行的。也就是将利润表中主营业务收入作为共同基数,然后用利润表中其他各项目数字除以共同基数,求出各项目占共同基数的百分比,借以显示利润表中各项目的相互关系,了解公司取得的收入中有多少已用于补偿生产经营过程中发生的消耗和损失。这种只有百分比而无金额的利润表就是共同比利润表。在表中,以主营业务收入为100,将营业成本、财务费用、管理费用、销售费用、主营业务利润、利润总额等项目的金额和主营业务收入净额比较,求出各项目占主营业务收入的百分比。

通过对共同比利润表的分析,可以抓住重点项目,把注意力集中在对关键项目影响较大的项目上,从而对报表上绝对金额不大的项目从略分析。

(2)公司盈利能力分析。盈利能力实际上就是指公司的资金增值能力,它通常体现为公司收益数额的大小与收益水平的高低,是衡量公司经营效果的重要指标。反映企业盈利能力的指标如下。

A.销售利润率。销售利润率即指净利润与销售收入的比,公式为:

$$销售利润率=净利润/销售收入\times100\%$$

这个指标反映每百元销售收入带来净利润的程度,比值越高反映这个能力越强。

B.资产收益率。资产收益率即净利润与资产总额的比。公式为:

$$资产收益率=利润率\times总资产周转率=净利润/总资产\times100\%$$

该指标反映企业资产总额中每百元资产所能获得的纯利润,其数值越高,说明公司总资产的获利能力越强。

C.股东权益收益率。股东权益收益率指净利润与股东权益的比。公式为:

$$股东权益收益率=净利润/股东权益\times 100\%$$

该指标又称净资产收益率,是衡量股份制企业盈利能力的重要指标之一。其数值越高,说明公司净资产的获利能力越强。

D.毛利润率。毛利润率是公司主营业务利润与主营业务收入的比。公式为:

$$毛利润率=主营业务利润/主营业务收入\times 100\%$$

该指标反映公司主营业务收入扣除主营业务成本后的余额,该指标值越高说明公司主营业务收入给公司带来的利润越高,主营业务经营成本越低。

E.成本费用利润率。成本费用利润率是反映公司成本费用与利润之间的比值。公式为:

$$成本费用利润率=净利润/成本费用总额\times 100\%$$

该项比率反映企业发生每百元耗费能给公司带来的利润,可进一步说明公司在挖掘潜力、降低耗费、提高效益方面的工作情况。

F.每股收益。每股收益也是衡量企业盈利能力的重要指标,它是净利润与股份总额的比值。公式为:

$$每股收益=净利润/股份总额$$

G.市盈率。市盈率是普通股每股市场价格与每股收益的比值。公式为:

$$市盈率=普通股每股市价/普通股每股收益$$

该指标的表面含义是显示股价相当于每股净收益的倍数,深层含义是每股股票以现价购入收回投资的年限。它是投资者判断投资于某公司股票的重要参考依据。高市盈率的股票表明投资者预期公司收益会稳定增长,低市盈率的股票说明投资者对公司发展前景,尤其是公司的成长性不持乐观态度。使用该指标一定要注意分析公司的成长性,一般来讲,高成长性的企业其市盈率往往较高,成长性差的企业其市盈率往往较低。但还应注意辩证地使用该指标。

3.现金流量表分析。现金流量表是以现金及现金等价物为基础编制的反映公司在一定会计期间现金收入和支出情况及其变动原因的财务报表。编制现金流量表的目的是为会计报表使用者提供企业一定会计期间内现金和现金等价物流入及流出的信息,以便于报表使用者了解和评价企业获取现金和现金等价物的能力,并据以预测企业未来的现金流量。

现金流量表主要包括三大部分内容:经营活动产生的现金流量、投资活动产生的现金流量和筹资活动产生的现金流量。通过对现金流量的合理分析,可以全面反映企业的现金潜力,评价企业的发展前景。

对现金流量表进行分析,主要包括如下几方面。

(1)现金流量的结构性分析。现金流量的结构性分析是在现金流量表有关数据的基础上,对现金收入、支出的构成比率状况的分析,进而对公司财务的稳定性和财务状况的合理性做出判断。一个公司经营活动提供的现金流量的比重越大,公司未来的财务状况就越稳定;反之,如果一个公司的现金流量主要来源于投资活动和筹资活动,公司未来的财务状况可能就不稳定。

(2)利润水平的真实性和偿债能力分析。通常情况下,投资者在阅读财务报表时都比较关注企业的获利情况,并以获利的多少作为衡量企业经营业绩和对外支付能力的标准。但是,过于强调利润水平有时会使我们对企业经营业绩和支付能力的评判陷入误区。由于会计在确定收入和利润时遵循的是权责发生制,企业销售商品和劳务后,只要取得收款的证据,相应的收入就被确定,因此有些收入增加利润却不增加现金流入,大量的收入和利润仅仅表现为一种"纸上富贵"。有些上市公司对应收账款管理存在薄弱环节,未及时做好应收货款及劳务款的催收与结算工作,也有些上市公司依靠关联交易支撑其经营业绩,而关联资金又迟迟不到位,这些都会导致利润表上有利润而现金表上无现金这种虚增情况发生,并可能出现债务偿付危机。

利用现金流量表衡量企业利润水平真实性和偿付能力可以通过下列指标来进行。

A.每元净利润的现金含量。其公式为:
$$每元净利润的现金含量=经营性现金净流量/净利润$$

该指标常被用来衡量公司净利润的收现水平。该指标大于(或小于)1,意味着公司每1元的净利润有大于(或小于)1元的经营性现金流入。

B.每股经营现金净流量。其公式为:
$$每股经营现金净流量=经营性现金净流量/股本$$

每股经营现金净流量表示每股股份所能形成的经营活动现金净流入,反映公司在维持期初现金存量下发放现金股利的能力。

C.现金及现金等价物净增加额与流动负债之比。这是一个衡量公司偿还短期债务能力的指标,该指标值越高,说明公司短期偿债能力越强。

(3)公司发展潜力分析。一个发展势头良好的企业,往往主营业务收入都有着较强的变现能力。投资活动往往能反映出公司为拓展经营所做的努力,一个处于成长中的公司,其筹资活动产生的现金流量多为正值,同时其投资活动中购建固定资产、无形资产和其他长期资产所支付的现金数额可观,或是权益性投资所支付的现金较多。只要投资决策准确,就可以为以后盈利的增长和更多的现金流入打下良好的物质基础。

案例分析

山西汾酒的基本面分析

2020年,山西汾酒(600809.SH)股价一路高歌,从年初的88.8元到10月份突破200元大关,半年多的时间里股价上涨两倍多。以下选用自上而下的基本面分析方法,从宏观经济、所处行业和公司本身三个维度进行分析。

一、宏观——疫情可控、经济修复

宏观层面,随着国内新冠疫情的基本控制,这一影响2020年上半年宏观经济的最大负面因素基本消除,国民经济稳步恢复,消费增速亮眼。

2020年9月份经济数据显示,疫后经济持续复苏,供需逐步改善,单季度GDP增速达4.9%,前三季度经济累计增速年内首次转正,累计增速达0.7%。其中消费增速加快上涨,超出市场预期。社会消费品零售总额同比增长3.3%,高于8月份2.8个百分点,连续两月增速回正。其中烟酒类增长17.6%(前值3.1%)、饮料类增长22%、服装鞋帽增长8.3%,贡献显著。

二、行业——结构性扩容、景气度依旧

行业发生结构性变化,利好次高端龙头品牌。伴随着商务和大众宴请等白酒应用场景的消费升级,300元以下价位的中低端酒已无法满足需求,受消费能力和2012年发布的限制"三公"消费政策限制、高端酒又价格偏高,这导致兼具品牌美誉和始终价格300元~500元的次高端龙头产品需求旺盛。再加上高端酒龙头飞天茅台2016年后批发价开启上行通道,进而带动五粮液、国窖批发价上行,打开了下方次高端白酒市场和价格空间。次高端白酒市场规模由2015年约200亿元增长至2019年末约600亿元,年化复合增速37%,是白酒细分行业中增速最快的。伴随次高端市场三次提价,在维持性价比的前提下,行业利润明显上升。

光瓶酒逆势扩容,龙头品牌优势明显。受益于消费升级及品质追求,光瓶酒细分品类正快速取代低端盒装酒市场,根据《中国光瓶酒营销白皮书2017》《2020光瓶酒营销指数报告》,光瓶酒市场规模由2016年的650亿元增长至2018年的960亿元,年复合增速约为22%,在低端白酒市场渗透率提升至超过50%,对应白酒市场份额约17%,仍有较大提升空间。此外,疫情催生自饮场景,亦有助于加速光瓶酒市场扩容。光瓶酒全国化特点明显,正逐渐由渠道营销驱动向消费者驱动转型,弱化包装,聚焦品牌、品质,名酒光瓶酒(以玻璃汾酒为代表)及全国化光瓶酒(以牛栏山为代表)竞争优势持续突出,将持续抢占低端盒装酒、地方光瓶酒市场份额。

三、公司本身

1.体制机制的大幅改革促成三年"军令状"超额达标。2017年,山西省启动国企改革,山西汾酒集团成为重要突破点。同年2月23日,公司高层与山西省国资委签订"军令状",制定了2017—2019年三年的酒类营收增速目标、利润增长目标和汾酒集团整体上市的目标。为达到目标,企业进行了选人用人和激励机制改革,提高薪酬的自主决定程度并对中高层和核心技术人员进行股权激励。公司引入战略投资者华润,加大协同效应并进一步改善公司治理。此外还进行了一系列收购,降低关联交易规模,提升治理透明度。通过一系列改革,2019年,公司营收达118.8亿元,成功突破百亿。三年营收、净利润年复合增速分别达39.19%、47.35%,超额完成任务目标。

2.主力产品青花汾酒、玻璃汾酒分别卡位次高端和光瓶酒两大快速扩容的优质赛道。青花产品实现连续放量增长,2019年至2020年上半年增速超过30%,并推出了青花汾酒30·复兴版,弥补千元高端酒空白。玻璃汾酒全国化潜力足,凭借优异的产品力,享受高线光瓶酒扩容红利,实现快消化运作,2019年增速约50%。由于玻璃汾酒出自大品牌,性价比高,流通性好,提价市场接受度较好,具备持续提价能力,公司分别于2019年3月、5月小幅上调42度、53度玻璃汾酒终端供货价及终端价,后续高低度玻璃汾酒和乳玻璃汾酒将继续"健康提量,稳步升价",利润率随之稳步上升。

3.业绩超预期,基本打开全国市场。2020年上半年公司增长位居行业第一阵营,业

绩表现良好。2020年第二季度营收27.60亿元,同比增长18.44%;归母净利润3.80亿元,同比增长16.11%;公司销售商品收到的现金36.12亿元,同比增长131%。受品牌势能提升以及区域下沉精耕的共同作用,环山西市场规模与成长并举,华东等远端市场消费氛围日盛,超常规增长,长三角、珠三角市场在疫情之年扩张势头良好。2020年上半年省内收入31.32亿元,同比下滑0.5%,省外收入37.04亿元,同比增长17%,单二季度省内增速回正(+7%),省外加速增长,增速接近30%。公司二季度末经销商增加191家至2 679家,主要为省外经销商增加及竹叶青经销商增加。省外规模市场不断增加,优质经销商资源不断聚集,全国化扩张势头保持强劲。

以上分析说明山西汾酒的基本面表现良好,有较大的投资价值。

思考与练习题

1. 为什么通货膨胀有时带来股价的上涨,有时又带来股价的下跌呢?
2. 怎样理解货币政策对股票价格的影响。
3. 一般说来,应对处于哪个生命周期阶段的股票进行投资?为什么?
4. 如何进行上市公司素质分析?
5. 应用哪些指标对上市公司的资产负债表进行分析?

证券投资技术分析

【学习要点】

技术分析是与基本面分析并列的两大证券投资分析方法之一。与基本面分析相比,技术分析方法的种类更多,分析角度更为广泛,分析难度也更大。利用技术分析方法,可以帮助投资者找出价格变动的规律性,特别是对于短期投资,利用技术分析见效快,获得收益的周期短。

本章将对技术图形分析的理论和方法进行介绍,重点掌握 K 线理论、切线理论、形态理论、波浪理论这四个最基本的技术分析方法,并了解几种方法结合使用的基本法则。熟悉了解技术分析的其他创新理论和方法。

Key points: The technical analysis is one of two big negotiable securities investment analysis methods. Comparing with the basic analysis, the technology analysis method is more, the analysis angle is more widespread, the analysis difficulty is also bigger. Using the technology analysis method, may help the investor to discover the regularity of the price changes, especially regarding the short term investment, it is more effective.

This chapter will carry on the introduction to the technical graph analysis theory and the method, will grasp the K lineation to discuss, the tangent theory, the shape theory, the adulatory theory these four most basic technology analysis method with emphasis, and will understand the basic principle of how to use several method in one case. Being familiar with other technology analysis methods.

第一节 技术分析概述

一、证券投资技术分析的概念

技术分析法是根据股票市场的行为或过去循环的轨迹来分析股票价格变动趋势的

方法。其特点是通过对市场过去和现在的行为,应用数学和逻辑上的方法,归纳总结一些典型的行为,据以预测股票市场未来的变化趋势。市场行为包括价格与成交量的高低及其变化以及完成这些变化所经历的时间。

技术分析是与基本分析并列的两大证券投资分析方法之一。显然,技术分析方法的分析思路完全不同于基本面分析方法,其不同点体现在以下几个方面。

一是基本面分析法注重分析影响股票价格的基本因素;技术分析注重分析股票价格本身的变化规律。

二是基本面分析法立足于未来,利用对经济发展的预测分析股价的变动走势;技术分析法着眼于过去,用历史数据和变化规律来预测股价的走势。

三是基本面分析法主要解决投资对象问题;技术分析法主要解决投资时机问题。

四是基本面分析法着重分析股市的长期变动趋势;技术分析法主要分析股市的短期波动。

五是与基本面分析相比,技术分析方法的种类更多,分析角度更为广泛,分析难度也更大。但是,通过上百年证券投资实践总结出来的各种技术分析方法,对于投资者来说具有很强的实践意义。技术分析法的基本功能是利用市场交易行情的记录,把各种股票每天、每周、每月、甚至更长时间的开盘价、收盘价、最高价、最低价、成交量等进行统计分析,使股票投资者通过交易动态分析买卖双方的力量对比态势,找出股市涨、跌的信号,预测股票市场大市及个股的趋势,为投资者的投资决策服务。利用技术分析方法,可以帮助投资者找出价格变动的规律性,特别是对于短期投资,利用技术分析见效快,获得收益的周期短。

二、技术分析的理论假设

技术分析的理论基础主要是建立在三项合理的假设基础之上的:市场行为涵盖一切信息;价格会沿着一定的趋势移动;历史会在相似的背景下重演。

(一)市场行为涵盖一切信息

这一假设是进行技术分析的基础。它的主要思想是:影响股票价格的每一个内在和外在因素都反映在市场行为中,股票分析人员只需关心这些因素对市场行为的影响效果,而不必对影响股票价格的具体因素做过多的关心。换句话说,影响股票价格变动的各种因素已经通过市场买卖过程体现出来(尽管这种体现采用了隐含的方式),因此,对市场现状及运行趋势的判断与分析,只需要关注客观的市场行为状态与指标,而无须考虑其形成的具体原因与机制。这里的市场行为指标主要是指特定时间、空间范围的价格、成交量、买卖倾向与特征等。显然,正是基于这一假设前提,技术分析这种非定性的、不说明理由的分析方法才能存在和发展。如果不承认这一前提条件,技术分析所做的任何结论都是无效的。

技术分析是根据市场行为来预测未来,如果市场行为只考虑影响股票价格的部分因素而未包含所有影响股票价格的因素,那么得到的结论就没有说服力。因为任何一个因素对股票市场的影响最终都必然体现在股票价格的变动上。如果某一消息已公布,股票价格同以前一样没有大的变动,则说明这个消息不是影响股票市场的因素。如果某一天股价大幅向上跳空,成交量急剧增加,则说明肯定有利多消息,至于是什么消息,我们没有必要知道,因为它已经体现在市场行为中了;反之,如果股价向下跳空,成交量大增,则说明出现了利空消息,上述现象就是这个消息在股票市场行为中的反映。再比如,某一天,别的股票大多持平或下跌,只有少数几只股票上涨,这时,我们自然要打听这几只股票出了什么利好消息。这说明,我们已经意识到外部消息已在价格变动和反常的趋势中得到了表现。外在的、内在的、基础的、政策的、心理的因素,以及其他影响股票价格的所有因素,都已经在市场行为中得到了反映。技术分析者只需关心这些因素对市场行为的影响效果,而不必关心导致这些因素变化的具体原因究竟是什么。

(二)价格会沿一定的趋势移动

这一假设是进行技术分析最根本、最核心的因素。其基本思想是:股价按一定规律变动,具有保持原来方向的惯性。正是由于这一前提条件,才使技术分析者花费大量心血寻求股价变动的规律和趋势。

"顺势而为"是股票市场中的一条名言。一般而言,若一段时间内股票价格一直上扬或下跌,今后一段时间,如果不出现内外因素的变动,股票价格也会按这一方向运动,而没有理由改变这一既定的方向。如果没有掉头的内部和外部因素,没有必要逆势而为。这是这一假设存在的第一个理由。

对于某一股票投资者而言,他之所以要卖掉手中的股票,是因为他认为当时的价格已经到顶,马上要往下跌,即使会上涨,涨的幅度也非常有限。若没有外在影响,他的这种悲观观点一般不会立即改变。若持这种观点的投资者人数很多,众多悲观者就会影响股价的趋势,使其继续下跌。这是这一假设存在的第二个理由。

这一假设是技术分析法的立根之本。如果股票价格没有任何规律可循,技术分析也就没有存在的必要。只有股价变动遵循一定规律,我们才能用技术分析这个工具找到这些规律,对今后的股票投资进行有效的指导。

(三)历史会在相似的背景下重演

这一假设是技术分析法的基本思想。其具体的含义是:股票价格的变动会在相似的市场状态下显示出相似的发展趋势与特征。换言之,一种股票在与过去相似的价格点位上出现了相似的成交量,或出现了类同的运行轨迹时,该股票价格进一步的走势通常也会对过去进行某种程度的重复。

同时,这一假设也是从人们的心理因素方面考虑的。股票市场中进行具体操作的是人,它必然受到人类心理学中某些理论的制约。一个人在某一场合,得到某种结果,那么,下一次碰到相同的或相似的场合,他就认为会得到相同的结果。股市也一样,在某种情况下,某个投资者按一种方法进行操作取得成功,那么以后遇到相同或相似的情况,他就会按同一方法进行操作;反之,则不会按前一次的方法操作。

股票市场的某个投资行为给投资者留在头脑中的印象会永远影响着他的操作。在进行技术分析时,一旦遇到与过去某一时期相同或相似的情况,他就会与过去的结果进行比较。过去的结果是已知的,它应该是预测未来的参考。任何有用的东西都是经验的结晶,是经过许多场合检验而总结出来的,股市的操作也不例外。股票市场是双方买卖的市场,价格的变动每时每刻都受供求关系的制约。股价上涨了,肯定是需求大于供给;反之,股价下跌了,肯定是供给大于需求。股价不断地变化以求达到供求平衡,或者说股价的变动总是朝着这个方向努力。但平衡是暂时的,一遇外部力量,这种平衡就会被打破,价格继续变动,以求达到新的平衡。应该指出的是,这种外部力量是无时不在的,只是大小不同而已。但人们往往只记住了大的影响,而忽视了小的影响。

进行技术分析实际上就是研究人们的心理和行为模式。借助于这些模式,就可以了解过去和现在的股市态势,预测未来的股价走势,为股票投资提供指导。

在这三大假设条件下,技术分析有了自己的理论基础:第一条肯定了研究市场行为就意味着全面考虑了影响股票价格的所有因素;第二条和第三条使我们所找到的规律能够应用于股票市场的实际操作之中。

当然,对这三大假设条件本身的合理性一直存在争论,不同人有不同的看法。例如,第一个前提条件说市场行为包含了一切信息,但市场行为反映的信息只体现在股票价格的变动之中,同原始的信息毕竟有差异,信息损失是必然的。正因为如此,在进行技术分析的同时,还应该适当进行一些基本面分析和别的方面的分析,以弥补其不足。再如,第三个前提条件——假设历史会重演,但股票市场的行为是千变万化的,不可能有完全相同的情况重复出现,差异总是或多或少地存在着。在使用"历史会重复"的时候,这些差异的大小一定会对做出的决策产生影响。

三、技术分析的要素

价格、成交量、时间和空间是进行技术分析时所必须依凭的基本因素或对象,是技术分析的要素。在价、量、时、空等历史资料基础上进行统计、数学计算、图表绘制,是技术分析方法的主要手段。

(一)价格和成交量

成交价和成交量是市场行为最基本的表现。过去和现在的成交价、成交量涵盖了过去和现在的市场行为。技术分析就是利用过去和现在的成交价、成交量资料,以图形分析、指标分析等分析工具来分析、预测未来的市场走势。

买卖双方的市场行为反映在价、量上往往呈现出这样一种规律:价升量增、价跌量减。在某一时点的价和量反映的是买卖双方在这一时点上共同的市场行为,是双方的暂时均势点。随着时间的变化,均势点会不断发生变化,这就是价和量关系的变化。一般来说,买卖双方对价格的认同程度可以通过成交量的大小来得到确认。根据以上的规律,当价格上升时,如果成交量不再增加,那就意味着价格得不到买方的认可,价格的上升趋势就会改变;反之,当价格下跌时,成交量萎缩到一定程度就不再萎缩时,那就意味着卖方不再认同价格继续往下降了,价格的下跌趋势就会改变。

价格和成交量的这种关系是技术分析的合理性所在,因此,价格和成交量是技术分析的基本要素,一切技术分析方法都是以价、量关系为研究对象的。

(二)时间和空间

时间和空间在技术分析中同样具有不可或缺的作用,因此,它们也是技术分析的基本要素。时间是指股票在一定价格区间或一定趋势中停留、运行时期的长短,或者说一定的价格发生在什么样的时间范围与阶段。空间是指股票价格波动的范围,或股票所处的价位区间。

价格和成交量的组合关系,虽然能够一般性地展示股票行情变动的趋势,但是如果脱离了时间和空间的支持,仍然可能是不可靠的。例如,就时间而言,一种趋势一旦形成,就总会维持一段时间,而通常不会马上转变;但同时股票价格包括成交量也不可能始终维持一种运行方向,总是进行着循环涨跌,即一种趋势维持的时间越长,转向的可能也就越大。就空间而言,对于股票进一步的走势同样具有重要的分析意义。一个简单的逻辑是:股票价格越是处于低位,其投资风险也就越小;反之,如果股票价格越是处于高位,其投资风险也就越大。技术分析如果不考察一定的价格所处的特定位置,得出的结论就可能是偏颇的。另外,当股票价格上升或下降的幅度已经较大,即一种趋势持续运动的空间范围已经较大,其维持原趋势的能力也就相应下降。

结合时间和空间因素的技术分析以及成交价和成交量的变动关系,进行全面的综合分析,将能有效地分析、预测未来股票价格趋势,为投资决策提供服务。

第二节　技术图形分析理论与方法

技术图形分析是必不可少的分析工具之一,它为技术分析者提供了对于市场行为最直观的描述。但是,图形本身并没有什么特别的效能,它仅仅是市场历史行为的图形记录。华尔街有句名言:"图形本身并没有错,错的是使用图形的人。"这告诉我们,真正重要的不是图形,而是对图形的理解。图形分析理论与方法为投资者提供了可识别趋势变化的、具有可操作性的工具。本节将重点介绍几个现在被广泛采用的技术图形分析理论与方法,即 K 线理论、切线理论、形态理论及波浪理论。

一、K 线理论

(一) K 线理论简史

K 线图源于 200 年前的日本德川幕府时代的米市,被当时的米商用来记录米市的行情与价格波动。K 线图原名 Sakata,后因其细腻独到的标画方式而被引入到股市及期货市场中。目前,这种图表分析法在我国以至整个东南亚地区尤为流行。由于用这种方法绘制出来的图表形状颇似一根根蜡烛,加上这些"蜡烛"有黑白之分,因而也叫阴阳线图表。通过 K 线图,我们能够把某日或某一周期的市况表现完全记录下来。

K 线理论是以研究 K 线的形状和组合为基础的。一条 K 线记录的是某只股票一天的价格变动情况。将每天的 K 线按时间顺序排列在一起,就组成这只股票自上市以来的每天的价格变动情况,这就叫日 K 线图。根据所选择的时间不同,我们还可以绘制出周 K 线、月 K 线、年 K 线等,以反映不同时间的价格变动情况。

(二) K 线的含义及绘制

K 线是一条柱状的线条,由影线和实体组成。影线在实体上方的部分叫上影线,下方的部分叫下影线。实体分阳线和阴线两种。

以日 K 线为例,绘制 K 线时,首先我们要找到某日(周期)的最高、最低价,垂直地连成一条直线;然后再找出当日(周期)的开盘、收盘价,把这两个价位连接成一条狭长的长方柱体。假如当日(周期)的收盘价高于开盘价(即低开高收),我们便以红色(空心白)来表示,这种柱体称为"阳线"。如果当日(周期)的收市价低于开市价(即高开低收),我们则以绿色(实心黑)表示,这种柱体称为"阴线"。如图 10-1 所示。

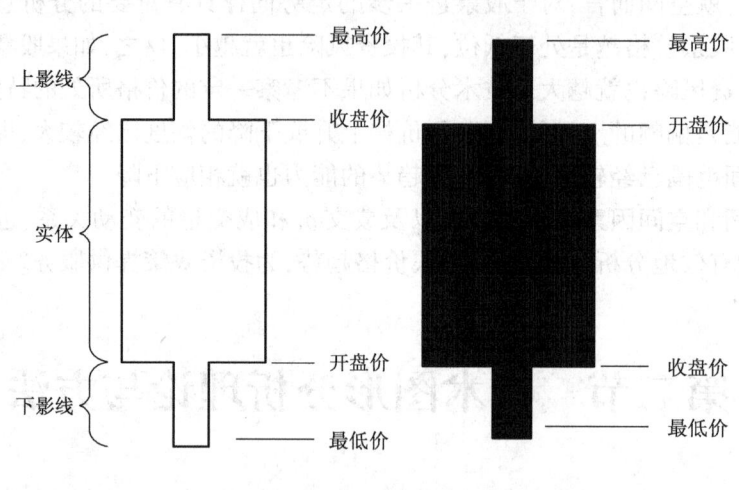

图 10-1

以下将给出一条 K 线所涉及的概念(以日 K 线为例)。

1.开盘价。开盘价是指每个交易日的第一笔成交价。目前我国通过集合竞价的方式产生开盘价。

2.收盘价。收盘价是指每个交易日的最后一分钟的加权成交平均价。它是多空双方经过一天的争斗最终达成的共识,具有指明目前价格的非常重要的功能,是最重要的价格。许多技术分析方法只关心收盘价,而不理会其余三个价格。

3.最高价。最高价是指每个交易日出现的最高成交价。它反映当日股票曾经到达的最高价位。

4.最低价。最低价是指每个交易日出现的最低成交价。它表明当日股票曾经到达的最低价位。最高价与最低价如果相差较大,说明当日股票市场交易活跃,买卖双方争执激烈。

5.阳线。在当日股票价格的变动中,如果收盘价高于开盘价,则当日的 K 线为阳线。表明当日多头即买方占优势。阳线一般用空心线或红线画出。

6.阴线。在当日股票价格波动中,如果收盘价低于开盘价,则当日的 K 线为阴线。表明当日空方即卖方力量占优势。阴线一般用实心线或黑线画出。

7.实体。在 K 线图中,收盘价与开盘价之间的矩形部分称为实体。它是当日成交密集区,即大部分成交量都在这个区域之内。根据开盘价与收盘价的差异不同,K 线的实体有长有短,K 线实体越长,说明上升(阳线)或下跌(阴线)的力度越强,趋势持续的可能性越大;反之,则相反。

8.影线。影线是指实体以外向两边延伸的直线,向上延伸称为上影线,其顶点是最高价;向下延伸称为下影线,其底点是最低价。根据当日最高价和最低价的不同,影线有长有短。上影线越长,表明股价上行有压力;反之,下影线越长,表示股价下跌的空间越小。

(三) K 线的特殊形状

图 10-2 中的形状为基本的 K 线图谱,下面我们将结合具体的分时走势图,对这几种 K 线进行分析。

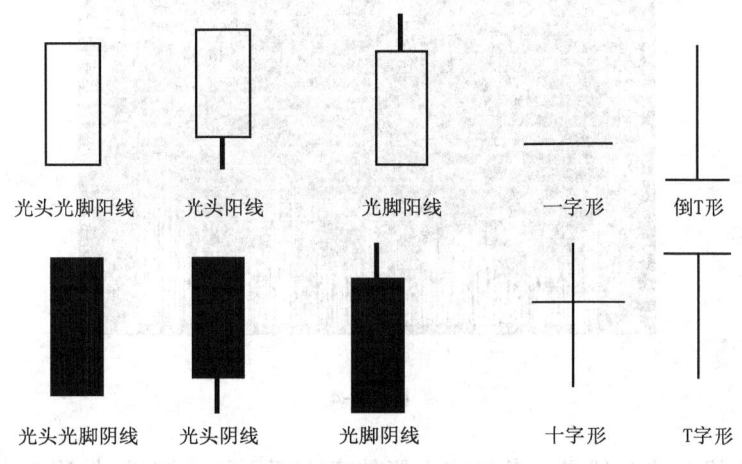

图 10-2

1.光头光脚阳线。该 K 线是一根没有上下影线的阳线,俗称光头光脚阳线。如果矩形很长,则称为大阳线。该 K 线表明多方已经牢固控制盘面,逐浪上攻,步步逼空,涨势强烈。如图 10-3 所示。

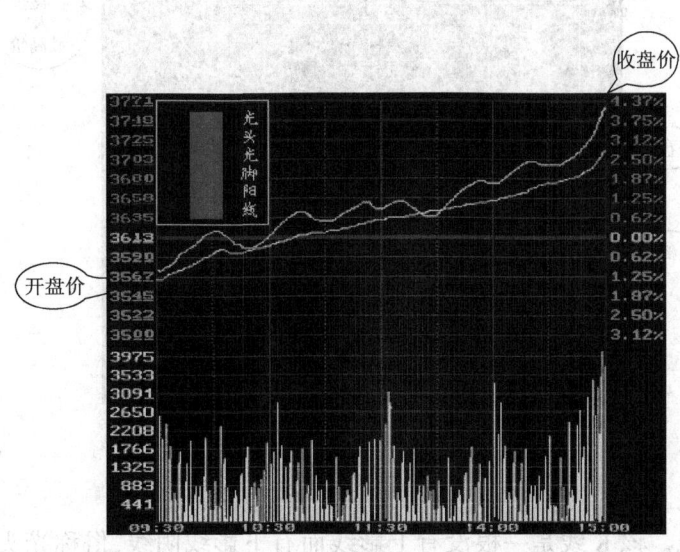

图 10-3

2.光头光脚阴线。该 K 线是一根没有上下影线的阴线,俗称光头光脚阴线。如果矩形很长,则称为大阴线。该 K 线表明空方已占尽优势,多方无力抵抗,股价被逐步打低,后市看淡,股价走出逐波下跌的行情。见图 10-4。

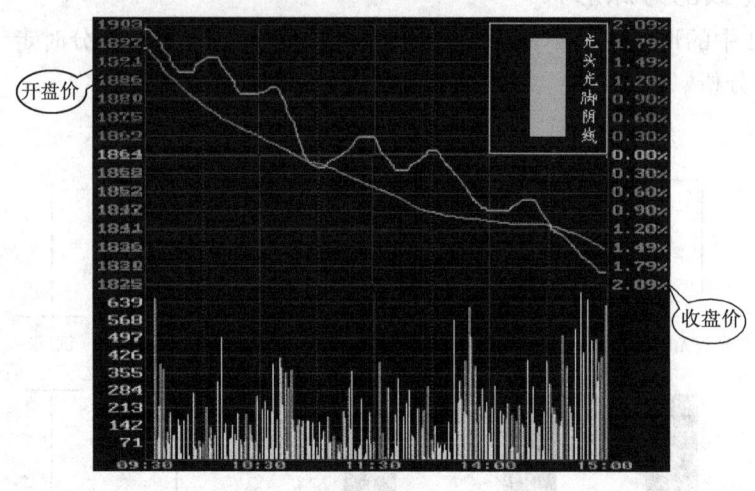

图 10-4

3.光头阳线。该 K 线是一条没有上影线而有下影线的阳线,俗称光头阳线。光头阳线若出现在低价位区域,在分时走势图上表现为股价探底后逐浪走高且成交量同时放大,预示着一轮上升行情的开始。如果出现在上升行情途中,则表明后市继续看好。见图 10-5。

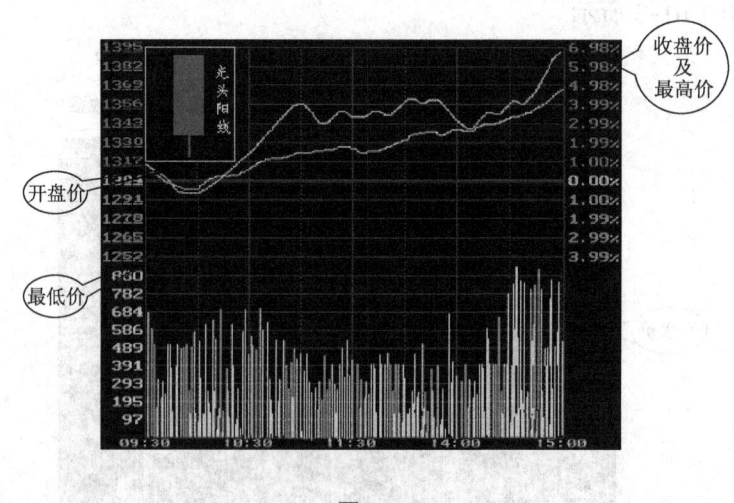

图 10-5

4.光头阴线。该 K 线是一根没有上影线而有下影线阴线,俗称光头阴线。如果这种线型出现于低价位区,说明抄底盘的介入使股价有反弹迹象,但力度不大,同时也说明进一步下跌的空间已经不大。见图 10-6。

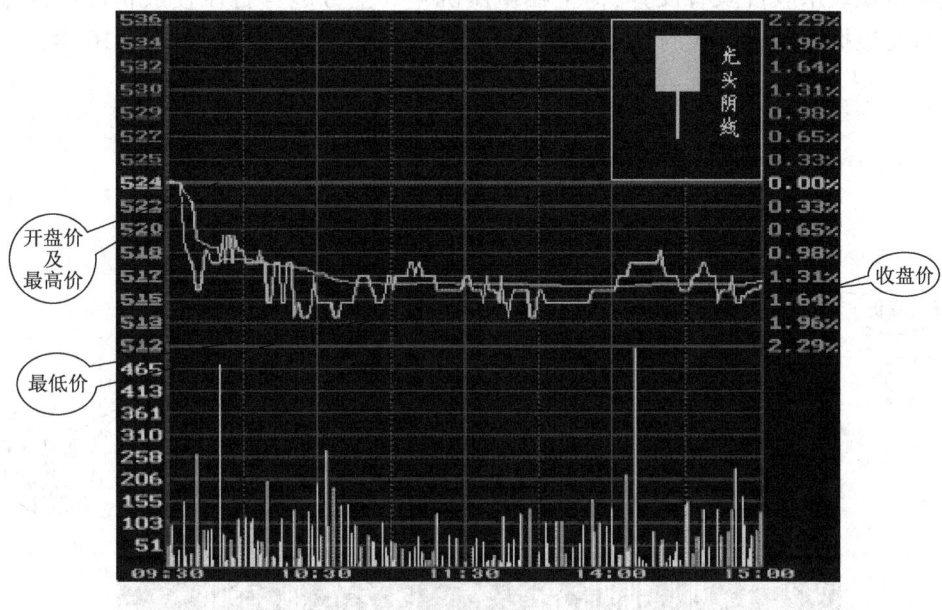

图 10-6

5.光脚阳线。该 K 线是一根没有下影线而有上影线的阳线,俗称光脚阳线。该 K 线表示上升势头很强,但在高价位处多空双方有分歧,购买时应谨慎,应根据其矩形、影线的长短,并结合此前的 K 线形态与位置进行综合分析,才能对下一个交易日的走势做出正确判断。见图 10-7。

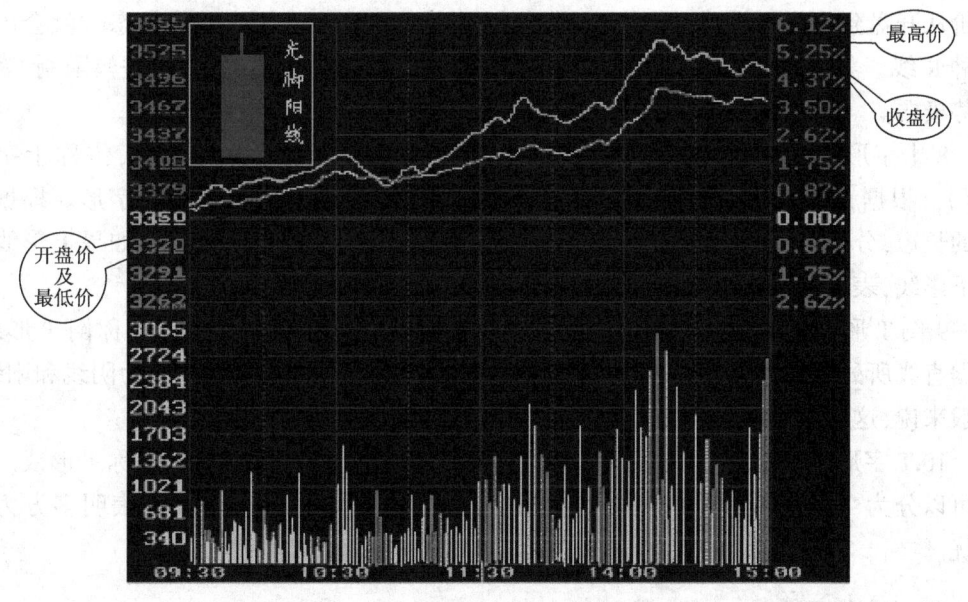

图 10-7

6.光脚阴线。该 K 线是一根没有下影线而有上影线的阴线,俗称光脚阴线。光脚阴线的出现表示股价虽有反弹，但上档抛压沉重。空方趁势打压使股价以阴线报收。此时需要根据矩形和影线的长短进行综合分析才能做出正确判断。见图 10-8。

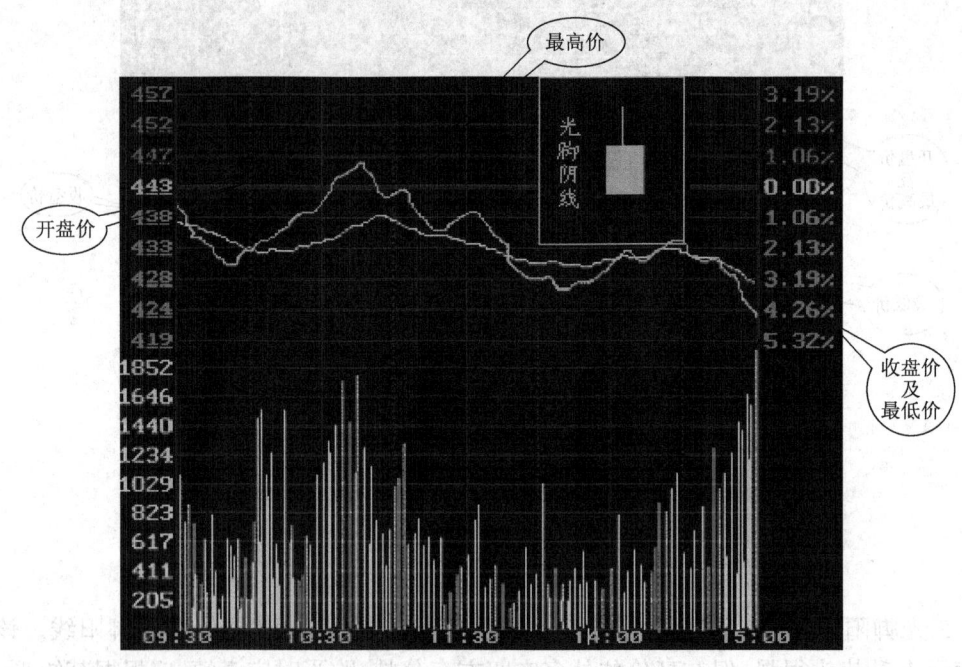

图 10-8

7.一字形。该 K 线是一根没有实体也没有影线的 K 线，俗称一字形。它表明当日股价从开盘到收盘均为同一价格，通常在股票全天均处于涨停或跌停状态时就会出现这种 K 线。如该 K 线的价位达到涨幅限制，表明股价走势极强；如达到跌幅限制，表明走势极弱。

8.十字形(星)。该 K 线是一根没有实体而只有上下影线的 K 线，俗称十字形(星)。根据直线的价位是否高于上一个交易日的收盘价，分为阴、阳十字形。根据影线的长短，分为大、小十字形。十字形代表了多空双方力量的暂时平衡，如果上影线长于下影线，表明空方力量略强；反之，空方力量略强。

9.倒 T 形。该 K 线是一根没有实体和下影线而有上影线的 K 线，俗称倒 T 形线。根据直线所处的价位是否高于上一个交易日的收盘价，可以将 T 形线分为阴线和阳线。一般来说，这种 K 线表明空方力量占优。

10.T 字形。该 K 线是一根没有实体和上影线而有下影线的 K 线，俗称 T 形线。它也可以分为 T 形阴线和阳线两种，判断的方法同倒 T 形线。这种 K 线表明多方力量占优。

二、切线理论

切线理论是一种趋势分析的方法，所谓的趋势就是指股票价格运动的基本方向。市场价格按照趋势规律运动，而在其运动过程中又包含着大小不同的趋势，这种复杂的结构使得对于趋势的判定非常困难。而切线,更确切地说是技术线给投资者提供了一种判定趋势变化的方法,它通过在价格走势图中画出各种各样的直线,估计当前价格变动将要达到的目标价位,进而结合价格走势和技术线之间的相互位置来判断趋势的反转或整理。

趋势的方向有三个:上升方向;下降方向;水平方向,即无趋势方向。见图10-9。

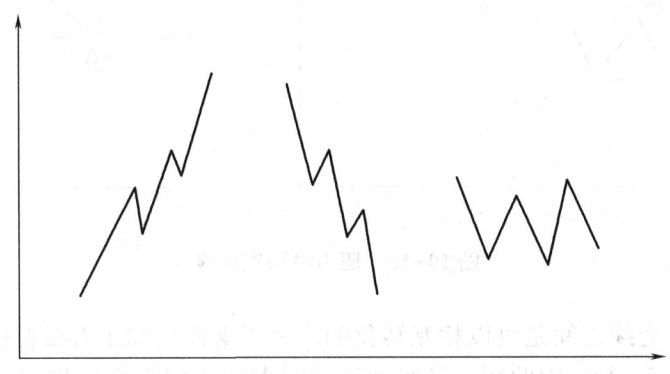

图10-9 趋势的三种方向

技术线分析法就是利用技术线找出这三种趋势,并把握这三种趋势转变的时机。而对于时机的把握在于寻找突破。所谓的突破就是指价格击穿一条技术线。在切线理论中,突破是非常重要的因素,它意味着当前的价格趋势已经结束,新的一轮趋势得到确认。以下将具体介绍几种重要的技术线及其突破。

(一)支撑线和压力线

支撑线(Support Line)又称为抵抗线。当股价跌到某个价位附近时,股价停止下跌,甚至有可能还有回升。这个起着阻止股价继续下跌或暂时阻止股价继续下跌的价格就是支撑线所在的位置。

压力线(Resistance Line)又称为阻力线。当股价上涨到某价位附近时,股价会停止上涨,甚至回落。这个起着阻止或暂时阻止股价继续上升的价位就是压力线所在的位置。见图10-10。

支撑线和压力线的作用是阻止或暂时阻止股价向一个方向继续运动。同时,支撑线和压力线又有彻底阻止股价按原方向变动的可能。价格是由多空双方力量的对比所决定的,而支撑线和压力线在本质上也都反映了多空双方的相对力量变化:支撑线是由于在市场价格下降的过程中,市场上的多方力量逐渐集中,并且当价格下降到某一位置时,多空双方力量达到均衡,此时价格将停止下跌,而且由于多方力量的继续增大,使得价格开始上涨。因此,支撑线起到了支撑价格上涨趋势的作用,因为它阻止了价格下跌到低于它所处的价位。压力线则正好相反,是由于在市场价格上升的过程中,市场中的空方力量逐渐增强,并且在某一时刻市场实现多空双方的均衡,此时价格停止上涨,并转为下跌。因此,压力线所发挥的作用是阻止价格向上运动。

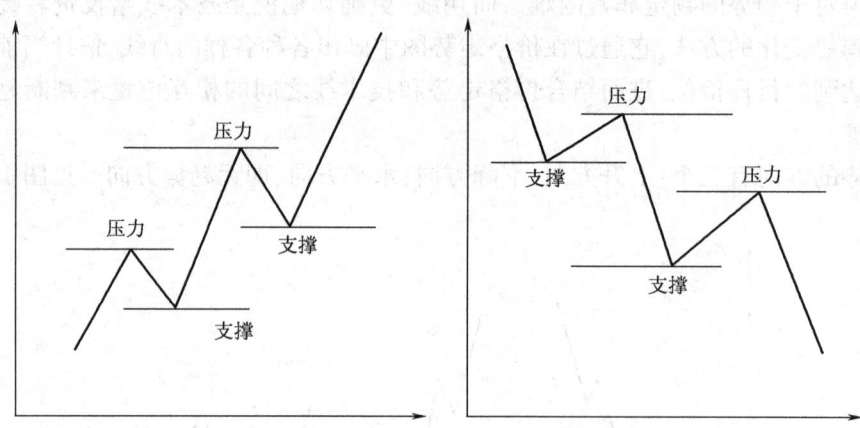

图 10-10 压力线和支撑线

支撑线和压力线之间是可以相互转化的。由于支撑线和压力线在价格上升和下降趋势中的作用是不同的,因此同一条线在不同时期和不同市场行情中可能会充当不同的角色。通常的情况是,它们一旦被突破,则立即转换角色。这就像一方的军队攻陷了对方的第一道防线后,必然从此为据点,展开新的一轮攻击。如图 10-11,给出了一个支撑线和压力线的例子。图 10-11 中 A 线首先作为一条支撑线出现在下跌趋势中,然而一旦它被突破,则立即转变为压力线,阻碍着价格的回调,同时新的支撑线形成于 B。在价格稍稍进行了调整之后,多方积蓄能量使得价格反弹,并一鼓作气地突破压力线 A。一旦突破完成,则 A 立即转变为支撑线,而在 A 的上方则形成新的压力线 C。如此反复循环。

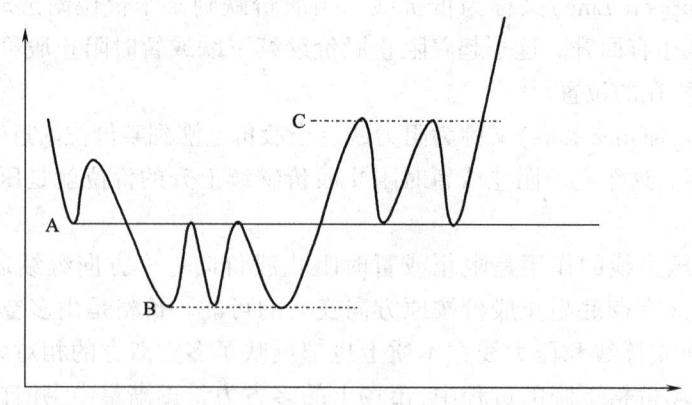

图 10-11 支撑线和压力线

(二) 趋势线和轨道线

1. 趋势线。趋势线衡量价格波动的方向,由趋势线的方向可以明确地看出股价的趋势。趋势线的绘制方法非常简单,在上升趋势中将价格走势的底部连接成一条直线就可以得到上升趋势线,而在下降趋势中将价格走势的顶部连接成一条直线则可以得到下降趋势线。趋势线虽然是技术分析中一种结构非常简单的方法,但是却对趋势的研判具有非常重要的意义。

现实市场中,价格的形态总是非常复杂的,这意味着几乎不可能存在能够用于构建完美趋势线的价格曲线。趋势线的绘制在理论上非常简单,而在现实中却面临不小的困难。一般而言,要绘制出一条正确的趋势线,必须遵循较为严格的标准,正确的趋势线必须要连接两个或两个以上的峰位或谷底。如果只通过一个高点或低点来主观地绘制趋势线的话,这样的趋势没有任何现实意义。

在图 10-12 中,在上升趋势中,将两个低点连成一条直线,就得到上升趋势线。在下降趋势中,将两个高点连成一条直线,就得到下降趋势线。有效的趋势线必须能够代表随后趋势的发展方向,因此它应当包含尽可能多的价格高位和低位。最根本的判断标准是:画出直线后,还应得到第三个点的验证才能确认这条趋势线是有效的。

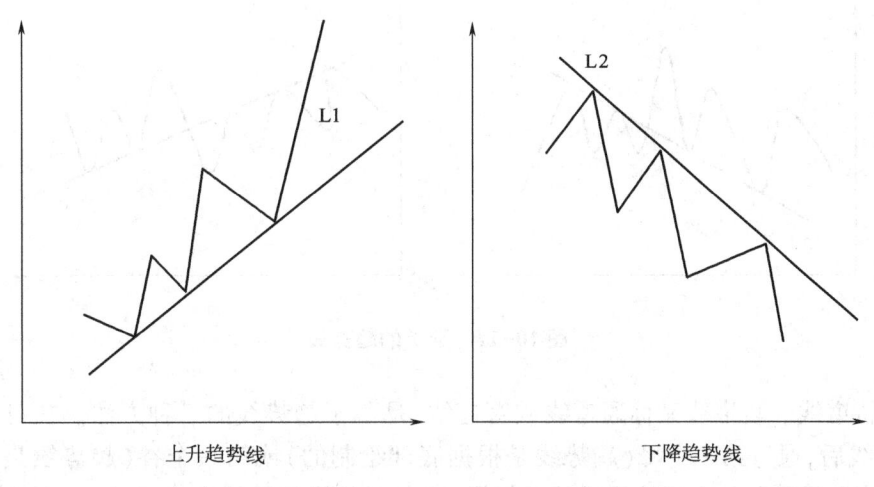

图 10-12

趋势线的作用依然体现在它被突破之时。由于趋势线体现的是当前的市场价格趋势,一旦价格突破趋势线,则标志着当前的价格趋势可能发生变化。事实上,趋势线对于价格的变化也发挥着支撑线或是压力线的作用。这使得它与后两者在许多特征上具有相似之处。如图 10-13 所示,趋势线被突破后,价格趋势可能反转,也可能仅仅是一个整理阶段。对于趋势线的有效突破,并不存在量化的评判标准,而只能够定性判断。一般而言,以较大的上升或下降角度突破趋势线,则后市整理的可能性比反转的可能性大。无论如何,仅仅根据趋势的突破,我们还不能够准确地判断后续市场的发展态势,而必须结合其他技术分析方法来进行研判。

当一条趋势线被突破之后,我们有必要将其延长,因为它所发挥的作用并没有就此结束。在趋势线的突破所导致的一轮相对较大的趋势结束之后,可能会产生刺激折返趋势,这被称为"回抽"。对于这种刺激趋势的判断需要应用延长了的趋势线。原来的趋势线被突破之后,它所起的作用将彻底转变:原来作为支撑线的,被突破后转变为压

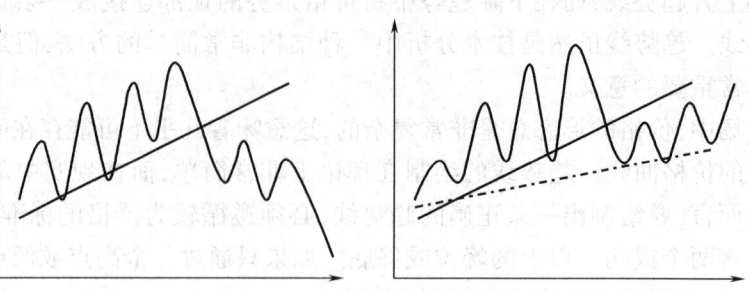

图 10-13 趋势线的突破

力线;原来作为压力线的,被突破后则转变支撑线。这种角色的转变是通过延长趋势线来实现的,如图 10-14 所示。

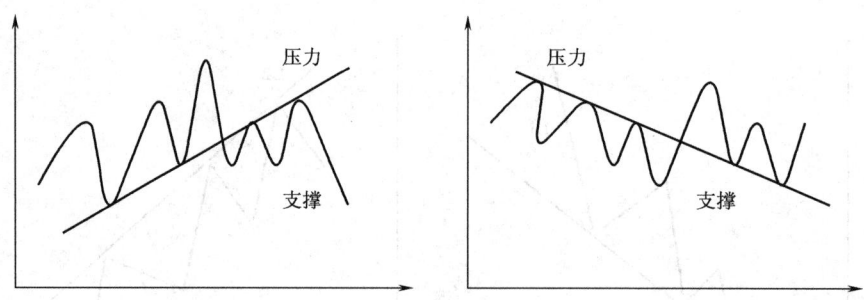

图 10-14 延长的趋势线

2.轨道线。轨道线又称通道线或管道线,是基于趋势线的一种方法。在已经得到了趋势线后,通过第一个峰(趋势线是根据底部绘制的)或第一个谷(趋势线是根据顶部绘制的)可以做出这条趋势线的平行线,这条平行线就是轨道线,如图 10-15 中虚线 L1,L2 所示。两条平行线组成一个轨道,这就是常说的上升或下降的趋势轨道。轨道的作用是限制股价的变动范围。对上面的或下面的直线的突破将意味着有一个大的变化。

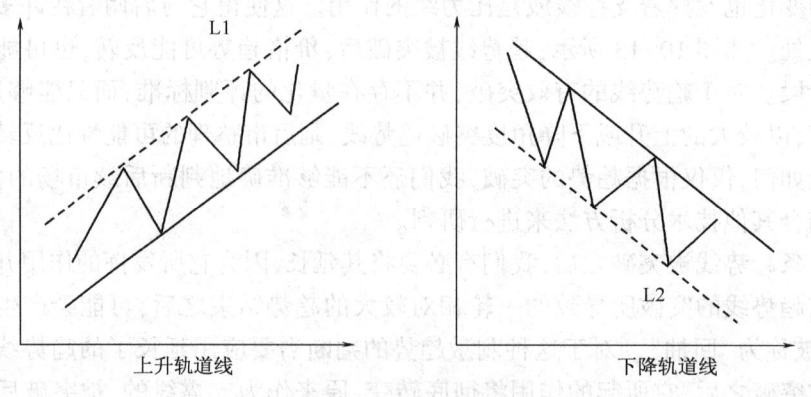

图 10-15

· 300 ·

轨道线的应用反映了趋势轨道的应用。轨道线和趋势线的作用正好相反,它在上升趋势中充当压力线,而在下降趋势中充当了支撑线,同趋势线一起构造了价格运动的通道区域。当价格突破轨道线时,代表两种可能的信号,或者是前者价格趋势加速发展,或是基本趋势即将反转。区分趋势通道突破的具体信号,可以通过观察价格突破轨道线之后第一轮回调所达到的价位来判断。如果价格暂时高于上升趋势中的轨道线或暂时低于下降趋势中的轨道线,而其后的第一轮回调又回到通道中,无法保持在通道之外,那么将发出趋势反转的信号。如果配合以成交量的增大,将更加确定趋势的反转。这种假突破也被称为竭尽突破,它反映了推动当前趋势的那一方力量的衰竭。见图 10-16、图 10-17。

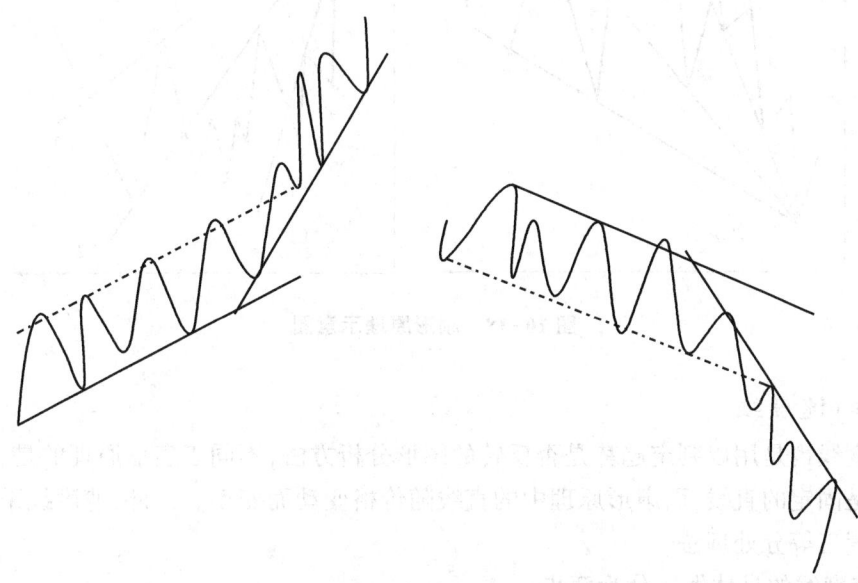

图 10-16 趋势通道的突破

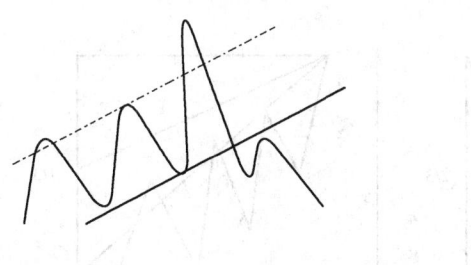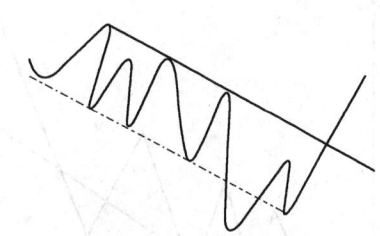

图 10-17 趋势通道的竭尽突破

(三) 扇形原理

扇形原理也是一种基于趋势线的技术图形分析方法,是采用一系列不断变化调整的趋势线来对有效突破进行确认。它丰富了趋势线的内容,明确给出了趋势反转(不是局部短暂的反弹和回落)的信号。

扇形原理是依据三次突破的原则。在上升趋势中,先以两个低点画出第一条上升趋势线,若价格随后回调突破之,则以新出现的低点与原来的第一个低点连线,画出第二条上升趋势线,若随后第二条上升趋势线也被突破,则画第三条。三条渐趋平缓的直线形似张开的折扇,故名扇形原理。

扇形原理可概括为:第三条趋势线一经突破,则趋势反转。如图10-18所示。

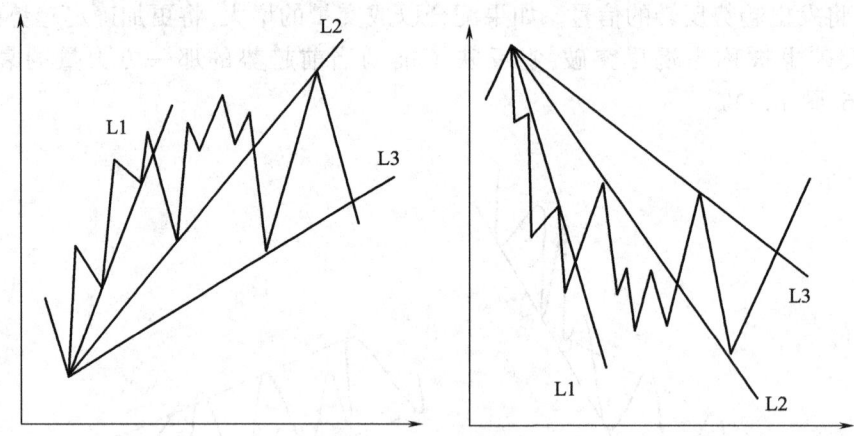

图10-18 扇形原理示意图

(四)速度线

速度线也是用以判定趋势是否反转的图形分析方法,不同于扇形原理的是,速度线给出的是固定的直线,而扇形原理中的直线随价格变动而变动。另外,速度线采用价格升降幅度三等分处理法。

1.速度线的具体做法分为两步。

(1)找到一个上升(下降)过程,将其最高、最低价的垂直距离三等分。

(2)若是上升(下降)趋势,连接最低价(最高价)与垂距的1/3和2/3分界点;所得直线即为速度线。如图10-19所示。

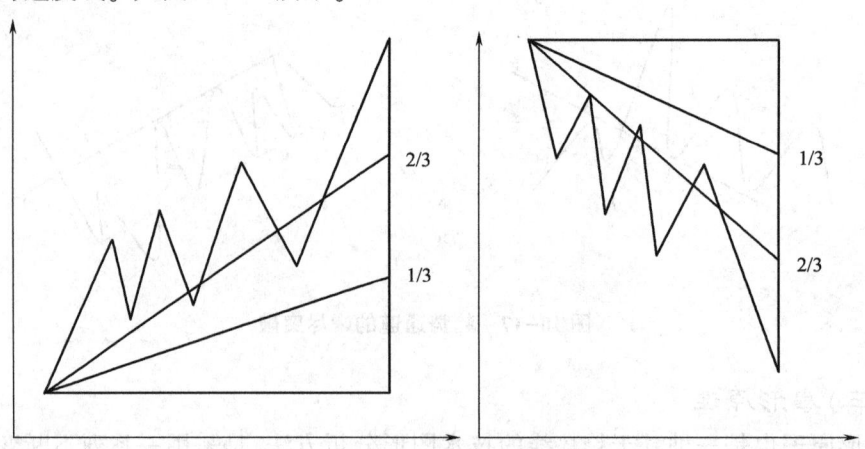

图10-19 速度线示意图

2.速度线的应用应当遵循以下法则。

(1)上升趋势之后的折返趋势首先在2/3的速度线处得到支撑。如果2/3速度线被突破,则1/3速度压力线成为新的支撑线。一旦价格向下突破1/3速度压力线,则发出当前上涨趋势即将反转的信号,并且价格很可能会创造新低,甚至跌至原上涨趋势的最低点以下。如图10-20所示。

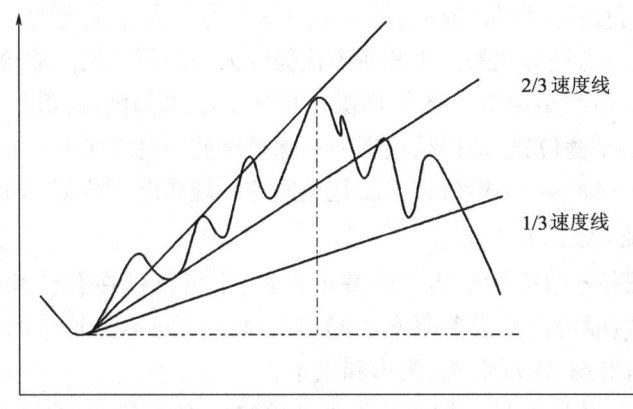

图10-20　速度线

(2)如果价格在突破2/3速度线之后,无法继续突破1/3速度压力线,则2/3速度压力线成为价格上涨的压力线。如果价格向上突破2/3速度线,则有望创出新高。

(3)如果价格向下突破1/3速度线,然后出现反弹,则1/3速度线成为反弹趋势的压力线。

上述有关速度线的绘制方法和应用法则均以上升趋势为例,对于下降趋势中的速度线,这些方法和法则同样适用。需要注意的是,速度线代表了价格增长的速度,它是一种动态的趋势线,它随着价格的新高和新低的出现而改变。一旦有了价格新高(新低),速度线会随时变动。

(五)切线理论小结

切线理论在技术分析方法体系中占有重要的地位,它通过以不同的方法构造支撑价位和压力价位,对价格趋势的变化提前发出信号。对于价格趋势变化的应用所遇到的最大的困难在于对其突破有效的判断。虚假的突破永远都会存在,而如何识别真正的突破,是技术线分析中一直面临的一个难题。

即使能够通过各种量化法则来判断技术线突破的有效性,突破所发出的趋势突破或反转的信号仍然存在误导的可能性。因为技术线毕竟只是从价格曲线这一最直观的要素出发,单纯地研究价格趋势变化的可能性。在技术分析的领域中,需要考虑的因素还有很多。因此,单纯依靠技术线分析就想准确地识别趋势是几乎不可能的,我们还要结合其他的技术图形分析方法,如价格形态分析,对趋势进行研判。

三、价格形态理论

股价的移动是由多空双方力量大小决定的。一个时期内,多方处于优势,力量增强,股价将向上移动;反之,如果空方处于优势,则股价将向下移动。多空双方的一方占据优势的情况又是多种多样的。有的只是稍微强一点,股价向上(下)走不了多远就会遇到阻力;有的优势是决定性的,这种优势完全占据主动,对方几乎没有什么力量与之抗衡,股价向上(下)移动势如破竹。因此,股价曲线的形态分成两个大的类型:持续整理形态和反转突破形态。前者保持平衡,后者打破平衡。

价格形态理论是通过研究股价所走过的轨迹,分析和挖掘出曲线的一些多空双方力量的对比结果,进行行动。股价的移动是由多空双方力量大小决定的。股价移动的规律是完全按照多空双方力量对比的大小和所占优势的大小而行动的。股价的移动应该遵循这样的规律:①股价应在多空双方取得均衡的位置上下来回波动;②原有的平衡被打破后,股价将寻找新的平衡位置,即持续整理——保持平衡→打破平衡→新的平衡→再打破平衡→再寻找新的平衡→……股价移动就是按照这一规律循环往复、不断运行的。

（一）持续整理形态

持续整理形态是不改变股价运动的基本走势,市场仅仅在股价某一水平做出必要的调整,调整完成后股价仍然沿着原来的趋势继续运动而不是趋势的反转。持续整理形态主要包括三角形态、矩形形态、旗形和楔形。

1.三角形态。三角形态是一种较为常见的价格整理形态,也被称为螺旋形态,因为价格的波动幅度和成交量都会随着这一形态的形成而逐渐减小,而当形态最终被突破时,价格和成交量则会出现剧烈的反应。三角形态根据形状的不同,可以划分为对称三角形和直角三角形。

（1）对称三角形。对称三角形由三个或三个以上的价格趋势以及其间的折返走势构成,其中各走势的峰位逐渐下降,而谷底不断抬高。如图10-21所示,如果过各个峰位做一条压力线,而过各个谷底做一条支撑线,则两条线呈现收敛状态并最终相交。

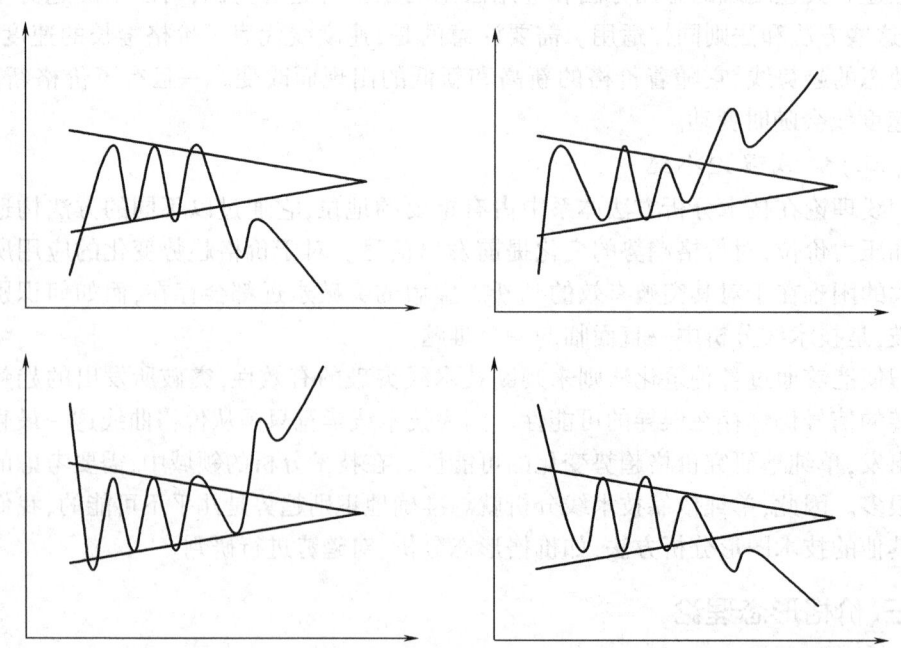

图10-21 对称三角形态

对称三角形大多发生在一个大趋势进行的途中,它表示原有的趋势暂时处于休眠阶段,之后还要随着原趋势的方向继续运行。由此可见,见到对称三角形后,股价今后走向最大的可能是沿着原有的趋势运动。

(2)直角三角形。直角三角价格形态与对称三角形的含义基本相同,不同之处在于,它有一条边为水平线,如图10-22所示。相对于对称三角形而言,直角三角形能够更明确地指示新一轮价格趋势的方向,因为价格通常从该形态的水平边实现突破。根据水平边在上面或者下面,又可把其分为上升直角与下降直角。

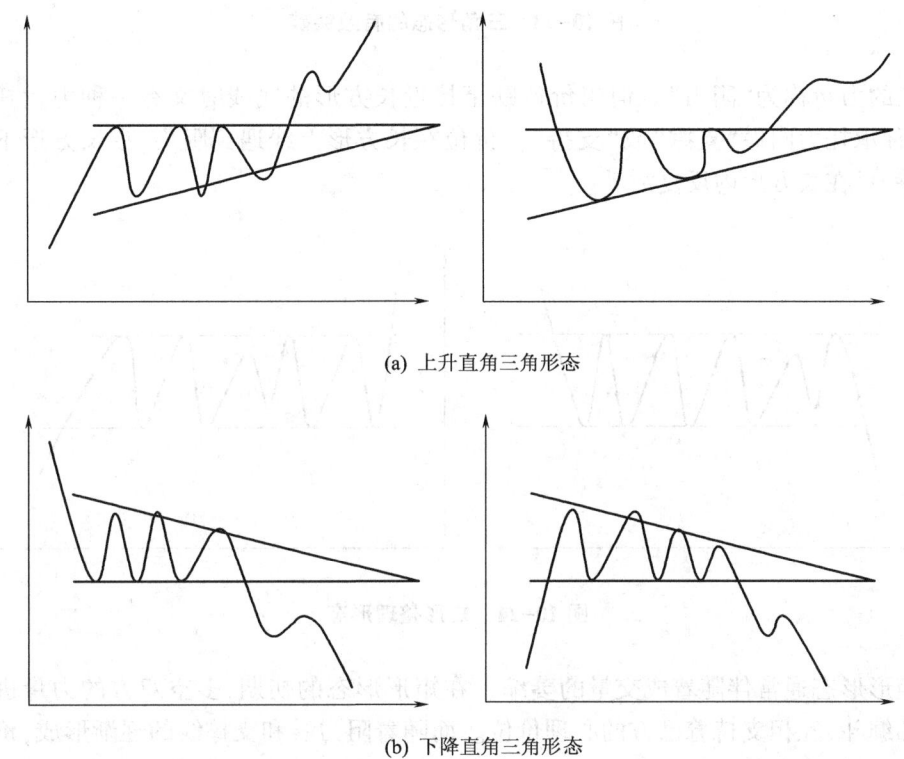

(a) 上升直角三角形态

(b) 下降直角三角形态

图 10-22

判断三角形形态有效突破的根据是:当三角形态向上突破压力线或向下突破支撑线后,被突破的压力线立即转变为支撑线,而被突破的支撑线则立即转变为压力线。突破后的目标价位可以通过作图法来取定:如果价格向上突破,则通过第一轮跌势后的峰位做另一侧趋势线的平行线;如果价格向下突破,则通过第一轮涨势后的低位做另一侧趋势线的平行线。一旦价格进一步突破该直线,则有效突破被确认。另外,由于三角形态的终端是封闭的,价格突破原三角形的位置也会影响突破的有效性。一般而言,在第一轮趋势的峰顶或谷底到三角形顶点距离 1/2 ~ 3/4 的区间内,三角形的突破最为有效。当然,结合成交量进行分析对准确判定形态的突破也是有意义的。如图 10-23 所示,以价格向下为例说明有效突破确认的原则。

2.矩形形态。矩形也称为箱形,矩形走势一般为股价在一个长方形内波动。每次接近长方形的上边,价位就好像有一种压力似的,自动回落。在技术分析中把这种将价

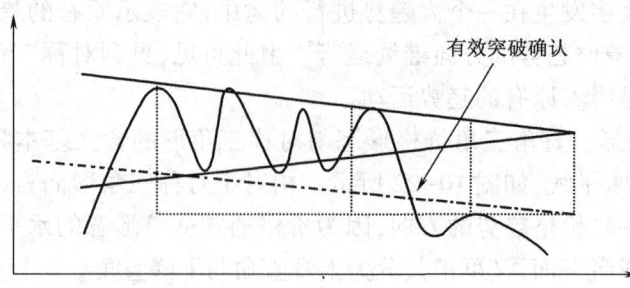

图 10-23 三角形态的有效突破

位下拉的力量称为"阻力"。但当价位跌至接近长方形的底线时又有一种力量托住价格,这种承托力叫做"支撑"或"支持"。价位在长方形上线遇到阻力,在长方形下线又有支持,只在长方形内反复活动。

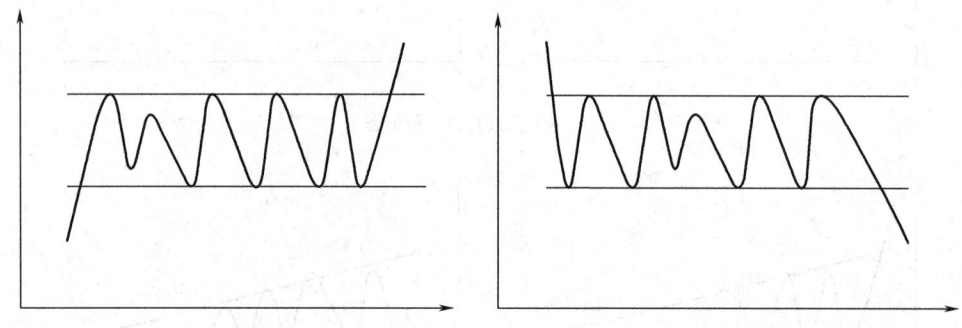

图 10-24 矩形整理形态

矩形形态通常伴随着成交量的萎缩。在矩形形态的初期,多空双方的力量进行着激烈的缠斗,互相支持着己方的心理价位。而随着阻力线和支撑线的逐渐形成,价格趋于横向运动,双方争斗的热情也逐渐减退,并最终进入观望阶段。因此,在矩形形态的最后,成交量通常会发生明显的萎缩。然而,一旦价格突破矩形形态,则双方重新投入战斗,交易迅速活跃,成交量显著增大。正是成交量的放大,才使得突破更加具有可信度,因为较小的成交量是无法推动价格沿突破方向持续运动的。

3.旗形形态。旗形形态是在股价急剧上升或下降的途中出现的一种整理形态。该图形在价格走势图中出现的频率非常高,它大多出现在市场价格的剧烈变动过程中,此时市场交易异常活跃,价格处于近乎直线的涨势或跌势中,由于股价上升或下降得过于迅速,市场必然会有所休整,旗形就是完成这一休整的主要形态之一,如图10-25所示。

旗形形态的方向通常与当前的价格趋势方向相反:如果旗形出现在上涨趋势中,会略微向下倾斜;如果旗形出现在下跌趋势中,则略微向上倾斜。然而,不论是哪一种旗形,在其形成过程中所伴随的交易量都是逐渐萎缩的。联系到价量关系的基本原则——当价量变动一致时,当前趋势将持续;当价量变动背离时,当前趋势将反转——我们可以验证旗形形态的意义。上升趋势中的旗形形态伴随着价量的一致,而下降趋势中的旗形形态伴随着价量的背离,因此旗形形态总是作为一种整理形态而不是反转

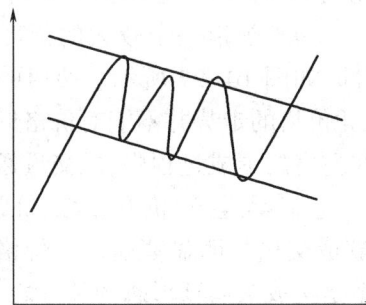 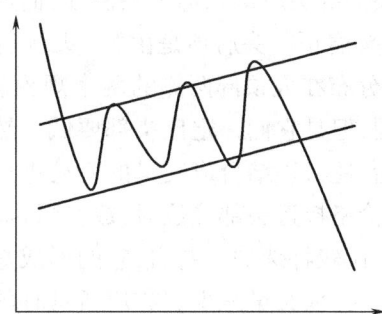

图 10-25　旗形形态

形态出现。

4.楔形形态。楔形形态结合了三角形态与旗形形态,同时体现了它们的特征。与三角形态相似处体现在它也是由顶部的压力线和底部的支撑线呈现收敛的状态,并同时伴随着成交量的萎缩;不同处体现在三角形态的两条趋势线是一上一下,方向相反的,而楔形形态的两条趋势线则具有相同的方向,这一点恰恰与旗形形态相似,只是旗形是两条平行线,楔形呈现一定的收敛状,如图10-26 所示。

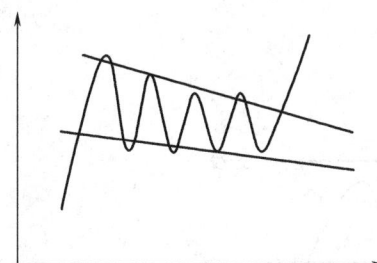 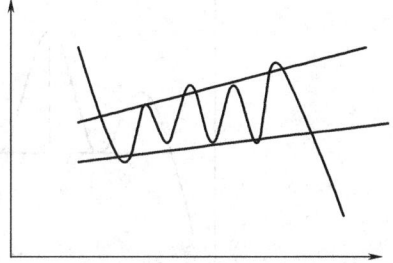

图 10-26　楔形形态

与旗形形态类似,楔形形态的方向同当前趋势的方向也是相反的:出现在上升趋势中的楔形略微向下倾斜,反映了上升趋势的短暂调整;出现在下降趋势中的楔形则略微向上倾斜,代表着下降趋势的暂时调整。

(二)反转突破形态

反转突破形态的出现表示股价运行将出现方向性转折,即由原来的上升行情转变为下跌行情,或由原来的下跌行情转变为上升行情。反转突破形态出现的前提条件是原来确实存在着股价上升或下降的趋势。而当股价运动打破了一条重要趋势线时,可以认为大趋势将发生反转。如果反转形态的规模越大,即在形态中股价波动幅度大、形态跨越区域大、形成时间长,则形态潜在的能量也越大;反之,股价变动幅度小。反转突变形态主要有以下几种类型。

1.头肩形态。头肩形态是所有价格形态中最为著名和最可靠的价格形态。头肩形态的形成通常意味着趋势即将发生反转,因此它大多出现在市场的顶部或底部。形成于市场顶部的头肩形态称为头肩顶,而形成于市场底部的头肩形态称为头肩底。

(1)头肩顶。头肩顶是由"一头两肩"构成。"一头"是指一个较大的顶部,而"两肩"是指分布在大顶部两侧的两个规模较小的顶部,如图 10-27 所示。两肩的高度不一定相同,但是它们一定比头部要低。然而,仅仅凭价格的走势并不能对价格形态做出准确判断,还必须结合成交量的变动进行分析。在左肩的形成过程中,成交量通常是最大的;在价格接近头部峰位时,成交量也相当大——它们都遵循"价升量涨、价跌量减"的原则。比较特殊的是右肩,它的形成总是伴随着成交量的明显萎缩。当价格到达右肩的峰位时,成交量减少。右肩所具有的价量关系是构成头肩顶形态的关键之一。

连接左右两肩底部的直线是颈线,这是识别头肩顶形态有效突破的一个重要依据。在头肩顶形态中,颈线起到了支撑线的作用,一旦价格向下突破颈线,则颈线变成压力线,会防止价格的反扑。如果价格在向下突破颈线之后又回调到颈线之上,那么这个头肩顶就是虚假的。需要注意的是,仅仅是价格向下突破颈线并不能有效地说明头肩顶被突破,因为根据价格形态突破的确认原则,在判断价格形态的有效突破时,必须考虑到突破的幅度。右肩顶形态中的目标跌幅为头部峰位到颈线的垂直距离。当颈线被突破之后,由颈线上被突破点向下延伸一个目标跌幅所产生的价位为目标价位,即新的支撑线。只有价格继续向下,突破了目标价位,才能够确认头肩顶形态的有效突破。

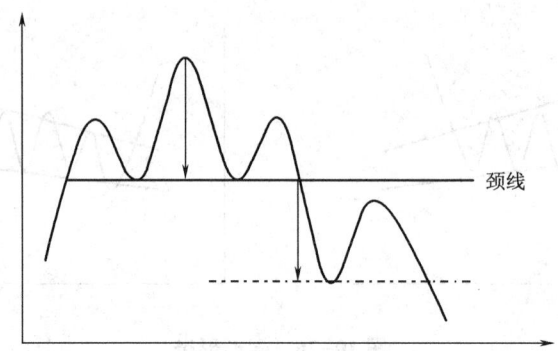

图 10-27　头肩顶形态及其突破

走势启示:头肩顶如果成立的话,代表股票的黄金涨势已经结束,头部已经出现。市场正凝聚着下跌的动量,一旦价位穿破颈线,也就是买方力量不敌卖方力量的标志,左肩和中央头部所形成的支撑已无法阻挡强劲的卖压,这时应该果断清仓离场。

(2)头肩底。头肩底也是由"一头两肩"构成,只是这里的"头"和"肩"和头肩顶形态中所表示的顶部恰好相反,如图 10-28 所示。头肩底的两个肩分布在头部的两侧,底位高于头部的谷底。结合成交量进行分析,在左肩的底部和头部形成过程中,成交量相对较大。右肩同样是判断头肩底的关键,因为当价格下跌到右肩的谷底时,成交量显著萎缩,而一旦价格开始向上突破,成交量会显著增大。头肩底是一种非常可靠的价格形态,当这种价格形态完全形成之后,通常能够发出趋势反转的强烈信号。

头肩底形态的突破同样以颈线为基本标准。颈线在头肩底形态中充当压力线,而一旦头肩底的最后一轮价格下跌结束,价格转而上升并突破颈线之后,颈线将成为新的支撑线,以防止价格回调到颈线之下。此时价格的目标涨幅应为底部的最低价位到颈线的垂直距离,而由颈线向上延伸一个目标涨幅所产生的价位为目标价位,即新的压力线。只有价格进一步向上突破目标价位时,头肩顶形态的有效突破才被确认。

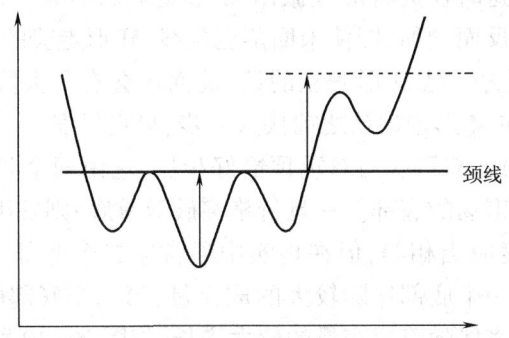

图10-28 头肩底形态及其突破

走势启示:头肩底如果成立的话,代表最恶劣的时刻已经过去,最低的价位已经出现,即使再跌也有一条底线。市场正凝聚着一种支持力和买意,只要一旦价位穿破颈线,也就是买方力量战胜卖方力量的标志,左肩和中央头部所形成的阻力已无法阻挡浓烈的买气,这时应该是一个极佳的进货机会。

2.双重顶(M形)和双重底(W形)。

(1)双重顶(M形)。双重顶又称为M形,它由两个峰位构成,中间包含了一个谷底,也就是一波折返走势,如图10-29所示。双重顶的主要特点是第二个顶部所对应的成交量远远低于第一个顶部所对应的成交量。理论上两个顶部的高度相等,但在现实中它们并非严格相等。不论两个顶部的相对高度如何,双重顶一旦被突破,其技术含义是相同的。

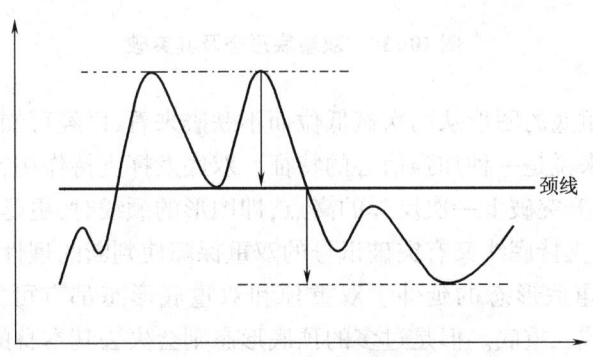

图10-29 双重顶形态及其突破

双重顶通常出现在市场的顶部,它一旦被突破,则发出空头趋势的信号。对于双重顶的有效突破依然应当按照颈线和目标价位来判断。双重顶的颈线位于过谷底所做的平行于两个顶部连线的直线。双重顶的有效突破应当依据价格向下突破颈线后继续前进一个目标跌幅为基本准则,其中目标价位距离颈线的垂直距离仍然为一个形态高度,即顶部到颈部的垂直距离。双重顶中的颈线同样发挥支撑线的作用,而在价格向下突破颈线之后,颈线立刻转变为压力线,目标价位则成为新的支撑线。

走势启示:正如上述所言,第二次到顶不破时,成交量不及第一次到顶时那么多,显示入货力量逐渐减弱,这时投资者应该做出 M 形走势的假设,开始提高戒心。两次到顶不破,回落时成交量反而增加,即使未回落至颈线,M 形走势的假设仍可成立,这时一定不要"趁低吸纳",因为一旦 M 形确立的话,前面还会有一大段跌势。这时不但不入市,反而应考虑出货,在 M 形未确认之前快人一步,早走早安。

(2)双重底(W 形)。双重底与双重顶恰好相反,它由两个谷底和之间的一波刺激折返构成,通常出现在市场的底部。一旦价格突破双重底,则发出多头趋势的信号。双重底的两个底部的高度应当相等,但在现实中通常第二个底部会略高于第一个底部。成交量的特点在于,第一个底部伴随较大的成交量,第二个底部的成交量较小,但是一旦价格开始向上突破,将伴随着成交量的较大增长,如图 10-30 所示。双重底的有效突破判定遵循与双重顶同样的法则,只是方向相反而已。在双重底形成的过程中,颈线充当压力线的角色,而一旦突破,它立即转变为支撑线。新的压力线则产生在目标价位处。

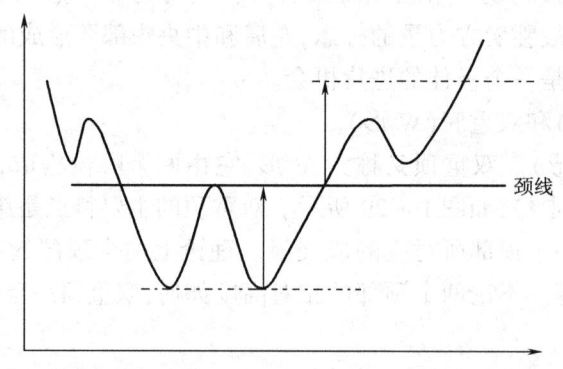

图 10-30 双重底形态及其突破

走势启示:双重底的图形从两次试低位而不跌破来看,已经可知其发挥的支持力是不俗的,对投资者来说是一种加强信心的特征。双底发挥支持作用,如果再加上价格未能跌破双底反而上升突破上一次反弹的高点,即图形的颈线时,更是一个比较可靠的入货信号。因为既有支持底线又有突破讯号的双重保障使判断的理性增强。

(3)双重顶双重底形态的延伸。双重顶和双重底形态都有可能呈现更复杂的模式,延伸为三重顶或三重底。但是过多的顶底形态则会失去其本身的意义,因为当四个以上的顶部或底部连续出现,那么更像是一个矩形反转形态。所有的多重顶底形态的有效突破,都按照目标价位的原则进行判断,而目标价格变动幅度都是一个形态的高度。

3.圆弧形态。圆弧顶和圆弧底也是一类典型的反转突破形态,圆弧顶是股价上升到高位后持续小幅度波动,然后突然大幅度下跌所形成的形态;而圆弧底正好相反,它是一个反转向上的形态。如图 10-31 所示。圆弧顶一般出现在股价已处于相对高位时。这时，股价进一步上升已没有动力，因而在经过长时期的盘整后，只能选择下跌作为突破方向；又由于股价下跌前蓄势时间比较充分，故一旦突然摆脱盘整局面快速下跌，就会一起恐慌性抛售，从而导致股价下跌的幅度很深。圆弧底与此相反。

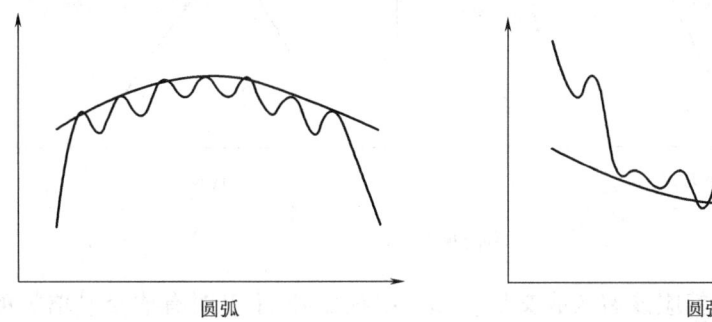

图 10-31

在识别圆弧形态时，成交量显得非常重要。无论是圆弧顶还是圆弧底，在它们的形成过程中，成交量都是两头多中间少。越靠近顶或底成交量越少，达到顶或底时成交量达到最少，而突破后的一段，都有相当大的成交量。

圆弧顶走势启示：由低位攀升，升至某个阶段，再升乏力，形成一个圆顶派发区，这个时候趁着价格仍未暴挫，应该及早出货，保持利润在手。即使喜爱这只股票也可以暂时沽出，在低位时再买入，获得差价。况且圆顶下跌，幅度有时会很大，如果不趁早出货，可能会由赚变平，甚至反被套住。所以一发现圆顶派发，就是一个极为强烈的卖出信号。

圆弧底走势启示：跌后形成，经消化沽盘后蓄势待发。既然处于收集期，所以一旦收集完成后价位可望飙升。因而一见有圆弧底的出现而收集亦过了一段时间、成交量逐渐增加时，要密切留意，价位可能很短时间内就出现急升。当突破果然出现时，投资者应当手疾眼快，随即大胆追进，因为摆脱了圆弧底的话，价格升势将极为可观，获利不菲。

需要指出的是，圆弧顶和圆弧底形态的出现，往往是机构大户投机性操作的结果。这些人手中有足够的股票，如果一下抛出太多，股价会下跌太快，因此只能一点一点地抛，形成众多的来回拉锯，直到手中股票接近跑完时，才会大幅度打压，一举使股价跌到很深的位置，这样就会出现圆弧顶形态。如果这些人手中有足够多的资金准备建仓，一下买很多，股价又会上升得很快，成本增大，因而只能逐渐地分批建仓，股价一点一点地来回拉锯，直到吸货充分后，才会用少量的资金一举将价格提拉到很高的位置，这样就会出现圆弧底的形态。

4.V形。V形也是一种典型的反转形态，它出现在市场剧烈的波动之中。它的顶或底只出现一次，这一点同其他反转形态有较大的区别。

V形包括V形和倒V形两类。V形是走势由升变跌，然后跌到很低位时急速回升，在图形上呈现一个V形的走势。倒V形与V形刚好相反，是价位一路上升，然后突然急速回落，升得多跌得重，在图形上形成一个"∧"形。如图10-32所示。

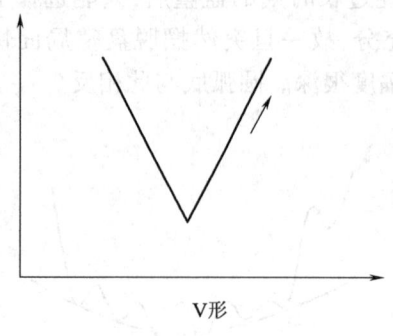
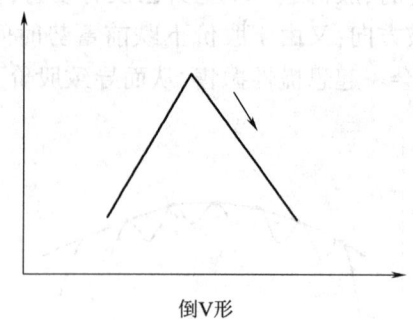

V形　　　　　　　　　　倒V形

图 10-32

V形既然是转势,就应该留意成交量。如果由跌变升,上升时有成交量增加的配合则转势的指标更可信赖。相反,在倒V形,由升变跌时,无须一定要越跌成交量越大,在跌势中,即使成交量并不增加也要接受转势的讯号。

V形既然是转势,在转势点,即价格升至最高峰的一两个交易日或跌至最低潮的一两个交易日的成交量会比平常更多。在跌后转势时,跌到最低价的一两日成交量可能最多,这表明最后的存货也被大手抛售净尽,反而是利好价位上升的前奏。相反,在倒转V形的走势,升至最高峰的一两日成交量可能暴涨,价格也跳动得比以前快,升幅也更加多,但已是强弩之末,一鼓作气,再而衰,三而竭,买盘再无余力,股价便由高峰回落。

走势启示:V形走势是比较容易捕捉的图形,而且升后变跌,跌后变升,获利的比率也较高,经常留意这些转势的V形,可以带来颇大的利润。

四、波浪理论

波浪理论是技术分析大师 R.E.艾略特(R.E.Elliot)所发明的一种价格趋势分析工具,它是一套完全靠观察得来的结果,可用于分析股市指数、价格的走势,它也是世界股市分析上运用最多而又最难于了解和精通的分析工具。

艾略特认为,不管是股票还是商品价格的波动,都与大自然的潮汐、波浪一样,一浪跟着一波,周而复始,具有相当程度的规律性,展现出周期循环的特点,任何波动均有迹可循。因此,投资者可以根据这些规律性的波动预测价格未来的走势,在买卖策略上实施使用。

(一)波浪理论的四个基本特点

1.股价指数的上升和下跌将会交替进行。

2.推动浪和调整浪是价格波动的两个最基本形态。推动浪(即与大市走向一致的波浪)可以再分割成五个小浪,一般用第1浪、第2浪、第3浪、第4浪、第5浪来表示;调整浪也可以划分成三个小浪,通常用A浪、B浪、C浪表示。

3.在上述八个波浪(五上三落)完毕之后,一个循环即告完成,走势将进入下一个八波浪循环。

4.时间的长短不会改变波浪的形态,因为市场仍会依照其基本形态发展。波浪可以拉长,也可以缩短,但其基本形态永恒不变。

总之,波浪理论可以用一句话来概括,即"八浪循环"。

(二)波浪的形态

那么,如何来划分上升五浪和下跌三浪呢？一般说来,八个浪各有不同的表现和特性,如图10-33所示。

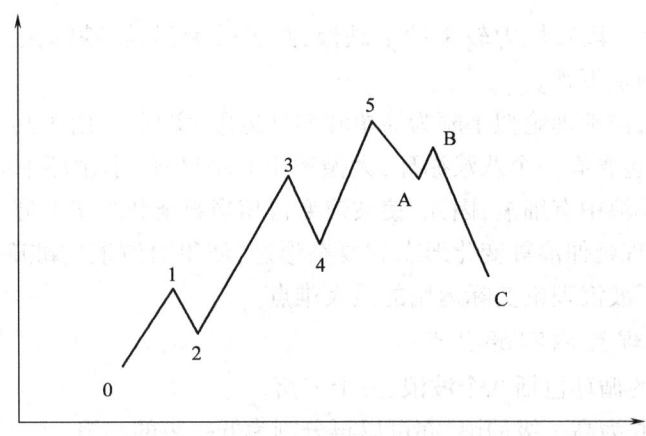

图10-33 波浪理论的基本形态:八浪示意

1.第1浪:①几乎半数以上的第1浪,是属于营造底部形态的第一部分,第1浪是循环的开始,由于这段行情的上升出现在空头市场跌势后的反弹和反转,买方力量并不强大,加上空头继续存在卖压,因此,在此类第1浪上升之后出现第2浪调整回落时,其回档的幅度往往很深;②另外半数的第1浪,出现在长期盘整完成之后,在这类第1浪中,其行情上升幅度较大,从经验看来,第1浪的涨幅通常是五浪中最短的行情。

2.第2浪:这一浪是下跌浪,由于市场人士误以为熊市尚未结束,其调整下跌的幅度相当大,几乎吃掉第1浪的升幅,当行情在此浪中跌至接近底部(第1浪起点)时,市场出现惜售心理,抛售压力逐渐衰竭,成交量也逐渐缩小,第2浪调整随即结束,在此浪中经常出现图表中的转向形态,如头底、双底等。

3.第3浪:第3浪的涨势往往是最大,最有爆发力的上升浪,这段行情持续的时间与幅度,经常是最长的,市场投资者信心恢复,成交量大幅上升,常出现传统图表中的突破讯号,例如裂口跳升等,这段行情走势非常激烈,一些图形上的关卡,非常轻易地就被穿破,尤其在突破第1浪的高点时,是最强烈的买进讯号,由于第3浪涨势激烈,经常出现"延长波浪"的现象。

4.第4浪:第4浪是行情大幅劲升后的调整浪,通常以较复杂的形态出现,经常出现"倾斜三角形"的走势,但第4浪的底点不会低于第1浪的顶点。

5.第5浪:在股市中第5浪的涨势通常小于第3浪,且经常出现失败的情况,在第5浪中,二、三类股票通常是市场内的主导力量,其涨幅常常大于一类股(绩优蓝筹股、大型股),即投资人士常说的"鸡犬升天",此期市场情绪表现相当乐观。

6.第A浪:在A浪中,市场投资人士大多数认为上升行情尚未逆转,此时仅为一个暂时的回档现象,实际上,A浪的下跌,在第5浪中通常已有警告信号,如成交量与价格走势背离或技术指标的背离等,但由于此时市场仍较为乐观,A浪有时出现平势调整或者"之"字形态运行。

7.第B浪:B浪表现经常是成交量不大,一般而言是多头的逃命线,然而由于是一段上升行情,很容易让投资者误以为是另一波段的涨势,形成"多头陷阱",许多人士在此期惨遭套牢。

8.第C浪:是一段破坏力较强的下跌浪,跌势较为强劲,跌幅大,持续的时间较长久,而且出现全面性下跌。

从以上看来,波浪理论似乎颇为简单和容易运用,实际上,由于其每一个上升/下跌的完整过程中均包含有一个八浪循环,大循环中有小循环,小循环中有更小的循环,即大浪中有小浪,小浪中有细浪,因此,使波浪变得相当繁杂和难于把握,再加上其推动浪和调整浪经常出现延伸浪等变化形态和复杂形态,使得对波浪的准确划分更加难以界定,这两点构成了波浪理论实际运用的最大难点。

（三）波浪理论内容的要点

1.一个完整的循环包括八个波浪,五上三落。

2.波浪可合并为高一级的浪,亦可以再分割为低一级的小浪。

3.跟随主流行走的波浪可以分割为低一级的五个小浪。

4.在1,3,5三个推浪中,第3浪不可以是最短的一个波浪。

5.假如三个推动浪中的任何一个浪成为延伸浪,其余两个波浪的运行时间及幅度会趋于一致。

6.调整浪通常以三个浪的形态运行。

7.黄金分割率奇异数字组合是波浪理论的数据基础。

8.经常遇见的回吐比率为0.382、0.5及0.618。

9.第四浪的底不可以低于第一浪的顶。

10.波浪理论包括三部分:形态、比率及时间,其重要性以排行先后为序。

11.波浪理论主要反映群众心理。越多人参与的市场,其准确性越高。

（四）波浪理论的缺陷

1.波浪理论家对现象的看法并不统一。每一个波浪理论家,包括艾略特本人,很多时都会受一个问题的困扰,就是一个浪是否已经完成而开始了另外一个浪呢？有时甲看是第一浪,乙看是第二浪。差之毫厘,谬以千里。看错的后果却可能十分严重。一套不能确定的理论用在风险奇高的股票市场,运作错误足以使人损失惨重。

2.怎样才算是一个完整的浪,也无明确定义,在股票市场的升跌次数绝大多数不按五升三跌这个机械模式出现。波浪理论家却曲解说有些升跌不应该计算入浪里面。数浪完全是随意主观。

3.波浪理论有所谓伸展浪,有时五个浪可以伸展成九个浪。但在什么时候或者在什么准则之下波浪可以伸展呢？艾略特却没有明言,使数浪变成各自启发、自己去想的事。

4.波浪理论的浪中有浪,可以无限伸延,亦即是升市时可以无限上升,都是在上升浪之中,一个巨型浪,一百几十年都可以。下跌浪也可以跌到无影无踪时仍然是下跌浪。只要是升势未完就仍然是上升浪,跌势未完就仍然是下跌浪。这样的理论有什么作用?能否推测浪顶浪底的运行时间甚属可疑,等于纯粹猜测。

5.艾略特的波浪理论是一套主观分析工具,毫无客观准则。市场运行却是受情绪影响而并非机械运行。波浪理论套用在变化万千的股市会十分危险,出错机会增大。

6.波浪理论不能运用于个股的选择上。

第三节 技术分析的其他理论与方法

第二节介绍了一些可操作性较强并且运用较广的技术分析理论与方法,特别是结合图形的分析,让投资者对技术分析有一种直观的感受和认识。本节将简单地介绍一些其他的技术分析理论与方法,让投资者能够更深刻地认识技术分析与市场行为之间的关系,并让投资者对价格规律的理解达到更深一个层次。

一、道氏理论

道氏理论是技术分析理论的鼻祖,是识别和研究证券市场主要趋势的最古老和最广泛的方法。其创始人是美国人查尔斯·亨利·道(Charles H.Dow)。

(一)道氏定理的主要原理

1.市场价格指数可以解释和反映市场的大部分行为。这是道氏定理对证券市场的重大贡献。目前,世界上所有的证券交易所都采用一个本市场的价格指数,来反映本市场的价格变动情况。世界上各种指数的计算方法大同小异,都是源于道氏理论。

2.市场波动的三种趋势。即主要趋势、次要趋势和短暂趋势。根据道氏理论,股票价格运动有三种趋势,其中最主要的是股价的主要趋势,即股价广泛或全面性上升或下降的变动情形。这种变动持续的时间通常为一年或一年以上,股价总升(降)的幅度超过20%。对投资者来说,基本趋势持续上升就形成了多头市场,持续下降就形成了空头市场。

股价运动的第二种趋势称为股价的次级趋势。因为次级趋势经常与基本趋势的运动方向相反,并对其产生一定的牵制作用,因而也称为股价的修正趋势。这种趋势持续的时间从3周至数月不等,其股价上升或下降的幅度一般为股价基本趋势的1/3或2/3。

股价运动的第三种趋势称为短期趋势,反映了股价在几天之内的变动情况。修正趋势通常由3个或3个以上的短期趋势所组成。

在三种趋势中,长期投资者最关心的是股价的主要趋势,其目的是想尽可能地在多头市场上买入股票,而在空头市场形成前及时地卖出股票。投机者则对股价的修正趋势比较感兴趣。他们的目的是想从中获取短期的利润。短期趋势的重要性较小,且易受人为操纵,因而不便作为趋势分析的对象。但人们一般无法操纵股价的基本趋势和修正趋势,只有国家的财政部门才有可能进行有限的调节。

3.交易量在确定趋势中起很重要的作用。趋势的反转点是确定投资的关键。交易量提供的信息有助于我们解决一些令人困惑的市场行为。

4.收盘价是最重要的价格。道氏定理认为,所有的价格之中,收盘价最为重要,甚至认为只需要收盘价,而不需要其他的价格。

(二)应用道氏理论应该注意的问题

道氏理论对大的形势的判断有较大的作用,对于每日每时都在发生的小波动则显得有些无能为力。道氏理论对次要趋势的判断作用也不大。

道氏理论的另一个不足是它的可操作性较差。一方面,道氏定理的结论落后于价格变化,信号太迟;另一方面,理论本身存在不足,使得一个很优秀的道氏理论分析师在进行行情判断时,也会因得到一些不明确的信号而产生困惑。

二、随机漫步理论

一切图表趋势派的存在价值,都是基于一个假设,即所有投资都会受到经济、政治、社会因素影响,而这些因素会像历史一样不断重演。譬如,经济如果由大萧条复苏过来,物业价格、股市、黄金等都会一路上涨。升完会有跌,但跌完又会再升得更高。即使对短线而言,支配一切投资价值的规律都离不开上述所说的因素,只要投资人士能够预测哪一些因素支配着价格,他们就可以预知未来走势。就股票而言,图表趋势、成交量、价位等反映了投资人士的心态趋向。图表趋势派把这种心态趋向构成原因,否认投资者的收入、年龄、对消息的了解、接受消化的程度、信心炽热等因素对股票价格变动的影响,股价变动趋势全部都由股价和成交量反映出来,只需根据图表就可以预知未来股价走势。不过,随机漫步理论却反对这种说法。

随机漫步理论指出,股票市场内有成千上万的精明人士,并非全部都是愚昧的人。每一个人都懂得分析,而且资料流入市场全部都是公开的,所有人都可以知道,并无什么秘密可言。既然你也知,我也知,股票现在的价格就已经反映了供求关系,或者离本身价值不会太远。所谓内在价值的衡量方法就是根据每股资产值、市盈率、派息率等基本因素来决定。这些因素亦非什么大秘密。每一个人打开报章或杂志都可以找到这些资料。如果一只股票资产值十元,断然不会在市场变到值一百元或者一元。市场不会有人出一百元买入这只股票或以一元沽出。现时股票的市价已经代表了千万醒目人士的看法,构成了一个合理价位。市价会围绕着内在价值而上下波动,而这些波动却是随意而没有任何轨迹可寻的。造成波动的原因如下。

一是新的经济、政治新闻消息是随意的,并不固定地流入市场。

二是这些消息使基本分析人士重新估计股票的价值,做出买卖决策,致使股票价格发生新变化。

三是因为这些消息无迹可寻,突然而来,事前并无人能够预告估计,因此股票走势推测这回事并不可以成立,图表派所说的只是一派胡言。

四是既然所有股票在市场上的价格已经反映其基本价值,这个价值是由公平的由买卖双方决定的,那么这个价值就不会再出现变动,除非突发消息,如战争、收购、合并、加息减息、石油战等利好或利空等消息出现才会再次波动。但下一次的消息是利好或利空大家都不知道,所以股票现时是没有记忆系统的。昨日升并不代表今日升。今日跌,明日可以升亦可以跌。每日与另一日之间的升跌并无相关。就好像掷铜板一样,今次掷出是正面,并不代表下一次掷出的又是正面,下一次所掷出的是正面或反面的机会各占50%。亦没有人会知道下一次会一定是正面或反面。

五是既然股价是没有记忆系统的,企图用股价波动找出一个原理去战胜市场,赢得大市,肯定会失败。因为股票价格完全没有方向,随机漫步,乱升乱跌。我们无法预知股市去向,无人一定是赢家,亦无人一定会输。股票专家的作用其实不大,甚至可以说全无意义。因为如果他们是专长的话,就一定自己会用这些理论致富,哪里会公布研究结果使其他人发财?

随机漫步理论对图表派提出挑战,如果随机漫步理论成立,所有的股票专家都将无立足之地。所以不少学者曾经进行研究,看这个理论的可信程度。在无数研究之中,有三个研究特别支持随机漫步的论调。

三、循环周期理论

(一)股市发展阶段

证券市场发展的道路不完全一样,但一般都要经历五个阶段。

1.休眠阶段。此阶段了解证券市场的人并不多,股票公开上市的公司也少,但过了很长一段时间,投资者发现,即便不算潜在的资本增值,获得的股利都超过其他投资形式得到的收益,于是他们就买进股票,但开始还是小心谨慎的。

2.操纵阶段。一些证券经纪商和交易商发现,由于股票不多,流动性有限,只要买进一小部分股票就能哄抬价格。只要价格持续高涨,就会吸引其他人购买,这时操纵者抛售股票就能获取暴利。因此,他们开始哄压市价,操纵市场,获取暴利。

3.投资阶段。有些人通过买卖股票得到了大量的资本增值,不管是已经实现了的还是只是账面上的,这些暴利的示范作用都会吸引更多的人加入投机行列,投机阶段就开始了。这时股票价格大大超过实际的价值,交易量扶摇直上。新发行的股票往往被超额急购,吸引了许多公司都来发行股票,原来惜售的持股者也出售股票以获利,于是扩大了上市股票的供应。

4.崩溃阶段。到一定时机,用来投机的资金来源会枯竭,认购新发的股票越来越少,而越来越多的投资者头脑冷静下来,开始认识到股票的价格被抬得太高了,与本来的价值脱节得太厉害。这时只要外界一有风吹草动,股价就会动摇,然后价格开始下降。

5.成熟阶段。在股市下跌之后,需要几个月甚至几年的时间使公众对股票市场重新恢复信心。这个时间的长短视价格跌落的幅度、购买新股票的刺激、机构投资者的行为等因素而定。跌市使有些人亏了大本,他们只留着股票做长期投资,寄望于将来价格的回升。一些私人投资者变得谨慎了,一些没有经历过崩溃阶段的新的投资者加入进来,机构投资者的队伍也扩大了,这样成熟阶段就开始了。这里股票供应增加,流动性更大,投资者更有经验,交易量更稳定,虽然股票价格还是会波动,但不像以前那样激烈了,而是随着经济和企业的发展上下波动。

(二)股市周期循环论

影响股价涨跌变化的因素颇多,除了政治、财经、业绩等实质因素之外,人为因素等的变化,往往是促成股价涨跌的主要原因。虽说影响股价的因素颇多,但一些精明的操作者,在长期统计和归纳之后,发现了有规则的周期性。聪明的投资人,把这些周期循环的原则应用到股票的买卖操作上来,经常是无往而不利。

循环性周期,可分为下述几个阶段。

1.低迷期。行情持续屡创低价,此时投资意愿甚低,一般市场人士对于远景大多持悲观的看法,不论主力或散户都是亏损累累。做短线交易不易获利时,部分中小散户暂时停止买卖,以待股市反弹时再于低价套现伏空;没有耐性的投资人在失望之余,纷纷认赔抛出手中的股票,退出市场观望。低迷期为真正具有实力的大户默默进货的时候,少数较具长期投资眼光的精明投资者多在此时按计划买入。该期盘旋整理的时间越久,表示筹码换手的整理越彻底,此期的成交量往往最低。

2.青年涨升期。此时的景气尚未恢复,但由于前段低迷期的长期盘跌已久,股价大多已经跌至不合理的低价,市场潜伏股亦已大为减少,在此时买进的人因成本极低再跌有限,大多不轻易卖出,而高价套牢未卖的人,因亏损已多,也不再追价求售,市场卖压大为减轻。此时的成交量大多呈现着不规则的递增状态,平均成交量比低迷时期多出一半以上,少数领导股的价格大幅上涨,多数股价呈现着盘坚局面,冷门股票也已略有成交并蠢蠢欲动。大部分的内行人及半内行人开始较积极地买进股票进行短线操作,但也有不少自认精明的人士及尝到未跌段做空小甜头的投资者,仍套现卖出。该期多数股票上涨的速度虽嫌缓慢,但却是真正可买进做长期投资的时候,即为一般所称的"初升段"。

3.反动期。即为一般所称多头市场的回档期,而第二阶段所称的青年涨升期,即称做初升段。股价在初升段的末期,由于不少股票亦已持续涨升,经过长期空头市场亏损的投资者,在好不容易略有获利之余,多数采取"落袋为安"的观念,获利了结改为观望;未及搭上车的有心人,及抱股甚多的主力大户,大多趁着投资大众的信心尚未稳定之际转账冲销,而多数股价在盘软之余,市场上大户出货的传言特别多,此时空头再呈活跃,但股价下跌至某一程度时,即让人有着跌不下去的感觉。反动期是大户真正进货的时期,也是真正买卖股票的精明投资人乐于大量介入投资的时期,但该期真正到来时,中小散户的两手大多空空,甚至有少数在低迷期尝到做空甜头的散户们,还有融券尚未补回的。

4.壮年涨升期。即为一般所称的"主升段",由于景气亦已步入繁荣阶段,发行公司的盈余大增。此时大户手上的股票特别多,市场的浮动筹码已大量减少,有心人利用各种利多消息将股价持续拉高,甚至于将重复的利多消息一再公布,炒冷饭也在所不惜。该期反应在股票市场是人头攒动到处客满。由于股价节节上涨,不管内行外行,只要买进股票便能获利,做空头的信心已经动摇,并逐渐由空翻多,形成抢购的风潮,而股价会在此种越涨越抢、越抢越涨的循环中上涨,甚至形成全面暴涨的局面。市场充满着一片欢笑声,从来不知道股票为何物的外行人,在时常听到"股票赚了多少"的鼓动下,也开始产生兴趣,并买进几张试试。该阶段的特性,大多为成交量持续大量地增加,发行公司趁着此时大量增资扩股或推出新股,上涨的股票也逐渐由强势股延伸到冷门股票,冷门股票逐渐转势而列居于热门榜中,"轮做"的风气特盛,有心大户的动态到处可闻。此期为有心大户操作甚久之后逐渐获利了结的时期,他们所卖的虽非最高价,但结算获利已不少,精明的投资人也趁此机会了结观望,只有中小散户被乐观气氛冲昏了头而越买越多。

5. 老年涨升期。即一般所称的末升段。此时景气十分繁荣,发行公司的盈余均为大增,反映在证券市场上的,除了人气一片沸腾之外,新股亦大量发行,而上涨的股票多为以前少有成交的冷门股,原为热门的股票反而开始有步履沉重的感觉。该期的成交量常破纪录地暴增,暴涨暴跌的现象屡有可见,投资大众手中大多拥有股票,以期待着股价进一步上升,但是股价的涨升却显得步履蹒跚,反映在成交量上面便常有股价上升但成交量减少、股价下跌成交量反而增加。该阶段行情的操作犹如刀口舐血,如果短线操作成功的话会大有收获但是一般投资人大多在此阶段惨遭亏损,甚至落得倾家荡产的局面。

6. 下跌幼年期。即为K线理论上的渐落期,也称初跌期,由于多数股价都已偏高、欲涨乏力,不少投资人于较难获利之余已开始反省。此时大主力多头均已出货不少,套牢的散户们心里虽然产生犹豫,但还是期望着行情仅是回档,期待着另一段涨升的到来,甚至买进摊平的实例也到处可见,只有冷门股已开始大幅下跌,此为该段行情的重要标志之一。

7. 中间反弹期。又称新多头进场或术语上所称的逃命期。该期由于成交量的暴减,再加上部分浮额的赔本抛售,使得多数股价的跌幅已深。高价卖出者和企图摊平高价套牢的多头们相继进场,企图挽回市场的颓势,加上部分短空的补货,使得股价止跌而转向坚挺,但由于反弹后抢高价者已具戒心,再加上部分短线者的获利回吐,使得股价欲涨乏力,于弹升之后又再度滑落。少数精明的投资人纷纷趁此机会将手上的股票卖出以求"逃命",部分空头趁此机会介入卖出。

8. 下跌的壮年期。一般称为主跌段行情,此时大部分股价的跌幅渐深,利空的消息满天飞,股价下跌的速度甚快,甚至有连续几个停板都卖不掉的。以前套牢持股不卖的人信心也已动摇,成交量逐渐缩小,不少多头于失望之余纷纷卖光股票退出市场,做多的中小散户也逐渐试着做点小空。

9. 下跌的老年期。即称末跌段,此时股价跌幅已深,高价套牢要卖的已经卖光了,未卖的也因赔得太多,宁愿抱股等待。该阶段的成交量很少是其特色之一,股价的跌幅已经缩小,散户伏空到处可见,多数股票只要一笔买进较多股票的话,便可涨上好几档,但若不再有支撑续进的话,不久又将回跌还原。股市投资大众手上大多已无股票,真正有眼光的投资人及大户们,往往利用此期大量买进。

大波的周期循环为上述九大阶段,只要我们能够适时将现阶段的行情性质予以分析,明确区分属于哪一时期,再确立做多、做空、长线、短线等操作原则,获利机会便可增加许多。

四、缺口理论

缺口是指在交易过程中没有成交的价格或指数区间。如果某一K线的最低价比前一 K 线的最高价还要高,或某一 K 线的最高价比前一 K 线的最低价还要低,则会在 K 线图上留下跳空缺口。缺口可分为普通缺口、突破缺口、中继缺口和竭尽缺口四种。

普通缺口指的是股价或指数在盘整期间出现的缺口,缺口出现后并未使股价或指数脱离盘局,普通缺口一般会在三天之内被封闭。突破缺口是指那些能够使股价或指数突破盘局的缺口,突破缺口之后往往会出现一轮较大的上涨或下跌行情。在突破缺口之后的上涨或下跌过程中出现的缺口称为中继缺口,中继缺口的出现往往意味着上涨或下跌速度的加快。出现在上升或下跌行情尾声的缺口为竭尽缺口,竭尽缺口的出现标志着一轮行情的终结。

在实际操作过程中,正确判定缺口的性质非常重要。一般来说,如果缺口的出现伴随着比较大的利好或利空消息的公布,则成交量明显放大,或者三天之内缺口未被封闭,股价脱离缺口的距离超过 3%,则基本上可判定这个缺口为突破缺口。在若干个缺口之后出现的伴随着成交量异动的缺口,往往是竭尽缺口。一般在上升行情尾声出现的竭尽缺口,要伴随着成交量的明显放大;在下降行情尾声出现的竭尽缺口则有可能出现明显放量或明显缩量两种情况,其中前者有可能导致股价或指数迅速反弹,后者则会导致市况进入盘整状态。

五、信心理论

信心股价理论,是基于市场心态的观点去分析股价。由于传统股价理论过于机械性地重视影响公司盈余的因素,而并不能解释在多变的股市中股价涨跌的全盘因素。尤其当一些突发性因素导致股价应涨不涨,反而下跌,或应跌不跌,反而上升,此种现象,更使传统的股价理论变得矛盾。因此信心股价理论,强调股票市场由心理或信心因素影响股价。

根据信心理论,促成市场股价变动的因素,是市场对于未来的股票价格、公司盈利与股票投放比率等条件所产生信心的强弱。

投资者若对于股市基本情况乐观,信心越强,就必然以买入股票来表现其心态,股价因而上升。倘若资金本身乐观时,可能漠视股票超越了合理正常价格水平,而盲目大量买入,使股票价格上涨至不合情理的价位水平。

相反,投资人士若对股票市场基本情况表示悲观时,信心低落,将抛出手中股票,股价因此而下跌。倘若投资人士心理过度悲观,以致不顾正常股票价格、公司盈余与股息水平而大量抛售股票,则可导致股票价格被抛低至不合理水平。

就因为投资人信心的强弱,而产生了各种不同的情况,有时甚至与上市公司营运状况以及获利能力等基本因素完全脱节,股价狂升暴跌的原因就在这里。

信心股价理论,以市场心理为基础,来解释市场股价的变动,并完全依靠公司财务上的资料,故此理论可以弥补传统股价理论的缺点,对股市的反常现象,提出合理的解释。譬如经济状况良好,股价却疲弱,或者经济情况欠佳而股价反而上升的原因,如果这个理论是对的话,投资的策略就是研究市场心态,是悲观还是乐观,而顺应市势去做,必可获利。

但信心股价理论亦有其缺点。严重的弱点就是,由于股票市场的群众信心很难衡量,常使分析股票市场动态的人士感到困惑,因此仍有不少投资人士信任传统股价理论,不过在很多情况下,传统股价学说又被证明是失败的。

第四节 技术分析指标

一、移动平均线(MA)

MA 计算方法就是求连续若干天市场价格(通常采用收盘价)的算术平均。天数就是 MA 的参数。10 日的移动平均线常简称为 10 日线 MA(10),同理有 5 日线、15 日线等概念。

MA 的使用,最常见的是葛兰威尔法则,简称葛氏法则。葛氏法则的内容是:①平均线从下降开始走平,股价从下上穿平均线;股价连续上升远离平均线,突然下跌,但在平均线附近再度上升;股价跌破平均线,并连续暴跌,远离平均线。以上三种情况均为买入信号。②平均线从上升开始走平,股价从上下穿平均线;股价连续下降远离平均线,突然上升,但在平均线附近再度下降;股价上穿平均线,并连续暴涨,远离平均线。以上三种情况均为卖出信号。

二、平滑异同移动平均线(MACD)

MACD 由正负差(DIF)和异同平均数(DEA)两部分组成,当然,正负差是核心,异同平均数是辅助。DIF 是快速平滑移动平均线与慢速平滑移动平均线的差,DIF 正负差的名称由此而来。快速和慢速的区别是进行指数平滑时采用的参数大小不同,快速是短期的,慢速是长期的。DEA 是 DIF 的移动平均,也就是连续数日的 DIF 的算术平均。这样,DEA 自己又有了个参数,那就是做算术平均的 DIF 的个数,即天数。对 DIF 做移动平均就像对收盘价做移动平均一样,是为了消除偶然因素的影响,使结论更可靠。

MACD 的应用法则:

第一,以 DIF 和 DEA 的取值和这两者之间的相对取值对行情进行预测。其应用法则如下:①DIF 和 DEA 均为正值时,属多头市场。DIF 向上突破 DEA 是买入信号;DIF 向下跌破 DEA 只能认为是回落,做获利了结。②DIF 和 DEA 均为负值时,属空头市场。DIF 向下突破 DEA 是卖出信号;DIF 向上穿破 DEA 只能认为是反弹,做暂时补空。我们知道,DIF 是正值,说明短期的比长期的平滑移动平均线高,这类似于 5 日线在 10 日线之上,所以是多头市场。DIF 与 DEA 的关系就如同股价与 MA 的关系一样,DIF 的上升或下降,进一步又是股价的上升和下降信号。

第二,利用 DIF 的曲线形状进行行情分析。主要是采用指标背离原则,这个原则是技术指标中经常使用的。具体的叙述是:如果 DIF 的走向与股价走向相背离,则此时是采取行动的信号,至于是卖出还是买入要依 DIF 的上升或下降而定。

三、威廉指标(WMS 或 R)

这个指标是由威廉姆斯(Larry Williams)于1973年首创的。WMS%表示的是市场处于超买还是超卖状态。

威廉指标的应用法则:

第一,从WMS的绝对取值方面考虑。公式告诉我们,WMS的取值介于0~100之间,以50为中轴将其分为上下两个区域。在上半区,WMS大于50,表示行情处于弱势;在下半区,WMS小于50,表示行情处于强势。①当WMS高于80,即处于超卖状态,行情即将见底,应当考虑买进。②当WMS低于20,即处于超买状态,行情即将见顶,应当考虑卖出。

第二,从WMS的曲线形状考虑。这里只介绍背离原则,以及撞顶和撞底次数的原则。①在WMS进入高位后,一般要回头,如果这时股价还继续上升,这就产生背离,是卖出的信号。②在WMS进入低位后,一般要反弹,如果这时股价还继续下降,这就产生背离,是买进的信号。③WMS连续几次撞顶(底),局部形成双重或多重顶(底),则是卖出(买进)的信号。

四、KDJ 指标

KDJ中文名称是随机指数(Stochastics),是由George Lane首创的。

KDJ应用法则:

第一,从KD的取值方面考虑。KD的取值范围都是0~100,将其划分为几个区域:超买区、超卖区、徘徊区。按一般的划分法,80以上为超买区,20以下为超卖区,其余为徘徊区。根据这种划分,KD超过80就应该考虑卖出了,低于20就应该考虑买入了。这种操作是很简单的,同时又是很容易出错的,完全按这种方法进行操作很容易招致损失。大多数对KD指标了解不深入的人,以为KD指标的操作就限于此,故而对KD指标的作用产生误解。应该说明的是,上述对0~100的划分只是一个应用KD指标的初步过程,仅仅是信号。真正做出买卖的决定还必须从以下几方面考虑。

第二,从KD指标曲线的形态方面考虑。当KD指标在较高或较低的位置形成了头肩形和多重顶(底)时,是采取行动的信号。注意,这些形态一定要在较高位置或较低位置出现,位置越高或越低,结论越可靠、越正确。操作时可按形态学方面的原则进行。

对于KD的曲线也可以画趋势线,以明确KD的趋势。在KD的曲线图中仍然可以引进支撑和压力的概念。某一条支撑线和压力线的被突破,也是采取行动的信号。

第三,从KD指标的交叉方面考虑。K与D的关系就如同股价与MA的关系一样,也有死亡交叉和黄金交叉的问题,不过这里交叉的应用是很复杂的,还附带很多其他条件。下面以K从下向上与D交叉为例进行介绍。

第一个条件是K上穿D是金叉,为买入信号,这是正确的。但是出现了金叉是否应该买入,还要看别的条件。第一个条件是金叉的位置应该比较低,是在超卖区的位置,越低越好。

第二个条件是与 D 相交的次数。有时在低位,K、D 要来回交叉好几次。交叉的次数以 2 次为最少,越多越好。

第三个条件是交叉点相对于 KD 线低点的位置,这就是常说的"右侧相交"原则。K 是在 D 已经抬头向上时才同 D 相交,比 D 还在下降时与之相交要可靠得多。换句话说,右侧相交比左侧相交好。

满足了上述条件,买入就放心一些。少满足一条,买入的风险就多一些。但是,如果要求每个条件都满足,尽管比较安全,但也会错过很多机会。

对于 K 从上向下穿破 D 的死叉,也有类似的结果,读者不妨自己试试,这里就不重复了。

第四,从 KD 指标的背离方面考虑。简单地说,背离就是走势的不一致。在 KD 处在高位或低位,如果出现与股价走向的背离,则是采取行动的信号。当 KD 处在高位,并形成两个依次向下的峰,而此时股价还在一个劲地上涨,这叫顶背离,是卖出的信号;与之相反,KD 处在低位,并形成一底比一底高,而股价还继续下跌,这构成底背离,是买入信号。

第五,J 指标取值超过 100 和低于 0,都属于价格的非正常区域,大于 100 为超买,小于 0 为超卖。

五、相对强弱指标(RSI)

相对强弱指标 RSI(RelativeStrengthIndex)是与 KD 指标齐名的常用技术指标。RSI 以一特定时期内股价的变动情况推测价格未来的变动方向,并根据股价涨跌幅度显示市场的强弱。

PST 的应用法则:

第一,不同参数的两条或多条 RSI 曲线的联合使用同 MA 一样,天数越多的 RSI 考虑的时间范围越大,结论越可靠,但速度慢,这是无法避免的。

参数小的 RSI 称为短期 RSI,参数大的称之为长期 RSI。这样,两条不同参数的 RSI 曲线的联合使用法则可以完全照搬 MA 中的两条 MA 线的使用法则:①短期 RSI>长期 RSI,则属多头市场;②短期 RSI<长期 RSI,则属空头市场。

当然,这两条只是参考,不能完全照此操作。

第二,根据 RSI 取值的大小判断行情。将 100 分成四个区域,根据 RSI 的取值落入的区域进行操作。划分区域的方法如表 10-1 所示。

极强与强的分界线和极弱与弱的分界线是不明确的,换言之,这两个区域之间不能画一条截然分明的分界线,这条分界线实际上是一个区域。我们在其他的技术分析书籍中看到的 30、70 或者 15、85,这些数字实际上是对这条分界线的大致描述。应该说明的是这条分界线位置的确定与两个因素有关:

表 10-1

RSI 值	市场特征	投资操作
80~100	极强	卖出

续表

RSI 值	市场特征	投资操作
50~80	强	买入
20~50	弱	卖出
0~20	极弱	买入

（1）与 RSI 的参数有关。不同的参数，其区域的划分就不同。一般而言，参数越大，分界线离中心线 50 越近，离 100 和 0 越远。

（2）与选择的股票有关。不同的股票，由于其活跃程度不同，RSI 所能达到的高度也不同。一般而言，越活跃的股票，分界线离 50 就应该越远；越不活跃的股票，分界线离 50 就越近。

随着 RSI 的取值超过 50，表明市场进入强市，可以考虑买入，但是强过了头我们就该抛出了。物极必反，量变引起质变都是对这个问题很好的说明。

第三，从 RSI 的曲线形状判断行情。当 RSI 在较高或较低的位置形成头肩形和多重顶（底），是采取行动的信号。这些形态一定要出现在较高位置和较低位置，离 50 越远越好，越远结论越可信，出错的可能就越小。形态学中有关这类形状的操作原则，这里都适用。

与形态学紧密相连的趋势线在这里也有用武之地。RSI 在一波一波的上升和下降中，也会给我们提供画趋势线的机会。这些起着支撑线和压力线作用的切线一旦被突破，就是采取行动的信号。

第四，从 RSI 与股价的背离方面判断行情。RSI 处于高位，并形成一峰比一峰低的两个峰，而此时，股价却对应的是一峰比一峰高，这叫顶背离。股价这一涨是最后的衰竭动作（如果出现跳空就是竭尽缺口），这是比较强烈的卖出信号。与这种情况相反的是底背离。RSI 在低位形成两个依次上升的谷底，而股价还在下降，这是最后一跌或者说是接近最后一跌，是可以开始建仓的信号。相对而言，用 RSI 与股价的背离来研判行情的转向成功率较高。

六、其他技术指标

（1）BIAS 指标。乖离率（BIAS）是描述股价与股价移动平均线相距的远近程度。

（2）PSY 指标。心理线 PSY（Psychological Line）主要是从股票投资者买卖趋向的心理方面，对多空双方的力量对比进行探索。

（3）AR 指标。AR 指标又称人气指标或买卖气势指标，是反映市场当前情况下多空双方争斗结果的指标之一。市场人气旺则多方占优，买入活跃，股价上涨；反之，人气低落，交易稀少，人心思逃，股价就会下跌。

（4）BR 指标。BR 指标又称买卖意愿指标，同 AR 指标一样也是反映当前情况下多空双方相互较量结果的指标之一。其基本的构造思想与 AR 指标是相同的。

（5）CR 指标。CR 指标又叫中间意愿指标，是同 AR 指标和 BR 指标极为类似的指标。计算公式相似，构造原理相同，应用法则也相似，区别只是在均衡点取值的大小上有些不同,应用时掌握的界限不同。

(6) OBV 指标。OBV 的英文全称是 On Balance Volume,中文名称直译是平衡交易量。有些人把每一天的成交量看做海的潮汐,形象地称 OBV 为能量潮。OBV 是由 Granville 于 20 世纪 60 年代提出并广泛流行的。可以利用 OBV 验证当前股价走势的可靠性,并可以由 OBV 得到趋势可能反转的信号,这对于准确预测未来是很有用的。比起单独使用成交量来,OBV 比成交量看得更清楚。

(7) ADL 指标。ADL,中文名称为腾落指数,即上升下降曲线的意思。ADL 是分析趋势的,它利用简单的加减法计算每天股票上涨家数和下降家数的累积结果,与综合指数相互对比,对大市的未来进行预测。

(8) OBOS 指标。OBOS,中文名称是超买超卖指标,也是运用上涨和下跌的股票家数的差距对大市进行分析的技术指标。与 ADR 相比含义更直观,计算更简便。

案例分析

上证综指的趋势分析[①]

2020 年 11 月,华泰证券对 1996 年以来的上证综指进行了技术面趋势总结,并分析了当前的市场趋势,认为本轮上证综指的向上行情将延续至 2021 年的第二、第三季度。

首先是 1996 年底至 2001 年这段时期。1998 年 5 月和 1999 年 6 月的两个阶段顶部连线构成了这一轮行情的阻力线,其延长线在 2000 年 8 月得到再次确认。下方支撑线则是由 1999 年 5 月和 1999 年 12 月的阶段底部连线所构成,并在 2001 年 3 月得到再次确认。这段时期上证综指都在这一上行区域内运行,然而自 2000 年 8 月之后指数无力再次触碰上方阻力线,并在 2001 年 3 月从支撑线回弹后再度掉头向下,于 2001 年 7 月下穿支撑线,意味着本轮股市上行的结束,趋势的反转。见图 1 所示。

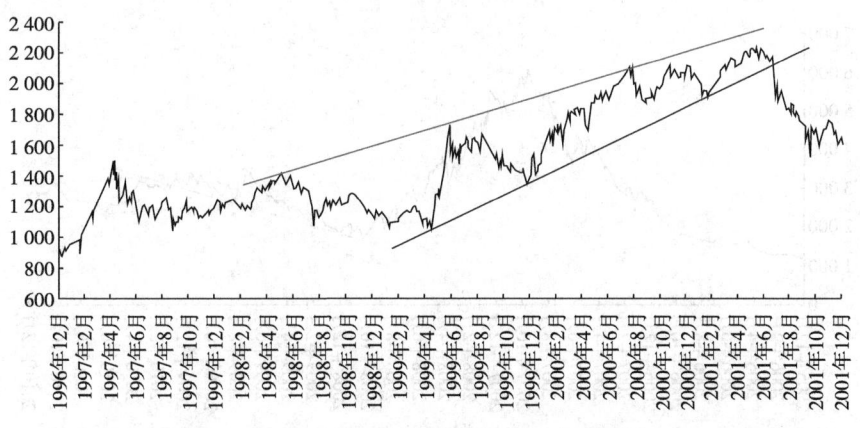

图 1 上证综指在历次周期拐点示意

---

① 资料来源:Wind,华泰证券研究所。

上证综指从2001年6月的顶点一路震荡下行,这一时期的关键问题在于需要明确何时是熊市的底部。从技术分析角度来看,2003年1月股指阶段见底后,2003年的11月未突破前低,因此市场出现了一波像样的反弹,并于2004年4月到达阶段顶部。但随后股指又掉头向下,从事后角度来看,股指其实一直沿着图中所示的上方线运行,直到2005年1月反弹突破压力线,将阻力线转变成支撑线,但市场下行的趋势仍未改变。2005年6月股指虽然仍在下行,但未穿原先的支撑线,由2003年1月与2005年6月低点的连线所构成的新的支撑线也未被2005年7月的再次下行所突破。双底形态意味着股市的下行趋势发生了变化,因此随后股市出现反转。见图2所示。

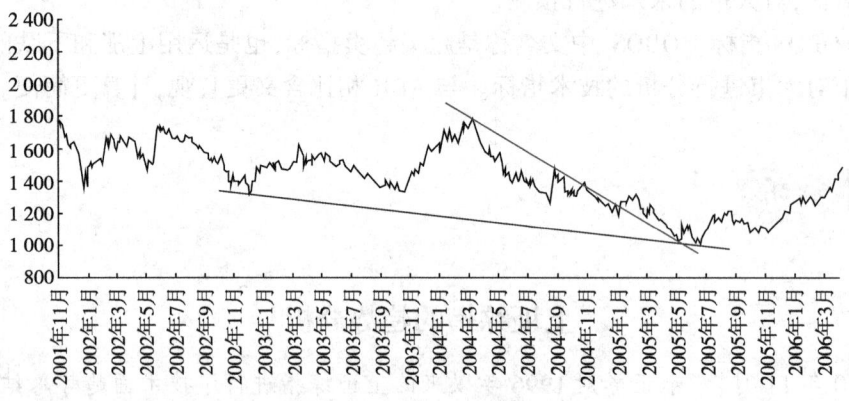

图2　上证综指在历次周期拐点示意

2006—2007年A股牛市所到达的顶点至今仍未被超越。2007年10月上证综指见顶回落,直到2008年11月一路快速下行,随后反转修复并沿着图中所示的支撑线运行。2009年8月和2009年11月连线构成了新的阻力线,该阻力线趋势向下,并在2010年10月再度得到确认。同时原先的支撑线在2010年1月转变成阻力线,均意味着股市的下行趋势确立,并在一定时期内会在两条线形成的通道内运行。如图3所示。

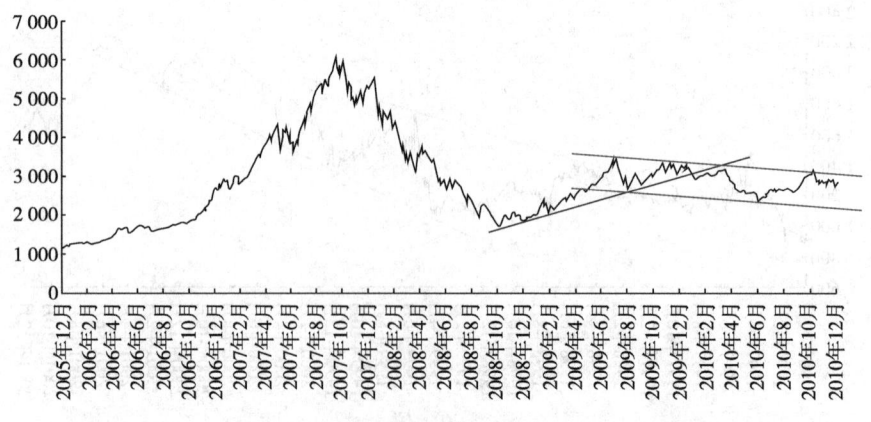

图3　上证综指在历次周期拐点示意

2011年上证综指继续在图4所示的两条线所围成的区域内运行。然而2012年2

月股市反弹突破上方阻力线,下降趋势变缓。由 2012 年 2 月和 2012 年 5 月的阶段顶部连线构成了新的阻力线。现在我们可以看到,除了 2013 年 2 月的一次"假突破"之外,在 2012 年 2 月到 2014 年 7 月之间,股指历次反弹都未能有效突破该阻力线,并且股价震荡区间逐步缩窄,并且都运行在下方支撑线之上,终于在 2014 年 7 月突破阻力线,宣告本轮股市下行的结束。

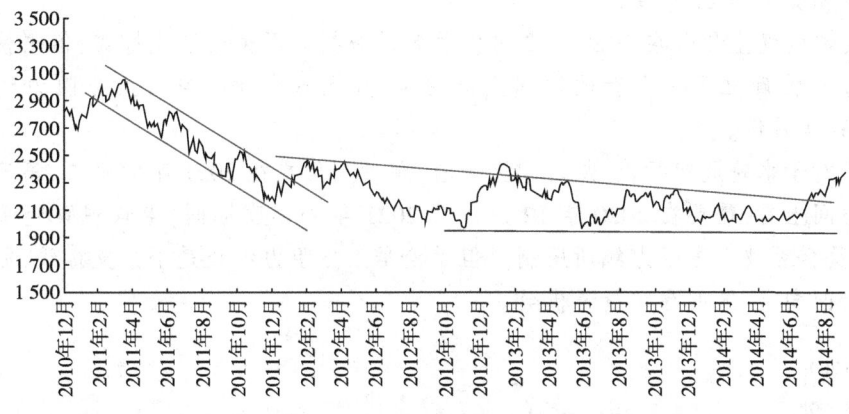

图 4　上证综指在历次周期拐点示意

整个 2014 年以及 2015 年上半年股市再度出现了较大涨幅。2015 年 6 月的股市高点与 2015 年 7 月的下行反转高点连成了一条很陡的趋势线,在 2015 年 8 月和 9 月两个底部连线的确认下,股指沿着下方支撑线出现缓慢修复行情。但 2015 年 12 月股指向下穿过了支撑线,市场再度出现较大跌幅,直到 2016 年 2 月才结束。值得一提的是,2016 年 1 月初和 2 月底的股指底部连线构成了未来很长一段时间的趋势线,这条趋势线总体向上,意味着股市的缓慢上涨。如图 5 所示。

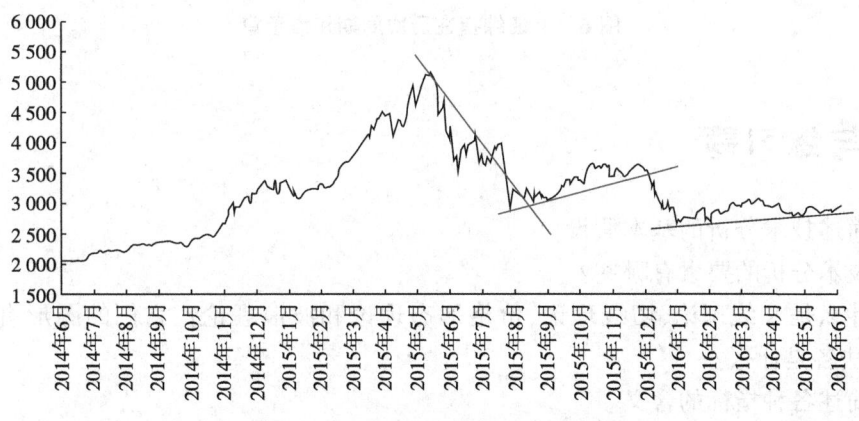

图 5　上证综指在历次周期拐点示意

承接图 5 尾部的支撑线,上证综指从 2016 年 2 月初一直到 2017 年 3 月都在支撑线之上运行,历次下跌都未能突破支撑。但是 2017 年 4 月股指向下突破后,支撑线转为阻力线,直到 2018 年 1 月的上涨都未能突破,并且在 2018 年 1 月无力突破后,市场上涨动力式微,2018年熊市开启。如图6所示。

本轮行情的开端需要从2019年1月的底部开始观察。2019年初的上行太过迅猛,趋势不可长期持续,因此在2019年4月出现了阶段顶部,上证综指一直到2020年7月才再度突破。就市场日线图来看,2019年4月与2020年7月的连线大概率是本轮行情的上方阻力线,下方支撑线则是2019年1月底部与几个圆圈所标注区域的连线,向后延伸大概相交于2021年9月份。

但疫情的发生导致在2020年2月份的时候股指向下突破了支撑线,但很快上证综指就在3月份确立了一个新的快速上涨趋势,如图6所示。它与上方阻力线相交于2021年3~4月份。

因此对于本轮股市行情,从时间上来看,预计顶部或在2021年的第二、第三季度出现。从空间上看,需要在2020年12月以及2021年一季度期间,重点观察趋势是否能延续,以及会否被上方阻力线所压制。但无论是上方阻力线还是下方支撑线,股市目前的趋势仍旧向上,依旧存在投资机会。

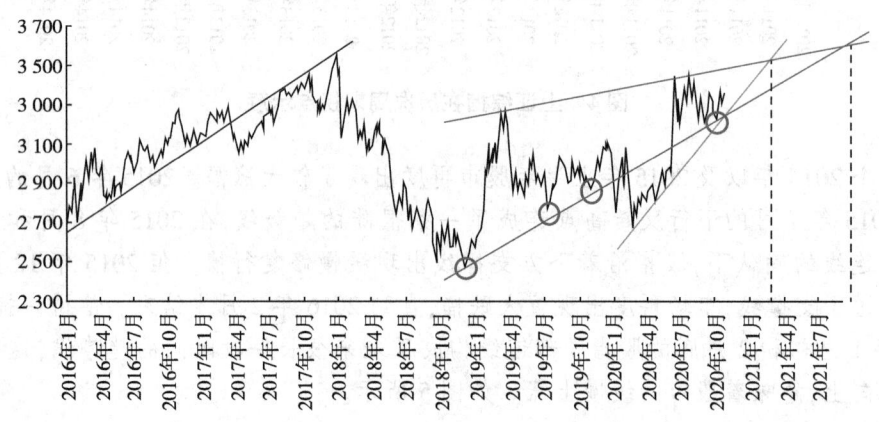

图6　上证综指在历次周期拐点示意

思考与练习题

1.简述技术分析的基本假设。

2.技术分析的要素有哪些?

3.什么是K线理论、切线理论、价格形态理论和波浪理论?它们的图形有什么区别?方法各是什么?

4.简述各种指标的含义。

5.如何评价移动平均线?

6.如何利用相对强弱指标RSI进行分析?

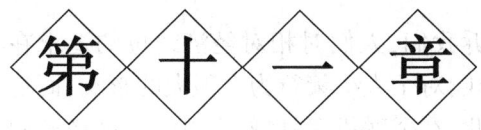

证券投资者行为分析

【学习要点】

证券市场投资者的行为分析,应基于行为金融学的框架,考虑信息成本和投资者的有限理性,对机构投资者、中小投资者的投资行为做出具体分析。

Key points: Basing on behaviors finance science, this chapter makes a detailed analysis about the behavior of institution investor and individual investor, considering cost of information and the investor's limited ration.

第一节 行为金融学概述

20世纪80年代以来,随着金融市场上各种异常现象的累积以及人们对金融异常现象研究的日益重视,标准金融理论受到了严峻的挑战,一批力图解释金融市场实际行为的全新金融理论逐渐兴起,行为金融理论就是其中之一。

一、行为金融学的研究对象

行为金融学在借鉴行为科学、心理学以及社会学的研究成果基础上,初步形成了以金融活动当事人的心理因素为基本特征的理论体系。到目前为止,研究者们已经总结出投资者决策时的一些心理特点及其决策行为的一般特征。

（一）投资者的心理特征

对于投资者心理特征主要有以下四个观点。

1. 自信情结(Overconfidence)。自信情结是高估自己的判断力,过分自信。心理学研究发现,当人们称对某事抱有90%的把握时,成功的概率大约只有70%。

2. 回避损失(Loss-aversion)。趋利避害是人类行为的主要动机之一,而在经济活动中,人们对"趋利"与"避害"的选择是首先考虑如何避免损失,其次才是获取收益。马科维茨首先注意到了人类的这种行为方式,后来的实证研究进一步表明,人们在从事金融交易中,其内心对利害的权衡是不均衡的,赋予"避害"因素的考虑权重是"趋利"因素的两倍。

3.追求时尚和从众心理。位置消费理论告诉我们,人们对相对经济地位的追求在空间上表现为与他人相比。可见,人们的相互影响对个人决策行为有很大的影响,而追求时尚与从众心理便是其中最突出的特点。因此,在金融投资领域,金融学家已经开始将这一特点作为重要的投资决策因素加以考虑。

4.后悔与谨慎。这种心理状态普遍存在于人们的经济活动中。即使决策结果相同,如果某种决策方式可以减少投资者的后悔心理,对投资者来说,这种决策方式仍然优于其他决策方式。

(二)决策行为的一般特征

1994年,Shefrin和Statman开始研究可能对金融市场行为产生系统影响的决策行为特征。到目前为止,一些决策行为特征已经得到行为金融学家们的公认,并将它们作为对决策者的基本假设:①决策者的偏好是多样的、可变的,他们的偏好经常在决策过程中才形成;②决策者是应变性的,他们根据决策的性质和决策环境的不同选择决策程序或技术;③决策者追求满意方案而不一定是最优方案。

尽管这些对于决策特征的研究还处于尝试性阶段,而且它们之间相互作用的特点和对市场的影响并不十分明确,但一些实证研究表明,投资者决策行为特征与市场中的有关投资特性是相关的:股票价格的过度波动性和价格中的泡沫;投资者中存在追随领导者和从众行为;对风险的高估;过早地售出赢利投资和过晚售出失败投资;投资者对现金股利的不同偏好;对时间性分散投资组合(通过不同期限的投资组合来分散风险)的不同态度等。

二、行为金融学的发展

行为金融学揭示了新古典传统的经济学和金融学的一个根本性缺陷——完全理性假设,这使得行为金融学得到高度关注。与标准金融学不同,行为金融学认为市场中的参与者不是完全理性的,他们只是准理性人或者有限理性人,他们在进行风险决策时并不依照贝叶斯规则进行,而是采用简单、有效的直观推断法。在多数情况下,这些直观推断法是有效的,但其中往往包含一些系统性误差,这些误差在有些情况下,会成为影响全局的错误。在这种情况下,市场选择的结果是不确定的,其机制常常会失灵,非理性交易者完全有可能在市场中生存下来。

行为金融学与标准金融学在分析方法上的不同主要体现在行为心理决策分析法和风险度量方法上。行为金融学将人类的一些心理学特性如人类行为的易感性、认知缺陷、风险偏好的变动、遗憾厌恶、自控缺陷以及理性趋利特性和投资者情绪等价值感受引入到资产定价理论体系中,认为决策者的偏好一般是多方面的、易变的,这种偏好常常只在决策过程中才形成。行为金融学认为决策者具有很强的适应性。通过对投资者行为心理决策的分析,行为金融学成功地解释了资产价格反应过度和反应不足、动量效应、季节效应、小公司现象等一些标准金融学无法解释的异常现象。

行为金融学用自己独特的分析方法,以马柯维茨投资组合理论和资本资产定价模型(CAPM)为基础,针对其缺陷提出了修正模型,即行为组合理论和行为资产定价模型(BAPM)。

Shefrin 与 Statman(2000)提出了行为组合理论来替代传统的马柯维茨投资组合理论。在马柯维茨投资组合理论中投资者具有恒定不变的风险厌恶程度,他们将资产组合看成一个整体,并且在构建资产组合时只考虑不同证券之间的协方差。而行为组合理论中的投资者则投资于具有金字塔形层状结构的资产组合。资产组合金字塔的每一层都对应着投资者特定的投资目的和风险,一些资金投资于最底层以规避风险,一些资金则被投资于更高层来争取更大的收益。行为组合理论确立了以 $E(W)$ 和 $Prob(w \leqslant s) \leqslant a$[其中:$E(w)$为预期财富;$a$ 为某一预先确定的概率]来进行组合与投资选择的方法基础。与马柯维茨投资组合理论相比,行为组合理论和目前十分流行的以 VAR(Value-At-Risk)构筑资产组合的方法在理论与实践上具有较好的一致性。

行为资产定价模型 BAPM 则是对现代资产定价模型 CAPM 的扩展。BAPM 将投资者分为信息交易者和噪声交易者两种类型。信息交易者为按照 CAPM 模型进行投资的投资者,他们从不犯认知错误,而且不同个体之间表现有良好的统计均方差;噪声交易者是那些处于 CAPM 框架之外的投资者,他们时常犯认知错误,不同个体之间具有显著的异方差。两类交易者互相影响,共同决定资产价格。当信息交易者占主导地位时,市场表现为有效率,当噪声交易者成为代表性交易者时,市场表现为无效率。将信息交易者和噪声交易者以及两者在市场上的相互作用同时纳入资产定价框架是 BAPM 的一大创举。BAPM 中证券的预期收益决定于均值方差有效组合的切线斜率,即 β 值。因为噪声交易者对证券价格的影响,均方差有效组合不同于 CAPM 中的市场组合。

三、行为金融学对传统理论的突破

传统的有效市场假说(EMH)是金融学领域一个非常重要的理论模型。EMH 认为金融市场中的价格包含了一切信息,同时在任何时间,证券价格都可以看做投资价值的最优估计。根据行为金融学理论,EMH 存在两个有关投资者行为方面的假设前提:一是投资者在使他们所拥有的证券组合价值最大化时所采取的行为模式是没有偏差的。二是投资者总是以自身利益最大化为目标。

行为金融学认为 EMH 本身并没有保证这两个前提一定成立。相反,行为金融学根据对实际情况的分析,对这两个假设前提的正确与合理性产生了质疑,认为投资主体因为心理因素的影响会经常出现违反这两个假设前提的情况。传统理论中未能考虑到基金经理因心理因素造成的主观错误与投资失误是较明显的缺陷,心理因素影响应该成为选择基金进行投资与选择基金经理时非常重要的考虑因素。

四、行为金融学在我国证券市场中的应用

我国的证券市场是一个新兴的市场,在许多方面尚未成熟。目前的一个突出问题是过度投机性,而其产生的最主要原因就是众多中小投资者的非理性行为。证券市场的投资者可分为机构投资者与普通投资者,前者在资金实力、分析手段、信息获得与把

握上具有优势;而后者由于势单力薄,经常揣摩、打听前者的消息或行动,作为自己决策的参考依据。

在我国,中小投资者占投资者的绝大部分,他们的决策行为在很大程度上决定了市场的发展状况,而他们又以弱势人群的姿态出现,其决策行为的非理性严重导致了市场的不稳定。因此,仅借助现代金融学的方法无法正确分析我国证券市场,应充分重视行为金融学这一新兴理论方法,利用它来发展、完善现代金融学,并将其应用到我国的证券市场。

将行为金融学的研究成果运用到我国证券市场的实践中,能够合理引导投资者的行为。对于广大中小投资者,要通过教育来使其趋于理性化,提高证券市场投资者的投资决策能力和市场的运作效率。对于机构投资者,要提高其投资管理水平。例如,行为金融学对我国开放式基金的发展具有重要的指导作用。开放式基金的一个突出问题是基金份额的赎回,基金经理要根据其对赎回量的估计确定资产的流动性,而这就不可避免地要估计投资者的行为决策方式。投资者往往在受到压力时高估风险,稍有风吹草动,他们就可能大量赎回,而从众心理又可能深化这种趋势,使基金受到更大的压力。另外,由于投资者的后悔与谨慎心理,他们常常利用代理人制度转移其对经济结果的责任及受到的压力,通过深入分析这一点,基金经理就能确定合理的管理费率,提高基金的运作水平。

资本市场与机构投资者的发展使得投资基金逐渐成为资本市场中的主要投资机构,以共同基金、养老基金以及对冲基金等众多投资基金为主体的投资机构已经成为市场中最重要的投资主体。投资基金地位的上升也使得投资基金逐渐成为个人投资者的重要投资对象,因此如何在众多投资基金中确定投资对象就成为众多学者研究的课题。投资基金经理是投资基金的管理层,是基金投资策略的确定者和实施者。投资基金的选择在很大程度上就是对基金经理的选择。基金经理层的专业学识与心理素质也成为选择基金时的重要考虑因素。对于基金经理的选择以前主要是以传统的有效市场理论和信息理论为指导,但是随着金融理论的发展,行为金融学理论在这个领域显示出越来越重要的意义和作用。

第二节 机构投资者行为分析

我国证券市场发展的初期主要以个人投资者为主,当时大户的作用十分明显,从而形成了暴涨暴跌的局面。从1996年开始,各地产生了大量的证券公司、信托投资公司及基金公司,从而逐渐改变了原有的状况,券商、投资公司和基金公司成为证券市场的重要力量,中国股市也正在跑步进入机构投资者时代。机构投资者是指运用自有资金,或者通过各种金融工具等筹集资金进行投资管理的金融机构,既包括投资银行、对冲基金和货币市场基金等投资中介机构,又包括保险基金、社保基金等契约性储蓄机构,还包括商业银行等存款机构。由此推论,不同的机构投资者在资产性质、资金来源、债务特点、投资期限、委托要求、目标偏好、行为方式、持股周期等诸多方面存在差异,对证券市场稳定的作用大不相同,不同性质机构投资者之间的相互依赖、相互竞争和彼此制衡势必产生市场互补与功能整合作用,进而从整体上促进证券市场效率不断提高。随着证券投资基金、社保基金、保险公司、QFII、私募基金、证券公司等各类机构的迅猛发展,中国证券市场进入了机构主导和机构博弈的新时代。一般而言,以机构投资者为主体的股票市场和以中小投资者为交易主体的股票市场具有完全不同的特点。近年来,在超常规发展机构投资者的战略指导下,我国股票市场的机构投资者队伍迅速壮大起来。换言之,我国股票市场正在经历从以散户为主体的市场到以机构投资者为主体的市场的历史性转变。可以认为,在当前的我国股票市场,以券商、证券投资基金为代表的机构投资者正在成为市场的主要参与者。因此,研究和分析机构投资者的投资行为具有非常重要的现实意义。在机构投资者迅猛发展的同时,其投资行为也在发生异化,与政府和市场的最初预期产生明显的偏差。

一、机构投资者的行为特征

作为现代企业制度的一种组织形式,机构投资者的行为无疑应该是理性的,其目标指向乃是股东或者其全部基金持有者的利益最大化。因此,机构投资者必然紧随经济、市场形势变化而不断调整其投资的方向、规模与结构,这就决定了机构投资者同样具有周期短、结构多变甚至投机的特点。但是,由于受资金规模大、周转速度慢等因素制约,在利益动机下,机构投资者往往利用其资金与信息的规模优势,通过对市场分析、判断与预测,从而倾向于对发展前景看好的行业进行长线投资,获取上市公司的高成长收益。显然机构投资者不可能超越其自身的利益动机而去做其他任何事情。但是,正是基于长期战略投资这一点,我们认为机构投资者具有稳定市场的功能。事实上,机构投资者并不一定是长期买进囤积的投资者,更非最终的投资者,它也必须在较短的时期内达到一定的业绩标准,否则,就会面临着大量偿付的风险。因此,机构投资者同样会积极地交易其所持有的股票,以尽可能取得优秀的经营业绩。当机构投资者认为收益前景马上就要恶化时,没有理由认为它们仍会大量持有证券资产,因为这是趋利避害的唯一正确选择。此时,希望机构投资者违背自身的利益原则而大发善心来拯救证券市场是不切实际的。除非它预期认为,若短期内抛售得过多、过快会使其自身难以全身而退,才会暂时不加以抛售,以取得相对稳定;否则,只要能够比其他投资者较早觉察风险,它一定会抢先抛售。而且,在证券市场中,机构投资者同样不可避免地存在着"羊群效应"。由于竞争激烈及业绩压力,一般的机构投资者也会十分关注"领头羊"机构投资者的动向,一买俱买,一卖俱卖。机构投资者的这种行为不但没有起到稳定市场的作用,反而加剧了市场的波动幅度。

由此可见,证券市场的稳定与波动并不仅仅在于其波动幅度的大小,更要看其是否反映了经济的运行状况,因此,机构投资者的长期战略投资确实具有稳定证券市场的功能。但是,这不是一种必然关系,它受到机构投资者自身利益因素的影响,当与其自身利益相悖时,所谓的稳定证券市场只能是政策制定者的一厢情愿。

二、机构投资者的行为偏差及其表现

(一) 短视行为

在有关机构投资者稳定市场还是加剧波动的争论中,国外许多学者指出,由于机构投资者的"羊群行为"(Herd Behavior)和"短视行为"(Short-termism)及流动性压力的影响,机构投资者的出现有可能增加股市的波动性。机构投资者在具体决策时,通常面临基础策略和短期策略两种选择。基础策略是以基本面信息为决策依据,如买入具有高股利收益率或者具有高权益/市值比率但价值被低估的股票,这些股票往往需要较长的时间才会被市场所认同,但在短时间内的表现可能不如时下流行的投资概念和基准指数。由于委托—代理关系的存在,基金经理人通常十分注重投资组合的短期表现,许多基金经理因此采取短期投资策略,即不以基本面信息为基础,而主要以技术分析或"跟风"为基础。"短视行为"观点认为,机构投资者面临较大的竞争压力(Scharfstein & Stein,1990)。比如,假如某只基金连续半年或一年落后于指数或其他基金,则该基金就难以吸引新的投资者以扩大规模,并且基金经理还面临被解雇的威胁。所以,就算基金找到一只发展潜力巨大的股票,但如果该股票不能在近期内上涨,基金经理可能会放弃该股票而转向其他能在短期内上涨的股票。正是由于这种短视行为,致使机构投资者不断地改变其投资组合,从而加大了市场的波动性。一种典型的短视行为是"趋势追踪"(Trend Chasing)或称为"正反馈交易"(Positive Feedback Trading),即追随市场热点,卖出表现不佳、亏损的股票,买入表现强劲、赢利的股票。机构投资者之所以采用趋势追踪策略,原因有二:一是由于机构投资者认为该股价趋势将会持续;二是由于基金经理购买市场热门股票,使得其向基金持有人有所交代,即"窗饰效应"(Window Dressing)。但是也有学者认为,机构投资者的短视行为不一定造成市场不稳定。比如,由于投资者事实上需要一定的时间来消化信息并由此做出反应,于是市场价格在一段时间之后才会完全反映新信息。在此条件下,短期策略可能就是理性的,而采用此策略的投资者充分利用了一段时间内股票收益的持续性(Lakonishok,Shleifer & Vishny,1992)。

较长时期以来,我国机构投资者在证券市场中处于非主流地位,在市场短线投机理念盛行的氛围中,机构投资者受到整个市场投资理念的制约,机构投资者难以实践价值投资理念,许多机构投资者在生存压力之下只能选择"追逐热点、短线投机"的投资策略,机构投资者在市场中有"短线高手"和"超级散户"之称。目前我国机构投资者的短期行为较为严重,从其资产组合的变化可以看出其频繁进行买卖行为。

(二) 羊群行为

羊群行为是指投资者在交易过程中存在学习和模仿现象,从而导致他们在某段时期内实行相同的买卖操作(Bikhchandani,2000)。德维诺和韦尔奇(Devenow & Welch,1998)以及比克汉达尼和夏尔马(Bikhchandani & Sharma,2000)认为,机构投资者可能具有"理性"羊群行为,所有的人都寻求在同一时刻买进或卖出股票。Scharfstein 和 Stein(1990)以及 Wermers(1999)认为,尽管个人投资者普遍存在羊群行为,但是机构投资者有可能比个人投资者更具有羊群行为。究其原因主要是:其一,机构投资者相互了解的程度比个人投资者更深入,机构投资者往往从其他机构投资者的投资决策中获取信息并以此作为自己投资决策的参考。其二,鉴于基金经理业绩评价的标准是同行比较,于是许多基金经理为了不落后于同行而存在跟随其他基金经理投资决策的动机。其三,机构投资者通常面临相同的信息,比如赢利能力和变化、分析师的投资建议等,而且机构投资者的信息趋同程度要高于个人投资者,因此可能会加剧羊群行为。Nofsinger 和 Sias(1999)发现机构投资者的羊群行为对股票价格的影响明显大于个人投资者。虽然没有证据证明机构投资者的羊群行为是非理性的,但是这种行为确实在某种程度上影响着股票价格并且加剧了金融市场的波动。

国内的许多研究都认为,我国机构投资者存在一定程度的羊群行为,其程度甚至高于个人投资者和国外的机构投资者。我国机构投资者(尤其是证券投资基金)的行业集中度和个股集中度一直偏高。羊群行为可以分为"虚假羊群行为"(Spurious Herding)和"故意羊群行为"(Intentional Herding)两类。前者是指投资者群体面临相似的决策问题和采取相似的决策,这是由基本面因素驱动的(例如,当利率突然上升时),投资者一般都会降低组合中股票的投资比重。如果从严格意义上而言,由于这种买卖决策并非是在观察别人的行为之后做出的,因而这并非羊群行为。后者是指投资者观察并"复制"别人的交易行为,这是由心理因素驱动的(例如,人类天生具有某种群体归属感),当自身的交易决策与大众逻辑相似时才会有安全感。我国这两种类型的羊群行为都有所体现。

(三)处置效应

有研究表明,投资者不愿意承认损失(Odean,1998),而且投资者具有处置效应。芬兰的 Grinblatt 和 Kelohariu(2001)发现账面损失越大投资者就越不愿意卖出股票。处置效应(Disposition Effect)是指投资者倾向于过早地卖出其投资的赢家组合,而持有输家组合的时间又会过长(Shefrin & Statman,1985)。香港理工大学课题组的研究表明:我国的投资者不愿意承认损失,对我国投资者的处置效应检验的比率要明显高于美国投资者,个人投资者比机构投资者更可能卖出赢家组合,卖出输家组合的可能性却更低。深交所综合研究所李学(2001)的课题《关于我国投资者的处置效应的研究》的结论为:①卖赢比例/卖亏比例和持股时间检验都表明,中国股市存在处置效应。②与美国股市不同,我国股市的处置效应在年末相对较强。③与机构投资者相比,我国个人投资者的处置效应更强烈。④处置效应与投资者预期股价反转而采取反向投资策略是一致的,表明投资者的处置效应倾向中具有理性的因素。

(四)违法违规行为

长期以来,我国证券市场呈现出明显的庄家时代特征,诸如:机构投资者之间存在许多共谋行为;机构和散户的博弈存在非均衡性;机构投资者同上市公司联手操纵市场;机构投资者利用虚假交易、虚假股东账号等手段操控股价;等等。机构投资者与股价操纵有着某种天然的联系,股价操纵主要有三种方式:基于行动的操纵、基于信息的操纵和基于交易的操纵。与管理层超常规发展机构投资者的初衷相悖的是,中国机构投资者尤其是作为主力的证券投资基金和证券公司的投资行为发生异化,"基金黑幕""羊群行为"和市场流动性失败等在一定程度上加剧了市场波动,南方系、中科系、亿安科技、德隆系等庄股的接连跳水加剧了市场的持续大幅下跌。证券投资基金的投资行为表现出短期化,炒作现象严重,甚至操纵股价、制造虚假交易量、对投资者(尤其是散户等中小投资者)进行信息误导,"基金黑幕"的曝光则使得证券投资基金"专家理财""理性投资"的应有形象遭到严重破坏。

机构投资者投资行为的异化严重扰乱了证券市场的正常秩序,加剧了市场风险的累积。机构投资者"对倒制造虚假成交量""高位接盘""倒仓"等违法违规行为严重损害了中小投资者的利益。随着制度和监管的不断完善,这些行为将难以实现其目的。中国证券市场的非理性波动其实并非由非理性的个人投资者所引起,而正是由行为相对更为"理性"的机构投资者(他们构成了庄家的大部分)所引起。机构投资者利用其信息、资金和持股优势,独自或者与其他机构投资者联合操纵市场,甚至与上市公司共谋。机构投资者的市场操纵往往与内幕交易、欺诈客户、制造虚假信息等违法违规行为相伴随。另外,机构投资者的违法违规行为还涉及关联交易、内部人控制等行为,表现出高位接盘等"非理性"行为,但对机构管理者、内部人而言,却是一种非常"理性"的选择。

三、股指期货推出后机构投资者行为趋向

(一)股指期货的推出有助于机构投资者的投资理念更趋理性化

相对散户而言,机构投资者的投资行为要理性得多。但由于我国证券市场目前产品比较单一,机构投资者的理性化投资相对于国际市场仍有较大差距。这是因为,在股指期货等能够做空的工具产生之前,单一做多的赢利模式会牵引机构投资者过度做多。在做空工具上市后,机构投资者的过度做多行为会因为做空机制的存在而受到遏制。同时,在市场游戏规则改变的情况下,机构对证券的估值也会有所调整,股票的市盈率水平会逐步向国际市场靠拢。

(二)股指期货的推出有助于结束股市积弊已久的"庄家"现象

由于操纵股指期货的成本和难度要远远大于操纵现货股票价格的难度,因此股指期货推出后将有效遏制国内股市的坐庄现象,机构投资者之间的博弈将走向理性的轨道,资本市场将逐步结束"暗庄"时代。

(三)股指期货推出后能够推动机构投资者向多样化发展

自 2000 年以来,在超常规发展机构投资者的政策指导下,A 股市场上的机构投资者队伍不断发展壮大。我国的实践表明,并非有了机构投资者就能维护和促进金融市场的稳定。国际清算银行报告也指出,目标分散、行为互补、多元化的机构投资者是维护金融市场稳定的关键所在。机构类型的多样化只是发展多元化机构投资者的一个最基本要求。多元化的机构投资者群体本质上要求市场存在着不同组织形式、不同投资目标、不同投资期限、不同投资风格、不同收益评价标准的机构投资者。当前我国资本市场机构类型多样化并不代表机构投资者的多元化,从本质来看,机构投资者还是十分单一的。

首先,证券投资基金一家独大,而且基金产品绝大多数为偏股型基金。近年来,随

着我国居民理财需求的增加,基金行业发展十分发展,公募基金数量和规模不断增加。据中国证券投资基金业协会数据统计,2013年至2019年,我国公募基金数量从1 552只增长至6 544只。从公募基金资产净值分布来看,2019年,货币市场型基金占据资产净值总比重的48.2%,其次是债券型基金和混合型基金,分别占比18.73%、12.79%。基金收益方面,2019年我国公募基金实现1.17万亿元利润总额,创历史新高。其中,混合型公募基金利润总额最高,达到5 224.14亿元的利润总额,其次是股票型公募基金和货币市场型公募基金,分别实现利润总额2 996.43亿元和1 967.39亿元,债券型公募基金实现利润1 399.99亿元。

其次,投资风格趋同,资产配置结构雷同。虽然从形式上来看,基金的投资风格有平衡型、价值型与成长型之分,但由于股票市场可投资品种的限制,最后导致它们投资风格趋同,资产配置结构雷同。例如,2014年一季报显示,基金在制造业、IT产业和金融业三大板块上配置资金的比例达到63.78%,虽然对比前几年有所降低,但是集中度仍然较高。在前十大重仓股中,伊利股份被218只基金持有,中国平安被140只基金持有,万科A由161家基金持有。

最后,投资期限散户化。证券投资基金的仓位(左轴)随上证综指的上升而上升、随上证综指的下降而下降,开放式平衡基金甚至下降到最低持仓限制线(60%)。换言之,以证券投资基金为代表的机构投资者并没有扮演稳定市场的角色,反而呈现机构散户化特点。据上海证券交易所相关统计数据显示,2007年公募基金的平均持仓时间为60天,接近个人投资者的持仓时间。股票类基金股票持仓情况以及上证综指走势机构散户化特征在开放式基金中表现尤为明显,且加剧了股市的波动,不利于股市稳定。当股市处于上升时期,基金净值增加,导致投资者申购积极,基金不断追加投资,新增资金进一步推动股市上涨;当股市处于下跌时期,基金净值减少,导致部分投资者赎回,基金被迫售股套现,资金流失进一步导致股市下跌。

机构投资者本质上的单一化从根本上说是资本市场缺乏丰富的投资工具的结果。金融市场投资工具的匮乏压制了保险资金、社保资金的成长空间,保险资金和社保资金大多委托基金公司投资于股票市场,造成了虽然在形式上机构投资者已经多样化,但是实质上依然是股票投资基金独大的格局。与此同时,由于市场上只有股票和债券可以投资,并且好的股票数量总是那么有限的几只,这就导致了机构投资者的重仓股和核心资产高度同质化。再加上评价体系是以相对回报率为基础,所以机构散户化就成了证券投资基金的必然选择。

(四)股指期货推出后机构投资者策略更加多元化

股指期货推出之前,机构投资者在赢利模式上仅靠精选个股买入持有策略,在风险控制上通过分散化投资降低非系统风险。这样的投资策略与散户没有多大区别。股指期货推出后,机构投资者的赢利能够通过多样化的投资策略实现。股指期货各种套利策略(如期限套利、跨期套利、跨市场、跨产品套利、α套利等)以及运用期指调整组合β值使选时和选股分开等投资策略为机构投资者的选择打开方便之门。在风险控制上,机构投资者在分散现货组合非系统风险的同时,可以通过套期保值手段分散现货组合的系统风险。

(五)股指期货推出后产业资本证券市场的参与度会提高

始于 2005 年的股权分置改革给国内的产业资本带来了一个不一样的资本市场。在股权分置时代,由于上市公司的非流通股不受股票交易的市场价格影响,市值的大小与股东自身的利益没有直接的联系,国内很多上市公司都没有动力去关心股票的市值。股权分置改革结束后,股东的价值取向趋于一致,上市公司将会通过市值管理尽可能提升自身的市值。当预计股票市场会出现较大幅度下跌时,出于对上市公司控股的要求,公司股东不愿意抛售公司股份,但为了防范进一步下跌的亏损,他们会通过期货市场进行卖期保值。

(六)股指期货推出后机构参与大盘股的积极性会提高

入选沪深 300 指数的样本股绝大部分是大盘蓝筹股和各个行业的龙头股票。由于期货和现货的同步联动,当机构投资者涉足股指期货时,权重股也将成为他们重点关注的对象。国外成熟市场的运行特征表明,股指期货推出后,权重股的相对收益超过非权重股。海外证券在推出指数期货后,除了日本和德国外,其他国家和地区的样本股指数走势明显强于非样本股指数,年平均涨幅差值都超过了 10%。日经 225 指数与非样本股指数走势无明显差异,主要是由于 20 世纪 80 年代后期到现在日本宏观经济一直处于徘徊当中,而 1989 年 9 月 1 日至 1991 年 12 月 31 日,德国 DAX 指数与非样本股指数走势无明显差异,主要是这段时间德国正处于东西德合并时期,政治上动荡使得宏观经济并无起色。

四、机构投资者的投资策略

(一)反向投资策略与价值投资策略

该策略就是买进过去表现差的股票,而卖出过去表现好的股票。如,选择低市盈率的股票、选择股票市值与账面价值比值低的股票、选择历史收益率低的股票等。行为金融学认为,反向投资策略是对股市过度反应的一种纠正,是一种简单外推的方法。

中国的股票市场素有"政策市"之称,不同的投资者对政策的反应是不一样的。普通个人投资者由于消息的不完全,往往对政策信息表现出过度反应,尤其是我国的个人投资者对政策面消息的反应尤为强烈。而机构投资者的信息库和专家队伍则可以对政策的把握有一定的预见性,针对个人投资者的行为反应模式,可以采取反向投资策略,进行积极的波段操作。我国证券市场还存在大量的"跟风""跟庄"的羊群行为,使整个市场的预测出现系统性偏差,导致股票价格的偏离,并随着投资者对价格趋势的积极跟进而进一步放大了价格与股票基础价值的偏离。这些对股票价值的高估或低估最终都会随着金融市场的价值回归而出现异乎寻常的股价下挫或上扬,也就带来了相应的价值投资机会。

ST 股的股价往往在特别处理或特别转让的消息公布后现出不跌反涨的现象。从行为金融学的角度看。由于我国证券市场上壳资源的稀缺性,这类公告效应带来的不仅是公司陷入严重困境的信息,更是该公司可能会成为潜在并购目标,紧接着就有资产重组等大动作,给投资者带来未来收益价值的预期。这类股票也可以加入机构投资者资产组合。

（二）动量交易策略

该策略的核心内容是寻求在一定期间中股价变动的连续性。如股价变动连续趋涨,则采取连续卖出的策略;如股价变动连续趋低,则采取连续买入的策略。

另外,由于投资者的过度自信带来的锚定效应等也会导致其对新的信息反应不足,使得股票的上扬或下挫趋势会维持一段时间,因此对此也可以运用动量交易策略,从业绩变动与事后股价的这种关系中捕捉到获利的机会。

（三）技术分析策略

我国投资者典型的羊群行为带来的信息聚集效应也增强了技术分析的有效性。将图形分析视为一种进行短期决策的信息,当越来越多的投资者采用这一方法,聚集在这一"信息"上由此分析得出相似的结论,并据此进行交易时,投资者就会从中获利,进而又吸引了更多的投资者采用图形分析的手段,最终使技术分析所预测的预测值与未来的资产价格确实呈现出现正相关关系。

第三节 中小投资者的行为及心理分析

人们常说,"炒股要有一颗平常心。"谁明白了这句股市格言的真正含义,谁离炒股成功就不远了。越是把钱看得重的人越炒不好股,因为他的心态不行,总受赔赚的影响,根本不关心市场的涨跌节拍和规律,也就是说他根本不会顺应大势,不会顺势而为,只会顺"钱"而为,你说他能炒好股吗?即使偶尔能赚点钱,早晚也会因为他的贪心而赔光的!这绝对不是危言耸听,这关系到个人投资理念是否正确、方向和目的是否正确的问题。方向、目的错了,其他方面全对,你再努力也是白搭。证券市场是一个高深莫测、变幻不定的复杂环境,激烈的市场竞争既是投资者实力的竞争,更是投资者心理素质的角逐。证券交易之所以能够久盛不衰,使投资者沉醉于此,其根本原因就在于它能为投资者带来十分丰厚的收益。但是,任何一个投资者在谋求这种潜在的市场收益时,必须清醒地认识到,收益与风险相伴而生且关联性很强,投资者的期望值越高,其遭受风险打击的可能性也就越大。因此,在证券市场投资,必须保持健康的投资心理,能够正确地看待证券市场投资中收益与风险的辩证关系,才能恰当地把握自己的投资行为。良好的投资心理是关系投资成功的关键性因素之一,而良好投资心理的树立取决于抛弃各种错误的投资心理的程度。在掌握了一定的股票基本知识和具有一定的炒股经验之后,要想在股票市场长期生存,炒股者最不应该忽视的就是自己的心理建设。人性中根深蒂固的恐惧、贪婪、希望,影响着我们所做的每一个决定,使我们常常做不到自己知道应该做的事。要完全克服人性中的弱点是很困难的,而要克服,首先必须知道这些弱点是什么及什么是正确的做法。

人是有情感的,人的情感是心理上对外部条件对自身的受益或损害的反应。这基于我们在生活中的实践,基于我们的价值观念。

在股市交易过程中,投资者的心理活动都会对股价发生影响,各种投资心理活动有它们独特的表现。根据现代心理学的研究,在涉及需要就金钱做出决定时,人脑中无论是理性还是情感活动都处于高强度的运动中。纯理性和纯情感的决定都不是好决定。在投资者大脑中,理性活动与情感活动混合为一体,这样做出的决定,往往不符合经济学家对理性的描述,但是,这些非理性的行为有它们自己的规律性。

人们不但根据过去的信息和对将来的风险和回报的预测做出决定,而且根据对其他人在这样的信息和预测下可能采取的行动的假设做出决定。因此,在股市波动中,投资者不但有可能因为看准了市场而自豪,而且有可能因为预见到别人的行为而自傲。

金钱上的输赢不但有经济上的后果,而且会带来心理的甚至生理的反应。预见会赢钱的那一部分大脑并不是接受已经赢钱这个事实的那一部分大脑。预期赢钱时的情感活动常常比实际赢钱时的情感活动要强烈得多。因此,股市波动的过程有可能为投资者带来比投资实际结果更强烈的兴奋感。

一、股市投资的常见心理

研究人类行动的历史,可以发现人类在进行决策的时候有以下几种模式:一是根据自己对事物的了解,结合已有的知识和经验,对事物的可能结果进行预测,做出行动的决策;二是完全根据直觉行动(普通大众常以这种方式做决策);三是根据自己的理解和思考,对于事物的发展变化做出一定的判断,同时根据事物呈现出来的阶段性结果,再做出行动的决策。第一种模式是预测策略,第二种是跟着感觉走,第三种是跟随策略。这就像在日常生活中决定要不要带伞?第一种人根据预测(现代人一般会听天气预报)采取行动;第二种人在雨季天天带把雨伞;第三种人是根据经验和已有的数据做出判断,但要等着雨下了或天晴了再采取相应的行动。

(一)恐惧

我们有恐惧,就如同孩童害怕受到火的伤害,恐惧使孩童不敢再去玩火,这就是对身体伤害的恐惧。我们害怕战争,因为战争摧毁生命和财产。我们从小教导小孩要"听大人话","听话"逐渐成为价值观念的一部分,我们认为这是"正确"的价值观。待我们长大后,自己成了大人,我们自然地将"听大人话"升格成"听领导的话""听专家的话""听权威的话"。小时"不听话"时所受的责罚使我们恐惧日后不听"上一级"的话会导致的后果。

我们恐惧亏钱,小时候我们用金钱交换糖果、交换衣服,我们知道失去金钱就失去交换这些令人愉快物质的媒介。所以,我们在股市也不愿亏钱,恐惧使我们不能止损。

恐惧是有传染性的。听到战争的时候,人人都充满恐惧,虽然远离战场的普通百姓受到身体伤害的可能性其实很小,但因大家都恐惧,所以我们也恐惧。在股市上,熊市来了,股民们开始恐惧,我们也随其他股民的恐惧而恐惧。事实是当普通股民感到恐惧的时候,熊市通常已接近尾声。但我们绝没有胆量在这个时候逆大众心理而动,恐惧使我们在应该进场的时候反而出场了。

恐惧有很强的记忆能力。你如果在股市经历了一个可怕的亏损,你将恐惧同样的经历会重新出现。在下次投资的时候,你的判断力就会受到这个经历的影响,任何可能有麻烦的迹象,无论这迹象是多么小,多么基于想象,你都将做出离场的决定,以避免再次受到伤害。这就是炒手们常常过早离场的原因。应该获利五万元的机会，你可能只得到五千元。上次你有了赚钱股票以亏钱收场的惨痛经历，你这次要避免同样的伤痛，什么走势、大市、分析等你都顾不得了。

就拿2005—2007年的大牛市行情来说。这波历时两年的大牛市行情起步于2005年6月6日的998点，直到2006年初的1 300点附近，市场才有声音明确地谈起"新一轮牛市"。而大多数人入市则是在2006年底的1 800点左右，在近千点的上涨中，人们都在前4年大熊市的阴影中无法自拔。就在行情启动前，虽然2004年上市公司的业绩是2000年以来最好的，虽然沪深两市平均市盈率水平均低于16倍，虽然上市公司平均红利率超过了一年期银行存款利率，但面对不断走高的指数，人们害怕在宏观调控下，2005年上市公司整体业绩可能微幅上涨，甚至不增长或者下滑；害怕上市公司股改方案如果达不到投资者的心理预期，会再一次打击市场信心，将股指重新砸回1 000点；害怕这波行情没有可持续性……在不敢相信牛市已来临的心理作用下，盘算着多少点该减仓了。就在犹豫间，股改寻宝行情演绎成了一波轰轰烈烈的牛市行情。

再看看2008年10月以来的这轮行情。从2007年10月16日的6 124点跌下来时，最初人们幻想这只是一次技术性调整，随后还将继续牛市的脚步，理由是中国经济仍然增长强劲，在全球金融危机中将独善其身。随着国内外经济状况急转直下，股指越走越低，理论上应该出现的反弹一次次落空，人们的信心开始一点一点瓦解。在降低交易印花税率、中央汇金公司购买银行股等政府救市措施出台后，反弹如昙花一现，这彻底摧毁了人们残存的一点信心。就在人气极度涣散时，行情在恐惧中爆发了。上证指数从1 664点走到现在，已经有了104%多的涨幅。一路走来，对行情可持续性的担忧不绝于耳，害怕银行贷款高增长不能持久，害怕政府投资持续性不够，害怕通缩来临，害怕美国经济继续下滑……虽然政府利好政策不断出台，但人们就是挥不去恐惧，害怕股指重回2 000点下方。就在犹豫间，指数已然快跨过3 500点了。

（二）贪婪

贪婪是情绪反应的另一极端，它在股市上的表现就是想在最短的时间内赚很多的钱。无论得到什么，得到多少，你总会编出理由来证明你应该得到更多。这一方面出自人这种动物对争夺生存资源的自然反应，另一方面源自对自己的无知、对外界的无知，所谓缺乏自知之明。在股票投资上，这种情绪是极其有害的。它会使你失去理性判断的能力，不管股市的具体环境，你无法让钱闲着，你勉强入市。不错，资金不入市不可能赚钱，但贪婪使你忘记了入市的资金也可能亏掉。

不顾外在条件，不停地在股市跳进跳出是还未能控制自己情绪的股市新手的典型表现之一。贪婪也使你忘记了分散风险。"老子这注博大的！"肚子里美滋滋地想象着如果这只股票翻两倍的话你能赚多少钱，忽略了股票跌的话怎么办？

新手的另外一个典型表现是在加股的选择上。你买了300股10元的股票，如果升到15元，你开始在肚子里嘀咕：如果当时我买1 000股该多好！同时你开始想象股票会升到20元，你即刻多买3 000股，把你的绝大部分本金都投入到这只股票上。假设这时股票跌1元，你一下子从原先的1 500元利润变成倒亏1 800元。这时你失去思考能力，希望开始取代贪婪，你希望这是暂时的反调，它很快就会回到上升之途，直升至

20元。你可能看到亏损一天天地加大,你每天都睡不好。不是说加股就是不对的,而是说情绪性地加股是不对的,特别在贪婪控制你的情绪之时。

话又说回来。如果你原先的计划就是先用300股来试市场,你很清楚何时加股,应加多少,情况不对的时候何时退场,你将不会有焦虑失眠等问题。因为部分胜利而引发贪婪,情绪化地用贪婪引导行动,那将引致灾难。

(三) 幻想

股票价格不断爬升,你终于等不及了,你进场了,希望股票会继续升。不幸的是,一旦你进场,股票开始下跌,你的账面损失一天天在增加。自然地,你希望股价能回升到你入市的价格,让你全身而退。这种希望是阻止你进行理性思考的障碍之一。一旦怀抱"希望",你每天都在寻找对你有利的信息,忽略对你不利的信息。就如同一般人对表扬常记于心,把批评当耳边风一样。你每天都在希望股票做对你有利的运动,而不是客观地判断市场。希望可以定义成"对某种事物的期待"。成功的投资必须基于对今天和未来所发生的事件对股价的可能影响做理性判断,"希望"在这个判断过程中不应占有任何地位。股票的运动绝不以你的希望为转移,它会走自己的路。别忘了你买的股票都是其他人卖给你的。你有一定的希望,至少有相同的人持有相反希望。没有理由认为股市对你特别偏爱。每次进的股票开始亏钱,你必须很严肃地问自己:我原先买这只股票的理由对吗?再进一步问自己:如果我今天没有这只股票,手上有余钱,我还会买这只股票吗?如果答案是肯定的,没有卖出的必要;如果不是,那么你在用希望取代理性判断,赶快卖股走人。这样做有两个明显的结果:一是防止小的亏损慢慢累积成致命的大亏;二是你丢掉了包袱,容易开始新的市场观察,寻找下一个机会。

(四) 光环效应

光环效应又称"晕轮效应""成见效应""光圈效应""日晕效应""以点概面效应",它是一种影响人际知觉的因素,指在人际知觉中所形成的以点概面或以偏概全的主观印象。光环效应是由美国心理学家凯利(H.Kelly)提出的,他认为:一个人的某种品质,或一个物品的某种特性给人以非常好的印象。在这种印象的影响下,人们对这个人的其他品质,或这个物品的其他特性也会给予较好的评价。这种爱屋及乌的强烈知觉的品质或特点,就像月晕的光环一样,向周围弥漫、扩散,所以人们就形象地称这一心理效应为光环效应。

(五) 从众心理

从众的冲动情绪常常会战胜理智思考而引发错误。许多投资者犯过以下错误:经过反复思考后终于决定要在第二天早上卖出手上的股票。但当他踏入市场后,却又耳闻其他投资人对后市持乐观看法。就在这一瞬间,他马上变卦,反而又买进了新的股票。实际上,即使在一群特别聪明、相当沉稳多虑的人当中,从众的冲动情绪仍然能够发挥作用。目前市场就存在着较大的从众心理,这也是造成市场成交量持续于高位的一个原因。

以上讨论了四个影响我们做决定的心理因素,是不是就完全了呢?当然不是,因为人的情绪是千变万化的。但可以这么说:炒股犯错的99%以上是受这四个心理因素影响的。了解了这些心理因素,大大有助于在股市中投资的理性判断。

二、证券投资者的行为和心理博弈误区

在现实的股市博弈中,尤其是在投机心态占据相当市场,甚至成为普通投资者主导思维的中国股市里,投资者心理分析往往会成为市场的风向标。对于大多数中小散户而言,以短线买卖差价为赢利手段的投机策略会将市场波动导致的心理变化像杠杆一样放大,从而导致大量的非理性操作。而作为相对理性的机构投资者和主力资金,则充分利用了散户的这种投机心态,将低位搜集的筹码在一轮又一轮疯狂的上涨中逐渐派发,又在散户的割肉盘中舒舒服服地收集到足够多的牛市筹码,为下一轮的行情延续做好准备。为什么我们定好的计划,在执行中总是会出偏差?为什么我们会犯一些事后回想起来后悔不已的错误。就一般投资者在股票市场投资的常见心理,可以概括为以下几种。

(一)入市心理

一般投资者入市时,首先都是很有信心的,心里总是打算这次我要赚多少钱,今年怎么样,明年又会怎么样,心中已经有了自己的梦想。因此决定去做某件事,或买某只股票时,总带点先入为主的观点,认为会涨,对个股、对大盘的分析,只是因为认为会涨,所以会涨而已。这也说明了为什么一般投资者会疲于追涨杀跌,左右不是。但是一旦没有涨时,会想出各种理由来推脱责任,说什么政策不好、庄家黑、股评差劲等,他们往往忽略了自己身上的缺点。

人的一个重要的弱点就是愿赌不服输,一旦自己判断失误,往往心理上不承认,总有那么一种酸酸的感觉,一般会出现严重的逆反心理,常常顶着大盘干,逆势而为,结果造成严重的损失。判断失误,却无法及时承认错误,并做出纠正,一旦严重套牢,又会怨声载道,怪这怪那。其实根本的原因就是自己心理定式在作怪,只因为会涨所以会涨,只因为会跌所以会跌。可悲的是大盘如果真的反转了,他们又到了割肉的时候,大盘的持续下跌又在他们的脑海里留下了难于磨灭的思维定式,因此也忙于卖股票或补仓。如此反复,难于赚到钱,赔多赚少。

先入为主、思维定式危害极大,投资者要客观地分析和判断市场,不要带有任何感情色彩,否则自己的眼睛会被蒙蔽,看不清形势,从而做出错误的判断。

要彻底抛弃"一进场就看好,一出场就看空",做多或做空都要尽量分析出原因来。

(二)赚钱心理

一般投资者,赚钱时,很容易激动,往往睡不着觉。有的可能赚点蝇头小利,就心满意足了,有的人达到既定的目标就出手,有的还在幻想它会涨多高多高,真等到高点又不会卖,反转了以为仍然是回调蓄势,越跌越不会卖,最后割肉出局。

散户往往买多个股票,有的十几个,量不多,其实虽然能减少风险,但赢利率却不高,况且散户常常卖掉强势股,买入弱势股,留住不涨股。赢利率不高,但下跌起来损失更大。因此散户一般持有股票数量不宜超过 3 只,最好一只,采取"游击战""运动战""巷战""持久战"相结合的策略。因为股票太多,也没有那么多的精力去收集它们的各种基本面,说句笑话,若行情走差时,那么多的股票,卖都来不及。

(三)被套心理

被套就会找出理由为自己解脱,说是自己的资金、不急用、没关系、只要有耐心一直

等,肯定有解套的机会。其实这是一种没有信心的彻头彻尾的推脱,不敢相信自己的判断,怀疑自己的能力。具体表现为,想把手中的筹码出掉,又怕大盘或个股上涨,怕踏空,犹疑不决,却越跌越深,越套越牢越不卖了。怕踏空固然是一种想法,但股民忽视了不卖则股票或大市有继续下跌的可能性。

一般投资者股票套住了,反而心平气和,可谓涨了不好睡,跌了觉安稳。

大市反转,它是反映了整个国民经济的总体走势或未来的走势,光靠股市中的人们来扭转局面是不现实的,也是无法做到的。

涨时解套了,等一等,又想多赚些,不卖,结果又被套。涨时急着解套出局,却又大幅度上涨。不止损,只想会解套,等待其实也是浪费。

(四)政策利好或政策利空心理

管理层,当市场过于狂热或投机时,会借助查违规迫使市场降温,当股市过于低迷时,出利好来激活市场。但往往是矫枉过正,要它下跌可能会大跌,要它涨可能大涨。政府干预市场后,市场在某段时间内能够满足管理层的一些想法,但市场有自身的规律,一般而言不会按管理层的意图运行,否则只要听管理层的就可以稳赚,那么谁亏?利好政策会导致三种结果,即大涨、不涨和大跌;利空政策同样会出现三种情况,即大跌、不跌和大涨,大盘会根据自身所处的环境做出选择。

机构对利好政策的心理,不管是处于牛市还是熊市,在短线上是以出货为主。在牛市中,利好主要用来使大盘产生必要的调整,为以后更好的上涨扫清道路。在熊市中,主力更是利用利好快速大幅度拉高出货。利空政策,在牛市中也常用来打压股指,以达到逢低吸货的目的;在熊市中一般用来出货。

散户,常常在利好出来的时候,他们一般会一边倒地看好后市。正因为散户有这种心理,也常常被机构主力所利用,机构反而让股指下跌,以打击他们的持股信心,迫使散户进行交易,从而使他们的判断混乱和提高他们的持股成本,以后再上涨时的获利盘就不会那么沉重。散户一般对利空,开始时不会很敏感,解释为正常调整,由于有了长期上涨的思维定式在作怪,他们总是往好的方面想,再加上他们一般不设止损点,如此下去会越套越深,套得越牢越不想卖,结果损失非常惨重。等到绝望时他们会在底部区域割肉出局,但此时可能就是大盘发生转机的时候。另外,大盘反转了,散户由于长期受到严重套牢的煎熬,急于解套,在获利点位附近出局,结果股票是越卖越涨。等待了几年好不容易,眼睁睁地看着卖掉的股票在不断地上涨,此时的股民心理状态最不稳定,可谓是病急乱投医,心急乱买股,结果左右挨巴掌,割肉与被套。

因此散户常是利好要进货,利空不出货;反转上涨时割肉,下跌时补货;反弹时进货,反转下跌时守货。

(五)预期心理

政府的心理预期,想让它跌,它不一定跌,想让它涨,它不一定涨。股民也有预期,要有利好出台,但总不能如愿,真等到利好出来时,大盘却选择往下突破。有的预期有利空出台,让股市下跌,好在比较低的位置建仓。

股市涨跌跟经济发展的预期加速或减缓有密切联系,我国已经溶入了世界经济大家庭之中。人们对经济的预期,以后不仅要考虑国内的因素,还要考虑世界经济的因素。

其实,世界的经济环境对于发展中的国家来说,更为重要,如果世界经济不行了,中国的经济也好不到哪里去。

心理的预期关系到消费者的信心指数,经济是靠大众的信心支撑住的,一旦发生信心不足,会非常严重影响经济的走势。例如,日本衰退了10多年,由于心理预期的存在,股市也跟着下跌。美国大众对美国经济的预期会出现衰退,因此股市也提前反映,虽然其中有各种利多政策,但总的预期趋势没有发生根本性的转变。美股下跌途中会产生几次反弹,但反弹之后又会继续下跌,美国经济出现80多个月的连续增长,而且股市也创了历史高点,不知这轮下跌至少要持续几年。美日经济均先后出现了问题,中国能置身于世界之外而独善其身吗?中国能例外吗?

(六)绝望心理

熊市来临,投资者对整个市场都产生了绝望,开始后悔,对市场产生严重的不满情绪,发誓以后再也不到股市来。对各种利空利好都产生麻木不仁的感觉时,市场不受外力干扰时,此时大盘就有可能见底。大盘的涨跌对大家没有了诱惑了,各种利空因素出尽了,个股的基本面也明朗了。市场人士一致对后期产生下跌的预期的时候,大盘就有可能随时见底反弹。当市场绝望了,管理层绝望了,市场参与者也绝望了,那么就可能见底了,距离大盘反转就很近了。

案例分析

葛卫东潜伏西藏药业三年,收益颇丰

葛卫东是期货业内闻名的大佬,资历老,操作手法凶猛,业绩优秀,江湖尊号"葛老大"。2017年5月,西藏药业的非公开发行方案最终落地,葛卫东以36.48元/股的发行价格获配291.19万股,成为公司第7大股东,获配金额为1.06亿元,锁定期三年。同年第三季度和第四季度,葛卫东分别继续增持西藏药业330.43万股和159.58万股。截至2017年年报时,葛卫东是西藏药业的第三大股东,持股数量为781.19万股,占该股总股本的4.35%。此后截至2020年一季度末,其持股数量没有再发生变化。

在葛卫东大举增持的2017年,西藏药业净利润同比增长15.81%,不过2018年同比下滑6.11%。好在2019年公司业绩又大幅向好,实现净利润同比增长44.86%,2020年一季度净利润增长也继续提速,同比增长率达81.75%。

股价方面,在葛卫东定增入局之后,西藏药业股价便开始波动下行,最低曾跌至18.71元/股。此后虽然也曾有几次明显的上涨,但是直至本轮暴涨开启之前,公司股价总体保持在低位震荡状态。截至2020年5月22日,西藏药业的最新收盘价仅为25.92元/股,将除权因素考虑在内,葛卫东持股的参考市值约为2.83亿元,而其在2017年年末的参考市值为2.62亿元。加上期间的分红,三年间葛卫东在西藏药业上的总体收益率很一般。

从 2020 年 5 月 22 日到 8 月 3 日,作为疫苗板块的热门股,西藏药业因疫苗题材出现了股价飞涨的迹象。数据显示,西藏药业连续大涨,股价两个多月涨幅超 5 倍,成为市场的大牛股。葛卫东持有的西藏药业市值在最多时已经高达 10.39 亿元,浮盈暴增约 7.56 亿元,收益可谓相当丰厚。

在中国目前还不太成熟的证券市场中,市场不确定因素很多,非理性投资风险也很大,普通散户往往是听消息、看股评,这也注定了其在行情波动的时候追涨杀跌,成为第一批牺牲品。只有选择合适的投资品种,抓住市场中隐藏的机会,不骄不躁,散户投资者才能像葛卫东一样获取最大的合理收益。

思考与练习题

1. 简述行为金融学的研究对象和基本特征。
2. 利用行为金融学分析机构投资者的操作策略。
3. 联系实际分析为什么恐惧和贪婪心理导致中小投资者投资决策失误。

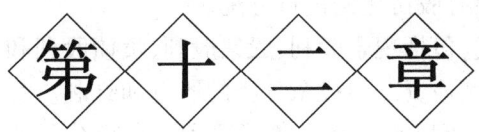

证券投资收益和风险

【学习要点】

本章研究证券投资的风险和收益。投资的目的是获得收益,但又不可避免地要承担相应的风险,因此投资者需要在风险和收益之间进行权衡。本章介绍了风险和收益的衡量方法,以及理性的、风险厌恶的投资者构建投资组合的过程。在此基础上引出资本资产定价模型,并对 CAPM 的应用、局限和发展进行探讨。

Key points: This chapter is about risk and return of security investment. Investors earn return by bearing risk, so they have to trade off between risk and return. We give a brief review of the measurement of risk and return of single security and portfolio, and the investment procedure of a rational, risk-averse investor. After that we introduce the famous Capital Asset Pricing Model.

第一节 收益和风险概述

一、证券投资收益概述

投资者进行证券投资的主要目的是为了获得投资收益,投资收益的高低是影响证券投资的主要因素。一般而言,证券投资收益包括证券交易卖出价与买入价的价差以及定期或不定期的分红。不同证券的收益表现形式有所不同,下面以股票与债券这两种最常见的证券为例分析证券投资的收益。

(一)股票投资收益

1. 股利。股利是股票持有人定期从股份公司中取得的一定利润,利润分配的标准以股票的票面资本为依据。公司发放股利的原则是:①必须依法经过必要的扣除后有盈余时才能分配,当公司有盈利时,需交纳税款、弥补亏损、提取公积金后才能分配股利;②股息分配原则上以股东持有的股份比例为依据,公司章程另有规定者除外;③股息的分配要严格遵守股东平等原则,应按股东持有股份比例进行分配。

股利作为股东的投资收益,可以有多种形式,包括现金股利、股票股利、负债股利和财产股利。财产股利是上市公司用现金以外的其他资产向股东分派的股息和红利。它可以是上市公司持有的其他公司的有价证券,也可以是实物。负债股利是上市公司通过建立一种负债,用债券或应付票据作为股利分派给股东。这些债券或应付票据既是公司支付的股利,又确定了股东对上市公司享有的独立债权。现金股利是上市公司以货币形式支付给股东的股息红利,也是最普通、最常见的股利形式。股票股利是上市公司用股票的形式向股东分派的股利,也就是通常所说的送红股。采用送红股的形式发放股息红利实际上是将应分给股东的现金留在企业作为发展再生产之用,它与股份公司暂不分红派息没有太大的区别。

一般来讲,上市公司在财会年度结算以后,会根据股东的持股数将一部分利润作为股息分配给股东。根据上市公司的信息披露管理条例,我国的上市公司必须在财会年度结束的120天内公布年度财务报告,且在年度报告中要公布利润分配预案,所以上市公司的分红派息工作一般都集中在次年的二、三季度进行。

2.资本损益。资本损益是指投资者在证券市场上交易股票,通过股票买入价与卖出价之间的差额所获取的收入,又称资本利得。当卖出价大于买入价时为资本收益,即资本损益为正,当卖出价小于买入价时为资本损失,即资本损益为负。

(二)债券投资收益

1.利息。债券投资者所获得的利息是指债券持有人凭债券向债券发行人领取的定期利息收入,它是债券收益的表现形式。

2.资本损益。债券投资的资本损益是指债券买入价与卖出价或买入价与到期偿还额之间的差额,当卖出价或偿还额大于买入价时,为资本收益;当卖出价或偿还额小于买入价时,为资本损失。

(三)证券投资收益的衡量

投资收益可以用绝对数也可以用相对数来衡量,由于证券收益的绝对数与最初投入资金量的多少有关,所以证券投资的效果好坏或收益水平的高低,一般不以收益绝对数为根据,而采用相对数指标衡量,即用一定期间内证券收益与期初投资额的比例数来衡量。衡量证券投资收益通常用持有期收益率(HPR)来表示,并且在不考虑货币时间价值因素的前提下使用。

证券持有期收益率又称为投资期利润率,通常以投资净收益(即以收入和资本增益的总额)与期初投资额相比的百分率表示。公式为:

$$HPR = \frac{P_1 + D_1 - P_0}{P_0} \qquad (12.1)$$

式中,HPR 为证券持有期收益率;D_1 为证券持有期收入,对股票投资者而言是股利,对债券持有者而言则是利息;P_0 为证券的期初价格;P_1 为证券的期末价格。

当 $HPR>0$ 时,表示证券投资盈利;当 $HPR=0$ 时,表示证券投资没有损益;当 $HPR<0$

时,表示证券投资亏损;$HPR=-1$ 为极端情况,表示投资全部损失。

从上面的公式不难看出,当证券收益总量一定时,证券的收益率与期初证券的价格呈反比关系:期初价格越高,其收益率越低;期初价格越低,其收益率越高。而证券价格的高低与所购买证券承受的风险有关,风险越大,证券价格越低,收益率可能越高。

二、风险概述

投资活动可分为确定性和不确定性两种。确定性投资是指投资的未来结果是确定的,不会偏离预期的判断。对这一类的投资活动,决策者可以很容易地根据投资收益的价值做出决策。不确定性投资是指投资的未来结果是不确定的,可能会偏离预期的判断,决策者无法事先确知最终将会出现哪一种结果。

不确定性投资又可以进一步分为两种类型:一种是风险型的;一种是完全不确定型的。所谓风险型投资,是指虽然这些投资最终将出现哪种结果是不确定的,但所有可能出现的结果和这些结果出现的可能性——其概率分布状况对投资者来说是已知的或是可以估计的。比如,某房地产企业计划在明年推出新楼盘,企业虽然不能确切地知道明年该楼盘的收益状况,但根据对历史数据的分析、市场调研和经验判断,他们认为:如果这一楼盘能够为市场所欢迎,则收益率可达 50%;如果销售状况一般,则收益率为20%;如果不大受欢迎,则收益率为-10%。同时,根据对明年房地产市场趋势的分析,企业认为该楼盘明年热卖的概率为 60%,销售一般的概率为 20%,销售不佳的概率为20%。这类投资活动即为风险型活动。

完全不确定型投资是指不但投资可能出现的结果是不确定的,而且决策者对哪些结果会出现及结果出现的概率分布也全然不知。

本书所指证券投资风险是指未来的结果是不确定的,但未来哪些结果会出现及各结果出现的可能性,即其概率分布是已知的或是可以估计的这样一种不确定性。

证券投资风险具有以下性质。

第一,风险是客观存在的。风险是不依赖于人们的主观意愿而客观存在的,它是导致风险的各种因素作用的结果。只要进行证券投资,就无法避免地要承担各种风险。

第二,风险具有负面性。投资者总是强调风险的不利影响或不愿看到的结果。虽然不确定性因素有时会带来损失,有时会带来收益,但风险主要是涉及可能发生的损失,是不确定因素消极的、负面的可能性。

第三,风险具有可测性。风险是不确定的,但是风险是可测的。运用现代数理统计方法,通过计算预期收益和方差,可以表示风险的大小。

第四,风险与收益的对称性。风险与收益是矛盾的两方面,既对立又统一,风险是收益的代价,而收益则是风险的报酬。投资者承担高风险要求获得高收益,投资者承担低风险只能获得相应的低收益。投资者进行投资选择就是要在不同的风险与收益均衡点上找到一个使自己效用达到最大的风险与收益组合。对投资者来说,投资报酬来自两个方面:一是资金的时间价值;二是投资的风险报酬。

三、风险证券收益和风险的衡量

前面给出的投资收益衡量方法适用于确定情形下投资收益的衡量,或者事后对投资收益的评价。但现实中投资者所面临的证券都是有风险的,并且投资者总是基于对证券投资收益的预期进行事前的买卖决策,这就涉及事前预期收益和风险的问题。如前所述,对投资活动来说,投资收益的可能结果和结果发生的概率分布决定了证券投资的期望收益和风险。因此,对投资收益和风险的衡量与计算,也就要从投资收益的概率分布入手。

(一)概率分布

概率的基本含义是:随机事件在一次试验中是否发生固然是无法事先肯定的偶然现象,但多次重复试验,就可以发现其发生的可能性大小的统计规律。概率分布就是指一项随机事件可能出现的所有结果的概率的集合。投资活动可能产生的种种收益可以看做一个个随机事件。如果把证券的实际收益率作为一个随机变量,其出现或发生的可能性,可以用相应的概率来描述。

概率分布分为离散型分布和连续型分布两种。离散型分布是指分布中的概率是可数的;连续型分布是指分布中的概率是不可数的。表 12-1 给出的是离散型分布的例子,分布如图 12-1 所示;图 12-2 则给出连续型分布的图例。

表 12-1　　　　　　　　　　投资项目 M 的收益分布

收益额(万元)	概率
400	10%
500	20%
600	40%
700	20%
800	10%

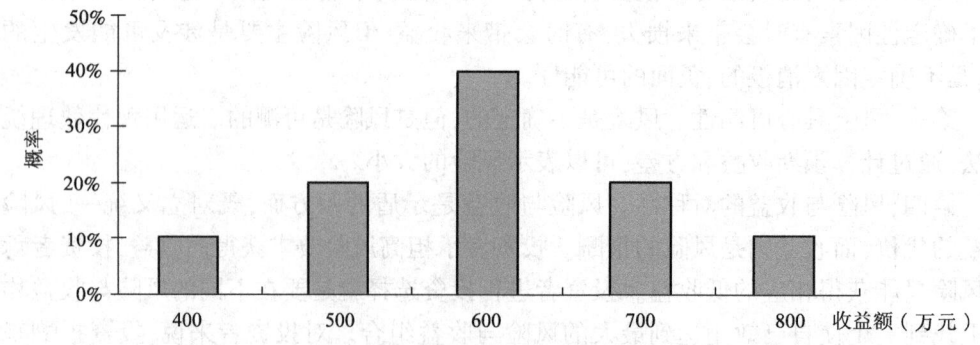

图 12-1　投资项目 M 的收益分布

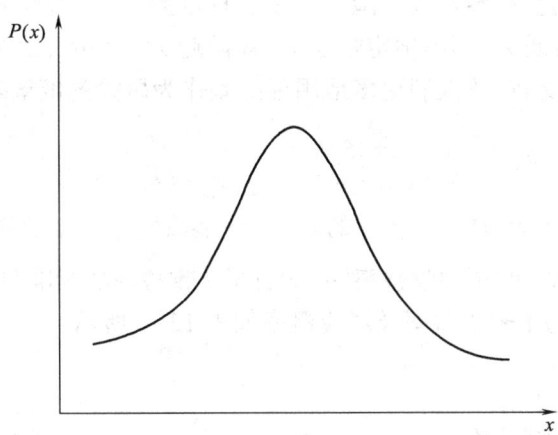

图 12-2　连续分布概率密度示意图

(二) 证券投资的期望回报

对于风险证券,通常采用期望作为其收益的衡量指标,投资收益的期望值是指对所有可能的收益值按照其发生概率所做的加权平均。离散型概率分布的期望值按下面所示的公式计算:

$$E(R_i)\overline{R_i} = \sum R_{ij} \cdot P_{ij} \tag{12.2}$$

式中,$E(R_i)$为证券i的预期收益率;R_{ij}为证券i的第j种可能的收益率;P_{ij}为证券i的第j个可能收益率发生的概率。

【例题】某证券的收益率概率分布如表 12-2 所示。

表 12-2

估计收益率	概率
100%	10%
60%	20%
10%	60%
-10%	10%

根据上述条件,该证券的预期收益率为:

$$\begin{aligned} E(R) &= \sum R_j \cdot P_j \\ &= 100\% \times 10\% + 60\% \times 20\% + 10\% \times 60\% + (-10\%) \times 10\% \\ &= 27\% \end{aligned}$$

虽然该证券的收益率可能达到 100%或 60%,但这些可能收益的概率太小,而 10%的收益率出现的概率为 60%,使得证券的平均收益率为 27%。

(三) 证券投资的方差和标准差

证券投资的风险是指证券的预期收益变动的可能性及变动幅度。这一定义和随机变量方差有着相同的性质,因此,在实际操作和理论研究中通常都采用证券投资收益率的方差或标准差来衡量证券投资风险。方差和标准差越大,说明各种可能的结果相对其期望值的离散程度越大,即不确定性越大,风险越大。另外,由于标准差与期望值的量纲相同,便于直接比较,故人们更多地用标准差作为风险的度量基础。证券收益方差的计算公式为:

$$\sigma_i^2 = E(R_{ij} - \overline{R}_i)^2 = \sum P_{ij} \cdot (R_{ij} - \overline{R}_i)^2 \tag{12.3}$$

式中,σ_i^2 为证券 i 的方差;P_{ij} 为证券 i 的第 j 个可能收益率发生的概率;R_{ij} 为证券 i 的第 j 个收益率;$\overline{R}_i$ 为证券 i 的预期收益率;σ_i 为证券 i 收益率的标准差。

【例题】某证券的未来收益率及对应概率如表 12-3 所示。

表 12-3

可能的收益率水平	概率
80%	20%
20%	60%
-40%	20%

计算该证券的收益预期、方差与标准差如下:

$$\begin{aligned}
\overline{R} &= \sum R_j P_j \\
&= 80\% \times 20\% + 20\% \times 60\% + (-40\%) \times 20\% \\
&= 20\% \\
\sigma^2 &= \sum P_j \cdot (R_j - \overline{R})^2 \\
&= 20\% \times (80\% - 20\%)^2 + 60\% \times (20\% - 20\%)^2 + 20\% \times (-40\% - 20\%)^2 \\
&= 0.14 \\
\sigma &= \sqrt{0.14} = 0.374
\end{aligned}$$

(四)标准离差率

利用标准差的大小来比较不同证券风险大小的前提条件是不同证券的期望收益相同。如果不同证券的期望收益不同,是不能通过直接比较它们的标准差的大小来确定哪一个风险大,哪一个风险小的。比如,公司 A 的股票的期望收益率为 20%,标准差为 15%。公司 B 的股票期望收益率为 30%,标准差为 20%。我们并不能因此直接得出公司 B 的风险一定大于公司 A 的风险的结论。为了能够比较期望收益不同的投资项目的风险大小,人们引入了标准离差率的概念。

标准离差率是标准差与期望值的比值,即:

$$\gamma = \frac{\sigma}{E(R)} \tag{12.4}$$

式中,γ 为标准离差率。

标准离差率反映的是单位期望收益对应的标准差的大小,或单位收益面临的风险的大小。根据上式可计算出公司 A 和公司 B 的股票的标准离差率分别为:

$$\gamma_A = 15\% \div 20\% = 75\%$$
$$\gamma_B = 20\% \div 30\% = 67\%$$

由于公司 A 的股票的标准离差率大于公司 B 的股票的标准离差率,说明公司 A 单位期望收益对应的风险大于公司 B。

第二节 投资组合的风险和收益

投资者通常不会把自己的全部资金投放在某一项资产上,而是同时持有多项资产。这种多项资产构成的集合,称为资产组合。如果同时持有的资产均为有价证券,也可以称为证券投资组合。

一、证券投资组合收益的衡量

证券投资组合的投资收益率也可以用同样的方法来定义和计量,即:

$$E(R_p) = \overline{R}_p = \sum R_{pj} \cdot P_j \tag{12.5}$$

式中,R_p 为证券投资组合 P 的预期收益率;R_{pj} 为证券投资组合 P 的第 j 个收益率;P_j 为证券投资组合 P 的第 j 个收益率发生的概率。

容易证明:

$$R_{pj} = \sum X_i \cdot R_{ij}$$

式中,X_i 为投资组合中证券 i 所占比重;R_{ij} 为证券 i 的第 j 个收益率。

根据以上两式,通过以下推导可以得出证券投资组合的预期收益的另一种表达方式:

$$E(R_p) = E(\sum X_i \cdot R_{ij}) = \sum X_i \cdot E(R_{ij}) = \sum X_i \cdot \overline{R}_i \tag{12.6}$$

通过上式可以看出证券投资组合的预期收益率是组成证券投资组合的各种证券的预期收益率的加权平均。

【例题】两种证券按照 50% 与 50% 的比例构成投资组合,两个证券的收益率分布如表 12-4 所示。

表 12-4

估计收益率		概率
证券 1	证券 2	
16%	20%	25%
12%	14%	50%
8%	4%	25%

容易算出该组合的投资收益率:

$$R_1 = 16\% \times 25\% + 12\% \times 50\% + 8\% \times 25\% = 12\%$$
$$R_2 = 20\% \times 25\% + 14\% \times 50\% + 4\% \times 25\% = 13\%$$
$$R_p = 50\% \times 12\% + 50\% \times 13\% = 12.5\%$$

二、投资组合风险的衡量

与收益计算不同,证券组合的风险并不等于单个证券风险的加权平均,在大多数情况下,投资组合都能够分散部分风险(也即非系统性风险),从而降低总风险。在某些情况下,证券组合的风险比组合中任何一种证券的风险都低,甚至可能为零。

根据单个证券的风险计算公式,两种证券构成的投资组合风险为:

$$\sigma_p^2 = E(R_{pj} - \bar{R}_p)^2 = \sum P_{ij} \cdot (R_{pj} - \bar{R}_p)^2 \tag{12.7}$$

式中,σ_p^2 为证券投资组合 P 的收益率方差;R_{pj} 为证券投资组合 P 的第 j 个收益率;$\bar{R}_p$ 为证券投资组合 P 的预期收益率。

我们先考虑两种证券组合的风险。假设 R_{1j},R_{2j} 分别为证券 1 和证券 2 在第 j 中情形中的投资收益率,$\bar{R}_1$ 和 $\bar{R}_2$ 分别为两者的期望收益率,ω_1 和 ω_2 表示两种证券在投资组合中所占的比重。那么由这两种证券构成的证券投资组合的风险如下:

$$\begin{aligned}\sigma_p^2 &= E(R_{pj} - \bar{R}_p)^2 \\ &= E[(\omega_1 \cdot R_{1j} + \omega_2 \cdot R_{2j}) - (\omega_1 \bar{R}_1 + \omega_2 \bar{R}_2)]^2 \\ &= E[\omega_1(R_{1j} - \bar{R}_1) + \omega_2(R_{2j} - \bar{R}_2)]^2 \\ &= \omega_1^2 \sigma_1^2 + \omega_2^2 \sigma_2^2 + 2\omega_1 \omega_2 E[(R_{1j} - \bar{R}_1)(R_{2j} - \bar{R}_2)] \\ &= \omega_1^2 \sigma_1^2 + \omega_2^2 \sigma_2^2 + 2\omega_1 \omega_2 \sigma_{12} \\ &= \omega_1^2 \sigma_1^2 + \omega_2^2 \sigma_2^2 + 2\omega_1 \omega_2 \rho_{12} \sigma_1 \sigma_2\end{aligned} \tag{12.8}$$

式中,σ_{12} 是证券 1 和证券 2 收益率的协方差;ρ_{12} 为两种证券收益率的相关系数。

从(12.8)式可以看出,证券投资组合的风险并不等于组合中各个证券风险的加权平均,它除了与单个证券的风险有关外,还与各个证券之间的互动性相关,表现为协方差或相关系数的影响。

当 $\rho_{12} = 1$ 时,两证券完全正相关,此时有:

$$\sigma_p^2 = (\omega_1 \sigma_1 + \omega_2 \sigma_2)^2 \tag{12.9}$$

由这两种证券构成的证券组合的风险(标准差)等于这两种证券各自风险(标准差)的线性组合。

当 $0 < \rho_{12} < 1$,这时两种证券之间存在着正相关关系。ρ_{12} 越接近 1,正相关性越强;越接近 0,正相关性越弱。

当 $\rho_{12} = 0$ 时,两种证券相互独立,此时,证券组合的风险为:

$$\sigma_p^2 = \omega_1^2 \sigma_1^2 + \omega_2^2 \sigma_2^2 \tag{12.10}$$

当 $\rho_{12} = -1$ 时,两种证券之间完全负相关,此时,投资组合的风险为:

$$\sigma_p^2 = (\omega_1 \sigma_1 - \omega_2 \sigma_2)^2 \tag{12.11}$$

当 $\rho_{12} = -1$ 时,投资组合的风险最小,并且如果 $\omega_1 \sigma_1 = \omega_2 \sigma_2$,那么 $\sigma_p = 0$。此时,两种证券的风险彼此完全相互抵消。

当 $-1 < \rho_{12} < 0$ 时,两种证券之间存在着负相关,此时,两种证券之间的风险不能完全抵消。

由以上分析可以得出如下结论:无论证券之间的投资比例如何,只要证券之间不存在完全正相关关系,证券组合的风险总是小于单个证券风险(以收益率的标准差度量)的加权平均。

如果构成组合的证券有 N 个,我们可以利用同样的方法来计算组合的风险。即:

$$\sigma_p^2 = \sum_{i=1}^{N} \omega_i^2 \sigma_i^2 + \sum_{i=1}^{N} \sum_{j \neq i}^{N} \omega_i \omega_j \rho_{ij} \sigma_i \sigma_j \tag{12.12}$$

三、证券组合的风险分散化效应

从上面的分析可以看出,单独持有一种证券时,证券的风险状况由实际收益水平围绕期望收益的波动大小来衡量,波动越大,风险越高。然而,当一项证券纳入一个由众多证券组成的风险充分分散的投资组合中后,情况就起了变化。这时,投资者关心的不再是每一种证券本身的收益波动状况,而是整个证券组合的收益波动状况。在证券组合内,一种证券的收益波动可能会被另一种(或几种)证券的收益波动所抵消,对整个证券组合来说,决定其风险大小的最关键因素不是每一种证券的总风险的大小,而是它对整个投资组合风险的实际贡献大小,即那些无法通过组合分散的风险。因此,每一种证券的风险根据其能否被分散掉可以分为系统风险和非系统风险。

系统风险主要由经济形势、政治形势的变化引起,会对绝大多数证券价值产生影响。而非系统风险只与个别证券的状况相联系,因此当投资者持有多种证券时,有些证券在一定时期内可能会因为受到正面因素的影响而使自身的价值增加,另一些证券在同一时期可能因受到负面因素的影响而使自身价值减少,这种增加和减少的相互抵消,会使投资组合中单项证券的收益变化特性趋于消失,即单个证券的非系统风险被分散掉了。投资组合中的证券数目越多,证券之间的相关性越弱,非系统风险的分散就越彻底。这种分散效应,可以从证券组合的方差和标准差公式中看出来。

前面已经给出 N 项证券组成的投资组合的方差公式为:

$$\sigma_p^2 = \sum_{i=1}^{N} \omega_i^2 \sigma_i^2 + \sum_{i=1}^{N} \sum_{j \neq i}^{N} \omega_i \omega_j \rho_{ij} \sigma_i \sigma_j$$

第一项为各单项证券的方差的加权和,反映了每一证券各自的收益变化情况,可以理解为非系统风险;第二项为资产间的协方差之和,反映了各证券收益变化的相关关系和共同运动,是系统风险。设投资者均匀投资,则 $\omega_i = 1/N$,那么:

$$\sigma_p^2 = \sum_{i=1}^{N} (1/N)^2 \sigma_i^2 + \sum_{i=1}^{N} \sum_{j \neq i}^{N} (1/N)^2 \rho_{ij} \sigma_i \sigma_j$$

$$= (1/N)^2 \sum_{i=1}^{N} \sigma_i^2 + (1/N)^2 \sum_{i=1}^{N} \sum_{j \neq i}^{N} \rho_{ij} \sigma_i \sigma_j$$

令 $\overline{\sigma}^2 = (1/N) \sum_{i=1}^{N} \sigma_i^2$,则有:

$$(1/N)^2 \sum_{i=1}^{N} \sigma_i^2 = (1/N) \overline{\sigma}^2$$

当 $N \to \infty$,$(1/N) \overline{\sigma}^2 \to 0$,这表明,当投资组合中证券数目增多时,非系统风险将逐渐消失。

第二项为系统风险,设所有协方差项 $\rho_{ij} \sigma_i \sigma_j = \text{Cov}$,则第二项变为:

$$(1/N)^2 \sum_{i=1}^{N} \sum_{j \neq i}^{N} \text{Cov} = (1/N)^2 \text{Cov}(N^2 - N)$$

当 $N \to \infty$，$(1/N)^2(N^2-N) \to 1$，即协方差项在资产组合中的证券数目增加时并不趋于零，而是趋于平均值。这个平均值就是所有投资活动的共同趋势，反映了系统风险。因此，系统风险是无法通过投资组合的风险分散作用来消除的。

认识和理解系统风险和非系统风险的区别是很重要的。对投资者而言，可以通过多样化的投资来分散与减少投资风险，但所能消除的只是非系统风险。希望通过多样化投资来彻底消除所有投资风险是不现实的也是不可能的。另外，在投资组合中的证券数目刚开始增加时，这种分散作用体现得相当显著，但随着证券数目不断增加，这种风险分散的作用逐渐减弱。一般来讲，当投资组合中的证券数目增加到 15～20 只，绝大部分非系统风险都已消除，继续增加证券数目对减少投资风险已没有太大的意义。投资组合的风险分散化效应如图 12-3 所示。

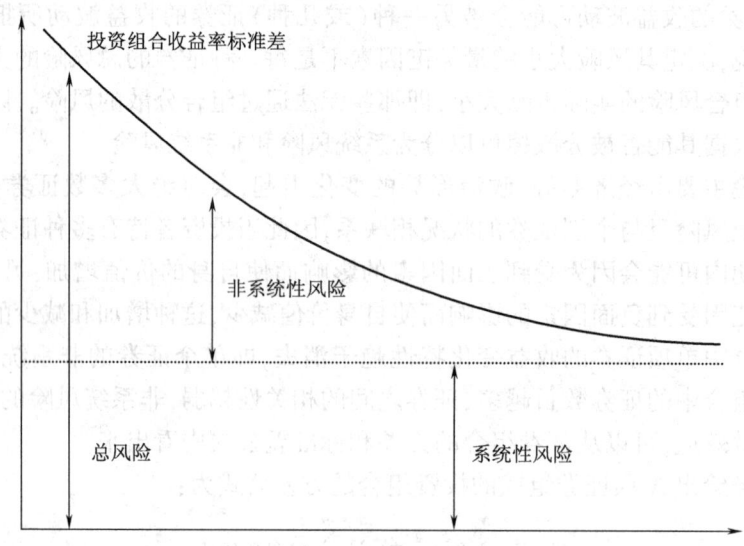

图 12-3 投资组合的风险分散化效应

对证券投资而言，一个市场分散投资风险的能力取决于这个市场上所有证券的收益变动之间的相关性。如果不同证券的收益变化之间有很强的相关性，那么这一市场所能产生的风险分散效应将十分有限。

施东晖(1996)对上海股票市场的风险状况进行了研究，研究结果表明，系统风险在上海股市居于主导地位，占总风险的 80%左右。这意味着在上海股市进行多元投资组合只能分散掉大约 20%左右的风险，降低风险的效果并不明显。发达国家的股市中非系统风险占主导地位，比如美国、英国和法国股市中，系统风险占总风险的比重分别为 26.8%，34.5%和 32.7%。不过，随着证券市场的逐步成熟和规范，我国股票市场的风险结构有了较大改善。例如，张人骥等(2000,2003)和宋增基等(2004)的研究显示，在 1993—2000 年期间，系统风险在我国股市总风险中所占比例呈现逐年下降趋势。

第三节 投资者对证券投资组合的选择

一、投资组合可能性集合与投资组合有效前沿

由于风险和收益相伴而生、相辅相成,因此在证券投资中,我们通常把风险和收益结合在一起考虑,并常常用风险—收益状态来描述投资组合。利用证券的组合,可以极大地扩大投资者的获利机会。同时,由于投资组合的风险分散化效应,使得证券组合所形成的风险—收益状态具有一些复杂的特征。

(一)风险证券与无风险证券的组合

首先考虑一项风险资产与无风险资产的组合。无风险资产是指投资收益完全确定,不受任何风险因素影响的资产。如果投资者能利用无风险资产与风险资产共同构成其资产组合,这种资产组合集合相对于单纯使用风险资产构成资产组合时有较大的变化。

假设无风险资产的期望收益率为R_f。由于其收益确定,收益的标准差是$\sigma_f=0$。设与之组合的风险资产的期望收益和标准差分别为$E(R_A)$和σ_A,组合中风险资产和无风险资产所占比例分别为a和$(1-a)$,则组合的期望收益率和方差分别为:

$$E(R_p) = aE(R_A) + (1-a)R_f \qquad (12.13)$$
$$\mathrm{Var}(R_p) = a^2\sigma_A^2 + (1-a)^2\sigma_f^2 + 2a(1-a)\rho_{Af}\sigma_f\sigma_A = a^2\sigma_A^2 \qquad (12.14)$$
$$\sigma_p = a\sigma_A \qquad (12.15)$$

可以证明,这一资产组合的期望收益率与其标准差之间存在线性关系,两种资产按不同比例构成的资产组合集合如图12-4所示。对于投资者而言,利用无风险资产和风险资产A可以构造多种投资组合方式,而这些可能的投资组合都位于直线R_fA上,因此,我们把该直线称为投资组合可能性集合,投资者可以在这条直线上选择某一点作为其最终的投资组合。

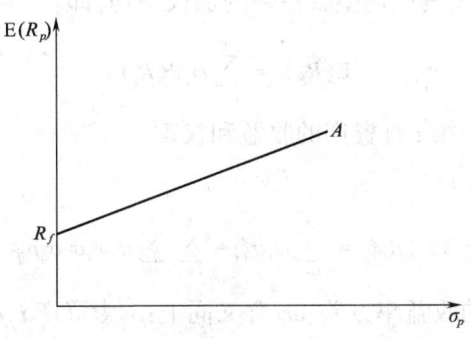

图12-4 风险资产与无风险资产的组合

(二)风险证券与风险证券的组合

首先看两项风险资产的组合。设有 A,B 两种资产：资产 A 的期望收益 $E(R_A)=4.60\%$，标准差 $\sigma_A=5.62\%$；资产 B 的期望收益 $E(R_B)=8.50\%$，标准差 $\sigma_B=6.33\%$。将 A 和 B 组合成资产 AB，并假设 A,B 在组合中所占比重分别为 a,b。为了简化计算，设定 $a=b=50\%$，则 AB 的收益期望和方差分别是：

$$E(aR_A+bR_B)=aE(R_A)+bE(R_B)=0.5\times 4.60\%+0.5\times 8.50\%=6.55\% \quad (12.16)$$

$$\begin{aligned}\operatorname{Var}(aR_A+bR_B)&=a^2\sigma_A^2+b^2\sigma_B^2+2ab\operatorname{Cov}_{AB}\\&=a^2\sigma_A^2+b^2\sigma_B^2+2ab\rho_{AB}\sigma_A\sigma_B\end{aligned} \quad (12.17)$$

式中，Cov_{AB} 和 ρ_{AB} 分别是资产 A,B 收益的协方差和相关系数，两者具有等价关系，若给定 $\rho_{AB}=0.1321$，则可以计算出资产组合 AB 的标准差为 4.50%。

用同样的方法，可以求得按任意比例将 A,B 两种资产组合后的资产组合的期望收益和标准差。所有这些资产组合构成一个资产组合可能性集合，在期望收益—标准差平面上将这些点构成连接 A,B 的一条曲线。见图 12-5。

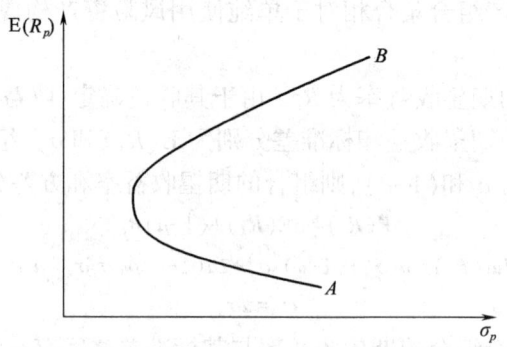

图 12-5　两种资产形成的资产组合集合

(三)多个风险证券的组合

按照同样的方法，可以很容易地得到 N 项风险资产构成的资产组合的收益和方差。期望收益率就是各项资产期望收益率的加权平均，即：

$$E(R_P)=\sum_{i=1}^{N}\omega_i E(R_i) \quad (12.18)$$

式中，$E(R_i)$ 和 ω_i 分别为第 i 种资产的收益和权重。

组合收益率的方差为：

$$\operatorname{Var}(R_P)=\sum_{i=1}^{N}\omega_i^2\sigma_i^2+\sum_{i=1}^{N}\sum_{j\neq i}^{N}\omega_i\omega_j\sigma_i\sigma_j\rho_{ij} \quad (12.19)$$

式中，σ_i^2 是第 i 项资产的收益率方差；ω_i 含义同上；ρ_{ij} 为资产 i,j 的相关系数。

N 项风险资产可以构成许多资产组合，可以证明，这些资产组合构成的投资组合集合是标准差—期望收益坐标平面上的一个伞形的区域（如图 12-6 所示），事实上，只要 N 大于或等于 3，资产组合集合就是如此。

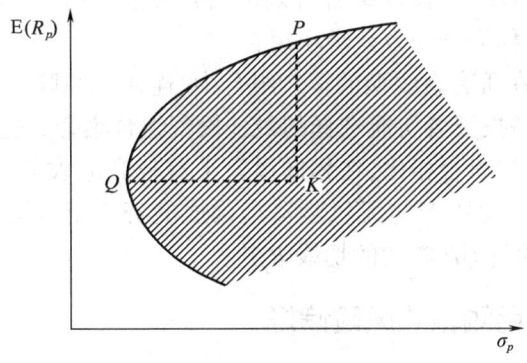

图12-6 多种证券的资产组合集合

(四) 无风险证券与多个风险证券的组合

N 项风险资产构成的资产组合集合中的每一点(即每一个组合)都相当于一个期望收益为 $E(R_p)$、标准差为 σ_p 的风险资产,它可以与收益率为 R_f 的无风险资产构成一个新的直线型资产组合集合。从而使得引入无风险资产后,投资组合集合变成了一个扇形的区域,如图12-7所示。

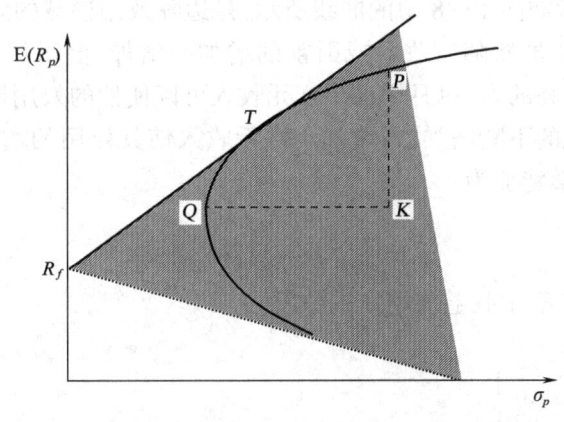

图12-7 无风险资产与风险资产组合的再组合

(五) 最小方差组合与投资组合有效前沿

对应于每一个特定的预期收益率水平,市场上都存在着许多不同的证券组合,但这些组合的风险水平却各不相同。其中,在该预期收益率下风险最小的组合称为最小方差组合。风险厌恶的投资者在给定的预期收益水平下将选择风险最小的组合,在给定的风险水平上将选择收益最大的组合。满足这两个条件的组合构成有效证券组合前沿,它是理性投资者可能选择的所有证券组合的集合。

在图12-6中,投资者将只在阴影区域的边缘部分选择他的投资组合,而不会进入阴影区域内部。因为只有位于投资组合集合边缘的组合才能满足投资者证券组合选择标准,即既定收益水平下的风险最小化和既定风险水平上的收益最大化。所以,在不考虑无风险资产的证券市场上,投资组合有效前沿是弧线 QP。这里,Q 为所有投资组合中方差最小的组合,也称为全局方差最小组合。

而在图 12-7 中,在所有直线型的资产组合中,连接无风险资产与风险资产组合的直线中斜率最大的才是投资者所能选择的最佳投资组合集合。这一集合中的所有资产组合,与其他可能的资产组合相比,在相同风险下有较高的收益,或在同一收益水平上风险较小。它是 N 项风险资产与无风险资产构成的资产组合集合的效率前沿。在图 12-7 中即为过 R_f 点的与 QP 相切的切线 R_fT。

二、投资者的效用函数和风险偏好

各种证券的投资组合为投资者提供了多样化的投资机会,而投资者最终的投资选择还取决于他们的效用和偏好,因此,这一部分我们介绍投资者的效用函数和风险偏好。

(一)效用函数

效用函数是经济学中用于描述某种收益或财富为人们带来多少效用的一种分析方法。效用理论与风险分析的结合,有助于我们对风险决策问题做进一步研究。

根据收益或财富的增加与人们因此而得到的效用增加之间的关系,效用函数可分为三种。

1.第一种的形状如图 12-8 中的曲线所示,是边际效用递减的效用函数。这种效用函数表明人们的效用虽然随着收益或财富的增加而增加,但增加的速率却是递减的。比如,对一个收入不高的人,每月增加 100 元收入可以使他的效用比从前有一个较大的提高,但随着其收入的不断增加,每增加 100 元收入使其效用的增加幅度将逐渐减弱。这种效用函数的数学特征为:

$$U'(X)>0$$
$$U''(X)<0$$

式中,U 表示效用;X 表示收益或财富的数额。

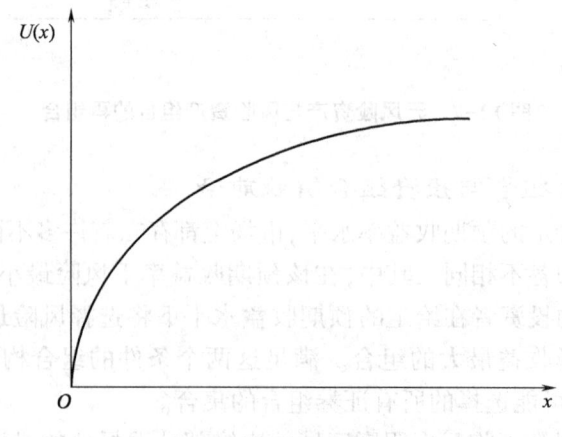

图 12-8 效用函数 1

2.第二种效用函数的形状如图 12-9 中的曲线所示,是边际效用递增的效用函数。

具有这种效用函数的人,其效用不但随着收益或财富的增加而增加,而且增加的速率也逐渐加快,其数学特征为:

$$U'(X) > 0$$
$$U''(X) > 0$$

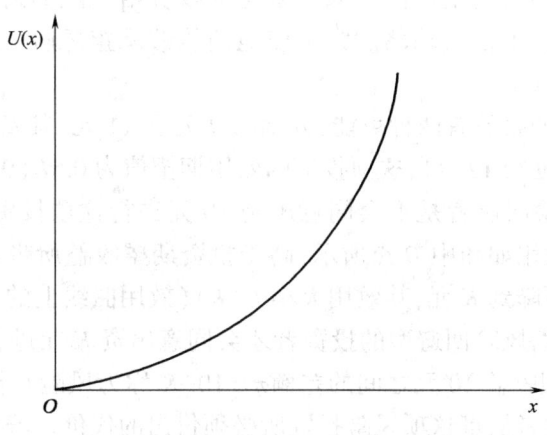

图 12-9　效用函数 2

3.第三种效用函数是边际效用不变的效用函数,形状如图 12-10 中的曲线所示。具有这种效用函数的人,其效用随收益或财富的增加以相同比例增加,即增加的速率不变,其数学特征为:

$$U'(X) > 0$$
$$U''(X) = 0$$

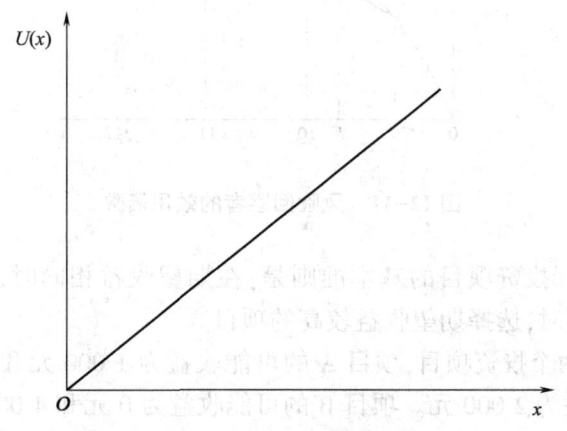

图 12-10　效用函数 3

(二) 风险偏好

根据人们的效用函数的不同,可以将其对待风险的态度分为风险回避者、风险爱好者和风险中立者三类。

1.风险回避者。风险回避者的效用函数是边际效用递减的。对于他们来说,损失一定数量财富所导致的效用损失,要多于同等数量的财富增加所带来的效用增加额。因此,这类投资者希望投资收益的可能变化偏离期望值越少越好。一个收益完全确定的投资,比一个具有相同期望值但结果不确定的投资给风险回避者带来的效用要高。风险回避者喜欢平稳,不喜欢动荡。为了使他们能够承担风险,必须给予一定的风险报酬。

比如,某项投资的收益有两种可能,分别为9元和11元,其发生概率各为50%,期望收益为10元。根据图12-11,这项投资的效用期望值为$0.5U(9)+0.5U(11)$,如图中C点所示。这时,风险回避者是不会同意出资10元进行这项投资的。因为确定的10元钱收益可带来的效用如图中D点所示,高于投资期望收益所带来的效用期望C。只有当投资的支出额下降到K元,其效用大小$U(K)$(效用曲线上的M点)与投资收益带来的期望效用相等时,风险回避型的投资者才会同意出资K元进行这项投资。投资者的投资支出K与期望收益10元之间的差额$\pi=10-K$称为风险补偿,又称为风险报酬,是为了促使风险回避者从事这项风险投资所必须付出的代价。若投资收益为随机变量x,则风险补偿为$\pi=E(x)-K$,其中,$E(x)$是投资的期望收益。风险补偿的大小,随风险回避者效用曲线的不同而不同。

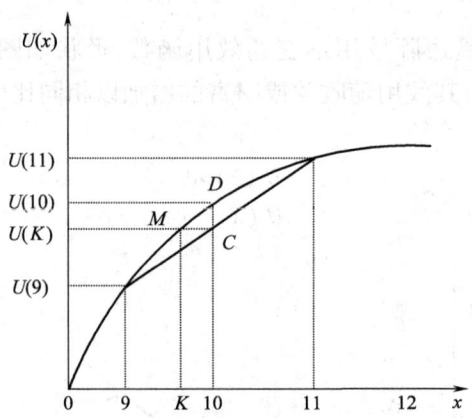

图12-11 风险回避者的效用函数

风险回避者选择投资项目的基本准则是:在期望收益相同时,选择风险较小的项目;在风险状况相同时,选择期望收益较高的项目。

比如,有A,B两个投资项目,项目A的可能收益为1 000元和3 000元,发生概率各为50%,期望收益为2 000元。项目B的可能收益为0元和4 000元,发生概率也各为50%,期望收益也为2 000元。尽管二者的期望收益相同,但项目B的投资风险大于A。从图12-12可以看出,项目A的期望效用大于项目B的期望效用,所以风险回避型投资者将选择项目A。

证券市场上的大多数投资者,尤其是个人投资者都是厌恶风险的,所以我们在后面的讨论中都以风险厌恶作为投资者的风险偏好。

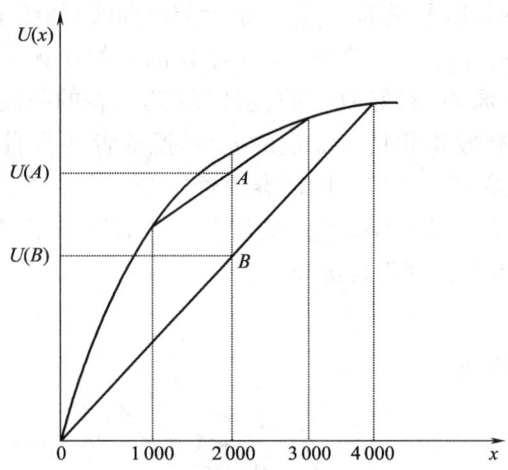

图 12-12 风险厌恶者的投资选择

2.风险爱好者。与风险回避者恰好相反,风险爱好者的效用函数是边际效用递增的,如图 12-9 曲线所示。他们是冒险精神很强的投资者,喜欢收益的动荡甚于喜欢收益的稳定。他们选择投资项目的基本原则是:当期望收益相同时,选择风险大的项目,因为这将给他们带来更大的效用。如图 12-13 所示,同样是 A,B 两个项目,对风险爱好者来说,项目 B 的效用更高,因此他们将选择项目 B,而不是项目 A。

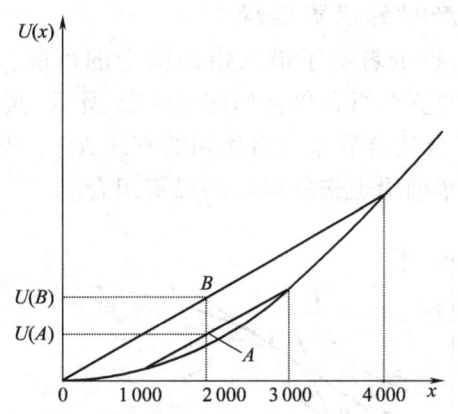

图 12-13 风险偏好者的投资选择

3.风险中立者。风险中立者的效用函数是线性函数,其边际效用是常数,他们既不回避风险,也不主动追求风险。他们进行投资决策的唯一标准是期望收益的大小,而不管其风险状况如何,因为所有期望收益相同的投资将给他们带来同样的效用。

三、投资者的选择

(一)只有风险资产时的投资选择

投资者的最终选择将取决于投资者自身的偏好。我们把投资者对风险、收益的偏好也绘制到标准差—期望收益平面上，这就是无差异曲线，如图 12-14 所示。投资者 A 的偏好由无差异曲线 a_1,a_2,a_3 来刻画，投资者 B 的偏好由无差异曲线 b_1,b_2,b_3 来刻画。由于投资者是厌恶风险、喜好收益的，所以就其代表的效用水平而言，$a_1>a_2>a_3$。在所有效用曲线中，与有效集相切于 p 点的 a_2 是投资者 A 所能达到的最好的效用水平，因此，p 即是理性投资者最终确定的证券投资组合。由于不同的投资者具有各不相同的无差异曲线，其与证券组合有效前沿的切点也各不相同，因而不同投资者选择不同的投资组合，B 选择 q 点作为其组合选择。

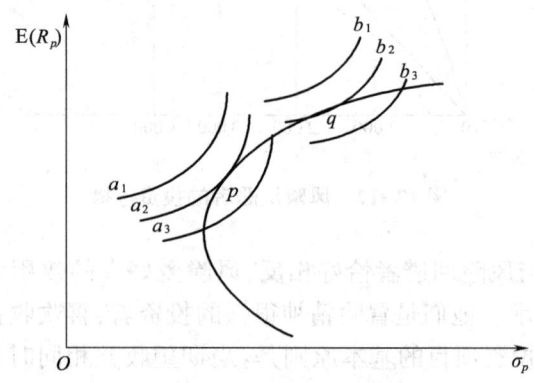

图 12-14　不同投资者的投资选择

（二）有无风险资产时的投资选择

引入无风险资产后，投资者有了借入借出资金的可能，其投资的灵活性大大加强。N 项风险资产构成的资产组合集合如图 12-15 所示，其效率前沿为无风险资产收益率 R_f 与风险资产组合集合效率前沿相切的直线 R_fT。投资者将根据自己的无差异曲线在这一直线型效率前沿上选择自己的投资组合。

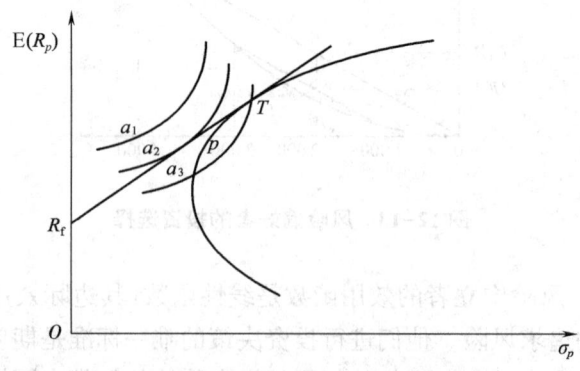

图 12-15　在存在无风险资产时投资者的组合选择

那些风险承受能力弱的投资者可在效率前沿偏下的部分选择自己的资产组合，他们将全部资金分为两部分，一部分投资于无风险资产，一部分投资于风险资产，并且投资者越是追求低风险,在无风险资产上的投资比例越大。那些风险承受能力强,偏爱高风险的投资者,一般会在有效前沿偏上的部分进行选择,他们将全部的资金投资于风险资产组合后,还按照无风险利率借入一部分资金投资于风险资产,风险偏好越强,借入资金越多。在一定的条件下,每个投资者都可以在这一效率前沿上找到适合自己投资需求的资产组合。

(三) 投资的分离定理

上述资产选择过程可以分为两个阶段。

第一个阶段是对风险资产进行选择,在这一阶段,投资者对每一项风险资产的期望收益和风险状况以及各资产间的相关性进行估计,在此基础上确定风险资产组合可能性集合及其效率前沿。随后,投资者经 R_f 向风险资产组合的效率前沿引切线,切点 T 所代表的资产组合即为投资者应当持有的风险资产内部的组合。在这一阶段,投资者只需要考虑每项资产的期望收益、方差和相关系数,即只考虑风险资产本身的特性,而不需要考虑自身的风险偏好。因此,不管投资者之间的风险偏好差异有多大,只要他们对风险资产具有相同的信息和判断,他们都将选择同样的风险资产组合。

第二阶段是最终资产组合的选择,投资者将选定的风险资产组合 T 和无风险资产相结合,构造出一个新的资产组合集合。在新的效率前沿(对于所有投资者而言,这也是相同的)上,投资者根据自己的风险偏好安排所持有的无风险资产与风险资产的比例,选择适当的资产组合。

这种分阶段的资产选择过程称为"分离原理",对投资决策有着很重要的指导意义。对于企业而言,当其代表股东进行投资决策时,可以不考虑他们的风险偏好,按照最佳的资产组合进行投资。而投资者可以根据个人的风险偏好选择不同的风险程度,这是投资者通过对无风险资产不同程度的持有来实现的。

第四节 证券市场上收益与风险的关系

在前几节中,我们分析了投资者选择最优证券组合的方法。在这种方法下,每一个投资者首先估计所有可投资证券的期望回报率、方差和资产之间的协方差,再估计无风险利率。在此基础上,投资者就可以辨别出切点证券组合的组成及其期望回报率和标准差,从而得到投资的有效前沿。最后,风险厌恶者选择无差异曲线与有效前沿的切点为最终的投资证券组合。在存在无风险借贷机会并且借贷利率相等的经济环境中,有效前沿为一条直线,所以最优的证券投资组合为无风险证券和切点证券之间的组合。

在这一市场体系中,我们可以看到,所有的投资者都是价格接受者,他们在给定的价格体系下决定自己对每种证券的需求。这种需求是价格的函数,所以市场需求也是价格的函数。价格的变动会影响对证券的需求,如果在某个价格系统下,每种证券的总需求正好等于市场供给,证券市场就达到了均衡,对应的价格和回报率就是均衡价格和均衡回报率。这就是资产均衡定价的思想,也就是这一节我们所要讨论的资本资产定价模型(Capital Asset Pricing Model, CAPM)。

一、CAPM 的基本假设

与大多数的经济理论一样,CAPM 模型建立在一系列的假设之上,这些假设包括以下几点。

- 在一期时间模型中,投资者以回报率和标准差作为评价证券组合好坏的标准。
- 所有的投资者都是非满足的。
- 所有的投资者都是风险厌恶者。
- 每种证券都是无限可分的,即投资者可以购买到他想要的任意数量的证券。
- 无税收和交易成本。
- 投资者可以以无风险利率无限制地进行借贷。
- 所有投资者的投资周期相同。
- 对于所有投资者而言,无风险利率是相同的。
- 信息可以无偿自由地获得。
- 投资者有相同的预期,他们对证券回报率的期望、方差以及协方差的判断是一致的,因此证券组合有效前沿也是相同的。

二、市场证券组合与资本市场线(CML)

上一节中我们提到,在图 12-15 中资产组合 T 是投资者所能选择的最佳风险资产组合。由于每一个投资者所面临的实际情况是相同的,因此,他们对证券的期望回报率、方差、协方差和无风险利率的估计是一致的。在这一条件下,所有投资者将构造出完全相同的风险资产组合集合,选择出相同的最佳风险资产组合 T,并将自己的资产在无风险资产与最佳风险资产组合 T 之间做适当的分配,这是前面所提到的分离定理的内容。这一节,我们将说明,切点组合就是市场证券组合 M。

市场证券组合是 CAPM 中一个重要概念,在模型中它作为价格(收益率)已知的资产对其他资产进行定价。市场证券组合是由市场上的所有证券组成的,在这一组合中投资在每种证券上的比例等于它的相对市场价值。可以证明,当市场处于均衡时,市场证券组合即为切点证券组合,从而每个人的有效前沿都是相同的,即由通过无风险证券和市场证券组合的射线构成。

根据一般均衡的原理,证券市场均衡是指在某一价格体系下,每种证券的需求量正好等于市场上存在的证券数量,而无风险利率使得资金借贷平衡。显然,在均衡时,每一种证券在切点证券组合 T 的构成中都占有非零的比例,这是分离定理的结果。我们知道,每一个投资者所选择的证券组合中风险证券的比例都是相同的,他们都选择 T 作为证券组合中的风险证券组成部分。如果每个投资者都购买 T,但是 T 并没有包括市场上的所有证券,那么就没有一个投资者会购买不包含在 T 中的证券,根据基本的供求原理,其价格必然会下降,在未来预期不变的情况下,这就间接导致该证券收益率提高,从而会刺激投资者对它的需求。这种调整会一直持续到切点证券组合 T 中包含了每一种证券为止。

在市场均衡的基础上,可以定义均衡价格和均衡回报率。如果一个风险资产回报率向量 $\bar{r}=(\bar{r}_1,\cdots,\bar{r}_N)^T$ 和无风险利率 R_f [相应地,风险资产价格向量 $\bar{p}=(p_1,\cdots,p_N)^T$ 和无风险债券价格 p_f]使得市场均衡,则称其为均衡回报率(均衡价格)。

由于每个投资者所持有的风险证券组合都相同,在均衡的条件下,证券市场供求相等,所以 T 即为市场证券组合。这就是说,在市场均衡状态下,所有投资者按照各风险资产在全部风险资产的市价总值中所占的价值比例来构造自己的风险资产组合,而投资者的风险偏好仅仅表现在风险组合与无风险证券之间的权衡上。

理论上,市场资产组合应包含全部风险资产,包括金融资产(证券、期货、期权等)和实物资产(黄金、不动产等)在内。但实际上,人们往往用全部股票来代替全部风险资产,并进一步用股票指数来作为市场资产组合的代表。在很多实证研究中,我们也可以看到,股票指数被看做是市场资产组合的代表。

根据前面的推理,所有投资者都以市场资产组合作为自己的风险资产投资。这样,市场资产组合 M 与无风险资产构成的全部资产组合集合的效率前沿(图12-16中的直线 R_fM)就是所有投资者选择自己的资产组合的最佳集合。这个直线型资产组合集合就称为资本市场线(Capital Market Line, CML)。CML 描述了市场均衡时,有效证券组合的期望收益率和风险之间的关系:当风险增加时,对应的期望收益率也上升。其余的证券组合都落在这条直线之下,因为资本市场线上的证券组合是有效组合。

由图12-16可知,CML 在纵轴上的截距为 R_f,斜率为 $\dfrac{E(R_M)-R_f}{\sigma_M}$,其方程为:

$$E(R_p)=R_f+\frac{E(R_M)-R_f}{\sigma_M}\times\sigma_p \tag{12.20}$$

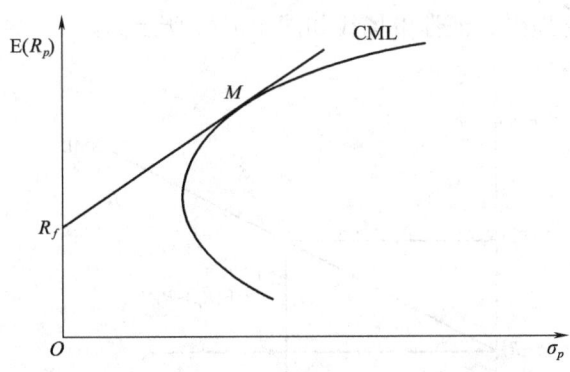

图 12-16 资本市场线

资本市场线的特征可以由两个关键的数字来刻画。第一个是资本市场线的截距,它是无风险资产的收益率,这反映了资产的时间价值,即投资者愿意推迟消费而得到的确定的未来收益的补偿。第二个是资本市场线的斜率,称为单位风险的溢价,表示的是当有效证券组合收益率的标准差增加一个单位时,期望回报率应该增加的数量。因此,由资本市场线所代表的资产组合集合的效率前沿上各资产组合的期望收益由两部分构成:一部分是资产的时间价值;另一部分是资产的风险价值。即:

$$期望收益 = 时间价值 + 风险价格 \times 风险数量$$
$$= 时间价值 + 风险价值$$

我们可以将资本市场线的特征总结为如下五点。

第一，CML 上的资产组合优于单纯由风险资产组成的有效资产组合集合中除 M 外的所有资产组合。

第二，CML 是无风险资产与市场证券组合 M 按不同比例组合构成的一条直线，上面的所有资产组合之间是完全正相关的。

第三，CML 使投资者的投资决策分为两个阶段：第一阶段是构造市场资产组合；第二阶段是根据自己的风险偏好确定资金在无风险资产与市场证券组合之间的分配比例，即所谓的"分离原理"。

第四，由于市场资产组合 M 是只含系统风险的资产组合，所以 CML 上的所有资产组合也都只含有系统风险。

第五，在 CML 上的只有资产组合，没有单项资产。

三、证券市场线

资本市场线描述了有效证券组合的期望收益率和标准差之间的均衡关系，证券市场线（Security Market Line，SML）则给出了单个证券与市场证券组合之间的关系，即：

$$E(R_p) - R_f = \beta_{pM}[E(R_M) - R_f] \tag{12.21}$$

式中，

$$\beta_{pM} = \frac{\mathrm{Cov}(R_p, R_M)}{\mathrm{Var}(R_M)}$$

这就是经典的 CAPM 模型，分别由林特尔（Lintner，1965）、莫辛（Mossin，1965）和夏普（Sharp，1964）独立提出。证券市场线如图 12-17 所示。

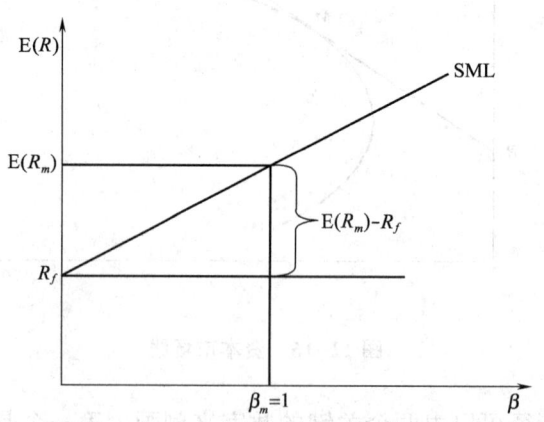

图 12-17 证券市场线

我们通常称证券市场线的斜率 $E(R_m) - R_f$ 为风险价格，而 β 称为证券的风险。由 β 的定义，可以看出，对证券风险的正确衡量是其与市场证券组合的协方差而不是其方差。

为了进一步理解这一点,我们下面考虑几个极端的情形。首先,假设某种证券组合与市场组合是完全无关的,即 $\beta=0$,则由证券市场线可以得出:

$$E(R)=R_f$$

这说明,当市场达到均衡时,无论这种证券收益率的风险有多大,只要这种风险可以被分散掉,这种证券的收益率就等于无风险利率,而不会有任何的风险酬金。

如果某种证券的收益率和市场组合负相关,即 $\beta<0$,这时,

$$E(R)<R_f$$

原因是这种证券与市场组合相结合,能够缩减整个证券组合的风险。在整个市场表现不佳、投资者财富缩水因而收入对于投资者显得重要时,这种证券可以提供高收入抵消其他投资的损失。正是由于它具有缩减风险的能力,相当于提供了一种保险,所以投资者愿意接受这种低回报的证券。

每个证券对市场证券组合标准差的贡献依赖于其与市场证券组合的协方差,因此,衡量证券风险的证券量是其与证券市场组合的协方差。与市场证券组合的协方差越大的证券,给整个经济造成的风险也越大,但是,标准差大的证券给整个经济造成的风险不一定比标准差小的证券造成的风险大。在这里,协方差是一种无法规避的风险,当市场达到均衡时,只需对无法规避的风险进行补偿。

有关 β 的另一种性质是,证券组合的 β 值等于构成它的证券的 β 值的加权平均,这里的权等于各个证券在证券组合价值中所占的比例。

由证券市场线表示的均衡关系是市场供需共同作用的结果。给定一组证券的价格,投资者首先计算期望收益率和协方差,然后求最优的证券组合。如果对某种证券的总需求量不等于市场上该证券的总供给,价格就会进行调整,直到市场出清为止。

在 CAPM 的分析体系中,个体投资者是价格接受者,对他们而言,证券的价格和前景是固定的,他们只能改变持有证券的数量;而对于整个市场而言,证券的数量是固定的,而价格是变动的。在任何完全竞争的市场里,均衡使得价格的调整一直持续到对所有证券的总需求量与市场上存在的供给数量达到一致时为止。

如果市场上不存在无风险借贷机会,或者不存在严格意义上的无风险利率时,仍然可以得到与上面类似的风险证券的定价方程。

这一定价方程同样是以市场证券组合为定价基础的,即:

$$E(R_p)=E[R_{zc(M)}]+\beta_{qM}[E(R_M)-E(R_{zc(M)})] \quad (12.22)$$

式中,$E(R_M)$ 是市场证券组合的预期收益率;$E(R_{zc(M)})$ 是与市场组合协方差为零的证券组合期望收益率。前者大于后者。

(12.22)式称为 CAPM 模型的零贝塔形式,是由布莱克(Black,1972)和林特尔(Lintner,1969)得到的。

四、资本资产定价模型的简单应用

利用资本资产定价模型可以根据已测知的 β 系数估计某证券的期望收益,也可以利用已知行业的 β 系数,对该行业的投资期望收益做出估计,并作为该行业资本成本的参考。比如,如果已知某公司股票的 β 系数为 1.2,无风险收益率 R_f 为 8%,市场资产组

合的期望收益 $E(R_M)$ 为14%,则根据资本资产定价模型可计算出这一股票的期望收益率应为:

$$E(R_i) = R_f + \beta_i [E(R_M) - R_f]$$
$$= 0.08 + 1.2(0.14 - 0.08)$$
$$= 0.15 = 15\%$$

反过来,如果已知某证券的期望收益,同时又可以测量出市场资产组合的期望收益 $E(R_M)$ 和无风险收益 R_f,也可以利用CAPM模型计算出该证券的 β 系数。比如,如果已知某证券的期望收益为12%,而无风险收益 R_f 和市场资产组合的期望收益仍如前例,分别为8%和14%,则这一证券的 β 系数为:

$$12\% = 8\% + \beta_j (14\% - 8\%)$$
$$\beta_j = 4\%/6\% = 2/3 = 0.667$$

五、CAPM的局限性和资产定价理论的发展

资本资产定价模型因为对投资收益的来源和形成给出了极为精辟的解释,使人们对投资收益的本质有了深刻的了解,从而在金融理论和投资操作中得到了广泛的承认,并被誉为现代金融理论的理论基石之一,模型的主要提出者夏普、马克威茨等也因这一贡献而获得了1990年度的诺贝尔经济学奖。对CAPM的大量实证研究表明,该理论模型深刻地揭示了资本和证券市场的运动规律,对人们在证券市场上的投资行为具有重要的指导意义。

(一)CAPM的基本结论

1.证券和资产的价值是通过投资者、借款者和贷款者之间的竞争,在资本和证券市场上确定的。

2.资本和证券的收益与其所含的系统风险相关联,投资者主要靠承担系统风险而获得风险报酬,资本和证券市场的运行由风险回避者所主导。

3.资本和证券市场的主要功能,是使所有金融资产等价,即使得金融资产的市场价格做到让各个金融资产有相同的收益与风险关系,形成一个单一的风险价格。

4.CAPM的结论对评估不动产投资等同样适用,投资者要为所承担的系统风险而得到相应的补偿。

(二)CAPM的局限

尽管CAPM已经得到广泛的认可,但这一模型所考虑的因素过于简单,在实际运用中,仍存在一些明显的局限,主要表现在以下几个方面。

1.某些投资项目或资产、证券,特别是一些新兴行业,由于缺乏历史数据而难以估计其系统风险,即 β。

2.由于经济的不断发展变化,各种资产的 β 值也会产生相应的变化,因此,依靠历史数据估算出的 β 值对未来的指导作用必然要打折扣。

3.CAPM是建立在一系列假设之上的,而某些假设与实际情况有较大的偏离。

由于上述局限,CAPM只能大体描绘出资本市场和证券市场运动的基本图像,而不能准确地描绘出它的一切。因此,在运用这一理论和模型时,应该更注重它所揭示的规律,而不是它们给出的具体的数字结论。

为解决 CAPM 的这一不足,罗斯(Ross)于 1976 年提出了属于多因素模型的套利定价理论。这一理论指出投资收益同时受多个系统风险因素的影响,只有同时考虑多个系统风险因素的影响,才能在实际中较好地估计投资的期望收益。

1993 年,法马和弗雷彻(Fama & French)提出了决定投资收益的三因素模型,这一模型认为市场风险报酬 $[E(R_M)-R_f]$、公司规模和股票账面价值与市场价值之比这三个因素是决定投资收益的基本因素,考虑这三个因素后,就可以较为全面地确定投资的期望收益了。

目前,资本资产定价模型、套利定价理论和三因素模型都得到了较多的重视,国际市场上一些重要的咨询公司都会定期公布与这三个模型有关的数据,如 CAPM 模型的 β 系数,以及三因素模型中的有关系数,以帮助使用者利用这些数据计算投资的期望收益或投资项目的资本成本等相关指标。

案例分析

2015 年加杠杆导致的股灾

从 2014 年 7 月到 2015 年 7 月,中国股市迎来了又一波牛市,上证指数从 2 000 点附近一路飙升到 5 178 点,然而紧接着的股灾是中国股票市场有史以来规模最大、涉及人数最多、形成损失最重的一场股灾。

2015 年 5 月底,证监会开始清查场外配资,要求证券公司全面自查参与场外配资的相关业务(包括恒生 HOMS 系统为场外配资提供服务),并停止 HOMS 系统向场外配资提供数据端口服务,去杠杆运动由此展开。同时,5 月份开始,证监会宣布从每个月发一次新股改为每月发两次新股,并在 6 月份连续两次发行大盘新股——中国核电和国泰君安。6 月 2 日和 6 月 3 日两天有 23 只新股申购,其中包括在 A 股 IPO 历史上募资规模排在第 26 位的大盘股中国核电,两天累计冻结资金达 4.7 万亿。由于场内资金流动性充裕,沪指成交量甚至在打新资金回流后显著放大,但随后几日缩量明显,指数也开始高位滞涨。真正的下跌是从 6 月 15 日开始的,6 月 17 日到 6 月 23 日,沪深两市有 25 只新股陆续发行,其中国泰君安为大盘股,募集规模在 300 亿,此次打新的资金冻结规模在 6.7 万亿,创 2014 年 IPO 重启以来新高。国泰君安募资 300 亿,成为有史以来 A 股第四大 IPO。此次打新加剧了流动性收缩的紧张局面,成了股灾的导火索。端午节前最后一个交易日,沪指再受重创,单日大跌 6.42%,收至 4 500 点以下,两市近 1 000 只个股跌停,当周累计跌幅近 13%。6 月 23 日周二,打新资金开始回流,流动性紧张局面得到缓解,沪指在经历短暂反弹后,重归下跌通道。6 月 26 日,A 股跳空低开,沪指跌幅 7.4%,创业板当日下跌 8.9%,两市跌停个股逾 2 000 只。指数和个股的大幅杀跌导致场外配资连环爆仓,此时,1:5,1:4,1:3,1:2 以上的高杠杆配资已全部爆仓。连环爆仓导致个股形势进一步恶化。

从 2015 年 6 月 15 日到 7 月 9 日,上证指数下跌 1 803 点,最大跌幅 35%;6 月 15 日至 8 月 2 日,合计 52 个交易日,其中有 21 个交易日指数大幅下跌,出现 17 次千股跌停,其中更有罕见的超过 2 000 只个股跌停现象。在这轮股市暴跌中,以金融监管部门为主,曾先后出台数个救市政策,但均以失败告终,股市加速下跌,股票连续跌停,股市出现流动性危机。2015 年股灾对资本市场产生许多不利影响,值得我们去思考股灾的发生以及原因。

分析：

根据申万宏源证券在股灾后的统计和预测：两融余额峰值出现在 6 月 18 日,为 2.27 万亿;收益互换业务总规模约为 5 000 亿;伞形信托和单一信托总量优先级资金峰值约为 1.1 万亿;民间配资约 4 000 亿~6 000 亿。

为场外配资提供接口的平台,包括恒生电子、上海铭创和同花顺。根据 6 月 30 日中国证券业协会公布的调研数据,三大系统接入的客户资产规模合计近 5 000 亿元,其中 HOMS 系统约 4 400 亿元,上海铭创约 360 亿元,同花顺约 60 亿元。

对于股市来说,资金的进出永远是决定涨跌的最直接原因。这次股灾从根本上说是流动性危机,根本原因是融资去杠杆带来的杠杆资金连环爆仓引发的场内资金内爆,直接诱因是在指数运行高位连续发行超级大盘股降低了场内流动性。同时大部分投资者由于没有采用股指期货及融券进行对冲,在风险来临的时候只能通过抛售手中现货(股票)进行避险,诱发踩踏,因此导致股灾发生。

思考与练习题

1. 理解证券投资风险和收益之间的关系。
2. 一个理性的投资者如何进行投资组合的选择?
3. 什么是分离定理? 它对企业投资有何意义?
4. 什么是系统性风险和非系统性风险? 为什么说系统性风险无法通过投资组合来分散?
5. 已知某股票的 β 值为 1.5,无风险收益率为 6%,市场组合的期望收益率为 16%,计算该股票的期望收益率。
6. 无风险利率为 5%,市场组合的期望收益率为 10%,根据资本资产定价模型解答下列问题。

(1) 画出期望收益率与 β 值之间的关系图。
(2) 市场组合的风险报酬率是多少?
(3) 如果某证券的 β 值为 1.5,该证券的期望收益率应为多少?
(4) 如果某证券的 β 值为 0.8,期望收益率为 9.8%,这一证券是否值得投资?
(5) 如果市场对某证券要求的期望收益率为 11.2%,这一证券的 β 值是多少?

7. 如果将证券的期望收益率 r 写做：$r = \alpha + \beta \times r_m$,其中 r_m 为市场组合的期望收益率。根据资本资产定价模型,上式中：

　　(a) $\alpha = 0$;
　　(b) $\alpha = r_f$;
　　(c) $\alpha = (1-\beta) r_f$;

(d) $\alpha=(1-r_f)$。

请回答上面哪一个答案是正确的?

8.有人说:"具有正的标准差的证券必然有大于无风险收益率的期望收益率,否则不会有投资者投资这一证券。"根据资本资产定价模型(CAPM),这一说法对吗?为什么?

附录：证券投资专业名词中英文汇编

艾略特波浪理论 Elliott Wave Theory
布林带 Bollinger Bands
保证金 Margins, Collateral
保证金比率 Margin Ratio
保证金价值 Margin Value
保证金交易 Margined Transaction
保证金客户 Margin Client
保证金账户 Margin Account
场外交易 Off-exchange Transaction
场外交易市场 Over-The-Counter Market, OTC
场外买卖衍生工具合约 Off-Exchange Traded Derivative Contracts
创业板市场 Growth Enterprises Market
二板市场 The Second Board Market
发行人 Issuer
非系统性风险 Non-Systematic Risk
风险 Risk
风险资本 Venture Capital
封闭式基金 Close-End Fund
封闭式证券投资基金 Closed-End Securities Investment Fund
个人投资者/散户 Retail/Private Investor
股票/股权 Share/Equity/Stock
股票期货合约 Stock Futures Contract
股票期权合约 Stock Options Contract
国库券/政府债券 Treasury/Government Bond
红股 Bonus Share
红利/股息 Dividend

基本面分析 Fundamental Analysis
基本面价值 Fundamental Value
技术分析 Technical Analysis
机构投资者 Institutional Investor
基金单位净值 Net Value of Fund Unit
基金经理/管理公司 Fund Manager
基金托管银行 Fund Custodian Bank
加拿大创业交易所 Canadian Venture Exchange
交易权 Trading Right
交易日 Trading Day
交易商 Trader
开放式基金 Open-End Fund
开放式证券投资基金 Open-End Securities Investment Fund
看跌期权 Put Option
看涨期权 Call Option
可流通股份 Negotiable Share
可转换债券 Convertible Bond
另类投资市场 Alternative Investment Markets
蜡烛图 Candlestick Chart
买空 Buy Long
卖空 Short Selling
美国的纳斯达克 National Association of Securities Dealers Automated Quotations, NASDAQ
内幕交易 Insider Trading/Dealing
配股 Rights Issue/Offering
期货顾问 Futures Adviser/Consultant
期货合约 Futures Contract
期货交易商 Futures Dealer
期货经纪 Futures Broker
期货市场 Futures Market
期货头寸交易者 Position Trader
期交所 Futures Exchange Company
期权 Option Contracts
期权合约 Options Contract
企业债券 Corporate Bond
抢帽子者 Scalper
券商 Broker/Dealer
日交易者 Day Trader

商品/金融衍生产品 Commodity/Financial Derivatives
上市 Listed
上市规则 Listing Rules
上市证券 Listed Securities
市场操纵 Market Manipulation
市场合约 Market Contract
市场消息 Market Information
市盈率 Price/Earning Ratio
市值 Market Capitalization/Value
收购兼并 Merger and Acquisition
收益 Return
特别处理 Special Treatment
特别转让 Particular Transfer
投资基金 Investment Fund
投资经理 Investment Manager
投资组合 Portfolio
系统性风险 Systematic Risk
现金流贴现模型 Discounted Cash Flow Models
现金账户 Cash Account
行为金融 Behavioral Finance
香港创业板市场 Growth Enterprises Market, GEM
新股/初始公开发行 Initial Public Offering, IPO
英国伦敦证券交易所二板市场 Alternative Investment Market, AIM
有效前沿 Efficient Frontier
有效市场 Efficient Market
债券 Bond/Debenture/Debts
招股说明书 Prospectus
证券抵押品 Securities Collateral
证券顾问 Securities Consultant
证券交易商/证券经纪商 Securities Dealer
证券借贷协议 Securities Borrowing and Lending Agreement
证券期货市场 Securities and Futures Market
证券期货业 Securities and Futures Industry
证券市场 Stock Market
证券市场线 Security Market Line, SML
逐日盯市 Mark-To-Market
主板市场 Main Board
资本市场线 Capital Market Line, CML

资本资产定价模型 Capital Asset Pricing Model，CAPM
自营 Proprietary Trading
支撑位 Support
再平衡（调整指数中成分证券的权重）Rebalancing
指数重建（更换成分股）Reconstitution
做市商 Dealer

参考文献

[1] 弗兰克 法伯兹.债券市场:分析与策略[M].7版.中译本.路蒙佳,译.北京:中国人民大学出版社,2011.

[2] 滋维·博迪.投资学[M].中译本.第4版.朱宝宪等,译.北京:机械工业出版社,2000.

[3] 兹维·博迪,亚历克斯·凯恩,艾伦J马科斯.投资学精要[M].中译本.7版.初晨,等,译.北京:中国人民大学出版社,2010.

[4] 贝政新.机构投资者发展研究[M].上海:复旦大学出版社,2005.

[5] 贝政新.证券投资学[M].上海:复旦大学出版社,2005.

[6] 陈野华.证券业自律管理理论与中国的实践[M].北京:中国金融出版社,2006.

[7] 丁圣元.国债投资指要[M].北京:企业管理出版社,2002.

[8] 韩复龄.外汇交易工具与避险操作[M].北京:经济科学出版社,2006.

[9] 韩复龄.中国投资前景报告[M].北京:经济科学出版社,2005.

[10] 韩复龄.投资银行业务[M].北京:经济科学出版社,2001.

[11] 何德旭.中国投资基金制度变迁分析[M].成都:西南财经大学出版社,2003.

[12] 贺强.证券投资学[M].北京:中国财政经济出版社,2004.

[13] 黄玉成,申屹,刘希普.证券市场监管:理论、实践与创新[M].北京:中国金融出版社,2001.

[14] 霍文文.证券基础知识[M].北京:中国财政经济出版社,2006.

[15] 李艳芳.证券市场理论与实务[M].长春:长春出版社,2004.

[16] 李一智.期货与期权教程[M].北京:清华大学出版社,1999.

[17] 罗松山.投资基金与金融体制变革[M].北京:经济管理出版社,2003.

[18] 茅宁.期权分析——理论与应用[M].南京:南京大学出版社,2000.

[19] 谭中明,侯青,黄正清.证券投资学[M].合肥:中国科学技术大学出版社,2004.

[20] 王建业.证券交易[M].北京:中国财政经济出版社,2006.

[21] 谢百三.证券投资学[M].北京:清华大学出版社,2005.

[22] 张望.证券发行与承销[M].北京:中国财政经济出版社,2006.

[23] 张亦春,郑振龙.证券投资理论与技巧[M].第2版,北京:中国人民大学出版社,2004.

[24] 张亦春.金融市场学[M].北京:高等教育出版社,1999.

[25] 赵国庆,朱玉林.证券投资学[M].南京:南京出版社,2005.

[26] 郑振龙,江孔亮,陈蓉,等.中国证券发展简史[M].北京:经济科学出版社,2000.

[27] 阮其华,蔡美德.证券投资分析[M].南京:南京大学出版社,2019.

[28] 徐强.金融(证券)投资学实验教程[M].南京:东南大学出版社,2019.

[29] 黄贞贞,臧真博,苏娟,李聪慧,王屿.证券投资学[M].重庆:重庆大学出版社,2017.

[30] 李建军,应展宇,韩复龄,等.金融教学案例精选[M].北京:北京大学出版社,2019.